JN123570

信長公記巻首と桶狭間の戦い

尾畑太三
Obata Taizo

風媒社

信長公記 巻首と桶狭間の戦い

はじめに

近衛家陽明文庫所蔵を底本とした角川文庫出版『信長公記』には「是は信長御上洛なき以前の双紙なり」と扉に記された巻首（首巻）と呼ばれるものと、永禄十一年から年一巻に纏めた、巻一から巻十五までの本文といわれるものを合わせた十六巻が載る。通常は、初めを示す巻首と巻一が重なることはない。

果たせるかな記述の仕方が首巻は信長伝記主体記述で、本文十五巻は編年体でと異なった記述になっていた。なぜ首巻だけが異なるのか、理由は今もってさだかでないが、信長の伝記だけに集約することで惑いを減らせるといった利点があったからではなかったか。

首巻が信長伝記主体記述であることを示す顕著な箇所は、天文十一年頃から永禄十年までの約二十五年を記した中で、年号を付けて記した日付が僅か九箇所に載るばかりのところにある。しかし、その年号は間違っていたり、改元前の年号で記されていて不審である。

年号が記された箇所

「十一、三ノ山赤塚合戦の事」

天文弐十弐年（一五五三）癸丑（みずのとうし）四月十七日云々、か様に候処四月十七日（天文弐十弐年は略）

「十八、勘十郎殿・林・柴田御敵の事」
弘治弐年（一五五六）丙辰（ひのえたつ）八月廿四日
「廿四、今川義元討死の事」
天文廿一年壬子（みずのえね）五月十七日
天文廿一年壬子五月十九日
天文廿一年壬子五月十九日
「廿五、家康公岡崎の御城へ御引取の事」
翌年（永禄四年を示唆）四月上旬
弘治四年（一五五八）戊午（つちのえうま）霜月二日
「卅七、十四条合戦の事」
永禄四年（一五六一）辛酉（かのととり）五月上旬

形で区別すると
○一箇所に同年号が二つ載る（十一）
○一箇所に同年号が三つ載る（廿四）
○異なる箇所に同年号が載る（十八と廿五、廿五と卅七）の三種類に分かれ、いずれも対になっている特長がある。この他、年号ではないが、
○対象人物名を載せないまゝ纏め書きした箇所（四・十三）
○信長伝記主体記述なら不審な箇所（八・九）
○特定人物の出来事が何箇所にも載る（那古屋弥五郎＝二・十三・廿六　山口左馬助＝二・十一・廿・廿四　斎藤道三

＝四・五・六・十・廿九・卅四　三郎五郎＝十八・十九
○異なる人物伝記中に特定人物の動静が載る（勘十郎＝九・十七・十八・廿五　服部左京助＝廿・廿四・卅三）
などがある。

角川文庫出版『信長公記』（角川本）にも、池田家文庫本信長記巻十二奥書に「予毎篇日記ノツイデニ書キ載スルモノ自然ニ集ト成ルナリ曽テ私作私語ニアラズ云々」と載っていると解説してあるので、この書は著者独自の手控えをもとに著されていたことが判る。さらに、永禄八年堂洞の戦いでも著者自身が「二の丸の入口おもてに、高き家の上にて、一人黙（あだ）矢もなく射付け、信長の御感有て知行重ねて下され候キ」と記しているので、この時も未だ弓一張の身分であったのなら、書き貯めたものは従軍記程度のもので秘かな事まで記せていたとは思えない。そのため、記述に及んでいなかったり、簡略に纏め書きになったり、聞き書きのため事実と異なるところもある。逆に知ってはいたが、種々慮って省き載せていないところもある。

山口左馬助は「二、あづき坂合戦の事」で、よき働きの衆として名を連ねながら、どこが良きか具体的に載らないのは、信長伝記主体で記述したからか。それなら文句は言えないが、いつの間にか今川義元に父子共々駿府へ呼びつけて腹を切らされているのも信長伝記主体記述だから止むなしと諦めるのか。

「廿四、今川義元討死の事」では「東へ向てかゝり給ふ」と特別な言葉が載り、そこには年号を用いてここは「十一、三ノ山赤塚合戦の事」と同様の方法で記述したと示唆してあるが、未だ謎解きは浸透していない。この他、諸々を含め角川本信長公記首巻全文の補足説明を試み、積年の思いを果たす。

また「卅四、浮野合戦の事」から以降は内容が至って淡白で、州俣築城の次第は記述が無い。これも信長伝記主体の記述を施した著者の思惑あってのことか。松浦武著『武功夜話』を引用補足した。

古戦場が二つ出来たのは『武家事記』を、山鹿高興の名で著した磯谷平介の落度だが、近時は『武家事記』に従った蓬左文庫蔵『桶狭間合戦之図』と、追従した田宮篤輝が描く『桶峡間図』をもって信長公記の記述を語るが、いずれも信長公記の特異な箇所の理解がなく、鎌倉間道が描かれていない絵図の欠点を見過ごしたまま騒ぐので確かな結論は難しい。奇襲だ強襲だといった次元の話ではなかった。

桶狭間の戦いは諸説数多(あまた)あるが、歴年を考えての引用でない。文献に載る、序・跋・解題などをもとに太田牛一著『信長公記』、山中長俊著『中古日本治乱記』、小瀬甫庵著『信長記』、遠山信春著『総見記』、山澄英龍著『桶狭間合戦記』の五つを選び出典順に並べると、桶狭間の戦いは『信長公記』と『中古日本治乱記』の間で既に拗(こじ)れがあったことが判る。

原因は『信長公記』に載る「東へ向てかゝり給ふ」の僅か九文字の解釈にあった。小瀬甫庵は『信長公記』も『中古日本治乱記』も判らないところがあり日和見し、山鹿素行は往来の途次聞き書きした話を『中古日本治乱記』に因り改めるなどの事はあったが、古戦場は有松・桶狭間で、豊明・南館にはその様なものはみていないと証(あか)していた。遠山信春は日和見した小瀬甫庵の著を糺(ただ)そうと『信長公記』をもとに『総見記』を著したが、問題の「東へ向てかゝり給う」を説明出来ないまま「東へ向けて追掛け給ふ」と記し、却って不明の幅を広げてしまった。これに対し、山澄英龍は『中古日本治乱記』を多用し『尾州桶峡間合戦記』をもってしたため新たな拗(こじ)れが生じた。その姿は、岩瀬文庫所蔵の宝永五年（一七〇八）描く「桶挟間古戦場之図」に著されている。拗(こじ)れは今もなお続くが、承応二年（一六五三）の山鹿素行著『東海道日記』を理解出来ていたら斯くはならなかっただろう。

明治以降は、陸軍参謀本部が力づくで豊明・南館を古戦場に仕立て『愛知県史蹟名勝天然記念物調査報告』は『桶峡間図』を偽って書写してまで参謀本部説を支持してある。

現代では、その偽(いつわ)った『桶峡間図』を用いて桶狭間古戦場調査報告がなされ、合戦の場は有松・桶狭間と豊明・南館を含む広範囲と示し、有松・桶狭間は先人の努力を無にしてまで左様仰せ御尤もと頷き、豊明市はこれ幸いと、とうとう桶狭間地区まで作る。まるで官民挙げて歴史を冒涜していると言えば叱責を受けるだろうか。

ここに『信長公記』首巻を繙き、桶狭間の戦いの拗れを糺す。

引用文献六つの繋がる図式

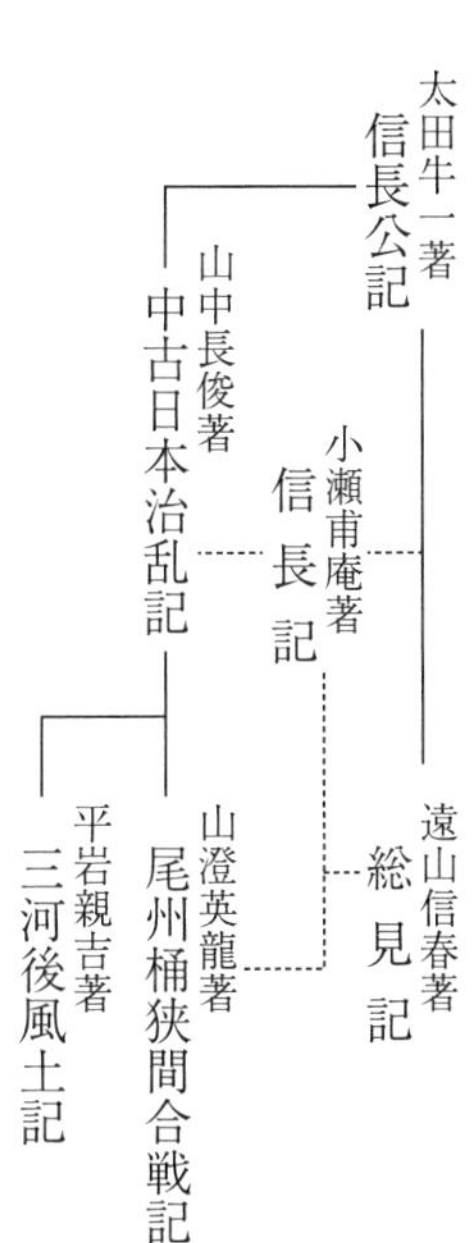

記載要領

・章を二つに区分して

前章は角川本信長公記首巻部全文を正しく記し必要箇所に注釈をつけるほか、補足して数少ない年号を用いた謎の解明は勿論、疑問のある箇所では時として他の文献の助けを得て説明した。また、『信長公記』は信長を慮って記されていなかったり、別のところに記すものに繋がるものもあり、都度補足記述した。「廿四、今川義元討死の事」は特に重きをなす。全文通し番号を付け区分意訳し、さらに詳細説明に努めた。首巻が信長伝記主体記述のためか、全文を通し、特に「卅四、浮野合戦の事」以降は旧岩倉衆等に関わる事柄が記されていない。松浦武著『武功夜話』から補足した。同じ『武功夜話』でも松浦武著は武骨で、新人物往来社版は当たり障りがない。武骨で隠すことが出来ないので、逆に事実を識る手掛かりが得られた。

後章では、各種絵図を用いて変遷振りを記した。桶狭間の戦いの場所、道筋を描いた絵図は幾種類もあるが、丹念に繙(ひもと)くと全て繋がっていた。繋がり方を出来るだけ詳しく何々の絵図のどこを使ってどの絵図に合う様に描かれたなど、都度仔細に記したので、諄(くど)いと思われた時点で理解して頂いたものと受け取りたい。間違っている箇所は指摘頂き訂正したい。それでなければ正しいものを残せない。ここに挙げた絵図で『信長公記』に基づいたものは一枚も無い。明からさまに言えば『武家事紀』で磯谷平介が「鳴海から桶狭間迄廿三町」の道筋を鎌倉間道に求めるべきを、鎌倉間道即ち東海道也として描いたからで、これが異なる歴史の幕開けとなった。大高古戦場説がささやかれるのも、この辺が因をなしている。

文中可能な限り起因の年号を付した。年号から忖度(そんたく)して関係すると思われるものと照らし合わせると視野が広がる。また吟味の便に配慮し、部分で比較表を用意しておいた。

凡例

経緯説明を試みる際は、使用文献全文を披瀝し、逐一説明するのが本来だが余りにも長文に過ぎる。ここでは必要箇所最小限の記述に留めた。

その他、文献名は二重鉤括弧で括り、文字に含まれる意味を理解して頂きたく随時原文そのままを記した箇所は太字記述、もしくは鉤括弧で括った。そのため、かな文字の使い方でも新旧のバラつきが生じた。敢えて了承頂きたい。

著作順を知ることは非常に重要なので出来るだけで西暦年を付記した。

時刻表示は定時法で巳刻（午前九時）巳尅（午前十時）午刻（午前十一時）午尅（正午）未刻（午後一時）未尅（午後二時）など括弧書きで現代時刻を付した。

地名はできるだけ原文通り記したので清洲、清須などバラつきが生じた。狭間も挾間、廻間、峡間、迫間などに分かれた。

平カナ、片カナも原文の箇所では使い分けた。

目次

繋がる　絵図

まとめにかえて

繙く　信長公記巻首

首巻部は信長伝記主体の記述になっているが「廿五、」で翌年（永禄四年示唆）四月上旬と記されてから「卅七、」で永禄四年辛酉（かのととり）五月上旬云々と記される一ケ月の間は信長以外の人物伝記が纏めて記述されている。「卅七、」からは再び信長伝記主体の記述にもどる。

また、首巻部の信長以外の人物伝記に当たる箇所では、それぞれに「一、」を付けて区別してあるので複数人物を並記した箇所はやたら「一、」が目立つがこれは陽明文庫本の特長だろう。

更に処々には前置きがしてある。同じ前置きでも何にどの様に掛かる前置きか都度子細が異なる。単純に読み進むと、重複したり、全く意味が違って来たりする。多くの場合改行した後に記すが、それが短いものは数文字、長いものは一話すべてのものもある。都度説明を加えた。

一、尾張国かみ下わかちの事

弾正忠家々伝

去程（さるほど）に尾張国八郡なり。上（かみ）の郡四郡、織田伊勢守、諸侍手に付け進退して、岩倉と云ふ処に居城（ゐじやう）なり。半国下郡（しものこほり）四郡、織田大和守下知（げぢ）に随へ、上下川を隔て、清洲（きよす）の城に武衛（ぶゑい）様置申し、大和守も

城中に候て守立申すなり。

大和守内に三奉行これあり。織田因幡守・織田藤左衛門・織田弾正忠、此三人諸沙汰奉行人なり。弾正忠と申すは尾張国端勝幡と云ふ所に居城なり。西巌　月巌・今の備後守・舎弟与二郎殿・孫三郎殿・四郎二郎殿・右衛門尉とてこれあり。代々武篇の家なり。備後殿は取分け器用の仁にて、諸家中の能者御知音になされ、御手に付けられ、或時、備後守、国中那古野へこさせられ、丈夫に御要害仰付けられ、嫡男織田吉法師殿に、一おとな林新五郎・二長平手中務丞・三長青山与三右衛門・四長内藤勝介、是等を相添へ、御台所賄の事平手中務、御不弁限りなく、天王坊と申す寺へ御登山なされ、那古野の城吉法師殿へ御譲り候て、熱田の並古渡と云ふ所新城拵へ、備後守御居城なり。御台所賄山田弥右衛門なり。

註釈

勝幡＝愛知県海部郡佐織町勝幡。　那古野＝名古屋市中区三の丸。　天王坊＝津馬市牛頭天王社。　古渡＝名古屋市中区下茶屋公園。　御不弁限りなく＝不弁のない様に心配りし。　天王坊と申す寺へ御登山なされ＝月巌信定を津島天王坊に葬られ（信定没年不明）

補足

当時、尾張国八郡の守護は斯波（武衛）義達その後、義統と続き八郡の内、丹羽・羽栗（葉栗）・中島・春日井の上四郡は、岩倉城主織田伊勢守信安が下知。海東・海西・愛知・知多の下四郡は、清洲城主織田大和守達勝が守護代として下知していた。達勝には織田因幡守・織田藤左衛門・織田弾正忠の三人が全てを沙汰する守護又代（奉行）として付き従っていた。弾正忠は勝幡に城を持ち、西巌というのは敏定の法名で、月巌はその子、信定の法名を言い、その後が今の嫡男備後守信秀・舎弟与二郎・同孫三郎・同四郎二郎・同右衛門尉と続き代々武勇を生業とする家系である。なかでも備後守信秀は取分け才能の秀れた人で、諸家の有能な人と親しくして、味方に付けて居られた。いつの時か、国の中程にある那古野に城を持たれ、丈夫に要害を固められ、嫡男吉法師殿に一番家老林新五郎・二番家老平手中務丞・三番家老青山与三右衛門・四番家老内藤勝介を付け、賄いなど内々の事は何不自由のない様、平手中務に仰せ付けられ、月巌を津島天王坊に葬られ、万々遺漏無き様手を尽くされて、那古野の城を吉法師殿に譲り、自分は熱田の並び古渡に新城を拵えて勝幡から移られた。内々の賄いは山田弥右衛門に仰せ付けられた。

二、あづき坂　合戦の事

那古野弥五郎は十三・廿六にも載る
山口左馬助は十一・廿・廿四にも載る

八月上旬、駿河衆三川の国正田原へ取出し、七段に人数を備へ候。其折節、三川の内あん城と云ふ

城、織田備後守か丶へられ候キ。駿河の由原先懸にて、あづき坂へ人数を出し候。則、備後守あん城より矢はぎへ懸出、あづき坂にて、備後殿御舍弟衆与二郎殿・孫三郎殿・四郎次郎殿初めとして既に一戦に取結び相戦ふ。其時よき働の衆、織田備後守・織田与二郎殿・織田孫三郎殿・織田四郎次郎殿・織田造酒丞、是は鑓きず被られ、内藤勝介、是はよき武者討とり高名。那古屋弥五郎、清洲衆にて候、討死候なり。下方左近・佐々隼人正・佐々孫介・中野又兵衛・赤川彦右衛門・神戸市左衛門・永田次郎右衛門・山口左馬助、三度・四度か丶り合ひ〳〵折しきて、各手柄と云ふ事限りなし。前後きびしき様躰是なり。爰にて那古野弥五郎頸は由原討取るなり。是より駿河衆人数打納れ候なり。

補足

小豆坂合戦を記した一文だが『朝野舊聞裒藁』は、戦いを、天文十一年（一五四二）八月十日、織田・今川が小豆坂で争い織田側の奮闘を七本鑓と称えた合戦と天文十七年（一五四八）三月、やはり織田・今川が同様に小豆坂で争い朝比奈藤三郎秦秀格別の働きがあった二度と載せる。ここでは冒頭に八月上旬と載るので、天文十一年の初めの小豆坂合戦をさすのだろう。「七段に人数を備え候」の後に、其折節（頃合）三川あん城と云う城を織田備後守は持っておられたと読める。

安祥の城は天文九年（一五四〇）に織田が松平から奪い取り、天文十八年（一五四九）に今川の助勢を得て松平が奪い返した間の事を安祥城の戦いと言った。それなら小豆坂の合戦はその間に二度あった。つまるところ安城での戦いが主で小豆坂の合戦は従である。なぜ安城での戦い最中にあった小豆坂の合戦と記さないのだろう。

ここに記されたよき働きの衆を七本鑓と比べる向きがある。七本鑓と称えられた人物名を『朝野舊聞裒藁』は織田孫三郎・織田造酒丞・下方左近・佐々隼人正・佐々孫介・中野又兵衛・岡田助右衛門の七人と載せる。『信長公記』のよき働きの衆の内、七本鑓に名を連ねているのは織田造酒丞・下方左近・織田孫三郎の三人だけで違い過ぎる。

『信長公記』に倣った『総見記』は小豆坂の合戦が二度あったので、よき働きの衆の名と、七本鑓の名の両方を、前後二箇所に分けて載せる。

同じ『信長公記』を検証した『織田眞記』は七本鑓の名を載せた後に、内藤勝介は善士を斬殺し、造酒允は槍疵を被り、那古野弥五郎は由原氏に殺されたと載せて、山口左馬助は名も載らない。

『武功夜話』は辛辣に「小豆坂七本鑓之申伝有。佐々党我等眞先の駆入ニ候也、御一門衆揚げつらふ贔屓偏頗（ひいきの引倒し）ニ候也、童唄ニも斯く歌ふ、織田の殿ばら七五三、七本鑓とハ、はな鑓七本、五本、三本おくれ鑓とはやし候由」と載せ、一番鑓は佐々党である。一門衆をもって七本鑓と言うのは単に七人、五人、三人、と段々に進んだだけで功名などなかったと童歌（唄）にたとえて記す。

元々、七本鑓とよき働きの衆は別の話で、よき働きの衆の内、身続きにない那古野弥五郎は、後に清洲城で築田弥治右衛門と城内攪乱を働き、山口左馬助は安祥城の戦い最中に松平竹千代の人質替に関わったことから駿河に寝返り、挙句は信長に誅殺される事になる。『信長公記』の著者は、後に重大事となる二人を指し示すため、ここに名を載せたとしか思えない。しかも山口左馬助については信長を慮って関わる一切を伏せた。そのため、関係する安城での戦いの時の働きも故意に記述していない。

○安祥城の戦い

『朝野舊聞裒藁』には岡崎古記を用いて安祥城の攻防は天文九年・十四年・十八年の三度で、『武徳大成記』を用いて小豆坂の戦いは天文十一年・十七年の二度と載る。

（年号）	（月日）	（主な事項）
天文九年（一五四〇）	六月六日	織田信秀　安城長宗を攻め城を奪う
天文十一年（一五四二）	八月十日	織田信秀　三州正田原に備えた駿河衆と小豆坂で戦う
天文十二年（一五四三）	八月	松平広忠　織田に寝返った松平信孝と戦う
天文十三年（一五四四）	九月	松平広忠　於大を離別し戸田康光に入婿し嫁を娶る
天文十四年（一五四五）	九月二十日	松平広忠　安祥城を攻めるも織田信秀の後巻きに敗れる
天文十六年（一五四七）	八月二日	松平広忠　今川義元に助勢を乞い竹千代を質に駿府へ送るが戸田五郎に勾引（かどわか）され織田信秀に渡る
天文十七年（一五四八）	三月十九日	駿河朝比奈泰能・鵜殿長助等は小豆坂で織田勢と鉢合わせし一戦に及ぶ
	七月	今川義元　朝廷の女房奉書を得、苅谷城と竹千代交換に動く 尾張の平手政秀は山口左馬助に仲介の労を命ず
	十二月五日	苅谷城は水野に還るも竹千代未だしと明眼寺文書に載る
天文十八年（一五四九）	三月三日	織田信秀没
	六日	松平広忠没
	十九日	駿河大原（太原）雪斎・朝比奈泰能は安祥城を攻める
	十一月九日	駿河勢は再び安祥城を攻め城主織田信広を二の丸に囲み、竹千代と人質替を迫る
	十日	松平竹千代、織田信広それぞれ自国に還る
	二十七日	竹千代駿府に赴く

○松平竹千代と織田信広の人質替の経緯(いきさつ)

天文九年六月、織田信秀は松平家内紛に乗じて安祥の城を取り、三河進出の足掛かりを築いた。松平広忠は十四年九月に奪回のため安祥城を攻撃したが、古渡城から駆け付けた信秀の後巻きに合い敗退した。

『朝野舊聞裒藁』には「広忠君より今川家に助力を請給ふ。今川義元人質を請ければ公（竹千代）をもて無理に応じ給ふ。よって公、駿河に赴き給はんがため、岡崎を御出ありて西野（蒲郡市神ノ郷町）より田原にかゝらせらる。石川与七郎数正・天野三之助某・金田与惣左衛門正房等二十八人従ひ来る」

さらに『朝野舊聞裒藁』には『三岡記』を用いて「竹千代君を今川へ送らる。今川より迎えのためとて飯尾勘助を出さる。勘助、中途にて煩(わずら)ひ少し遅(ち)々する所、東三河田原領主戸田三郎右衛門尉、塩見坂へ迎えを出し竹千代君を奪取、船行して尾州信秀方へ送り、信秀大悦、戸田氏は褒美として永樂百貫音信す」と有。

一般には、竹千代を奪ったのは戸田弾正小弼康光の弟五郎とし『三河物語』は永楽百貫を永楽銭千貫目とす。

信秀は、竹千代を熱田の大宮司加藤図書助順盛の宅に置き、広忠に返してやるから今川と手を切れ、と話を持ち掛けた。広忠は、其方に出したのだから何なりと存分にすればよい、と苦しいながら言い返してそのまま過ぎた。

義元は、人質は得られなかったが広忠の誠意は通じたので、大原雪斎や、母寿桂尼の兄、中御門宣秀の女を娶り、常に先陣を承り活躍する朝比奈泰能と、上ノ郷城主鵜殿長持等を松平支援のため岡崎に向かわせた。

天文十七年三月十九日駿河勢が来るのを知った信秀は、笠寺・安城を経て上和田の砦に来て馬頭原まで押し出す。広忠助勢の駿河勢は、まず上和田砦を攻めようと向かい、小豆坂で織田方と鉢合わせし一戦に及ぶ。これが二度目の小豆坂合戦で、初めは今川方が押し、後に織田方が少々押し返した。

竹千代が信秀の手にある不利を承知の義元は、公家出身の母、寿桂尼を通じ駿河・尾張和睦を執り成す後奈良天皇の女房奉書を得る。

『岡崎市史』によると、臨済寺文書の中に天文十八年七月二日付で「駿河と尾張は和睦する様」太原雪斎に勅書が遣わされ、雪斎は「時分をはかって実現する」と申したと載る。ただし、日付の天文十八年は『岡崎市史』が書き足したもので、実際は信秀没年の前、天文十七年が正しい。

　和睦の進捗を示すものに妙源寺（岡崎市大和町）所蔵の明眼寺宛今川義元書状がある。

今度山口左馬助別可馳走之由祝着候　雖
然織備懇望子細候之由　苅谷令赦免候
此上味方筋之無事無異議　山左申調候様
両人可令異見候　謹言
十二月五日　義元（花押）
明眼寺
阿部与左衛門殿

註釈

山口左馬助＝山口姓は山口県の雄・大内氏が尾張に来て名乗ったもので家格は並の土豪とは異なる。　織備＝織田備後守信秀。　苅谷令赦免＝苅谷城は返す様命じた。　味方＝松平広忠。　両人＝織田信秀と

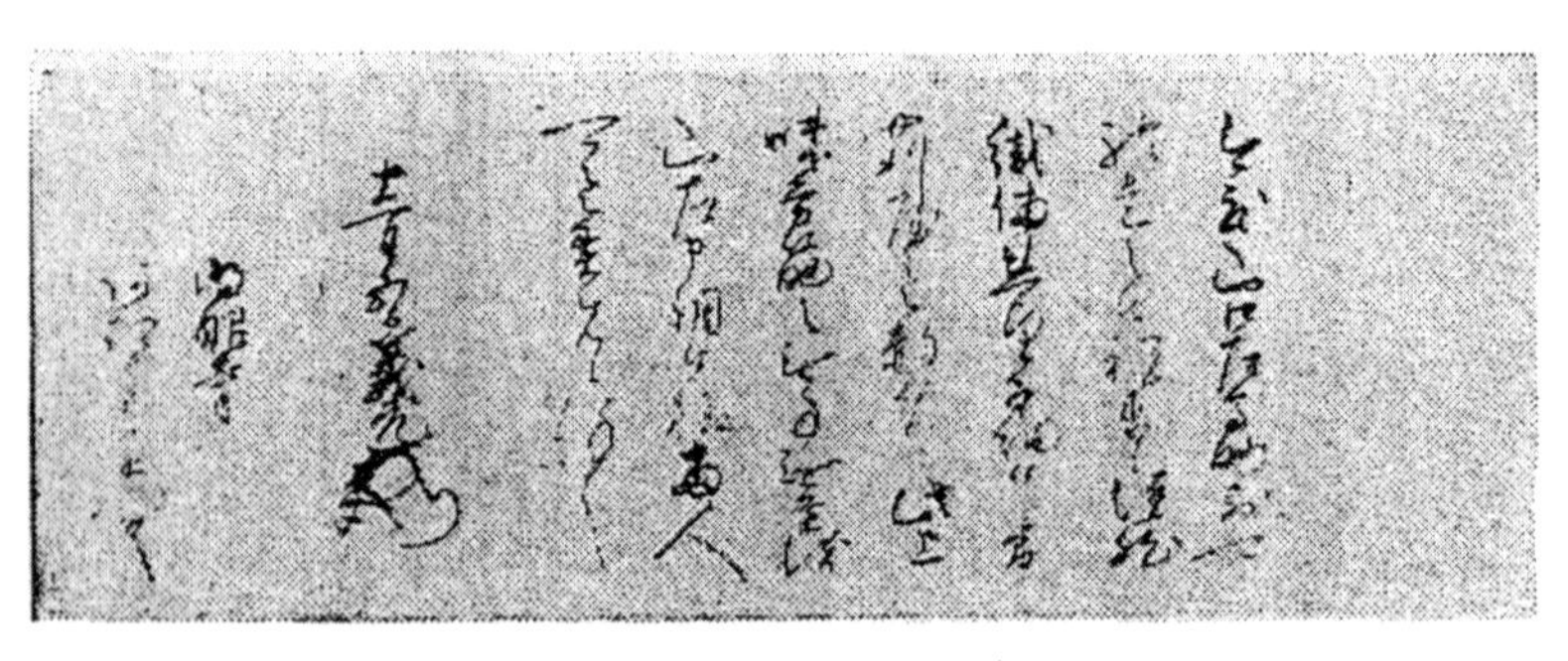

12月5日　今川義元書状　明眼寺宛（妙源寺蔵）

水野信元。　阿部与左衛門＝妙源寺地頭。　十二月五日＝天文十七年十二月五日。

補足

文意は「この度は、山口左馬助が走り廻ってくれて喜ばしい。信秀が望み通り、苅谷は返す様に命じた。しかしながら、広忠の方は何もかかわらず話し合った通りでない。左馬助が調べて申しているので間違いはない。信秀と信元によく言って聞かせよ」程度に読める。

『新修名古屋市史』第二巻第四節第三章や『岡崎市史』中世第二節第一章では、共にこの書状を天文十九、または二十年に扱っているのは『信長公記』に信秀没年を三年おくれの信長公十九の御年に当たる、天文二十一年からの類推だろう。首巻の精読が要求される。女房奉書と明眼寺文書を合わせると、

義元は太原雪斎を通じ、朝廷からも口添えがある、ぜひ竹千代を広忠に返してやってくれないかと持ち掛けた。織田側は、平手政秀が山口左馬助を仲介にして水野信元に苅谷城を返してやってくれるなら応じようと受けて、話はまとまった。

山口左馬助が、仲介の労をとらされていたとするのは、明眼寺文書にも載るが、何よりも『信長公記』の「あづき坂合戦の事」によき働きの衆として名が載る。しかも笠覆寺の地頭で家格も並の土豪とは異なり適任といえる。善は急げと、義元は早速苅谷城を明け渡す様命じたが、竹千代は未だ帰ってくる気配すらない。堪え兼ねて明眼寺の地頭を通じ文句を言った。これが、天文十七年十二月の事であった。

年が明けた天文十八年三月三日信秀が没し、三日後には広忠も没した。信秀の後を継いだ信長は、決めた本人等はもうこの世にいない、構うことはない、捨て置け〳〵と、知らぬ顔の半兵衛を決め込んだ。

仲介の労を取らされた山口左馬助は、義元に顔向け出来ず、本来なら自裁して詫びるのが当時のしきたりであったが、義元はそれを許さず、太原雪斎と相談して安祥の城にいる織田信広と取り替えさせようと、天文十八

年三月から安祥城を攻めて、遂に信広を二の丸に囲み、人質替を織田側に迫った。

『朝野舊聞裒藁』は「平手監物某等織田信広の急を救わんため公をもて信広に替んと請ふ。雪斎これをゆるし、公は三河に帰せられ、信広は囲を免れて尾張に赴く」

『総見記』は「信長は人質替の事、尤も以て同心なりとて、笠寺で十一月十日人質を取替え、三郎五郎（信広）殿は清須へ御帰りあり。徳川竹千代殿は、今川へ随って岡崎へ帰参ありけり」とそれぞれに載る。

人質替の日は十日、十二日の二説。場所も笠寺、西野の二説がある。もちろん『岡崎市史』は十二日西野説とする。

岡崎に帰った竹千代は十日程後、改めて駿府へ赴いた。

人質替の一件が落着してみると、織田は足掛かりの安城を失くし、尾張の国境を侵され、領地は大きく減じた。

一命を義元に拾われた山口左馬助は、鎌倉本道の押さえを成す沓掛城と、古鳴海で鎌倉本道と交わる黒末川の川口にある大高城を誘い謀叛し、さらに、自身在所の桜・中村に今川の助けを得て立て籠り、尾張領内に今川の楔（くさび）を打ち込み、知多郡の水野を孤立させる。

平手政秀は当初、信長が違約し迷惑をかけた義元や左馬助に詫びることも重々ながら、苅谷と竹千代を取替えて済ましておれば安城の足掛かりは安泰で、何よりも領地を減ずることはなかった。しかも信長は腹立ち紛れに、天文十九年（一五五〇）四月に左馬助とその一党を攻め殺してしまった。余りの身勝手に、美濃斎藤道三と結んだ婚儀を天文二十一年（一五五二）に済ませて、西の脅威を取除いた翌年一月十三日諫死する。

著者太田牛一はこれ等一連のことを、安祥城の戦いの最中に小豆坂の争いで山口左馬助をよき働きの衆と称しただけで済ませ、人質替・左馬助謀叛・誅殺までのことごとくを信長を慮って記述を避けた。

三、吉法師殿御元服の事

吉法師殿十三の御歳、林佐渡守・平手中務・青山与三右衛門・内藤勝介御伴申し、古渡の御城にて御元服、織田三郎信長と進められ、御酒宴御祝儀斜めならず。
翌年、織田三郎信長御武者始として、平手中務丞、其時の仕立、くれなゐ筋のづきん・はをり、馬よろひ出立にて、駿河より人数入置き候三州の内吉良大浜へ御手遣、所々放火候て、其日は野陣を懸けさせられ、次日那古野に至て御帰陣。

註釈
武者始＝元服して成人となり以後戦いの場に臨むが勝軍の験担ぎに手柄をたてやすい所に出陣する習わしを称した。
　吉良大浜＝愛知県幡豆郡吉良町。

四、みのゝ国へ乱入し五千討死の事

人物名を載せずに纏め書きした
斎藤道三は五・六・十・廿九・卅にも載る

去て備後殿は国中憑み勢をなされ、一ケ月は美濃国へ御働き、又翌月は三川の国へ御出勢。或時九月三日、尾張国中の人数(にんじゅ)を御憑なされ美濃国へ御乱入。在々所々放火候て、九月廿二日、斎藤山城(さいとうやましろ)道三居城(だうさんゐじゃう)稲葉山山下村々推詰(おしつめ)焼払ひ、町口まで取寄(とりよせ)、既に晩日申刻(ばんびさる)に及び御人数引退(ひきの)かれ、諸手半分ばかり引取り候所へ、山城道三噇(どっ)と南へ向て切りかゝり、相支候(あひさゝへ)といへども、多人数くづれ立(たつ)の間守備事叶はず、備後殿御舎弟織田与次郎・織田因幡守・織田主水正(もんどのかみ)・青山与三右衛門尉・千秋(せんしゅう)紀伊守・毛利十郎・おとなの寺沢又八舎弟・毛利藤九郎・岩越(いはこし)喜三郎初めとして歴々五千ばかり討死なり。

註釈

憑(たの)み勢＝助勢。　或時九月三日＝天文十六年（一五四七）九月三日。　晩日申刻＝午後三時。　諸手半分ばかり引取＝攻手の半分程が引上げ。　相支候＝向え撃つ。

補足

信秀は天文九年、安祥城を手に入れてからは、今川の助勢を得た松平広忠と戦いを繰り返す中で、美濃にも攻め掛かるなど東西に奔走する。九月廿三日が天文十六年の事なら（角川本脚注に天童織田家譜よりと載る）松平竹千代が戸田五郎に百貫目で売られて来た後のことで、後顧の憂いなく美濃に出陣出来たことになる。それにしても出陣の理由は良く判らない。戦いの様子は至って簡単に、稲葉山城（後の岐阜城）の山下にある村々を焼払い町口まで攻め寄せたが午後三時頃になり、これより先は明日のことにしようと攻め手を半分引上げさせたところ、どこからともなく美濃勢が現れ一斉に北から上槍に切り掛かってきて、応戦したが適わず五千人程が討死したと大敗の様子を記す。

記述の対比

『信長公記』	『武功夜話』
総勢不記	合せて五千有余騎
憑み勢して美濃乱入	二手になって攻掛る
晩日申刻	天候悪化
諸手半分引取り	暫時踏留まる
織田与次郎（信康）	犬山伯厳（信康）
歴々五千ばかり討死	二目と相無き敗軍
※犬山勢の事も含め纏め書きした。	※信秀の事と信康の事を分けて記述した。

しかし『武功夜話』では少々話が異なる。例えば、出陣した総勢は五千有余と言い、『信長公記』は五千ばかり討死したと言う。これでは生き残りの人数を記せない。その他、攻め掛かる時、信秀は河手の城に取懸かり、信康は山手瑞龍寺山に向かい、二手に別れた。信康の方は、瑞龍寺の敵を打払い長森縄手の取出に攻め掛かり、追い崩した頃から風雲急を告げ、大雨来たりて路は大河となり、山之手口で小半刻雨足が弱まるのを待ったが、逆に一層はげしくなり、七曲口へ向かおうとしたが手立て無く、暫時踏留まったところ、不意に美濃衆数千湧き出て、潮の如く責め懸かり来て、たちどころに突伏せられ、総崩れとなり大半討死した。信秀の方は、止むなく引き返す途中、尾張川が氾濫し大勢が水死したと載る。

それなら『信長公記』は信長伝記主体で記述してあるので、ここは信秀の事と信康の事を一緒に纏めて書いたことになると言えば話は終わるが、『信長公記』の著者太田牛一はそれだけでは済まさず、信長の名誉を慮ってここは故意に纏め書きしてお茶を濁してある。『武功夜話』を先へ、先へと読み進むと、この時信康は討死したが、功績に対する償いが無かったことが子の信清は無念でならず、後に信秀が没すると、篠木三郷横領を企み、岩倉取り合いの時は一時、岩倉方に味方し、桶挾間の戦いには参陣せず、墨俣で信長が争っている時にも謀叛を起こす。信長は墨俣築城を一時あきらめ、信清を討つことにするなど事は根深い。『信長公記』には、この辺の事は一切載らない。その証拠に、与次郎伯厳信康の名は二ケ所に載るが、子の十郎左衛門訃厳信清の名は一つとして載らないのは、含むところがあるからで、奥書きに「直ニ有ルコトヲ除カズ無キコトヲ添ヘズ」と記す通りに『信長公記』はなっていない。

参考

武功夜話意訳 天文未年(ひつじ)（十六・一五四七）九月、美濃長森口稲葉山に攻め掛られた。岩倉七兵衛様（義安）や犬山伯厳様（信康）に憑勢(たのみぜい)なされ、黒田渡りの攻め口は信秀様勢弐阡有余。摩免戸渡りの攻め口は、犬山伯厳様・岩倉七兵衛様・川筋衆弐阡有余。その他壱阡を合せ五阡有余騎で取懸る。備後殿（信秀）弐阡有余は、日根野が率いる凡そ壱阡五百が守る河手の城へ取懸られ、弓矢合戦となる。

今度の総大将は犬山伯厳様。岩倉七兵衛様は合力し後巻の由。加納より山手瑞龍寺山に向う。山之手の道巾(みちはば)は凡そ六尺位、谷・沢有、難義至極(なんぎしごく)なれど瑞龍寺の敵三百位を物ともせず懸合、立処に打払ひ、長森縄手より取出を突割り追ひ崩す。此の時、朝方より雲行怪敷くなり雷鳴天地にひゞき渡り、大雨来り、目前一変し進むに路無く、大水溢れ出で河と成り、進退叶間敷く、人馬共に立ちすくむ。先手松倉衆の我等は、縄手を乗切り、山之手口に辿り着いた折で小半刻待ったが、雨足一層はげしく四辺出水し、退路の道水中に没す。大縄手口より七曲口に馳向はんものと、長森口取出の美濃衆を追崩し、打取七曲口へ懸る頃合、備後様より注進有、犬山衆は七曲口迄一刻も早く乗入れと御諚有。

然れど、四辺薄暗く篠つく雨、縄手道埋没し、手立相無し。当惑いたし七曲口久保見に暫時の間踏留る。このとき不意に湧出たる敵数千、地より湧きたるか、天よりくだりたる如し。さながら潮の如く責め懸り来り、横合と思えば前方より、鬨の声天地に鳴渡り、立処に突伏せられ施術（なすすべ）とて無し。散々崩れ立ち、退口は一面見渡せば海、深田水溢れ、退口寔に叶間敷、大将坪内将監深田に落入、雑兵取囲み、遂に鑓下に相果られ、身方総崩れとなる。

田の畔道、先をあらそひ逃れ、数尺の深田、馬の足取られ、追ひ慕ひ来る敵に打たゝかれ、身動きとれず。已む無く具足履き捨て、馬は捨て、深田はいつくばり、無様云様なし。打たゝかれ、よう〳〵の事、加納寺迄退き、見渡せば三つ、五つ、退き来る身方の衆、素裸同然、寺廊によって最後の一戦構へんものと覚悟相定める。折しも、犬山衆の服部三太夫息も切れ〳〵に注進に及び、三太夫殿手負われ、命水与へて尋ねる口上は、大事出来先刻御主伯厳（信康）様、敵隠し兵山中より懸来って不意を突かれ、深田に追落され、甲斐なく相果てられ、返す〳〵無念なり。詮方なく十郎左（信清）様、高田道を取り退れ最早是迄、速やかに此場退れよと苦敷息の下より十郎左様注進伝へる。追い慕ひ寄る敵、目前に迄迫り来り、鬨之声此処彼処、急場なれば恥も外分も、具足も、鑓もかなくり捨て、足元地につかず動転退く由、二目と相無き敗軍なり。討死・手負、摩免戸迄辿り着く。

河手取出に懸られた備後（信秀）様、尾張川堤切れ、為に水死致せし者数多、散々に切崩され命から〳〵尾張へ退く。備後様生涯に又と無き不覚の出入と後々迄物語る取合なり。

五、景清あざ丸刀の事

先年尾張国より濃州（ぢょうしゅう）大柿の城へ織田播磨守入置かれ候キ。

去る九月廿二日、山城道三大合戦に打勝て申様に、尾張の者はあしも腰も立間敷候間、大柿を取詰め、此時攻干べきの由候て、近江のくにより加勢を憑み、霜月上旬、大柿の城近々と取寄せ候キ。爰に希異の事あり。去る九月廿二日大合戦の時、千秋紀伊守、景清所持のあざ丸を最後にさゝれたり。此刀、陰山掃部助求め、さし候て、西美濃大柿の並、うしやの寺内とてこれあり。成敗に参陣候て、床木に腰をかけ居陣の処、さん〳〵の悪き弓にて、木ほうをもって城中より虚空に人数備の中へくり懸け候へば、陰山掃部助左のまなこにあたる。其矢を抜き候へば、又二の矢に右の眼を射つぶす。其後、此あざ丸、惟住五郎左衛門所へ廻来り、五郎左衛門眼病頻に相煩ふ。此刀所持の人は必ず目を煩ふの由風聞候。熱田へまいらせられ然るべしと、皆人毎に異見候。これに依て熱田大明神へ進納候てより即時に目もよくまかりなり候なり。

注釈

景清所持のあざ丸＝平家の侍大将悪七兵衛景清所持の平家相伝の名刀。　織田播磨守＝不詳。　去る九月廿二日＝天文十六年九月廿二日。　大柿＝大垣。　霜月上旬＝十一月上旬。　千秋紀伊守＝千秋家は古より熱田神宮大宮司を司りその同属。　木ほう＝矢鏃の一種・細い鉄棒状のもの。　惟住五郎左衛門＝丹羽長秀が天正三年（一五七五）七月惟住の官位を得ている。以後のことを言ったものか。

補足

概略は、道三が九月に、信秀は稲葉山に攻めて来たが叩きのめしてやったので、今は疲弊しきっているだろうから、この隙に大垣の城を攻め取るべしと一手打った。

あざ丸の刀は、九月の時は千秋紀伊守が差していたので、織田側は負け戦になった。今度は斎藤側の陰山掃部助が持っていたので、斎藤側が打撃を受けることになった。後に、あざ丸は丹羽五郎左衛門の所に廻って来て、五郎左衛門は頻（しき）りに眼病を災い、皆が熱田社に参られよとしきりに言い、刀は進納されて、災いを招くこともなくなり一件落着した、程度の話だが。

大垣の地は、木曽川・飛騨川を越えた先に当たり、織田側では飛地になる。通常は二つ以上の城砦が存在し相互扶助の形でないと維持は難しい。この時、織田側に大柿の城と連携する城があったとは記録にない。織田播磨守も角川本には未詳と載る。さらに、九月廿二日の時は五千有余（武功夜話）で攻め掛かり、歴々五千ばかり討死（信長公記）していては、後巻きをしようにも人手が無い。無いものづくしでは逸話の域を出ないことにならないか。

痣丸の刀は『熱田神宮刀剣奉納文集覧』に県文化財指定脇指無銘と記録され実在する。あざ丸の異名をとるのは、刀の鎺元に鋼を混ぜ合わせた痕跡が残っていることの言われではないかと説有。

六、大柿の城へ後巻の事

斎藤道三は四・五・十・廿九・卅にも載る

霜月上旬、大柿の城近々と取寄せ、斎藤山城道山攻寄（せめよ）るの由注進切々（せつく）なり。其儀においては打立つべきの由候て、

霜月十七日、織田備後守殿後巻（うしろまき）として、又憑（たの）み勢をさせられ、木曾川・飛騨川、大河舟渡しをこさ

せられ、美濃国へ御乱入、竹が鼻放火候て、あかなべ口へ御働き候て、所々に煙を揚げられ候間、道三仰天を致し、虎口を甘、井の口居城へ引入るなり。か様に程なく備後守殿軽々と御発足、御手柄申すばかりなき次第なり。

霜月廿日、此留守に尾州の内清洲衆、備後殿古渡新城へ人数を出し、町口放火候て、御敵の色を立られ候。かくのごとく候間、備後殿御帰陣なり。是より鉾楯に及び候キ。

平手中務丞、清洲のおとな衆坂井大膳・坂井甚介・河尻与一とてこれあり。此衆へ無事の異見数通候へども、平手　扱　相調はず。翌年秋の末、互に屈睦して無事なり。其時平手、大膳・甚介・河尻かたへ和睦珍重の由候て書状を遣はす。其端書に古哥一首これあり。

袖ひぢて結びし水のこほれるを春立つけふの風や解くらん、と候えつるを覚候。か様に平手中務は借染にも物毎に花奢なる仁にて候し。

註釈

霜月上旬＝天文十六年十一月上旬。　後巻＝城を囲み攻撃中の敵の後から襲い掛かり挟み撃つ。　憑勢＝助勢。　虎口を甘＝攻め口をやわらげる（手をゆるめる）。　御敵の色を立てられ＝敵対姿勢を示す。　鉾楯に及ぶ＝戦いを始める。　無事の異見＝事を起こさないための意見。　相調はず＝意見が纏まらなかった。

補足

『総見記』は先のあざ丸の話の途中で後巻きと放火の話を載せ、『織田眞記』はあざ丸の話は虎口を甘、井口の城に引入った後に載せる。天文十六年は安城の戦い最中だが信長公記は詳細を記るさない。これはあざ丸を用いた譬え話だろう。

平手政秀は和談の名手の様に言われているが、当時は平手に限らず誰でも和談なり調儀で済むものまで、無にして争うことはなかった。むしろこれらが不成立のときに、初めて武力を用いていた。また、鉾楯に及んでも必ず越訴の機会があり、出来るだけ味方に引入れ戦力拡大を工夫するのが常であった。

前の「五、」とこの「六、」を合わせ譬えた箇所を除き記述すると、

道三は先に信秀を叩きのめしたので攻めるなら今だと一手を打ち、以前から信秀と仲違いしている清洲衆（織田大和守家）に、備後守が最近築いた古渡新城の町口に放火させてゆさぶった。

信秀の家臣平手政秀は、東は安城で争いの最中であり、今また西の美濃に打ち負け、剰え清洲に加わられては大事なり。まずは年を越して清洲衆と和睦し小康を得た。清洲衆を影で操る道三とは、嫡男の信長を婿入りさせて、道三の女（胡蝶）を娶って、安定を計ることで話が纏まり、やっと静謐を得た。

娶ることは信長の私生活に属する。記述は次の箇所で行った。

七、上総介殿形儀の事

去て平手中務才覚にて、織田三郎信長を斎藤山城道三聟に取結び、道三が息女尾州へ呼取り候キ、然る間何方も静謐なり。

信長十六・七・八までは別の御遊びは御座なく、馬を朝夕御稽古、又、三月より九月までは川に入

り、水練の御達者なり。其折節、竹鑓にて扣合御覧じ、兎角鑓はみじかく候ては悪しく候はんと仰せられ候て、三間柄・三間間中柄などにさせられ、其比の御形儀、明衣の袖をはづし、半袴、ひうち袋、色々余多付けさせられ、御髪はちやせんに、くれなゐ糸・もゑぎ糸にて巻立てゆわせられ、大刀朱ざやをさゝせられ、悉く朱武者に仰付けられ、市川大介めしよせられ御弓御稽古、橋本一巴師匠として鉄炮御稽古、平田三位不断召寄せられ兵法御稽古、御鷹野等なり。爰に見悪事あり。町を御通りの時、人目をも御憚なく、くり・柿は申すに及ばず、瓜をかぶりくひになされ、町中にて立ちながら餅をまいり、人により懸り、人の肩につらさがりてより外は御ありきなく候、其比は世間公道なる折節にて候間、大うつけとより外に申さず候。

註釈

静謐＝天下泰平。　三間間中柄＝三間半の柄。　明衣＝湯上りに切る一重衣。

補足

冒頭の「道三が息女尾州へ呼取り候キ」の時期について

『美濃国諸旧記』は、天文十八年の春に至り、信秀病気取結びける故に、早く存命の内、結縁たるべしと催促あるに付きて、婚礼を急ぎ、即ち明智入道宗寂を媒として、同年二月廿四日尾州古渡に入輿し、上総介信長の北の方とぞ相なりぬ。道三本室の子は、此の息女のみなり。扨又、同年三月三日織田信秀卒去す。四十二歳法名桃岩と号す。信長十六歳、奥方十五歳と載せる。

『武功夜話』は、「吉法師様御元服被成信長云。上総介様事」と題した箇所には、美濃斎藤道三入道、御息女胡蝶様縁組なされ御輿入に相成る。兎角、美濃とのいさかい落着。仲人は尾州津島道空、取持った平田三位殿、苦心なされた揚句の成立と承る。上総介信長さまは、備後様の御遺言通り三回忌御法要を万松寺で取行はれ、備後様跡式襲なされる。右は備後様御逝去アト三年、右は天文辛亥（かのとい）（二十・一五五一）年三月日之事と記す。

前の「右は備後様御逝去アト三年」は胡蝶様縁組に掛かり、天文十八年から満三年後の天文二十一年に取行われ、後の「右は天文辛亥三月日之事」は万松寺で行われた法要に掛かり、天文十八年から数えて三年後の天文二十年に当たる。

万松寺位牌裏には信秀公天文二十年辛亥三月三日卒とあった（戦災焼失）と記録有。万松寺過去帳は天文二十一年に載る。『織田家雑録』にも同様に載る。

『美濃国諸旧記』と『武功夜話』の記述をもってすると、春から信秀の病気が思わしくなく、何としても存命中に縁組して関係を確立しておきたいと、再三催促して、明智入道宗寂を媒にし、天文十八年二月廿四日、信秀逝去の一週間前に婚約を済ませた。信秀の喪は遺言に従って、三年間伏せ、天文二十年三月、三回忌法要を葬儀の日に宛て、万松寺で法要を行い、忌明けを経て天文二十一年尾州津島道空を仲立に、平田三位が取持って晴れやかに輿入れした。平田三位は、平手政秀を言うと『武功夜話』にも載る。

八、犬山謀叛企てらるゝの事

信長伝記主体記述なら孫三郎はここに載らない

一、去程（さるほど）に備後殿、古渡（ふるわたり）の城破却なされ、末盛と云ふ所山城こしらへ御居城（ごゐじやう）なり。

一、正月十七日、上郡犬山・楽田より人数を出し、かすがゐ原をかけ通り、竜泉寺の下柏井口へ相働き、所々に煙を挙げ候。即時に末盛より備後殿御人数かけ付け、取合ひ、一戦に及び切崩し、数十人討とり、かすがゐ原を犬山・がくでん衆逃げくづれ候。何者の云為哉覧、落書に云、
やりなはを引ずりながらひろき野を遠ぼえしてぞにぐる犬山、と書て所々に立置き候らひし。
備後殿御舎弟織田孫三郎殿一段武篇者なり。是は守山と云ふ所に御居城候なり。

註釈

正月十七日＝天文十八年（一五四九）正月十七日。　上郡犬山＝犬山市　楽田＝犬山市楽田。　かすがゐ原＝春日井市。　竜泉寺の下柏井＝名古屋市守山区柏井町。　武篇者＝武勇を誇る人。

補足

織田備後守信秀は、城を古渡から末盛に移した。犬山楽田の織田信清は、天文十八年正月十七日謀叛を起こし、下柏井口まで攻め入ってきたが、既刻、信秀が駆け付け一戦に及び追い払った。その様を誰の仕業か落書には、やりなはを云々と載せ、続き書きして、信秀の弟織田孫三郎は武勇の人で守山の城にいたと記してあるが、ここは前の文章とは繋がりを欠く。首巻が信長伝記主体の記述なら「一、」も付けずに記す孫三郎はここではなく「廿五、」から「卅七、」までの間に記されていなければならない。鍵は『武功夜話』にあった。

『武功夜話』の数ケ所に載るものを合わせると、天文十八年暮れ、信秀様が逝去された年に犬山の織田計厳信清殿が御台地である篠木三郷の横領を企んだ。このときは上郡で一揆が起こり、信清殿は以前から父伯厳（信康）様が美濃攻めのとき、粉骨し討死したのに、その恩賞に預からず不満を募らせていたので、この時とばかり

謀叛を企て、柏井衆を味方に引き入れようと誘ってきたが、信秀様が在世され、信長様は吉法師と申されていたときに、やはり御台地で一揆があり、そのとき某等柏井衆は監督不行届などとして罪を問われなかったので、ここで誘いに乗っては、その恩に報いたことにならない。御役に立つのはこの時と、代官孫九郎は各々部署相定め、飛人、速に一人清須へ、一人守山孫三郎殿へ注進候。犬山十郎左衛門（計巌）殿壱阡有余之人数、樂田より原をぬけ柏井口へ乱入、在々諸々火を放、乱棒甚敷一揆衆加入其数増、欲心抱き候一揆衆合せ其数壱阡五百有余云々。（『信長公記』で蚊帳の外に扱われていた）守山の孫三郎殿三百有余、柏井表迄繰出し御加勢被成云々と載る。

『武功夜話』では、信清の謀叛は天文十八年三月三日、信秀が亡くなった後のことで、犬山の信清と戦ったのは信秀ではなく、孫三郎になっている。

それなら『信長公記』は、信清謀叛を正月十七日にし、信秀生前の事にしたが、事実を曲げてあることを示すために、文章に繋がらない孫三郎の名を載せていたと読める。

信秀没年を『武功夜話』には「一、織田弾正忠信秀様備後様事御他界之事に桃巌禅定天文巳酉（つちのととり）（十八）三月日御逝去ニ候労敷事ニ候末盛衆喪を秘し葬儀取行ず両三年之間ニ候、然れど国中風聞取沙汰色々御座候」『続群書類従』織田系図にも、信秀は天文十七年末、古渡城から末盛に城を築いて移り、翌十八年巳酉三月三日四十二歳で卒す。法名桃巌と申し萬松寺に葬る。

『武功夜話』先祖等武功夜話巻壱に計巌（信清）殿異心被成候ハ、備後様御他界、清須大和守計巌様そゝのかし備後様御台地取抱ものと蜂起被成候也云々。小六申様、細作之者さぐり候虚説とりまぜ伝へ候ニよれば清須大和守ミノ斎藤佐兵衛尉相通し候、上郡与奪之風聞有、酉（十八年）年暮方より我等計巌様与力、柏井乱入乱棒等荒廻候、計巌様御本心御台地与奪ニ候、孫殿（孫三郎）上総殿若年ニ候も御台地ニ懸け参られ候、と載りこの時、蜂須賀小六は信清に従っていた。

九、備後守病死の事

勘十郎は十七・十八・廿五にも載る

一、備後守殿疫癘御悩みなされ、様々御祈祷・御療治候といへども御平癒なく、終に三月三日御年四十二と申すに御遷化。生死無常の世の習、悲哉、颯々タル風来テハ万草之露ヲ散シ、漫々タル雲色ハ満月ノ光ヲ陰ス。去て一院御建立、万松寺と号す。当寺の東堂桃巌と名付けて、銭施行をひかせられ、国中の僧衆集て生便敷御弔なり。折節関東上下の会下僧達余多これあり。僧衆三百人ばかりこれあり。

三郎信長公、林・平手・青山・内藤、家老の衆御伴なり。

御舎弟勘十郎公、家臣柴田権六・佐久間大学・佐久間次右衛門・長谷川・山田以下御供なり。

信長御焼香に御出、其時信長公御仕立、長つかの大刀・わきざしを三五なわにてまかせられ、髪はちやせんに巻立、袴もめし候はで仏前へ御出であって、抹香をくはつと御つかみ候て、仏前へ投懸け御帰り。

御舎弟勘十郎は折目高なる肩衣・袴めし候て、あるべきごとくの御沙汰なり。

三郎信長公を例の大うつけよと執々評判候なり。其中に筑紫の客僧一人、あれこそ国は持つ人よと申したる由なり。

一、末盛の城勘十郎公へまいり、柴田権六・佐久間次右衛門、此外歴々相添へ御譲りなり。

一、平手中務丞子息、一男五郎右衛門、二男監物、三男甚左衛門とて兄弟三人これあり。総領の平手五郎右衛門能駿馬を所持候。三郎信長公御所望の処、にくふりを申し、某は武者を仕候間、御免候へと申候て進上申さず候。信長公御遺恨浅からず。度々思食あたらせられ、主従不和となるなり。

三郎信長公は上総介信長と自官に任ぜられ候なり。

一、去程に平手中務丞、上総介信長公実目に御座なき様躰をくやみ、守立候験なく候へば、存命候ても詮なき事と申候て、腹を切り相果候。

註釈

疫癘＝流行病。　三月三日＝万松寺過去帳に天文二十一年（一五五二）と載る。しかし続群書類従には天文十八年（一五四九）と載る。　万松寺＝現・名古屋市中区裏門前町、慶長十五年までは昭和区小桜町にあった。　会下僧＝修学僧。　勘十郎公＝信長舎弟信勝または信行とも載る。　折目高なる肩衣＝真直折目のついた袖無短衣。　あるべきごとく＝作法通り。　うつけ＝中が空っぽの様を言う。　国を持つ人＝一国一城の主になる人。　にくふり＝憎らしげに。　実目に御座なき＝不真面目。

補足

信秀の葬儀を万松寺で催しているので、時期は万松寺過去帳に載る天文二十一年に相違ないが、遷化四十二なら天文十八年に当たり続群書類従と同じになる。ここは『武功夜話』の三年喪を伏せた記述に倣い天文二十一年でよい。

さらに「仏前へ御出であって抹香を、くはっと御つかみ候て、仏前へ投懸け御帰り」と記す箇所を、武功夜話には「備後様御葬儀当日ハ上総介様勘十郎様差控候処尻目被成眞直進出御焼香被成一番候（焼香を一番になされ）、只壱人罷帰られ候、衆人驚嘆声無呆然たり」と載り、事体は少々異なる。

改めて文章記述を眺めると、中程までは葬儀の次第と勘十郎と信長の行儀のことが記されその後、信長は跡目相続し、勘十郎に末盛の城に用人を付けて譲り、自分は上総介と自任した、とここまでは葬儀とそれに関係する事なので同じ箇所に記されていて不思議でもなんでもない。しかし『信長公記』首巻は信長伝記主体記述である。残る、平手の一男五郎右衛門の馬を信長が欲しがり五郎右衛門は断り遺恨が残ったことや、平手政秀が信長が不真面目なので諌死したと記す二箇所は、先の孫三郎のことと同じで、記すのなら「廿五、」から「卅七、」までの間に載せるものに当る。敢えてここに載せるからには孫三郎と同様に、それなりの理由がなければならない。有とすれば「あづき坂合戦の事」でよき働きの衆と名が載る山口左馬助と、能駿馬（よき）とは「馬」で繋がる。佐馬助のことはあづき坂合戦で既に記述に及んだ。「犬山謀叛企てらるゝの事」で孫三郎に気付かなければ、ここでの左馬助と能駿馬を結びつけることは難しい。信秀の喪を三年伏せたほどだから左馬助親子が謀叛し、信長が逆恨みして殺したなど明から様に出来るはずがない。平手は、信長が約束を違えず、竹千代を松平に返しておれば、信広が掴まり安祥城の橋頭堡は無くなり、有能な山口左馬助一族も失い、沓掛・大高の二城とその領地も減じることはなかった。古渡の城を末盛に移したのは、返す〳〵も残念の事態となった。こんなことでは、尾張一国を手にするどころか、僅か半国さえ維持するのは難しいだろうと悲観しての諌死だった。

十、山城道三と信長卿参会の事

道三の事は四・五・六・廿九・卅にも載る

一、四月下旬の事に候。斎藤山城道三、富田の寺内正徳寺まで罷出づべく候間、織田上総介殿も是まで御出で候はゞ祝着(しゅうちゃく)たるべく候、対面ありたきの趣申し越し候。此子細は、此比(このころ)上総介を偏執(へんしふ)候て、聟殿は大だわけにて候と、道三前にて口々に申候キ、さ様に人人申候時は、たわけにてはなく候よと山城連々申候キ、見参(げんざん)候て善悪を見候はんためと聞え候。

上総介公御用捨(ごようしゃ)なく御請をなされ、木曾川・飛騨川、大河舟渡し打越し御出で候。富田と申す所は在家七百間これあり。富貴の所なり。大坂(おさか)より代坊主を入置き、美濃・尾張の判形(はんぎやう)を取り候て免許の地なり。斎藤山城道三存分(ぞんぶん)には、実目になき人の由沙汰候間、仰天させ候て笑はせ候はんとの巧(たくみ)にて、古老の者七・八百、折目高なる肩衣・袴、衣装公道なる仕立にて、正徳寺御堂の縁に並び居させ、其まへを上総介御通り候様に構へて、先(まづ)山城道三は町末の小家に忍居て、信長公の御出での様躰を見申し候。其時信長の御仕立、髪はちゃせんに遊ばし、もゑぎの平打(ひらうち)にてちやせんの髪を巻立て、ゆかたびらの袖をはづし、のし付けの大刀・わきさし二ツながら、長つかにみごなわにてまかせ、ふとき苧(からむし)なわうでぬきにさせられ、御腰のまはりには猿つかひの様に火燧袋・ひょうたん七つ・八つ付けさせられ、虎革・豹革四つかはりの半袴をめし、御伴衆七・八百甍(いらか)を並べ、健者(すくやかもの)先に走らかし、三間間中柄の朱やり五百本ばかり、弓・鉄炮五百挺もたせられ、寄宿の寺へ御着き候て、屏風引廻(めぐら)し、

一、御ぐし折曲(をりまげ)に一世の始にゆわせられ、

一、何(いつ)染め置かれ候を知る人なきかちんの長袴めし、

一、ちいさ刀、是も人に知らせず拵(こしらへ)をかせられ候をさゝせられ、御出立(いでたち)を御家中の衆見申候て、去(さ)ては此比(ころおい)たわけを態(わざと)御作り候よと、肝を消し、各(おのおの)次第〳〵に斟酌(しんしゃく)仕候なり。御堂へする〳〵と御

出あって、縁の御上り候処に、春日丹後・堀田道空さし向ひ、はやく御出でなされ候と申候へども、知らぬかほにて、諸侍居ながれたる前をする〳〵と御通り候て、縁の柱にもたれて御座候。暫く候て、屏風を推しのけて道三出でられ候。又是も知らぬかほにて御座候を、堀田道空さしより、是ぞ山城殿に御座候と申す時、であるかと仰せられ候て、敷居より内へ御入り候て、道三に御礼ありて、其まゝ御座敷に御直り候なり。去て道空御湯付(ゆづけ)を上げ申候。互に御盃まいり、道三に御対面、残る所なき御仕合(しあはせ)なり。附子(ふし)をかみたる風情(ふぜい)にて、又やがて参会すべしと申し罷立ち候なり。廿町ばかり御見送り候。其時、美濃衆の鑓はみじかく、こなたの鑓は長く扣立(ひかへたち)候てまいり候を、道三見申候て、興をさましたる有様にて、有無を申さず罷帰り候。途中あかなべと申す所にて、猪子(ゐのこ)兵介、山城道三に申す様(やう)は、何と見申候ても上総介はたはけにて候と申候時、道三申す様に、されば無念なる事に候。山城が子共、たわけが門外に馬を繋ぐべき事案の内にて候とばかり申候。自今(じごん)已後(いご)道三が前にてたわけと云ふ事申す人これなし。

註釈

正徳寺＝聖徳寺・一宮市苅安賀富田。　罷出づべく＝出掛ける。　申し越＝言って来る。　偏執候て＝妬んで。　たわけ＝たわける・おどけるから出た馬鹿に替わる地方独特の言葉。　山城連々申＝山城道三常々申す。　見参候て善悪を見候はんためと聞え候＝会って本当か嘘か見極めようとした。　御用捨なく＝尻込みせず。　在家＝在郷の家。　大阪より代坊主＝大阪石山本願寺の代理を務める僧侶。美濃尾張の判形を取り候て免許の地＝美濃と尾張の両国から判物を得て租税免除された地。　斎藤山城道三存分には云々巧にて＝斎藤山城道三考えは、信長は不真面目だと噂されていて皆で物笑いにしようと企み。　衣装公道なる仕立＝衣装は公に極められた通り仕立てて。　平打＝紐や金属を平らに打ったもの。　苧＝からむし（麻の一種）。　四つかはり＝四種に染分け。　かちんの長袴＝柿渋色の長袴。肝を消し＝驚いて我を忘れ。　斟酌＝事情を呑み込む。　残る所なき御仕合なり＝心残りなく事が終わる。　附子をかみたる風情＝苦虫を噛んだ様な様子。　興をさましたる有様＝面白くない有様。あかなべ＝岐阜市茜部。　されば無念なる事云々たわけと云ふ事申す人これなし＝しかし残念だが自分の子供はいずれあの馬鹿者に臣下の礼をとることになるだろうと言った以後道三の前ではたわけと言う事を申した人はいない。

補足

美濃斎藤道三は、尾張織田信秀の家老平手政秀が、両国の友好関係を築きたいとやかましく言って来るので、それならと嫡男信長を入聟させ、道三の息女を尾州へ迎え取らせることに決め、天文十八年二月廿四日明智入道宗寂媒（なかだち）で婚姻の儀式を畢（おわ）らせた。ところが十日も経ずに信秀が没すると、織田信清が謀叛し、鳴海の山口左馬助も沓掛・大高の二城を誘って、これまた謀叛に及ぶ。信長は、篠木三郷の地を侵した信清は追い返したが、砦に立籠もった山口左馬助とその一党を信秀忌中に関わらず、殲滅する殺生を事も無げにした。忌明けを待って、堀田道空媒で、晴れて天文二十一年三月胡蝶を輿入れさせると今度は政秀が諫死してしまった。

道三は何とも揉め事の多いことで、その上、胡蝶の聟殿は大うつけと言うではないか、ここは信長の人体（にんてい）を確かめる必要有と、富田の聖徳寺で参会したいと言うと、これも、事も無げに応じて来た。何れ年端もいかない無頼の徒の類いだろうから、まずは古老が七・八百も正装して居並ぶところを通る様に仕向け、驚かせて物笑いにしてくれようと企んだ。

この後を『総見記』も同様に記述があり、文末も「其かへり路あかのべと云所にて猪子兵助と云ふ者、道三に向って申し上げるは、扨、何と見申し候うても織田上総介殿は戯気人（たわけじん）にて御座候。いかゞ思召し候ふやと云ふ。道三申されけるは、されば今に見給へ、此、道三が子供は頓（ぬかずい）てあの戯気者（たわけ）が門に馬をつなぎ候はん事、案の内に候へば口惜と存ざると泪ぐみてぞ答へられける」と同様に載る。

十一、三ノ山赤塚の戦い（一）

天文弐十弐年が二ケ所に載る
山口左馬助は二・廿・廿四にも載る

天文弐十弐年癸丑四月十七日、織田上総介信長公十九の御年の事に候。鳴海（なるみ）の城主山口左馬助・子息九郎二郎、廿年（はたちのとし）、父子、織田備後守殿御目を懸けられ候処、御遷化（せんげ）候へば程なく謀叛を企て、駿河衆を引き入れ、尾州の内へ乱入。沙汰の限りの次第なり。

一、鳴海の城には子息山口九郎二郎を入置き、

一、笠寺へ取出（とりで）・要害（えうがい）を構へ、かづら山・岡部五郎兵衛・三浦左馬助・飯尾豊前守・浅井（あざゐ）小四郎、五人在城なり。

一、中村の在所を拵（こしらへ）、父山口左馬助楯籠（たてごもる）。

か様に候処、四月十七日、（翌年略）

一、織田上総介信長公十九の御年、人数八百ばかりにて御発足、中根村をかけ通り、小鳴海へ移られ、三の山へ御あがり候の処、

一、御敵山口九郎二郎廿の年、三の山の十五町東、なるみより北赤塚の郷へはなるみより十五・六町あり。九郎二郎人数千五百ばかりにて赤塚へかけ出し候。
先手(さきて)あし軽、
清水又十郎・柘植(つげ)宗十郎、中村与八郎・萩原助十郎・成田弥六・成田助四郎・芝山甚太郎・中嶋又二郎・祖父江(そぶえ)久介・横江孫八・あら川又蔵、
是等を先としてあかつかへうつり候。

註釈

信長公十九の御年＝天文廿一年（一五五二）に当る。　鳴海城＝名古屋市緑区鳴海町。　中村の在所＝名古屋市南区桜台。　三の山＝名古屋市緑区三王山。　子息九郎二郎廿年＝天文廿一年に当る。

補足

織田信秀の弾正忠家は尾張の奉行職にあって、守護職斯波家を補佐する守護代職織田大和守家に付き従う家格であったが、信秀の代には武力は優に一族を圧していた。その事蹟を見ると、侵攻を計画する都度、適合位置に城を移し体制を整えるなど周到振りが窺える。晩年は城を古渡から末盛に移したが、翌年、天寿を全う。間際には戦国武将の常の如く、三年喪を秘せよと言い残した。

信秀の没年を小瀬甫庵『信長記』、遠山信春『総見記』ともに天文十八年己酉(つちのととり)三月三日と記載し、『朝野舊聞裒藁』曰く文・伊東法師物語には、松平広忠は廿五才の天文己酉三月六日死去され云々の文中に、織田備後守信秀は三日に死んでいると添書きがされている。

『武功夜話』には、こと細かく天文己酉三月日御逝去、末盛城の家老衆は喪を秘し、両三年の間葬儀行わず。信長は信秀の遺言通り、天文廿年辛亥(かのとい)三月万松寺の三回忌法要をこれに当て、信長跡目相続したと載る。

『信長公記』著者・太田牛一は誠実一途の人で遺言通り、信秀没年を明記せず、同年にあった山口左馬助の謀叛、および翌年四月十七日の左馬助成敗、共に三年遅れで記述し、剰え、信長を慮(おもんばか)って、この事は左馬助の子・九郎二郎と、三ノ山赤塚で戦ったと記述する以外秘匿した。記述の

「天文弐十弐年（一五五三）癸丑(みずのとうし)四月十七日」は、三年遅れで記述した三ノ山赤塚合戦の日

「織田上総介信長公十九の御年の事に候」は、信長十九の年は天文二十一年（一五五二）に当るので三年おくれの三ノ山赤塚合戦の前年になる。

「鳴海の城主山口左馬助・子息九郎二郎廿年　父子織田備後守殿御目を懸けられ云々、中村の在所を拵、父山口左馬助楯籠」は、鳴海の城主山口左馬助と、この年、二十歳になる子息九郎二郎父子は中村在所と鳴海の城に立て籠もる。

「か様に候処、四月十七日」は、この様な状況にあったが、翌年または天文二十二年を略した四月十七日

「一、織田上総介信長公十九の御年人数八百ばかりにて御発足云々」は、ここを織田上総介信長公は十九の御年が示す天文二十一年に人数八百ばかりにて御発足云々と読むのだが、これでは二十二年四月十七日の前年に人数八百ばかりにて御発足となり意味をなさない。

「御敵山口九郎二郎廿の年云々九郎二郎人数千五百ばかりにて赤塚へかけ出し候」は、御敵山口九郎二郎廿の年が示す天文二十一年に云々九郎二郎は人数千五百ばかりにて赤塚へかけ出し候と読むことになり両方とも天文二十二年の前年（天文二十一年）が邪魔で意味をなさない。

小瀬甫庵はここを読み熟(こな)すことが出来なかったのか、三ノ山赤塚合戦の事の全文を記述せず、左馬助謀叛のことは自著「義元討死の事」と題する箇所に、いとも簡単に永禄元年を示唆する記述をして口を拭った。しかし甫

庵に限らず今までこれが太田牛一独自の特異な記述だと気付いていない。

牛一はここでの記述を信長の伝記は信長だけ、九郎二郎の伝記は九郎二郎だけと別々に記した。まず上総介信長に「一、」を付けて備後守が遷化すると山口父子は謀叛を企て駿河衆を笠寺の城に引入れ、左馬助は中村の在所に楯籠ったのでこれを討つため人数八百ばかり云々と記し、同様に山口九郎二郎にも「一、」を付けて備後守が遷化すると父左馬助と謀叛を企て駿河衆を笠寺の城に引入れ、自分は鳴海の城にいて、父左馬助は中村の在所に立籠もったと記した後に、三の山の十五町東云々九郎二郎人数千五百ばかりにて赤塚へかけ出したと記し、両方に同じ文章が並んだ。そこで、両方の重なる箇所を抜き取り初めに纏めて記述したのが「天文弐十弐年四月十七日」と、後の年号を略した「四月十七日」に挟まれた箇所で、抜き取ったところにはそれぞれ「信長公十九の御年」と「九郎二郎廿の年」の言葉を入れて前置きとし、ここは前の年号に挟まれた文章が当てはまると示唆した。前置きなので意識せずに読むと二重読みになる。編年体記述ならそれぞれに「一、」を付けず前置きもしない。

文章記述	読みかえ
天文弐十弐年四月十七日	
織田上総介信長公十九の御年	織田上総介信長公十九の御年
子息九郎二郎廿の年	子息九郎二郎廿の年
か様に候処（天文弐十弐年）四月十七日	か様に候処天文弐十弐年四月十七日
一、織田上総介信長公十九の御年	織田上総介信長公

人数八百ばかりにて御発足
一、御敵山口九郎二郎廿の年
三の山の十五町東

詰まるところ二つ宛ある天文弐十弐年四月十七日・信長公十九の御年・山口九郎二郎廿の年を一つにして読むことになる。

しかし編年体で記述し、二つ宛あるものを一つ宛にして記述した『総見記』（織田軍紀）には「尾州鳴海城主山口左馬助は、備後守殿卒去の以後、尾州に背き、鳴海の城に子息山口九郎二郎を籠置き、自分は中村の在所に立籠もり、笠寺に砦を作り今川の将士五頭を入れた。信長は立腹して、天文二十二年癸丑四月十七日御年十九歳わずか八百の人数を率し鳴海表へ御出陣あり云々。敵の山口九郎二郎生年二十二歳若武者千百計りの人数を云々」と載る。なるほど重複している。御年十九歳・生年二十二歳は一つになっているが、残すべき前の方のものを省き、除くべき後の方を残したので信長、九郎二郎共に合戦の年と年齢が一致していない。

人数八百ばかりにて御発足
御敵山口九郎二郎
三の山の十五町東

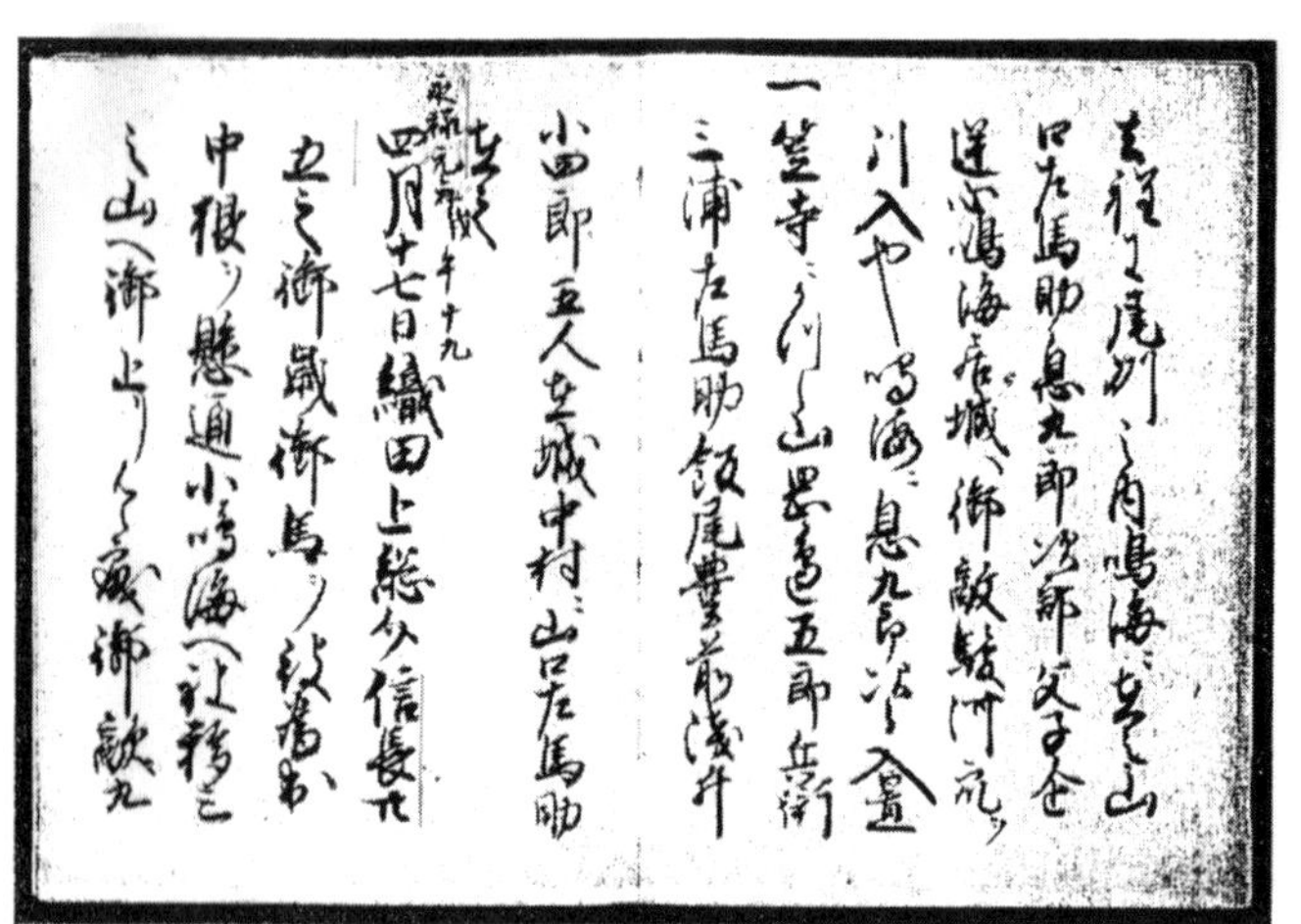

天理本『信長記』

（説明）『信長公記』の「一、」が少なく文章も省略記述し、「か様に候処」は省略、4月17日からは「十九の年」を「廿五之御歳」にかえて続き書きし、月日は「天文廿二年」を永禄元年戊午十九とかえた。

信長公記の読みかえ	総見記の記述
織田上総介信長公十九の御年	――
子息九郎二郎廿の年	――
か様に候処天文弐十弐年四月十七日	天文弐十弐年四月十七日
織田上総介信長公	（天文弐十一年）御年十九歳纔八百の人数を卒し云々
人数八百ばかりにて御発足	
御敵山口九郎二郎	敵の山口九郎次郎生年二十二歳（天文弐十二年）
三の山の十五町東	若武者千百計りの人数を云々

天理本『信長記』は三ノ山赤塚合戦の記述で、天文弐十弐年四月十七日を、永禄元年（一五五八）戊午（つちのえうま）四月十七日と書き換え、後の方の、信長公十九の御年は、信長廿五之御歳に、九郎二郎廿の年は、九郎二郎廿三ノ年にかわり文章は総見記に似た記述になっている。年号が永禄元年になっているのは甫庵書、またはその類似書に感化されたからではないか。

落書き

ここでの前置きの扱い方は「廿四、今川義元討死の事」で「旗本は是なり、是へ懸れと御下知あり未剋東へ向てかゝり給ふ」と記す前置きの扱い方と同じである。同様にそのまま続けて読み進むと重複になる。

十一、三ノ山赤塚合戦の戦い（二）

一、上総介信長、三の山より此よしを御覧じ、則、あか塚へ御人数よせられ候。
　御さき手あしがる衆、
あら川与十郎・あら川喜右衛門・蜂屋般若介(はんにゃのすけ)・長谷川挨介・内藤勝介・青山藤六・戸田宗二郎・賀藤助丞、
敵あひ五間・六けん隔て候時、究竟(くきゃう)の射手共(ども)互に矢をはなつ処、あら川与十郎、見上(みあげ)の下を箆(の)ぶかに射られて落馬したる処を、かゝり来って、敵がたへすねを取て引くもあり、のし付のつかのかたを引くもあり。又こなたよりかしらと筒躰(どうたい)引合ふ。其時与十郎さしたるのし付、長さ一間、ひらさは五・六寸候つる由なり。さやのかたをこなたへ引き、終にのし付・頸・筒躰共に引勝つなり。巳(み)の剋(こく)より午(うま)の剋迄みだれあひて、扣合ひては退(の)き、又まけじおとらじとかゝっては扣合ひ〳〵、鑓(やり)下(した)にて敵方討死、
萩原助十郎・中嶋又二郎・祖父江久介・横江孫八・水越助十郎、あまり手近く候間、頸は互に取り候はず。
一、上総介信長公衆討死三十騎に及ぶなり。

一、あら川又蔵こなたへ生捕（いけどり）。

一、赤川平七敵かたへ生捕候なり。

入乱れて火花をちらし相戦ひ、四間・五間をへだて折敷（をりしい）て、数剋の戦に、九郎二郎はうわやりなり。其比（ころ）うわやり下鑓と云ふ事あり。いづれもみしりかへしの事なれば、互にたるみはなかりけり。折立ての事にて、馬共は皆敵陣へかけ入るなり。是又少もちがひなくかへし進上候なり。いけどりもかへ〳〵なり。去（さ）て其日御帰陣候なり。

註釈

長谷川挨介＝長谷川橋介の誤字か。　見上げ＝額を被うまびさしの裏側。　篦ぶか＝薄いすき間を深く。ひらさ＝鞘の幅。　鑓下にて敵方討死＝突き伏せられて敵方討死。　あまり手近く候間頸は互に取り候はず＝互いにあまり近寄り過ぎて戦ったので次々と渡り合い頸を取る暇が無かった。　いづれもみしりかへしの事なれば＝皆旧知の間だったので。　いけどりもかへ〳〵なり＝生捕ったものも交換し合った。

補足

信長伝記主体の記述は、ここでも主だった人物にはそれぞれ頭に「一、」を付け箇条書きの様に羅列し、信長は度々登場するので幾つかに分かれた記述になっている。編年体記述の今なら差し詰め改行せず「一、」も付けず上総介信長公衆討死から、敵かたへ生捕候なりまでの全てを続き書きして済ます。後年の写本になると間違いなく、そうなっていたり、個人名を省略してしまったものもみられる。太田牛一の書といわれるものは幾つもあって、どれが古いかなど比較する際に、この「一、」がどの様に扱われているかで見定める手もある。

天理図書館にある『信長記』と題する一書、謂わゆる「天理本」では文中に「一、」が書かれた箇所は少なく、ここで「九郎二郎家中之者荒川又蔵此方へ生捕又赤川平七とて信長御馬廻是ハ敵方九郎次郎方へ生捕也」と少々記述も異なるが、信長伝記主体記述を表わす「一、」の無い続き書きされた編年体記述になっている。太田牛一のものと見做される書の内、この様な形を保っているのは陽明本・堅勲神社本・町田久成本の僅かなものだけかもしれない。

角川本の首巻はまさしく信長伝記主体記述で「十一、三ノ山赤塚合戦の事」でも人物ごとの伝記をわけて記述してある。そのため、信長と九郎二郎、二人の伝記で重複する箇所は抜き取り纏めて別書きし一度で済ます特異な記述が施してあるのは先の㈠とかわらない。総括すると、

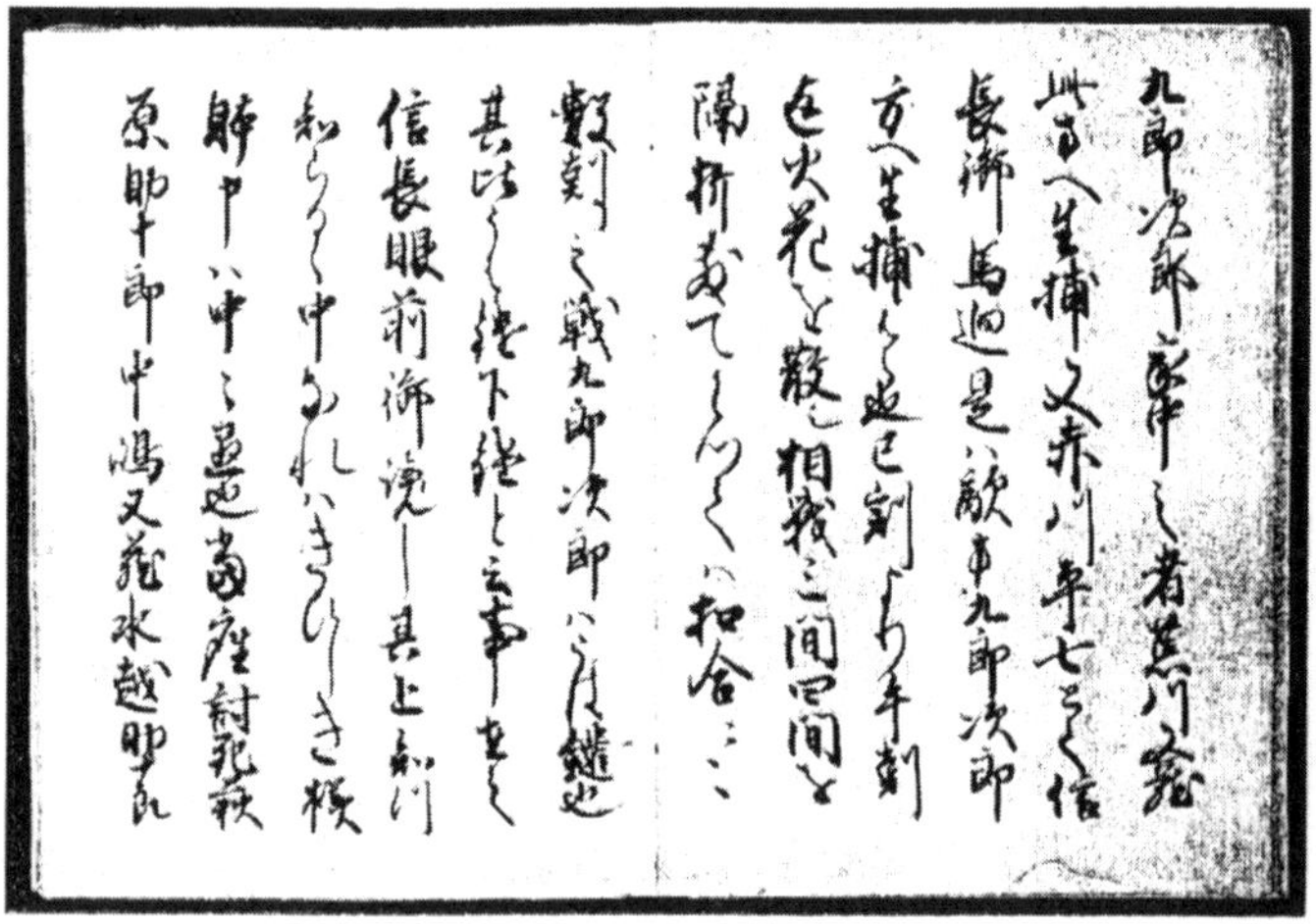

天理本『信長記』
（説明）陽明文庫本の「一、」「一、」が記されていない。これでは人物伝記主体記述とはいえない。

原文の始め、信長の人数八百ばかりで発足したのは、謀叛人山口親子を討つためであることはすでに説明した通り、文章を編年体に読みかえれば容易に察しが付く。九郎二郎はその信長を迎え討つために三ノ山に来たのか、そうではあるまい。文章は信長が三ノ山へ御あがり候の処「九郎二郎人数千五百ばかりにて赤塚へかけ出し

候」と記され、なぜ駆け出したのか理由が記されていない。九郎二郎は謀叛した時から鳴海の城にいた。城で迎え討てば大高なり、沓掛もしくは笠寺から後巻きの応援が得られ逆に有利である。

信長の方も、鳴海の城を攻めるために三ノ山へ上がったのなら事情は異なる。現実に、三王山公園へ行き四方を見渡すと、鳴海城方面の視界はあまり良くない。一番視界が効くのは笠寺方面で、反対の新海池の方は山頂は見えるがその先は全く見えない。視界を重点に考えると、この時は、桜・中村や笠寺の砦を窺うために三ノ山に来たことになる。

九郎二郎も、攻められても有利な城を飛び出してまで赤塚まで来たのは、信長を迎え討つためではなく、赤塚を通りどこかへ行くのが目的になる。赤塚の先には桜・中村で父の左馬助が立籠もり、鳴海城からは良く見える。目標はこれ以外にない。九郎二郎は、桜・中村の砦が攻撃されたことを知り救援（後巻き）のため赤塚まで来た。

信長はこの時、手勢を二手に分け、一手は桜・中村の砦、戸部の砦を、もう一手は信長自身が率いて

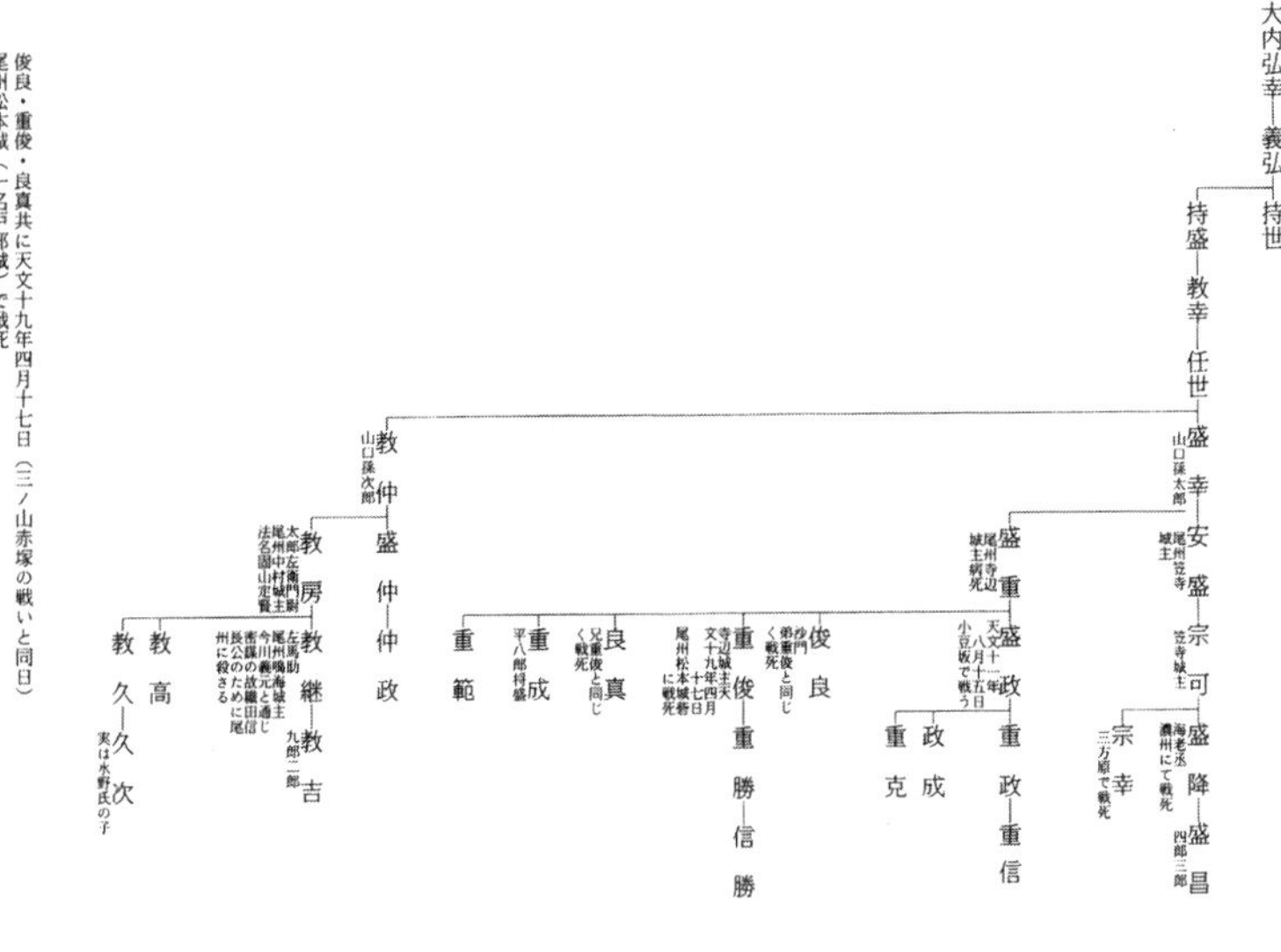

山口略系図

笠寺の砦、鳴海の城を牽制すべく三ノ山まで来て、ふと見ると九郎二郎が赤塚に来ていた。ならばと、鉾先を変えた。

九郎二郎の方は、よもや信長が三ノ山に来ているとは知らず、不意を突かれた。その証拠に、数尅の戦いに「敵は鑓下で討死」と書かれ、信長の衆に上から攻め掛けられているが「九郎二郎は上鑓なり」と書き、戦う時は一人だけ上に位置していたのは馬に乗ったまま戦ったからだろう。乱戦での乗馬は至って不利である。それを敢えてしたのは、急に攻め掛けられたので下馬する間が無かった。多分、ここで討死しただろう。

山口左馬助を始め謀叛した一党をこの時、抹殺した事を仄めかすものに『多々良世系録』に載る山口系図がある。そこには、寺部城の山口俊良・重俊・良眞の三人が、天文十九年四月十七日尾州松本城砦で戦死としるされている。松本城は別名戸部城ともいわれ、現在地・名古屋市南区松城町にあったと『愛知郡史』に記載がある。

天文十九年（一五五〇）は三年遅れの天文二十二年として書かれた、この三ノ山赤塚合戦に相当し、戸部城は戸部新左衛門に通じる。

ここで秘められたのは、天文十九年四月十七日に赤塚で信長と九郎二郎が戦い、戸部城では戸部新左衛門が寺部の城から与力を得て、織田衆と戦い大勢が討死。山口左馬助も桜・中村の城で敢え無い最後を遂げていた出来事に思えてならない。太田牛一は、信長を慮って明白に記述せず真相は闇のままに過ぎ今もって日の目を見ていない。

参考

「七、」から「十一、」までの間の事は概略「八、犬山謀叛企てらる丶の事」と「九、備後守病死の事」「十、山城道三と信長御参会の事」と「十一、三ノ山赤塚合戦の事」は、それぞれ記述順序が前後入れ替わる。

目次

十二、深田松葉両城手かはりの事

一、八月十五日に清洲より坂井大膳・坂井甚介・河尻与一・織田三位申し談らひ、松葉の城へ懸入（かけいり）り、織田伊賀守人質を取り、同松葉の並（ならび）に

一、深田と云ふ所に織田右衛門尉居城。是又押並て両城同前なり。人質を執堅め、御敵の色を立てられ候。

一、織田上総介信長、御年十九の暮八月、此由きかせられ、八月十六日払暁に那古野を御立ちなされ、稲庭地の川端迄御出勢。守山より織田孫三郎殿懸付けさせられ、松葉口・三本木口・清洲口三方へ手分けを仰付けられ、いなばぢの川をこし、上総介殿・孫三郎殿一手になり、海津口へ御かゝり候。

一、清洲より三十町ばかり踏出し、海津と申す村へ移り候。

信長、八月十六日辰剋東へ向てかゝり合ひ、数刻火花をちらし相戦ふ。孫三郎殿手前にて小姓立の赤瀬清六とて数度武篇を致すおぼえの仁躰、先を争ひ坂井甚介に渡合、散々に暫く相戦ひ討死。終に清洲衆切負け、片長坂井甚介討死。頸は中条小一郎・柴田権六相討ちなり。

此外討死、

坂井彦左衛門・黒部源介・野村・海老半兵衛・乾丹後守・山口勘兵衛・堤伊与、

初めとして、歴々五十騎ばかり枕をならべて討死。

一、松葉口、廿町ばかり取出し、惣構を相抱へ、追入れられ、真嶋の大門崎つまりにて相支へ、辰刻より午刻迄取合ひ、数刻の矢軍に手負余多出来、無人になり引退所にて、赤林孫七・土蔵弥介・足立清六うたせ本城へ取入るなり。

一、深田口の事、三十町ばかりふみ出し、三本木の町を相抱へられ候。要害これなき所に候の間、即時に追崩され、伊東弥三郎・小坂井久蔵初めとして究竟の侍三十余人討死。これに依て深田の城・松葉の城両城へ御人数寄せられ候。降参申し相渡し、清洲へ一手につぼみ候。

上総介信長、是より清洲を推詰め、田畠薙（でんばくなぎ）させられ、御取合初るなり。

註釈

松葉の城・深田の城＝愛知県あま市大治町西条にあり。　三本木＝愛知県あま市大治町。　海津＝愛知県あま市甚目寺町萱津。　眞嶋の大門崎＝愛知県あま市大治町馬島。　片長＝一家老。　辰刻＝午前七時。　午刻＝午前十一時。

補足

冒頭にある八月十五日は何日の事か。鍵はその後に記された織田上総介信長御年十九の暮八月にある。「御年十九」は「十一、」の信長公十九の御年で天文二十一年（一五五二）に当り、その後の「暮」は年が暮れるを意味し、二つ合わせると、天文二十一年が暮れた翌年の八月十五日で天文二十二年（一五五三）を言った。

甫庵『信長記』　天文二十二年八月十五日云々と載る。

『総見記』　三ノ山赤塚合戦の事を天文二十二年四月十七日と記した後に「同年の秋の頃云々」と記しやはり天文二十二年八月十五日に当てある。

『織田眞記』　公年十九（天文二十一年）十六日暁那古野を出、稲庭地川辺に陣すと記し「暮」の字を略した記述になっている。

『角川本』脚注　天文二十一年この年清須の織田氏の将坂井大膳等が信長に叛いたと載せ、眞記と同様に載る。

「これに依て深田の城・松葉の城両城云々御取合初るなり」この様にして深田・松葉両城へ押し寄せ、降参せよと一方的に言い渡しておいて、攻め手を清洲だけに集約した。つぼみは、つぼまる・すぼまるを言う。清洲に追い詰めると、周辺の田畠を薙払って作物を一掃し兵糧を絶ち、城攻めが始まった。
その様子は「十五、」まで続く。

十三、簗田弥治右衛門御忠節の事

人物名を伏せ纏め書きした箇所が有
那古屋弥五郎は二・廿六にも載る

一、去程に、武衛様の臣下に簗田(やなだ)弥治右衛門とて一僕の人あり。面白き巧みにて知行過分に取り、大名になられ候。子細は清洲に那古野弥五郎とて、十六・七若年の人数三百ばかり持ちたる人あり。色々欺き候て、若衆かたの知音(ちいん)を仕り、清洲を引わり、上総介殿の御身方候て御知行御取候へと、時々宥(なだめ)申し、家老の者共にも申しきかせ、欲に耽り尤(もっとも)と各同事候。然間、弥治右衛門上総介殿へ参り、御忠節仕るべきの趣内々申上るに付て、御満足斜めならず。或時、上総介殿御人数清洲へ引入れ、町を焼払ひ、生城(はだかじゃう)に仕候。信長も御馬を寄せられ候へども、城中堅固に候間、御人数打納(い)れられ、武衛様も城中に御座候間、透(すき)を御覧じ、乗取らるべき御巧みの由申すに付て、清洲の城外輪(そとくるわ)より城中を大事と用心、迷惑せられ候。

注釈
武衛様＝斯波義統(よしむね)。　一僕の人＝下僕一人の小身々分。　去程に＝いつの頃か。　人数三百ばかり持たる人＝三百人ほども家来を従えた人。　若衆かたの知音を仕り＝前髪立ちの若者と仲睦まじくなり。
清洲を引わり＝清洲城内に涯合(いがみあい)を起こさせ。　生城＝防禦のない城。

補足

「信長も御馬を寄せられ候へども、城中堅固に候間御人数打納れられ」は武衛の臣下の弥治右衛門が味方しますと言って、或時、清洲の城下を焼払って防禦を無くし、どうぞ城を御取り下さいと言うので、信長も城近くまで来てみたが、城中の護りは至って堅固なので、引上げられ

「武衛様も城中に云々城中を大事と用心」は守護武衛義統は本丸にいて、大和守信友の油断に乗じて清洲の城を乗取ろうとしておられると言うので、信友は信長より義統にばかり用心するようになった。

「迷惑させられ候」は信長は今が攻め時だが、今攻めると城中に守護職がおられるので、主筋に弓を引いたことになる。さてどうしようかと迷われた。

人物名を載せず、三人の思惑だけを纏め書きしてあるので、言葉を加えて筋書きをただす必要がある。ここも信長伝記主体記述の所以である。

甫庵『信長記』は付録自汗集に清洲合戦記を載せたなかで「義統は本丸に居給うて、面は彦五郎（信友）を援くる体なれども、信長と内通ありければ彦五郎、終には殺されなんと、風聞ありけり」と記し「迷惑せられ候」を信友にくっつけた記述になっている。

『総見記』　武衛家沈論事で、織田彦五郎信友を攻むるといへども、彦五郎人数強く堅固にして中々城は落ちざる故、寄手の人数打入れられけり、と記したあと、然るに武衛は城中に居給ふて透を見合せ乗取らるべき工(たくみ)の由、風聞に付いて城の中の者共外の防ぎより猶、内に居る人を気遣ひ、人々用心きびしく迷惑しけり。と続けて「迷惑させられ候」をやはり信友に使ってある。

『武功夜話』先祖等武功夜話巻壱　前後の事情は異なるが「已ニ最前より火弓（急）以て御本丸焼払はんと構へ候を、御制止被成候、守護家累代ニ及ひ候、牙城打破るニ手易候も、若君那古野ニ居ス、策以清ス取抱んものと心中御思慮有。然れバ逆臣討取ハ理なり、彦五郎、大膳、孫三郎征伐手間ひま要らぬと被申、清ス御引取ニ被候由、この物語、後日作間右衛門申語リ候事と載せ、孫三郎も逆臣に扱われている。

那古野弥五郎と簗田次右衛門

「二、あづき坂合戦の事」の中で、よき働きの衆として那古野弥五郎は載り、戦いに加わっていて、由原に討たれた。

「十三、簗田次右衛門御忠節の事」のここでは那古野弥五郎と云ふ十六・七若年の手下を三百ばかり持つ人と載り

「廿六、丹羽兵蔵忠節の事」には、信長が永禄二年ひそかに上洛の際、信長の周辺を固めていた那古野弥五郎配下の丹羽兵蔵が信長暗殺を阻止したと載る。

『小治田之眞清水巻二』に那古野弥五郎は織田信秀に属して其城下古渡に住し、武衛家及び今川家に従ひたりし蔵人高信因幡守敦準らが一族の旧家也、歴々の大身にて従士家人多く、父子二代弥五郎を称せしが、ともに武勇抜群のほまれありとも載る。

これ等を合わせると、那古野弥五郎は、本拠を古渡城下にもち、父子二代細作を務め、父は小豆坂で討死、子は若くして跡目を襲い家来をそのまま受け継ぎ人数三百ばかりも持ちたる人だった。

『武功夜話』には天文十六年の信秀美濃攻め大敗の時は大和守家からは加勢が無かったと載る。両家の折合いは既に悪かった。細作を家柄とするなら信秀没を期に、清洲に入り込むことがあっても不思議でも何でもない。表向き大和守家になびいていた那古野弥五郎に、信長は初め城内を混乱させよと命じた。早速、武衛義統家臣の

簗田弥次右衛門を誘い、互いの主である義統と大和守彦五郎信友を仲違いさせ、城下を焼払って生城にし、信長を清洲まで呼び入れた。しかし城の護りは意外に堅固で、無理押しして、長引けば城内本丸には守護義統がおられ、主に歯向ったことになっては世間体も良くない、一先引上げ、今度は武衛様は清洲の城を乗っ取ろうとしておられると城内に吹聴し、清洲衆を煽動せよと命じた。

弥五郎と弥治右衛門は、武衛さまが言っていると清洲衆に話し、この際、武衛様を無き人にする他ないと焚きつけた。

策はまんまと成功したのが次の「十四、」の記述で、弥治右衛門は恩賞として空城になっていた九之坪城（愛知県西春日井郡西春町）を頂き、那古野弥五郎を配下に持つ細作の頭領に任ぜられる。後の、桶狭間の戦いでも細作し、功名を上げ、密かに沓掛三千貫文の地を頂く。

『武功夜話』には「簗田鬼九郎　同弥治右衛門清須の人也　武衛様被官之人也　清須彦五郎謀反候之時、城中ヨリ信長様御陣所馳入中（忠）節仕る。元ヨリ軽少之尾張地侍ニ候也」と載る。御陣所馳入忠節は、急に寝返り味方したと解する。

『尾張志』上巻は「永禄二年己未九之坪城主簗田弥治右衛門」と記された十所社棟札の存在を報せる。

十四、武衛様御生害の事

岩龍丸・義銀は十七・卅三にも載る

一、七月十二日、若武衛様御伴申し、究竟の若侍悉く川狩に罷出でらる。内には老者の仁躰纔

少々相残る。誰々これありと指を折り見申し、坂井大膳・河尻左馬丞・織田三位談合を究め、今社能き折節なりと、瞳と四方より押寄せ御殿を取巻く。面広間の口にて、何あみと申す御同朋、是は謡を能く仕候仁にて候。切て出で働く事比類なし。又はざまの森刑部丞兄弟切てまはり、余多に手を負せ討死。頸は柴田角内二つとるなり。うらの口にては柘植宗花と申す仁、切て出で〳〵比類なき働なり。四方屋の上より弓の衆さし取り引つめ散々に射立られ、相叶はず、御殿に火を懸け、御一門数十人歴々御腹めされ、御上臈衆は堀へ飛入り、渡越したすかる人もあり。水におぼれ死ぬるもあり。哀れなる有様なり。若武衛様は川狩より直にゆかたびらんのしたてにて、信長を御憑み候て那古野へ御出で、すなはち弐百人扶持仰付けられ、天王坊に置き申され候。主従と申しながら、筋目なき御謀叛思食たち、仏天の加護なく、か様に浅猿敷無下〳〵と御果候。若公一人毛利十郎生捕に仕候て、那古屋へ送り進上候なり。御自滅と申しながら天道恐敷次第なり。

城中にて日夜武衛様へ用心機遣仕り、粉骨の族共も、一旦憤を散ずといへども、我も人も小屋〳〵やかれ候て、兵粮・着の褻等に事を闕き、難儀の仕合にて候なり。

註釈

七月十二日＝天文二十三年（一五五四）七月十二日、角川本脚注には尾張名所図会は天文二十二年に記すと載せる。しかし深田松葉てかはりが、天文二十一年暮八月（天文二十二年八月）なら二十二年七月はない。織田眞記なら暮がないので二十二年に拵える。　若武衛＝義統の嫡子岩龍丸、後の義銀。　同朋＝武家時代の職名、僧体で茶事食事の雑事を司らせた。　はざまの森刑部＝城壁の挟間を守る森刑部。　さし取り＝差しは接頭語。　上臈衆＝身分の高い婦人達。　ゆかたびら＝湯帷。　天王坊＝名古屋市中区丸の内。

筋目なき御謀叛思食たち＝謀叛は通常下から上に向かって起こす。ここは逆謀叛になるので、道理に外れた謀叛を思いたたれとなる。

補足

弥治右衛門と弥五郎に焚き付けられた清洲衆は、武衛義統を無きものにせんと、折を窺っていたが、夏の盛り、暑気払いのため、義統の子岩龍丸が、家中の主だった面々を引き連れ、魚取りに出掛け、館には義統と老いた者少々が残るのみとなった。信友の家老坂井大膳等は、時節到来とばかり一勢に御殿を取り込み、屋根から射立てた。義統を始め老臣他一族は叶わず御殿に火を掛け自害した。魚取りに出掛けていた岩龍丸は、この由を聞き、湯帷子(ゆかた)仕立てのまま那古野の信長のもとへ遁れた。信長は、まさか武衛の御曹子が逃げてくるとは思っていなかった。来たからには拒むわけにもいかず、自分の企みは隠し、捨扶持二百人分を与え、天王坊に匿った。

甫庵『信長記』（自汗集）彦五郎能き時分と思ひ、己が家人織田三位房・坂井大膳亮等と示し合せ、急に本丸へ取懸りて攻めける云々、賊徒猶重りて攻寄せしかば、館に火を懸け、義統始め旧老の臣一族三十余人、一同に腹掻き切って失せにき。

『総見記』七月十二日、武衛の若君河狩に出で給ふ云々、彦五郎が家老織田三位・坂井大膳等相談を究め、即刻武衛の御館へ押寄せ云々、四方の家に上り弓の上手等はさし取り、引詰め散々に射すくめ、攻めかゝれば、城兵終に防ぎ得ず、館に火を掛けて、武衛始めさしもの面々一族数十人腹切って死し給ふ。若君は名古屋へ落ち、信長は二百人扶持合力し、彦五郎退治に清須へ多勢指し向けらる。扨も、清須には近年勢ひ衰へ給ひたる武衛公とは申しながら、彦五郎が為には先祖譜代の主君なるを、なさけなく討ち奉る事、是れ天罰を遁るべからずと諸仁危く思ふ。

十五、柴田権六中市場合戦の事

一、七月十八日、柴田権六清洲へ出勢

あしがる衆、

安孫子（あびこ）右京亮・藤江九蔵・太田又助・木村源五・芝崎孫三・山田七郎五郎、此等として、三王口にて取合(とりあひ)追入れられ、乞食村にて相支へ叶はず。誓願寺前にて答へ候へ共、終(つひ)に町口大堀の内へ追入れらる。河尻左馬丞・織田三位・原殿・雑賀(さいが)殿切てかゝり、二・三間扣立候へども、敵の鑓は長くこなたの鑓はみじかく、つき立られ、然といへども一足も去らずに討死の衆、

河尻左馬丞・織田三位・雑賀修理・原殿・八板・高北(こうきた)・古沢七郎左衛門・浅野久蔵、歴々三十騎ばかり討死。武衛様の内由宇(ゆう)喜一、未だ若年十七・八明衣(ゆかたびら)のしたてにてみだれ入り、織田三位殿頸を取る。上総介信長御感斜めならず。

武衛様逆心思食立(おぼしめしたつ)といへども、譜代相伝の主君を殺し奉り、其因果忽ち歴然にて、七日目と申すに各(おのおの)討死、天道恐敷(おそろしき)事共(ども)なり。

註釈

七月十八日＝前から続くので天文二十三年に当る。　三王山＝山王口。　乞食村＝安食村・名古屋市北区味鋺。　誓願寺前にて答へ＝成願寺（名古屋市北区）の前で応戦。

補足

あしがる衆の中に著者太田又助の名が載る。この時は、柴田権六家中で、信長の弓衆でもなく無名の時代にあった。

先の「十四、」は七月十二日の出来事であった。日数からすると、僅か六日後に柴田権六等が清洲に攻め掛かった。名目は、もちろん主殺し討伐だが、前もって準備が出来ていないとこんなに早く攻め掛かれない。

「武衛様の内、由宇喜一、未だ若年十七・八明衣(めいい)のしたてにてみだれ入り」と載る。由宇喜一は「十三、」で明衣のまま若武衛について那古野に逃れていた。今は、その時の姿になって討入ることで仇討ちの意味を示してある。

「武衛様逆心思食立といへども云々、天道恐敷事共なり」は主君武衛様が逆恨みされたからといって代々続いた主君を殺すなど業の報いは忽ち現れ七日目にて皆々討死した。天の道に逆らうから、こんな目に合うと読む。

甫庵『信長記』は由宇彦一が織田三位を張本人三位房として打取るなど内容は程同じ。ただし信長公記の武衛様逆心云々天道恐敷事共なりは載らない。

『総見記』由宇の事は彦市として程同様に載る。武衛様逆心思食立といへども」は載らず「天道恐敷事共なり」は天道の冥感なりに変わっている。

著作が『信長公記』甫庵『信長記』『総見記』の順なら、由宇喜一が由宇彦一になり由宇彦市になったとみなすことも出来る。

十六、村木ノ取出攻めらるゝの事

一、去程に、駿河衆岡崎に在陣候て、鴫原(しきわら)の山岡構攻干乗取(せめほしのっとり)、岡崎より持つゞけ、是を根城にして小河の水野金吾構へ差向ひ、村木と云ふ所、駿河より丈夫に取出を相構へ、駿河衆楯籠り候。並(ならび)寺本の城も人質出し、駿河へ荷担(かたん)仕り、御敵にまかりなり、小河への通路取切り候。御後巻(うしろまき)として、織田上総介信長御発足(ほっそく)たるべきの旨候。併(しかしながら)、御敵清洲より定て御留守に那古野へ取懸け、町を放火させ候ては如何と思食(おぼしめし)、信長の御舅にて候斎藤山城道三かたへ、番手(ばんて)の人数を一勢乞(こひ)に遣はされ候。道三かたより、正月十八日、那古野留守居として、安東(あんどう)伊賀守大将にて、人数千ばかり、田宮・甲山・安斎・熊沢・物取(ものとり)新五、此等を相加へ、見及ぶ様躰(やうだい)、日々注進候へと申し付け、同事に正月廿日尾州へ着越候キ。居城那古野近所志賀・田幡両郷に陣取をかせられ、廿日に、陣取御見舞として信長御出で、安東伊賀に一礼仰せられ、翌日御出陣候はんの処、一長(いちをとな)の林新五郎・其弟美作守兄弟不足を申立(まうしたて)、林与力あらこの前田与十郎城へ罷退(まかりのき)候。御家老の衆、いかゞ御座候はんと申候へども、左候共苦しからずの由、上総介仰せられ候て御働き。其日はものかはと云ふ御馬にめし、正月廿一日あつたに御泊り。廿二日以外(もってのほか)大風候。御渡海成間敷(なるまじき)と主水(かこ)・檝取(かんどり)の者申上候。昔の渡辺・福嶋にて逆櫓争ふ時の風も是程こそ候らめ。是非に御渡海あるべきの間、舟を出し候へと、無理に廿里ばかりの所只半時ばかりに御着岸。其日は野陣(のぢん)を懸けさせられ、直(すぐ)に小川へ御出で、水野下野守に御参会候て、爰許(こゝもと)様子能々きかせられ小川に御泊。

註釈

鴫原＝知立市上重原町。　山岡構＝山岡伝五郎の護るところ。　小河＝知多市東浦町緒川。　寺本＝知多市八幡新田寺本。　小河への通路取切り＝小河道を遮断。　御発足たるべきの旨候＝御出馬頂きたいと依頼。　御敵清洲より定て御留守に那古野へ取懸け町を放火＝敵対している清洲の信友が留守中に那古野に攻めてきて放火。　番手の人数を一勢乞に遣はされ候＝留守居の一隊を依頼された。　正月十八日＝天文二十四年（一五五五）一月十八日。　見及ふ様躰日々注進候へ＝見たままの様子を毎日報せよ。　志賀・田幡＝名古屋市北区志賀町・田幡町。　あらこ＝名古屋市中川区荒子町。　いかが御座候はん＝如何いたしましょう。　昔の渡辺・福島にて逆櫓争う時の風も是程こそ候らめ＝昔渡辺と福島が天候悪く逆櫓を付けて舟を安定させるか否か、で争った時の風も、これほどではなかった。　無理に廿里ばかりの所只半時ばかりに御着岸＝廿里の距離のところを途中舟を岸に着け（時は時間の時ではない、半も二分の一の半ではない）

一、正月廿四日払暁に出でさせられ、駿河衆楯籠(たてごもり)候村木の城へ取懸け攻めさせられ、北は節所手あきなり。東大手、西搦手(からめて)なり。南は大堀霞むばかりかめ腹にほり上げ、丈夫に構へ候。上総介信長、南のかた攻めにくき所を御請取(うけとり)候て、御人数付けられ、若武者共我劣らじとのぼり、撞(つき)落されては又はあがり、手負・死人其数を知らず。信長堀端(ほりばた)に御座候て、鉄炮にて狭間(はざま)三ツ御請取りの由仰せられ、鉄炮取かへ〳〵放させられ、上総介殿御下知なさるゝ間、我も〳〵と攻上り、塀へ取付き、つき崩し〳〵、西搦手の口は、織田孫三郎殿攻口(せめぐち)。是又攻めよるなり。外丸(そとまる)一番に六鹿と云ふ者乗入るなり。東大手の方は水野金吾攻口なり。

城中の者働事比類なき働きなり。然りといへども、透をあらせず攻めさせられ、城内も手負・死人、次第〳〵に無人になり、様々降参申候。尤攻干さるべき事に候へども、手負・死人塚を築、其上既に薄暮に及び候の間、侘言の旨に任せ、水野金吾に仰付けらる。信長御小姓衆歴々其員を知らず手負い・死人、目も当てられぬ有様なり。辰刻に取寄せ、申の下刻迄攻めさせられ、御存分に落去候訖。御本陣へ御座候て、それも〳〵と御諚なされ、感涙を流させられ候なり。翌日は寺本の城へ御手遣。麓を放火し、是より那古野に至て御帰陣。一、正月廿六日、安東伊賀守陣所へ信長御出候て、今度の御礼仰せられ、廿七日美濃衆帰陣。安藤（ママ）伊賀守、今度の御礼の趣、難風渡海の様躰、村木攻られたる仕合、懇に道三に一々物語申候処に、山城申す様に、すさまじき男、隣にはいやなる人にて候よと申したる由なり。

註釈

節所手あき＝難所で守備していない。　大手＝表門。　搦手＝裏門。　かめ腹にほり上げ＝亀の腹の様に枡形に掘る（軟弱な場所の掘り方）。　狭間三ツ御請取りの由仰せられ＝狭間三つ攻撃を受け持つと仰せられ。詫言の旨に任せ＝謝罪している通り。　申の下刻＝午後四時。　仕合せ＝次第。　すさまじき男隣にはいやなる人にて候よ＝恐ろしい男だな、近くにはいてほしくない人物だ。

補足

村木攻めの次第

正月十八日　斎藤道三は安藤伊賀守を大将として千人ばかりを送る

廿日　安東伊賀守は尾州那古野の城近く志賀・田幡に陣取る

廿一日　信長出陣熱田泊

廿二日　大風の中、船を出させ途中着岸、其日野陣
熱田から船を出させたのは、天文十九年に山口左馬助が沓掛・大高両城を誘って謀叛し、河と陸の両道を抑えていたので、海上以外路がなかった

廿三日　水野下野守と参会小川泊

廿四日　払暁（辰刻）より村木の城を攻め申刻迄掛り降参させる

廿五日　寺本の城に手遣、放火那古野に帰陣

廿六日　安東伊賀守陣所に御礼仰せられ

廿七日　美濃衆帰陣

甫庵『信長記』自汗集は今川の大兵、国境へ入らば一大事なりと思案し、斎藤道三に留守を請い天文二十三年正月斎藤が家人名古屋到着、二十一日信長堺（境）川へ出馬し村木の城攻取り凱陣とのみ載る。

いずれも天文二十三年に扱うが、深田・松葉両城争いを信長御年十九の暮八月の「暮」を意識していれば、中市場の争いは天文二十三年七月に当り、次いで此処正月なら、当然二十四年と判断できる。また、この年は十月二十三日より弘治に改まる、その間天文二十四年は存在した。

かめ腹にほり上げた様子

甫庵信長記に限らず一連の読みが正しくなければここで天文二十四年正月とは記せない。

『総見記』は略、信長公記と同様だが「無理に廿里ばかりの所、只半時ばかりに御着岸」を二十里ばかりの海上を唯、一時のうちに安々と御着岸也と記す。刻と時は異なるが、それでも風雨の中二十里も行くのは難しい。

十七之一、織田彦五郎生害

岩龍丸・義銀は十四・卅三にも載る

一、清洲の城守護代織田彦五郎殿とてこれあり。領在の坂井大膳は小守護代なり。坂井甚介・河尻左馬丞・織田三位、歴々討死候て、大膳一人しては抱難(かゝへがたき)の間、此上は織田孫三郎殿を憑み入るの間、力を御添へ候て、彦五郎殿と孫三郎殿両守護代に御成り候へと懇望申され候処、坂井大膳好みのごとくとて、表裏有間敷(へうりあるまじき)くの旨、七枚起請(なゝまいきしゃう)を大膳かたへつかはし、相調ひ候て、

一、四月十九日、守山の織田孫三郎殿清洲の城南矢蔵(やぐら)へ御移り、表向(おもてむき)はかくのごとくにて、ないしんは信長と仰談(おほせかた)らはれ、清洲宥取進(なだめとりまゐらせ)らるべきの間、尾州下郡四郡の内に於多井川とて、大かたは此川を限りての事なり。孫三郎殿へ渡しまいらせられ候へと御約諾(やくだく)の抜公事(ぬきくじ)なり。此孫三郎殿と申すは信長の伯父にて候。川西・川東と云ふは、尾張半国の内下郡二郡二郡づゝとの約束にて候なり。

一、四月廿日、坂井大膳御礼に南やぐらへ御礼にまいり候はゞ、御生害をなさるべしと、人数を伏(ふせ)置(お)き相待たるゝの処、城中迄参り、冷(すさま)じきけしきをみて、風をくり逃去り候て、直(すぐ)に駿河へ罷越(まかりこ)

し、今川義元を憑み在国なり。守護代織田彦五郎殿を推寄せ腹をきらせ、清洲の城乗取り、上総介信長へ渡し進せられ、孫三郎殿は那古野の城へ御移り。

其年の霜月廿六日、不慮(ふりょ)の仕合出来(しあはせしゅったい)して孫三郎殿御遷化。忽ち誓帋(せいし)の御罰、天道恐哉(おそろしきかな)と申しならし候キ。併(しかしながら)、上総介殿御果報(くわはう)の故なり。

註釈

抱難＝多過ぎて手に余る。　七枚起請文＝偽りのないことを神仏に誓って書いた文章、七枚も書くことでさらに強調した。　其年の霜月廿六日＝弘治元年十一月二十六日。　抜公事＝秘かな決め事

補足

一、「十二、」から「十五、」迄は策を弄し、内紛を起こさせ、信友に主殺しの汚名を着せて清洲の城を攻め、主だった者は討ち取ったが、肝心の彦五郎信友や坂井大膳は健在である。そこで大膳に、一人では守護代を補佐するのも大変だろうから織田孫三郎信光殿（信秀の実弟）に守護代になってもらって、二人して御支配されてはいかがかと持ち掛け、大膳もそれは願っても無い事ことと、同意したので、嘘偽りのない証しに、起請文七枚を大膳に与えて話は纏まり、（天文二十四年）四月十九日孫三郎は守山の城から清洲城の南矢蔵へ移った。表向きはこの様に穏やかだったが、うらでは信長と孫三郎は、信友を宥(なだ)め賺(す)かして清洲を奪い取った暁には、尾張下四郡を於多井川を境に二郡ずつ折半しようと約束が出来ていた。

四月二十日、坂井大膳はもらった起請文を反故にするような企みがあるとは露ほども思わず、これからは助力が得られる、まずはお礼申し上げようと、南矢蔵まで来た。

この後『総見記』には、孫三郎に御礼の為、坂井大膳南矢倉へ参上すると、其時を幸ひとし大膳を討取るべしとて、つまりづまりに人数を隠し伏せ置かれて、今や〳〵と待たるゝ時、大膳が兄に坂井大炊助と云ふ者参りけるを、組手の者共取付いて、やがて難なく搦取って首を刎ねけり。坂井大膳は何とやらん、様子心許（こころもと）なくと思案して居たりけるが、はや其色を悟りければ、南櫓へは参らずして、直に清須の城を落ちて駿河国へ逐電して今川義元を頼みければ、義元即ち扶持し置いて一所懸命の所領を宛行はれ、向後、尾州へ出馬の時は案内者にせんとぞ申付けられける。織田彦五郎も落んとし給ふを、皆々人数も目を付けて落し申さず、自害を勧めければども、兎角に時刻を移し、夜に紛れて落んとし給ふ処に、孫三郎殿兼て相図の事なりければ、大膳が落ちると一度に狼煙を揚げ給ふ。

信長公、其相図を御覧じ、名古屋より一騎がけに清洲へ掛付け、孫三郎殿一手に成って彦五郎の居館を取巻き、只一時に攻落さる。彦五郎は家の上に上りて逃行かんとしけるが、森三左衛門に討たれけり。又、或説には、彦五郎は館を取巻かれ腹切って死けるを、首をば三左衛門討取りけるとも聞えぬ。兎に角に、彦五郎は主君武衛を討奉りし天罰のがれ難く、今、是の如く亡びたりと其比（ころ）皆人申し合へり。斯て、信長公清須の城へ御移りあって御居住也。孫三郎殿は兼て約の通り、河東二郡を拝領あって、名古屋の城に指し置かれけり。

扨、孫三郎殿信光は大分の所領を下され、信長公の後見として目出度、富み盛えたりしに、弘治元年十一月二十六日、近習に召し仕はれける坂井孫八郎と云ふ者に不慮に殺され死去し給ふ。是は当四月、坂井大膳に表裏別心あるまじき由起請文を書遺し、忽ちに破られ変改（へんがい）ありける神罰なりとぞ取沙汰しける。（総見記では起請文は孫三郎が大膳に与えたと記す）

抑も、坂井孫八郎何事なければ主君を殺しけるぞと云ふに、内々信光の妻女と孫八郎密通せし事、顕れけるに因って、とても遁れぬ難儀と思ひ妻女と心を合せ、終に信光を討ち参らせけるぞと聞えしと載る。この一件、信長公記・総見記両書似たるところ多いが、角川本は「一、」が数ケ所に載り信長伝記主体記述だが、総見記は

「一、」が無いので編年体と記述は異なる。

『張州府志』巻十には「弘治元年信長は謀に叔父孫三郎信光を使い坂井大膳に和を講ぜしむ。信光清洲に移る。忽ち兵を起し信友を襲う。大膳亡命し去る。信長急ぎ馳到信友取囲む。信友屋根に上る。森三左衛門攀り首を取る。五条橋に梟首、清洲に義銀還り来り住む。信長も亦、清洲に移り居す。威福高める」と載り総見記に近い。さらに「其後義銀与㆓今川義元㆒協㆑心欲㆑除」（其後義銀は今川義元と心を協（あわ）せ除くを欲す）と意味深長な記述が続く。

『信長記』に『総見記』と『張州府志』を加味すると、坂井大膳は尾張下四郡を信長と孫三郎が折半の約束をしていたとは知る由もがな、七枚起請文を反故にしてまで、清洲衆を殲滅しようとする仕打ちに抗する最後の一手を求め、駿府へ走った。義元は逐電してきた大膳が、信長は守護職武衛義統と守護代織田彦五郎信友を仲違いさせ、信友に義統を討たせて主殺しの汚名を着せ、次に自分が信友を討って大義名分を恣（ほしいまま）にしようとしたが、案に相違して討ち洩らすと、今度は七枚起請文を持ち出し安心させておいて清洲城に乗り込んでくると、即刻取り囲んで有無を言わさず殺す暴挙に出た、と語ったのを聞き、一所懸命（精一杯）の所領を与えて駿府在住を許し、向後尾州へ出馬の時は案内者になれと申し付けた。

義元は大膳から聞き及んだままを義統の子義銀に伝えた。折り返し義銀からは仇を討つため力添えを頂きたいと言ってきた。義元は為（し）て遣（や）ったりと連携して永禄三年五月桶狭間に赴いたと話は続くことになる。

『武功夜話』は『信長公記』の「十四」「十五」を含めてここで酒（坂）井大膳主導の記述をなし、去程ニ清ス守護代大和守、是ハ彦五郎事、長衆春方ヨリ尾州松葉口敗退　清ス究意ノ者多く打取られ清スニ立籠居リ候　元ヨリ酒（坂）井大膳心不宜浅慮　上総介様相除かんと、上総介様伯父御孫三郎様ニ取入候、小田井川東備後様御台地シノギ三郷柏井弐拾ケ村分ケ取られ、上郡小守護被成よと、ケ様〳〵小声に物語候反間（はんかん）之諜（ぼうぎ）義寔小耳ニ良キ誘ひニ候也信長殿討平ゲ尾張両分之計事、実ニ大膳之大之悪人、先ニ武衛卿館取囲ミ御館ニ火を放チ御腹召させ候事、清須上下騒乱仕る。守護代家乗取らんと欲す、織田彦五郎・大膳相巧ミ候物心之わさはい孫三郎殿荷担候、惣じて御一門衆上総介様敵対之様体、骨肉互ニ相争ふ。

先に清ス彦五郎・大膳謀儀いたし武衛様御館取囲ミ乱入、生害なさしめ候大逆之企、那古屋ヨリ上総介信長駈参し候て、清須御城取詰候も尾張随一の堅城ニ候。彦五郎城中ニ籠、手強く御手向候。町屋ニ放火被成候、地獄の業火町屋をやき、神社仏閣ことごとく炎上。応永以来繁華候清須之町屋束(つか)之間ニ灰燼黒土と変り果て候、町屋民百姓労敷(いたましき)哉。彦五郎ニ一身（味）候大膳、孫三郎誠ニ拙き人々ニ候也。信長様ニ刃向候ハ浅慮ニ候。

明之月、土用の最中、柴田権六大将と相成り、下郡之侍衆壱千有余人清須取囲ミ責立候。をさな川乗入喧と懸り候。下郡之猛勢塀際迄寄入揉合数刻主家を斃し、不道至極之輩共、柴田権六大声にて下知被成候。義之為ならば一命鴻毛ヨリ軽し、こ奴等不忠不義之輩なりと、呼はり〳〵切立候　此の柴田権六元ヨリ廉直之武篇者ニ候、是を聞て下郡武者ふるい立、先を争ひ塀乗越へ大手門先、閂をどっと上て切結ひ候、此出入主なる清ス之武者討取候。此の日異変有候、武衛様家来やなた鬼九郎城内より打って出で候。味方に通し来り縦横ニ切まくり候、其の人数三拾有余人。上総介御覧じられて御満足之様体云々。明年春、大膳逐電。彦五郎御腹召され清ス大和守之家消去候。爰ニ上総介信長様武衛様奉し清ス御入城ニ被成候。　南窓庵記ス

注　登場人物は『信長公記』と変わらないが、筋書きは前後が入れ替わっているなど少々異なる。坂井大膳が織田孫三郎に取入り信長討平げ尾張両分の計事は他書にはみられない。やなだ鬼九郎城内より打って出ては信長に寝返ったことを現す。鬼九郎は『信長公記』では弥次右衛門と載る。一説に弥次右衛門は親で鬼九郎は子という。『信長公記』は信長の伝記主体で記すので信長以外の前野家の事などは直接関わる箇所以外は記されていない。逆に『武功夜話』は前野家の家伝だから自身に関係しない事は記されていなくても仕方が無いが、ここは関係が無いのに載せてある。その為か、後日作(佐久)間右衛門申語り候事と理わるので後年いず

れかからの引用とするのが妥当。

十七之二、織田喜六郎殿事御生害

勘十郎は九・十八・廿五にも載る

一、六月廿六日、守山の城主織田孫十郎殿、竜泉寺の下松川渡にて、若侍共川狩に打入りて居ます所を、勘十郎殿御舎弟喜六郎殿、馬一騎にて御通り候の処を、馬鹿者乗打を仕候と申候て、洲賀才蔵と申す者弓を追取、矢を射懸け候へば、時刻到来して其矢にあたり、馬上より落ちさせ給ふ。孫十郎殿を初めとして、川よりあがりて是を御覧ずれば、上総介殿御舎弟喜六郎殿なり。御歳の齢十五・六にして、御膚は白粉のごとく、たんくわのくちびる柔和のすがた、容顔美麗人にすぐれて、いつくしき共中々たとへにも及び難き御方様なり。各是を見て、充と肝を消し、孫十郎殿は取る物も取敢へず、居城守山の城へは御出でなく、直に捨鞭を打て何く共なく逃去り給ひ、数ケ年御牢人、難儀せられ候なり。則、舎兄勘十郎殿此事聞食、末盛の城より守山へ懸付け、町に火を懸け、生城になされ、

一、上総介信長も、清洲より三里、一騎かけに一時に懸けさせられ、守山入口矢田川にて御馬の口を洗はせられ候処、犬飼内蔵まいり候て言上。孫十郎は直に何く共知らず懸落候て、城には誰も御座なく候、町は悉く勘十郎殿放火なされ候と申上候。爰にて信長御諚には、我々の弟など丶云ふ物が、人をめしつれ候はで一僕のもの丶ごとく馬一騎にて懸けまはり候事、沙汰の限り比興なる仕

立なり。譬存生に候共、向後御許容なされ間敷と仰せられ、是より清洲へ御帰り。

註釈

乗打ち＝乗ったまま通り過ぎる（挨拶しないのは無礼）。　たんくはのくちびる＝丹花の唇（美人の唇の例え）。　いつくしき＝美しき。　肝を消し＝我を忘れ。　捨鞭＝逃げる時馬の尻に当たる鞭。　御馬の口を洗はせられ＝馬に水を与え。

補足

孫三郎信光が守護代として清洲城に移った後に、守山の城主となっていた同じ信秀の弟、織田孫十郎信次が（天文二十四年）六月二十六日、龍泉寺の下、松川の渡で若侍共と魚取りに興じているところへ、勘十郎信行の弟喜六郎秀孝が供も連れず一騎で走り過ぎた。信次家臣の洲賀才蔵という者が、馬鹿者が乗打ちするぞと言い、弓を掴み脅し半分矢を射掛けたところ的中して乗手は落馬した。皆が寄ってきて見ると、歳十五・六の美少年でなんと喜六郎殿であった。皆は驚き周章騒ぎ、孫十郎も動転して守山の城に帰ることもなくその場から逐電し、牢人して難儀をする。一方、喜六郎の兄勘十郎は、此の事を聞くや末盛の城から守山へ懸付け、町に火を懸け城下を焼払った。

一方、上総介信長も清洲より三里を一騎駆けして、一時の間に駆け付け、守山城下入口の矢田川で馬に水を飲ませているところへ、城中の犬飼内蔵が来て、孫十郎はどこことも知れず逐電し、城には誰もいない、町は悉く勘十郎殿が焼払われたと申し上げた。信長は名誉ある我等が弟でありながら、供も連れず下僕の様に馬一騎で駆け回るなど沙汰の限り興覚めなり、例え喜六郎が生きていようとも容赦しないと言って、その場から清洲に帰った。

ここでは一年の間に改元があり、しかも信長に関係する人物伝記が記される。最初は彦五郎のことだったが、以後は身内の事に及ぶ。それぞれ「一」を付けて文章を改めけじめをつけてある。読む時は「一」を省いて読み進むので自然編年体読みになる。

文章始めに記された六月二十六日を『総見記』は甲寅（天文二十三年）として角川本より一年早く扱うのは、「十二、深田松葉両城云々」の箇所で「御年十九の暮八月」を天文二十二年の八月と深読みしなかったからだろう。

十八、勘十郎殿・林・柴田御敵の事

勘十郎は九・十七・廿五にも載る
三郎五郎は十九にも載る
異なる箇所には弘治の年号が載る

去程に、信長は朝夕御馬をせめさせられ候の間、今度も上り下りあらくめし候へども、こたへ候て苦しからず候。余仁の馬共は飼ひつめ候て、常に乗る事稀なるに依て、究竟（くきやう）の名馬とも三里の片道をさへ運びかね、息を仕候て、途中にて山田治部左衛門馬を初めとして損死候て、迷惑せられ候。

註釈

余人＝以外の人。　飼ひつめ＝飼っておくだけ。　損死＝死に損。

補足

去程にと付けてあるので独立した文章の様だが、実際は前の清洲から三里を一騎駆けに一時に駆けて来たことに繋がる文章で、清洲からは大勢が駆け出したが、山田治部左衛門を始め皆は常々馬を馴らしていなかったのでおくれを取った、と解釈するのだろう。ここでわざと区切って記したのは、身内に関わる話がさらに続くことを意味する。

一、守山の孫十郎殿年寄衆として相抱へ候。楯籠（たてごもる）人数、角田新五・高橋与四郎・喜多野下野守・坂井七郎左衛門・坂井喜左衛門・其子坂井孫平次・岩崎丹羽源六者ども、是等として相抱へ候。

勘十郎殿より柴田権六・津々木蔵人大将として、木が崎口をとり寄るなり。上総介殿より飯尾（いのを）近江守・子息讃岐守・其外諸勢丈夫に取まかせ、とり籠め置かれ候。

註釈

木が崎口＝名古屋市東区矢田町矢田川橋西詰。　取まかせ＝取り巻いて。

補足
始めに「一」が付いているので人物伝記が異なることを表す。
『総見記』は人命もほぼ同じ、文章の配列も似て同文といえる。

一、織田三郎五郎殿と申すは、信長公の御腹かはりの御舎兄（しゃけい）なり。其弟に安房守殿と申候て、利口なる人あり。
上総介殿へ佐久間右衛門時に申上げ、守山の城安房殿へまいらせられ候。角田（つのだ）新五・坂井喜左衛門惣別守山の両長（おとな）なり。二人謀叛にて安房殿を引入れ、守山殿になし申候。今度の忠節に依て、下飯田村屋斎軒分と申す知行百石、安房殿より佐久間右衛門に下し置かるゝなり。

註釈
織田三郎五郎＝織田信広、信秀の庶子、かつて松平竹千代と人質替の憂き目をみた。　安房守殿＝織田信時。　佐久間右衛門＝佐久間右衛門尉信盛。　二人謀叛にて＝二人で内密に相談して。　下飯田村屋斎軒分＝名古屋市北区飯田町にあった。

補足
『総見記』には織田三郎五郎と御一腹に織田安房守と申す人。是も信長公の御舎弟（信長の兄とする説もあり）にて、人にすぐれ利発なる御方なるを、佐久間右衛門尉と申す信長の御家老あり。此人守山の両家老、角田新五郎・坂井喜左衛門に心を合せ、信長公へ様々に諫め申上げて、安房守殿を守山の城主となし申しける。安房守殿守山の城拝領あって入城ありければ佐久間が推挙してくれたからだと思い佐久間右衛門に、下飯田村屋斎軒と云ふ知行百貫下し置かる、とやはり『信長公記』とほぼ、同様に載る。

一、去程に、信長公の一おとな林佐渡守・其弟林美作守・柴田権六申合せ、三人として勘十郎殿を守立(もりたて)候はんと候て、既に逆心に及ぶの由風説執々(とりぐ)なり。信長公何と思食(おぼしめし)たる事哉覧(やらん)。五月廿六日に、信長と安房殿と唯二人、清洲より那古野の城林佐渡所へ御出で候。能仕合(よきしあわせ)にて候間、御腹めさせ候はんと弟の美作守申候を、林佐渡守余(あまり)におもはゆく存知候歟。三代相恩の主君を、おめ〳〵と爰にて手を懸け討申すべき事、天道おそろしく候。とてもご迷惑に及ばるべきの間、今は御腹めさせまじきと申候て、御命を助け、信長を帰し申候。一両日過ぎ候てより御敵の色を立て、林与力のあらこの城、熱田と清洲の間をとり切り、御敵になる。こめの丶城・大脇の城、清洲となご屋の間にあり。是も林与力にて候間、一味に御敵仕候。

注釈

風説執々なり＝噂話が色々あった。　五月廿六日＝弘治二年（一五五六）五月二十六日。　能仕合にて候間＝丁度都合よく。　おもはゆく存知候歟＝世間に対しあまりにも恥ずかしく思った。　こめの丶城＝名古屋市中村区米野町。　大脇の城＝名古屋市中村区則武町。

補足

『総見記』は逆心に及ぶ頃を、やはり弘治二年春とし、五月二十五日、信長公と御舎弟安房守ただ二人だけで名古野城に赴いたと記した後も『信長公記』とほぼ、同様に記述して最後は「信長公は虎口の死をのがれ給ふが、林兄弟、彌謀叛に極りける上は差し置くべきに非ずとて、清須の東、名塚村に付城を拵へ佐久間大学を入れ置き給ふ。名古野の城と名塚の間、五十間に過ぎざりけり」と付け加えてある。

一、是は守山城中の事、坂井喜左衛門子息孫平次を安房殿若衆にさせられ、孫平次双びなき出頭にて候。爰にて、角田新五、忠節を仕候へども、程なく角田を蔑如になされ候事無念に存知、守山城中塀柵損し候、懸直し候と申候て、普請半に土居の崩れたる所より人数を引入れ、安房殿に御腹めさせ候て、岩崎丹羽源六者共を引組、城を堅固に相拘へ候。か様に移りかはり、

註釈

双びなき出頭＝無類の出世。　蔑如＝卑しみ軽んじ。

補足

『総見記』は守山城中塀柵損じ掛け直す時期を「同年六月」と具体的に記す以外は『信長公記』と同じに載る。

一、織田孫十郎殿久々牢籠なされ候を不便に思食、御赦免候て、守山の城孫十郎殿へ下され候。後に河内長嶋にて討死候なり。

補足

『総見記』は詳細に「斯様にうつりかはる世の習を信長公御思案なされ、織田孫十郎殿の久々浪人にて他国に落魄したまふを御赦免なされ召し返され、本の如く又、守山の城を下し置かれて、孫十郎殿二度此城へ御帰参あり。信長公の御厚思忝く存ぜられ、其後、長島の合戦に討死せられけるとぞ聞えし、是は備後守殿御舎弟にて信次と申しける。孫十郎殿の御事なり。右衛門尉とぞ申せし也」と記す。

一、林兄弟が才覚にて、御兄弟の御中不和となるなり。

信長御台所入の御知行篠木三郷押領。定て川際に取出を構へ、川東の御知行相押へ候べきの間、其已前に此方より御取出仰付けらるべきの由候て、

八月廿二日、於多井川をこし、名塚と云ふ所に御取出仰付けられ、佐久間大学入れをかれ候。翌日廿三日雨降り、川の表十分に水出で候。其上御取出御普請首尾なき以前と存知候歟。柴田権六人数千ばかり、林美作勢衆七百ばかり引率して罷出で候。

弘治弐年丙辰八月廿四日、信長も清洲より人数を出だされ、川をこし先手あし軽に取合ひ候。

柴田権六、千ばかりにて、いなふの村はづれの海道を西向きにかゝり来る。林美作守は南田方より人数七百ばかりにて北向きに、信長へ向て懸り来る。上総介殿は村はづれより六・七段きり引きしさり、御人数備へられ、信長の御人数七百には過ぐべからずと申候。東の藪際に御居陣なり。

註釈

篠木三郷＝信長直轄領・賄地、春日井市内津。　名塚＝名古屋市西区名塚町。　川の表十分に水出で＝

出水で川溢れ。　御普請首尾なき以前と存知候歟＝普請する前の何も無い状態と同様になった。

補足

記述中頃に載る八月廿四日には弘治弐年（一五五六）丙辰（ひのえたつ）と年号が付けてある。通常なら、それより前の八月廿二日に付けてここでは付けないか、付けてもせいぜい同年ですます箇所である。『総見記』はその様に記されている。理由は、ここからは勘十郎が林・柴田等に担がれて謀叛した合戦の場面に入る。改行して年号を付けてけじめをつけた。さらに弘治の年号は「廿五」で勘十郎が生害する箇所にも出てくる。記述が二箇所に分かれているが、話は繋がっていることを示す印としても年号を用いたと見た。

『総見記』　弘治二年の夏の比より林佐渡守、同美作守、柴田権六三人の勧めに依て、武蔵守殿謀叛を企てられ、信長公御台所入の御知行篠木三郷を押領せらる。此通りにては、定めて河際に取出を付けられ、河東の御知行をも相押へらるべき事必定也とて、此方より先立って清須の東五十町に当って、名塚村と云ふ所を取出の城に拵へ、佐久間大学を籠置き給ふ。斯て、今年の八月霖（りん）雨晴間なく降りつゞきて、水洪大にたゝへたるを能き時節とや思ひけん。同月二十四日の朝、柴田権六勝家、末盛の城を出で、一千余人の軍兵を引具し、林美作守は名古野の城より七百余の人数を卒し、両口より我も我もと名塚村へ押寄する。名塚村の取出より此由を清須へ告ぐるに、当月二十一日より毎日の大雨に、小多井（おたい）河の水出で鳥ならでは渡り難きを、さすが水の上手を便として難なく川をおよぎ越し、此由を清須へ申上ぐる。信長公聞し召され、名塚村の取出は漸く屏（へい）一重、堀一つ、然も大学無勢を以て籠り居たり、両手の大軍を引請けて難儀に及び候ふ事察し入る処なり、今日某、後詰せずんば一定此城落つべきなり、後悔何の益あらん、速かに打立つべしとて、上下七百に足らざる人数を引具し、即時に清洲を打立ち給ひて小多井河に著かせ給ふ云々と載る。

八月廿四日午尅、辰巳へ向て、先柴田権六かたへ向て過半かゝり給ふ。散々に扣合、山田治部左衛門討死。頸は柴田権六取り候て、手を負ひ候てのがれ候なり。佐々孫介其外究竟の者共うたれ、信長の御前へ迯げかゝり、其時上総介殿御手前には、織田勝左衛門・織田造酒丞・森三左衛門、御鑓持の御中間衆四十ばかりこれあり。

造酒丞・三左衛門両人は、きよす衆土田の大原をつき伏せ、もみ合ひて頸を奪ひ候処へ、相がゝりに懸り合ひ戦ふ所に、爰にて、上総介殿大音声を上げ、御怒りなされ候を見申し、さすがに御内の者共に候間、御威光に恐れ立とゞまり、終に迯崩れ候キ。此時造酒丞下人禅門と云ふ者、かうべ平四郎を切倒し、造酒丞に頸を御取り候へと申候へば、いくらも切倒し置き候へと申され候て、先を心がけ御通り候つる。

信長は南へ向て、林美作口へかゝり給ふ処に、黒田半平と林美作数尅切合ひ、半平左の手を打落され、互に息を継ぎ居り申候処へ、上総介信長、美作にかゝり合ひ給ふ。其時、織田勝左衛門御小人のぐちう杉若、働きよく候に依て、後に杉左衛門尉になされ候。

信長、林美作をつき臥せ、頸をとらせられ、御無念を散ぜられ、両共以て追崩し、去て手ん手に馬を引寄せ〳〵打乗て、追付〳〵頸を取り来り、其日清須へ御帰陣。翌日頸御実検候へば、

林美作頸は織田上総介信長討とり給ふ。

鎌田助丞　津田左馬丞討とる。

富野左京進　高畠三右衛門討とる。

山口又次郎　木全六郎三郎討とる。
橋本十蔵　佐久間大学討とる。
角田新五　松浦亀介討とる。
大脇虎蔵、かうべ平四郎、初めとして歴々頸数四百五十余あり。
是より後は那古野・末盛籠城なり。此両城の間へ節々推入り、町口まで焼払ひ、御手遣ひなり。信長の御袋様、末盛の城に御舎弟勘十郎殿と御一所に御座候に依て村井長門・嶋田所之助両人を清洲より末盛へ召寄せられ、御袋様の御使として、色々様々御詫言にて、御赦免なされ、勘十郎殿・柴田権六・津々木十蔵墨衣にて、御袋様御同道候て、清洲において御礼これあり。
林佐渡守事、是又召出され間敷事に候へども、先年御腹めさせ候刻を、佐渡覚悟を以て申し述べ候。その子細を思食し出され、今度御宥免をなされ候なり。

註釈

辰巳＝南東。　手を負ひ候てのがれ候なり＝手傷を負い戦いの場から退く。　下人＝下僕。　いくらも切倒し置き候へと申され候＝幾らでも討取ってそのままにしてあると申された。　小人＝身分の低い使用人。

補足

「是より後は那古野・末盛籠城なり」から後を『総見記』は「それより後、敵は末盛・名古野に籠城するを節々御働きあって、町口皆々放火し給ふ。然るに、信長公の御母堂、武蔵守殿御一所に末盛の城にましましけるが、清須より島田所之助・村井民部を御使に召され、武蔵守殿謀叛の罪科、向後御赦免あって和睦せしめ給はるべき由、信長公へ様々の御侘言あり。信長もさすが御舎弟と云ひ、御母堂の御侘言と云ひ、旁々以てもだし難ければ、即ち御同心あり。以来、武蔵守殿より信長公へ疎意あるまじき由、起請文を書遣され、御母堂御同道にて武蔵守殿、並に柴田権六、津々木十蔵、墨染の衣を著して、清須の城へ参上申し御目見御礼申上ぐる。林佐渡守は一人、罪科の者にて、御赦免なりがたき族なれども、種々御侘言申し上げしかば、先年安房守殿御同道にて彼の館へ入らせ給ひし時、舎弟美作は信長公を害せんと申しけるに、佐渡守指留めたりける事能く〳〵聞し召しとゞけられて、先づ御礼申し上げゝれば信長公より剰へ本の如く名古野の城を守るべき旨安堵の御書をぞ賜りける」と同様に載る。

十九、三郎五郎殿御謀叛の事

三郎五郎は十八にも載る

一、上総介殿別腹の御舎弟三郎五郎殿、既に御謀叛思食立、美濃国と仰合され候様子は、何時も御敵罷出で候へば軽々と信長懸向はせられ候。左様に候時、彼三郎五郎殿御出陣候へば清洲町通を御通りなされ候。必ず城に留守に置かれ候佐脇藤右衛門罷出で馳走申候。定て何ものごとく罷出づべく候。其時佐脇を生害させ、付入に城を乗取り、相図の煙を揚ぐべく候。則、美濃衆川をこし近々と懸向ふべく候。三郎五郎殿も人数出され、御身方の様にして、合戦に及び候はゞ後切りなさるべしと御巧候て、仰合せられ候。美濃衆、何々よりうき〳〵と渡りいたりへ人数を詰候と注進

これあり。爰にて信長御諚には、去ては家中に謀叛これありと思食され、佐脇城を一切出るべからず。町人も惣構をよく城戸をさし堅め、信長御帰陣候迄人を入るべからず、と仰せられ候て、懸出させられ、御人数出で候を、三郎五郎殿きかせられ、人数打ふるひ清洲へ御出陣なり。三郎五郎殿御出と申候へども入立候はず。謀叛聞え候かと御不審に思食し、急ぎ早々御帰り。美濃衆も引取候キ。信長も御帰陣候なり。

一、三郎五郎殿御敵の色を立させられ、御取合半に候。御迷惑なる時見次者は稀なり。か様に攻一仁に御成り候へども、究竟の度々の覚の侍衆七・八百甍を並べ御座候の間、御合戦に及び一度も不覚これなし。

註釈

三郎五郎殿御敵の色を立させられ御取合半に候御迷惑なる時見次者は稀なり＝三郎五郎殿が謀叛を企てられ、その最中にどうしようかと迷っておられる時に、助言する者はいなかった。　か様に攻一仁に御成り云々一度も不覚これなし＝信長様はこの様に孤立無援になられても、度々名を馳せた侍七・八百が控えておるので合戦に敗れたことは一度も無かった。

補足

ここでは文意に含みをもたせてある。意訳すると、三郎五郎信広殿は以前美濃衆に、信長は何時も敵が攻めてくると気軽に出掛けて行かれる。そんな時、信広殿も出陣され清洲の町を通られると、いつも城の留守居をする佐脇藤左衛門が出てきて世話をする。今度、美濃から攻め掛かると、同様に信長はすぐ出かけ、藤左衛門は城から出てきて信広殿の世話をするだろうから、その時付け入って、まず留守番の佐脇を討って城を乗っ取り、合図の煙火を上げられると、美濃衆は川を越えて合戦に及ぶので、信広殿は味方の様に振る舞い、信長を後ろから切り崩されよと言われて相談がまとまった。さて、美濃衆がいつもほど殺気立つ気配もなく、川の渡り口に攻め寄せて来たと報せがあり、信長は、さては家中に謀叛有りと察し、佐脇に城を出てはならぬ、町人も城内・木戸共に閉ざし堅めて、帰陣するまで人を入れるな、と仰せられ出陣された。信広殿は、信長出陣と聞いて人数を調(ととの)え出陣。清須まで来て信広殿御出有と申したが、城門を閉ざしたままで城に立ち入ることは適わなかった。信広殿は、さては謀叛露見したかと不審がり、急いで帰陣。美濃衆も引き取り、信長も御帰陣になった。と記したあとに「一」をつけて文章を改め、三郎五郎殿は謀叛を企み、その最中に如何にすべきか迷っている時に、助言する者はいなかった。これに対し「十七」の孫十郎逐電から以後、ここまでの事を指して信長は、か様に誰も彼もが叛き孤軍奮闘する立場になっても、有力な侍衆七、八百が控えておるので、合戦に一度も不覚をとられたことは無かった、と結び、身内の話はこれまでとまとめてある。

『総見記』も美濃衆に唆(けしか)けられた三郎五郎は清洲城を乗っ取ろうとし、信長は美濃衆がうきうきと出て来ただけで謀叛ありと感づき、三郎五郎は藤左衛門が門を開けなかっただけで気付かれたと感じて引き返し、謀叛ならなかったと記したあと、それより大隅守殿（三郎五郎）謀叛の色を立て給ひて一分(ぶん)の手勢七百余を催し、度々信長と取合ひ給ひけれども別に見続くべき味方はなし、精力盡果て終に様々侘言あって降参し給ひければ、信長公さすが奇特の名将なる故、其のまゝ御和睦あって、隅州を宥め置き給ひ少しも御宿意なく本(もと)の如くに御懇切にて御崇敬ありければ、隅州も一向に忠義の誠を盡されけりと続けて、『信長公記』の「か様に攻一仁云々七・八百甍を並べ」の解釈が異なっている。

『武功夜話』は弘治元年乙卯信長が斎藤道三加勢のため大良まで赴いた時、三郎五郎は岩倉七兵衛尉に加担し謀叛して尾州下津で乱棒に及ぶと記す。ただし文末には自分は美濃に赴いていた時で真意が奈辺にあるか計り難いとも記し、やはり後の「か様に攻一仁云々」のことは記されていない。

それにしてもこの話は綿密に計画していながら、いずれも感じただけで取り止めになっている。話として載せても載せなくても影響が及ぶところはない。この後「廿」から「廿三」までは「廿四」合戦の前置きであることはすぐに判る。ここ「十九」も同様前置きに当たる。そこで「廿四」と「卅三」の中から、美濃衆に今川義元、信広に大高にいた朝比奈泰朝と松平元康、藤左衛門に武衛義銀・吉良義安・石橋義忠等を当て、さらに「廿」にも出てくる服部左京亮で結ぶと筋書きは同じになる。それなら感じただけの話の落を、合戦の時は義元が先に討死してしまったからだと読み取れる。

廿之一、おどり御張行の事

七月十八日おどりを御張行。

一、赤鬼　平手内膳衆、

一、黒鬼　浅井備中守衆、

一、餓鬼　滝川左近衆、

一、地蔵　織田太郎左衛門衆、

弁慶になり候衆勝て器量なる仁躰なり。

一、前野但馬守　弁慶、

一、伊東夫兵衛　弁慶、

一、市橋伝左衛門　弁慶、
一、飯尾近江守　弁慶、
一、祝弥三郎　鷺になられ候。一段似相ひ申すとなり。
一、上総介殿は天人の御仕立に御成り候て、小鼓を遊ばし、女おどりをなされ候。
津嶋にては堀田道空庭にて一おどり遊ばし、それより清洲へ御帰りなり。津嶋五ケ村の年寄共おどりの返しを仕候。是又結構申すばかりなき様躰なり。清洲へまいり候。御前へめし寄せられ、是はひょうげたり。又は似相ひたりなど丶、それぞれあひ〳〵としほらしく、一々御詞懸けられ、御団にて冥加なくあをがせられ、御茶を給候へと下され、忝き次第、炎天の辛労を忘れ、有難く皆感涙をながし罷帰り候キ。

註釈
ひょげたり＝おどける。　あひ〳〵としほらしく＝おだやかにもっともらしく。　才覚の仁＝機転のきいた人。　堀田道空＝斎藤道三女を娶る際の仲立であり正徳寺参会時の世話人。

補足
七月十八日の日付が旧暦なら盆踊りだろう。岩倉城も手中にし、国中が平らになったので行ったのだろうから、永禄二年の事とするのが穏当で、角川本脚注にもこの後盆踊りの津島踊りが流行した（尾張名所図会）と載る。

廿之二、山口左馬助父子成敗　并河内・知多郡の事

山口左馬助は二・十一・廿四にも載る
服部左京進は廿四・卅三にも載る

一、熱田より一里東鳴海の城、山口左馬助入置かれ候。是は武篇者才覚の仁なり。既に逆心を企て、駿河衆を引入れ、ならび大高の城・沓懸の城両城も左馬助調略を以て乗取り、推並べ、三金輪に三ケ所、何方へも間は一里づゝなり。鳴海の城には駿河より岡部五郎兵衛城代として楯籠り、大高の城・沓懸の城番手人数多太々々と入置く。此後程あつて、山口左馬助・子息九郎次郎父子駿州へ呼び寄せ、忠節の褒美はなくして、無情親子共に腹をきらせ候。

一、上総介信長、尾張国半国は御進退たるべき事に候へども、河内一郡は二の江の坊主、服部左京進押領して御手に属さず。智田郡は駿河より乱入し、残りて二郡の内も乱世の事に候間、慥に御手に随はず。此式に候間、万御不如意千万なり。

註釈

調略＝はかりごと。　三金輪＝三鼎・やかんなどを火に掛けるための足付きの輪。　多太々々＝たっぷり。　進退たるべき事＝自由に出来る・支配地。　御手に属さず＝言う事を聞かない・支配地でない。

万御不如意千万＝万事が思うままになっていない。

補足

ここも、もちろん合戦の前置きに当たる。山口左馬助父子は天文十九年、三ノ山赤塚合戦の時、信長に攻め殺されていたが、著者太田牛一は信長を慮（おもんぱか）って秘匿してきたが、いつまでもそのままには出来ないので、合戦前の状況を整える意味も兼ねて記述し、頭に「一」が付いた文章が二つ並ぶ。始めは、山口左馬助で、後は服部左京進について記され信長伝記主体の記述なので、その内別人物の伝記として「一」が付けてある。

左京進を二の江の坊主と載る。二の江は現・あま市弥富町荷之上に当たる。当時、この地は村ごとに念仏講が組織化され、宗教活動の盛んな所で、その村々をまとめる中心となったのが一向宗の念仏門徒でもあった服部左京進（助・亮）だった。左京進は服部党と呼ばれる豪族として、海西一帯を支配し、この地と津島・大垣・養老・長島・桑名・熱田・知多などと舟の往来によって広い地域から利益を得ていた。左京進は本来尾張国は守護武衛家が治める地であり、武衛斯波氏には臣従するが、織田信長などは単なる守護又代であり、実力が守護・守護代を凌駕するようになっても逆臣呼ばわりし、武衛には意を通じるが、信長には頑として応じる姿勢を崩そうとはしなかった、とは大方の意見だが、『武功夜話』の「岩倉御城落去いきさつ始末」を記す箇所には、信長の岩倉城攻めの際、御一門の織田七郎左衛門尉始め中山大膳太夫・服部左京・高田中務等は強て、出入を好み応戦主張したと載る。左京は、岩倉城落去までは蜂須賀小六等と同じ川手の衆で、伊勢守家に属し、対信長急先鋒だった。争いに負け恨み骨髄に徹していただろうから、逆臣呼ばわり程度の怨念だけでは済まない。左京進は、左京助としてここ以外に「廿四」「卅三」にも載り糺す必要がある。

同様に山口左馬助の事もここ以外に「一・十一・廿四」にも載る。大高・沓懸が左馬助に誘われて今川に組したのは、天文十八年からで、ここでは合戦の前置きとして記されている。後の山口父子を駿州に呼び寄せ、共に腹を切らせたのも天文十九年、三ノ山赤塚合戦の時、信長に攻め殺されていたものを、話を変えて合戦前の状況整理として記してある。記述が至って複雑なのは、著者が信長を慮って事実を秘匿しているからでやむを得ない。

甫庵『信長記』は三ノ山赤塚での争いは、全て記さずここでの文章を簡略にしるし、左馬助謀叛は永禄元年を示唆する記述が施されている。

山口左馬助父子を駿州に呼び寄せ腹を切らせたことを

遠山信春は『総見記』に「今川義元尾州鳴海表出張ノ事」で、然る処に先日、山口左馬助は鳴海近所大高と沓掛の両城を乗取り今川に渡し、己れが居城中村（『信長公記』は鳴海の城）とは互に一里づつ間を置いて鼎の三足の如くに拵へ、其上、先年より笠寺の城に岡部五郎兵衛・葛山備中守・飯尾豊前守・三浦右馬助・浅井小四郎を籠め置かれ、此辺一円に今川家の味方と成る事、是皆山口が忠節なるに、いかなる讒（せん）者の云ひなしにや。山口又、信長へ心を寄する由、今川家にて披露あり。義元心浅く是を信（まこと）と思はれ、山口左馬助、同九郎次郎父子を駿府へ召しよせ切腹させ、鳴海の城には岡部五郎兵衛を入れ置かる」とやはり『信長公記』とほぼ同様に載せる。

山中長俊は『中古日本治乱記』の「織田信行再謀叛付信行討ル並戸部貞成誅さる事」で山口左馬助にかえ、戸部新左衛門貞成を用い、曽て織田信長の舎弟武蔵守信行が家人で今は笠寺の城に立籠る戸部新左衛門貞成は、亡主の仇を報せんと謀を廻らす。信長も又、戸部貞成を討殺せんと様々に思慮を廻し、彼新左衛門は無双の能書なり、是に依て薗田源二郎に誰も是を見分けられない程に、戸部の筆跡を習わせ其後、戸部が信長へ、某が武蔵守の陰謀を密通し誅せられたのは悦ばしい、ついてはその褒美に信行の遺領を貞成に頂き、御勢は笠寺の城へ向われられゝば、城中に火を放ち、味方を討取って城を落すべしと、密通した様な状を認めさせ、森三左衛門尉可成を商人に拵へ、駿州の朝比奈備中守能泰（泰能か）に縁を求めて今川殿に捧んと持参し、是を見た義元は、黄金十両下さる。其後、義元は密談すべき事ありと戸部を呼び寄せ、小原藤五郎鎮宗と金井主馬介友貞に討たせたと大略載せていた。

すると、山澄英龍は『桶挾間合戦記』に、斯て山口左馬助は、専ら今川家へ忠を致セ共、いかなる意趣ありや浅井六之助の讒言に山口父子ハ織田家へ内通すと、駿河へ達しけれハ、義元心浅く是を信じ、父子共府中へ召寄せ腹切らせられたりとなり。又、一説にハ、尾州愛智郡戸部の城主戸部新左衛門、兼て義元の幕下に属し、今川家の軍勢を招き折を伺ひ、云々、時節を伺ひ信長を攻め亡さんと企し所に、信長清須に在て其由を聞き深く謀をめぐらし、人知れず戸部新左衛門が手跡を求め、近習の者によく習わせ、義元を退治せん為に信長と新左衛門心を合せ、駿州の勢をおびき入れ、且、駿河の家臣にも味方に加ハり、其節、裏切りを致さば駿州を相渡すべき旨、新左衛門か手跡のにセ状を認めさせ、ひそかに駿府へ遣しけれハ、元より血気盛の義元、其状を見るより忽ち立腹し、扨ハ新左衛門ハ今迄無二の忠信と思ひしに、謀にて有つるよと急き新左衛門を召寄せ三州吉田の宿迄待勢を出し、有無の詮議なく父子共に切腹申し付られ、遂に爰にて新左衛門父子切腹して相果ぬ、此事合戦の三年前、永禄元年（一五五八）の年の事なりと載せた。

廿一、天沢長老物かたりの事

去程に、天沢と申候て、天台宗の能化(のうげ)あり。一切経を二篇繰(くり)たる人にて候。或時関東下りの折節、甲斐国にて、武田信玄に一礼申候て罷通り候へと奉行人申すに付いて、御礼申候の処、上かたはいづくぞと、先(まづ)国を御尋ねにて候。尾張国の者と申上候。郡(こほり)を御尋ね候。上総介殿居城(いじゃう)清洲より五十町東、春日原のはづれ、味鏡(あぢま)と云ふ村天永寺と申す寺中に居住の由申候。信長の形儀(ぎゃうぎ)を、ありのまゝ残らず物語り候へと仰せられ候間、申上候。朝毎(ごと)に馬をのられ候。又鉄炮御稽古、師匠は橋本一巴にて候。市川大介をめしよせ弓御稽古。不断は平田三位と申すもの近付けをかせられ、是も兵法にて候。しげ〳〵御鷹野にて候と申候。その外数奇は何かあると御尋ね候。舞とこうた数奇にて候と申上候へば、幸若大夫来り候かと仰せられ候間、清洲の町人に有閑と申す者、細々召しよせ、まはせられ候。敦盛を一番より外は御舞ひ候はず候。人間五十年、下天の内をくらぶれば夢幻のごとくなり。是を口付きて御舞ひ候。又小うたを数奇てうたはせられ候と申候へば、いな物をすかれ候と信玄仰せられ候。それはいか様の歌ぞと仰せられ候。死のふは一定、しのび草には何をしよぞ、一定かたりをこすよの、是にて御座候と申候へば、ちと其まねをせられ候へと信玄仰せられ候。沙門の儀に候へば申したる事も御座なく候間、まかりなり難しと申上候へば、是非々々と仰せられ候間、まねを仕候。鷹野の時は廿人鳥見の衆と申す事申付けられ、二里・三里御先へ罷参り候て、あそこの村爰の在所に鴈あり、鶴あり、と一人鳥に付置き、一人は注進申す事に候。

註釈

能化＝人を教え導く者に与えた称・師僧。　一切経を二篇繙たる人＝佛教経典七千余巻を二度も読み通した人・徳の高い僧。　味鏡＝名古屋市北区味鋺。　数奇＝風流好み。　こうた＝小唄。　沙門＝佛道を修めた人・僧。　まかりなり難し＝出来ない。

補足

実際の話ではない。天沢を使い信長の常日頃の様子を著し、文末の鷹野の事は次の「廿二」にも掛かり、信長の戦い方を表したたとえ話。もちろん桶狭間合戦の前置きに当たる。

廿二、六人衆と云ふ事

又六人衆と云ふ事定められ、

弓三張の人数、

浅野又右衛門・太田又介・堀田孫七、

已上、

鑓三本人数

伊藤清蔵・城戸小左衛門・堀田左内、

已上、

此衆は御手まはりにこれあるなり。

一、馬乗一人、山口太郎兵衛と申す者、わらをあぶ付きに仕候て、鳥のまはりをそろり〳〵とのりまはし、次第々々にちかより、信長は御鷹居給ひ、鳥の見付け候はぬ様に、馬の影にひつ付てちかより候の時、はしり出で御鷹を出ださる。向待ちと云ふ事を定め、是には鍬をもたせ農人の様にまなび、そら田をうたせ、御鷹取付き候てくみ合ひ候を、向待ちの者鳥をおさへ申候。信長は達者に候間、度度おさへられ候と承り及び候。

信長の武者をしられ候事、道理にて候よ、と候て、ふしをかみたる躰にて候間、御いとまをと申候へば、のぼりにかならずと仰せられ、罷立ち候つると、天沢御雑談候つる。

註釈

わらをあぶ付きに＝藁を鐙に巻き付けて音を消す様。　鳥の見付け候はぬ様に＝鳥に見付からない様に。
向待ち＝反対側で待機。　そら田＝田を耕す真似。　信長の武者をしられ＝信長の軍の仕方を知られ。
ふしをかみたる躰＝苦虫を噛んだ様な嫌な顔。　のぼりにかならず＝帰る道中（西向きは上り）には必ず。

補足

六人衆は信長の身辺警護を与（あずか）る者で太田又介と著者自身の名が載る。「十五、柴田権六中市場合戦の事」では、柴田権六の手の者として働いていた。その後、弓の達者を見込まれここでは六人衆の一人に抜擢されていた。

馬乗一人、山口太郎兵衛と申す者は役割からすると桶狭間合戦時の簗田弥次右衛門が相当。

廿三、鳴海の城へ御取出の事

御国の内へ義元引請けられ候の間、大事と御胸中に籠り候と聞へ申候なり。

一、鳴海の城、南は黒末（くろずゑ）の川とて入海、塩の差引き城下迄これあり。東へ谷合（たにあひ）打続き、西又深田（ふかだ）なり。此より東へは山つゞきなり。城より廿町隔て、たんけと云ふ古屋しきあり。是を御取出（とりで）にかまへられ、

水野帯刀・山口ゑびの丞・柘植（つげ）玄番頭・真木与十郎・真木宗十郎・伴（ばんの）十左衛門尉、

東に善照寺とて古跡これあり。御要害（えうがい）候て、佐久間右衛門・舎弟左京助をかせられ、南中嶋とて小村あり。御取出になされ、梶川平左衛門をかせられ、

一、黒末入海の向ひに、なるみ・大だか、間を取切り、御取出二ケ所仰付けられ、

一、丸根山には佐久間大学をかせられ、

一、鷲津山には織田玄蕃・飯尾近江守父子入れをかせられ候キ。

註釈

御国の内へ義元引請けられ候の間＝尾張国内まで今川の勢力が及ぶことになった。　黒末川＝現・扇川とする説と天白川とする説、または両方を合わせた三説がある。　西又深田＝西側は海が後退した後の塩田を言った現・上汐田・中汐田。　此より東へは＝これは北の誤字か建勲神社本・天理本・総見記の皆は北と記す。　なるみ・大だか、間を取切り＝鳴海城と大高城の間を遮断して。

補足

ここも合戦の前置きに当たる。鳴海城に対し丹下と善照寺に付城、大高城に対し鷲津・丸根の付城を築き、一時凌ぎながら対抗する処置を取った。付城は二つ一組に作られ、無視して一方だけを攻めると、もう一方から後巻きされるので城方は無闇に攻撃出来ない。

廿四、今川義元討死の事

天文廿一年が三ケ所に載る
山口左馬助は二・十一・廿にも載る
服部左京助は廿・卅三・にも載る

①天文廿一年壬子五月十七日、

②一、今川義元沓懸へ参陣。③十八日夜に入り、大高の城へ兵粮入れ、助けなき様に、十九日朝塩の満干を勘がへ、取出を払ふべきの旨必定と相聞え候の由、十八日夕日に及んで佐久間大学・織田玄蕃かたより御注進申上候処、④其夜の御はなし、軍(いくさ)の行(てだて)は努々(ゆめ〳〵)これなく、色色世間の御雑談迄にて、既に深更に及ぶの間帰宅候へと御暇下さる。家老の衆申す様、運の末には智慧の鏡も曇るとは此節なりと、各(おの〳〵)嘲弄(てうろう)候て罷帰へられ候。⑤案のごとく夜明けがたに、佐久間大学・織田玄蕃かたより早(はや)鷲津山・丸根山へ人数(にんじゅ)取りかけ候由、追々御注進これあり。此時、信長敦盛の舞を遊ばし候。人間五十年、下天の内をくらぶれば、夢幻(ゆめまぼろし)のごとくなり。一度生を得て滅せぬ者のあるべきか、と候て、螺(かひ)ふけ、具足よこせよと仰せられ、御物具(おんもののぐ)めされ、たちながら御食をまいり、御甲(おんかぶと)をめし候て御出陣なさる。⑥其時の御伴には御小姓衆、岩室(いはむろ)長門守・長谷川橋介・佐脇藤八・山口飛騨守・賀藤弥三郎・是等主従六騎、あつた迄三里一時(いっとき)にかけさせられ、⑦辰剋に源太夫殿宮のまへより東を御覧じ候へば、鷲津・丸根落去(らくきょ)と覚(おぼ)しくて、煙上り候。此時馬上六騎・雑兵(ざふひゃう)弐百ばかりなり。⑧浜手より御出で候へば、程近く候へども塩満ちさし入り、御馬の通ひこれなく、熱田よりかみ道

を、もみにもんで懸けさせられ、先たんけの御取出へ御出で候て、夫より善照寺佐久間居陣の取出で御出でありて、御人数立てられ、勢衆揃へさせられ、様躰御覧じ、御敵今川義元は四万五千引率し、おけはざま山に人馬の息を休めこれあり。

⑨天文廿一年壬子五月十九日午尅、⑩戌亥に向て人数を備へ、鷲津・丸根攻落し、満足これに過ぐべからず、の由候て、謡を三番うたはせられたる由候。⑪今度家康は朱武者にて先懸をさせられ、大高へ兵粮入れ、鷲津・丸根にて手を砕き、御辛労なされたるに依て、人馬の息を休め、大高に居陣なり。

⑫信長善照寺へ御出でを見申し、佐々隼人正・千秋四郎二首、人数三百ばかりにて義元へ向て足軽に罷出で候へば、噇とかゝり来て、鑓下にて千秋四郎・佐々隼人正初めとして五十騎ばかり討死候。是を見て、義元が戈先には天魔鬼神も忍べからず。心地はよしと悦で、緩々として謡をうたはせ陣を居られ候。

⑬信長御覧じて、⑭中嶋へ御移り候はんと候つるを、脇は深田の足入、一騎打ちの道なり。無勢の様躰敵方よりさだかに相見え候。御勿躰なきの由、家老の衆御馬の轡の引手に取付き候て、声々に申され候へども、ふり切って中嶋へ御移り候。此時二千に足らざる御人数の由申候。⑮中嶋より又御人数出だされ候。今度は無理にすがり付き、止め申され候へども、⑯爰にての御諚には、各よくよく承り候へ。あの武者、宵に兵粮つかひて夜もすがら来り、大高へ兵粮入れ、鷲津・丸根にて手を砕き、辛労してつかれたる武者なり。こなたは新手なり。其上小軍ニシテ大敵ヲ怖ルヽコト莫カレ、運ハ天ニ在リ、此語は知らざる哉。懸らばひけ、しりぞかば引付くべし。是非に稠倒し、追崩すべき事案の内なり。分捕をなすべからず、打捨たるべし。軍に勝ちぬれば此場へ乗ったる者は家

の面目、末代の高名たるべし。⑰只励むべしと御諚の処に、

前田又左衛門・毛利河内・毛利十郎・木下雅楽助・中川金右衛門・佐久間弥太郎・森小介・安食弥太郎・魚住隼人、

右の衆手々に頸を取り持ち参られ候。⑱右の趣一々仰聞かさせられ、山際迄御人数寄せられ候の処、俄に急雨石氷を投打つ様に、敵の輔に打付くる。身方は後ろの方に降りかゝる。沓懸の到下の松の本に、二かい・三かゐの楠の木、雨に東へ降倒るゝ。余りの事に熱田大明神の神軍かと申候なり。空晴るるを御覧じ、信長鑓をおつ取て大音声を上げて、すはかゝれ〱と仰せられ、黒煙立てゝ懸るを見て、水をまくるがごとく後ろへくはつと崩れたり。弓・鑓・鉄炮・のぼり・さし物、算を乱すに異ならず。

今川義元の塗輿も捨てくづれ迯れけり。

　天文廿一年壬子五月十九日、

⑲旗本は是なり。是へ懸れと御下知あり。未剋東へ向てかゝり給ふ。初めは三百騎ばかり真丸になって、義元を囲み退きけるが、二・三度、四・五度帰し合せ〱、次第々々に無人になりて、後には五十騎ばかりになりたるなり。

信長も下立つて、若武者共に先を争ひ、つき伏せ、つき倒ほし、いらつたる若もの共、乱れかゝつてしのぎをけづり、鍔をわり、火花をちらし火焔をふらす。然りといへども、敵身方の武者、色は相まぎれず。爰にて御馬廻・御小姓衆歴々手負・死人員を知らず。服部小平太、義元にかゝりあひ、膝の口きられ倒伏す。毛利新介、義元を伐臥せ頸をとる。是偏に先年清洲の城において、武衛様を悉く攻殺し候の時、御舎弟を一人生捕り、助け申され候、其冥加忽ち来つて、義元の頸をとり

給ふと人々風聞候なり。運の尽きたる験にや。おけはざまと云ふ所は、はざまくてみ、深田足入れ、高みひきみ茂り、節所と云ふ事限りなし。深田へ迯入る者は所をさらずはいづりまはるを、若者ども追付き〳〵二つ・三つ宛手々に頸をとり持ち、御前へ参り候。頸は何れも清須にて御実検と仰出だされ、よしもとの頸を御覧じ、御満足斜めならず。もと御出で候道を御帰陣候なり。

註釈

天文廿一年壬子五月十七日＝永禄三年（一五六〇）庚申五月十七日。　今川義元沓懸へ参陣＝このとき、三河物語には旗本池鯉鮒に陣す、と載る。　助けなき様に＝援軍が来られない様に。　取出を払ふべき＝砦を奪い取る。　御はなし＝咄・伽咄・徒然を慰めるための話。　軍の行＝戦いについての手段。　運の末には智慧の鏡も曇る＝運も傾いた時は日頃の知恵も鈍る。　螺ふけ＝法螺貝を吹き出陣の合図をせよ。　源太夫殿宮＝現・上知我麻神社の位置にあった。　おけはざま山＝角川本脚注に豊明市栄町南館桶狭間古戦場伝説地と記すのは誤り、正しくは名古屋市緑区桶狭間を三方から囲む山の総称で、固有名詞ではない。　午剋＝正午。　戌亥＝北西。　手を砕き＝手をやき。　一騎打ちの道＝一騎ずつ従行する道。　懸らばひけ、しりぞかば引付くべし＝敵が攻撃に出れば退き、後退すれば追撃せよ。　稠＝訓読みのネリ。　乗ったる者＝加わった者。　到下＝峠。　のぼり＝幟。　さし物＝印として背に差した物。　塗輿＝朱塗りの輿。　未剋＝午後二時。　しのぎをけづり、鍔をわり＝刀の鎬が削られ鍔が割れるほど烈しく戦う。　色は相まぎれず＝敵味方の識別が出来る。　くてみ＝湫・みは接尾語。　ひきみ＝引き続きまたは挐く（煩わしい）・みは接尾語。

天文廿一年と永禄三年の関わり

『信長公記』「廿四、今川義元討死の事」には天文廿一年の年号が三箇所に載る。桶狭間の戦いは永禄三年が定説なら、ここに記された天文廿一年は間違っている。しかし最初の天文廿一年五月十七日は間違いで済ませても、後の天文廿一年五月十九日の二つはどうか。

文中、五月十九日の事は「案のごとく夜明けがたに云々」と記されたところから始まっている。それを後の方で取り立ててしかも二度まで天文廿一年五月十九日と記すのは諄い（くど）だけでは済まされない。

天文廿一年は信長が十九の年に当たり「十一、三ノ山赤塚合戦の事」に「信長公十九の御年」と載る。この時は、二つの天文弐十弐年を冠した四月十七日にはさまれた間にある信長公十九の御年と九郎二郎廿年に意味をもたせ、同年号にはさまれた文章の後に「二」を付けて別書きし、信長公十九の御年・九郎二郎廿年と記すことで、そこは同年号にはさまれた文章の全てを記したと同じだと示唆してあった。

ここ「廿四」でも同様に天文廿一年五月十九日と年月日を記した後、改行して文章を改め、その後に「旗本は是なり。是へ懸れと御下知あり。未剋」に続いて「東へ向てかゝり給ふ」と記すものは、改行する前の「雨に東へ降倒るゝ」の「東」と「すはかゝれ〱」の「かゝれ」を用いて記されていて、「十一」と同様「旗本は是なり」から「かゝり給ふ」までの全てを前置きとして扱う箇所に当たり、忖度するなら「今川義元の塗輿も捨てくづれ迯れけり」の後の「天文廿一年五月十九日」の年月日と「旗本は是なり」から「かゝり給ふ」までの両方を無視して「初めは三百騎ばかり真丸になって」云々と続ければ結果は「十一」と同様になる。

比較　括弧部分が意識する箇所

十一、三ノ山赤塚合戦の事

天文弐十弐年四月十七日
織田上総介信長公十九の御年
子息九郎二郎廿年
（か様に候処四月十七日）
（一、）織田上総介信長公（十九の御年）人数八百ばかり
云々　（一、）御敵山口九郎二郎（廿年）三の山の十五町
東云々

廿四、今川義元討死の事

天文廿一年五月十九日
雨に東へ降り倒るゝ
すはかゝれ〳〵
（天文廿一年五月十九日・改行）
（旗本は是なり　是へ懸れと御下知あり　未剋東へ向て
かゝり給ふ）初めは云々

注　それぞれ括弧の箇所を省いて読むことになる

意訳と補足

①　永禄三年五月十七日

補足

天文廿一年の年号は、後に出てくる年号に合わせて記したもので甫庵『信長記』『総見記』『桶狭間合戦記』その他数多の著には永禄三年五月と載る。

②　今川先手沓懸に現わる

補足

信長伝記主体で記述した『信長公記』では、義元自身の事は桶狭間で信長と向き合うまでは不要なので記され

ていない。『朝野舊聞裒藁』の本文はもちろんのこと、曰く文として載る『成功記・三河国郡志・酒井本三河記・徳川軍功記・家忠日記・大永慶長年間畧譜・伊東法師物語』これに載らない『三河物語』まですべて、五月十七日今川義元は池鯉鮒着と記す。さらに『徳川軍功記・大永慶長年間畧譜』は「先驅亦は先手沓掛に至る」と記し『朝野舊聞裒藁本文・三河国郡（志）・酒井本三河記・伊東法師物語』は「先手・陣（先陣）を桶狭間に居(す)へ

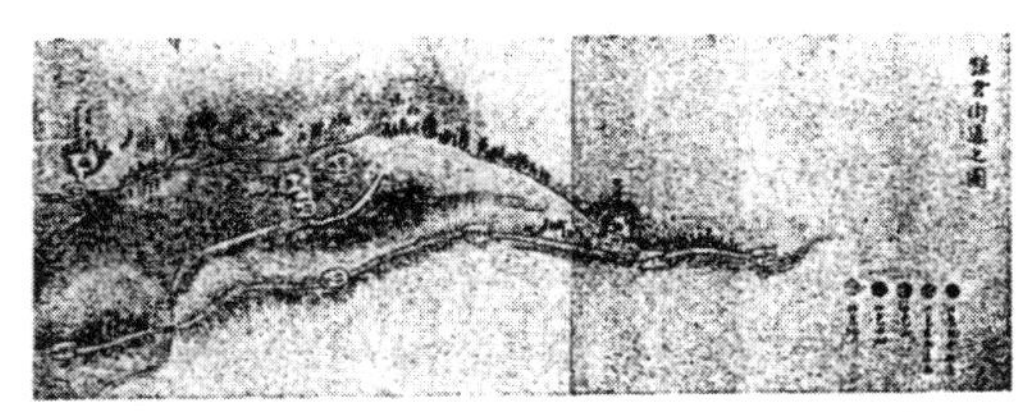

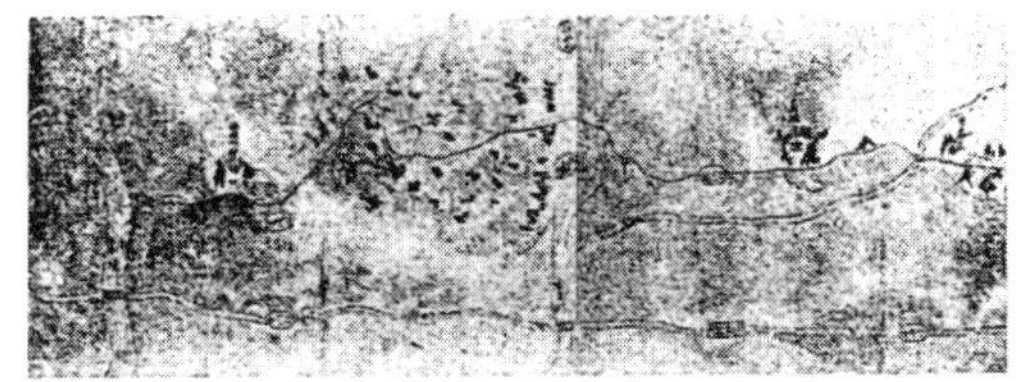

鎌倉街道図（泉正寺所蔵）

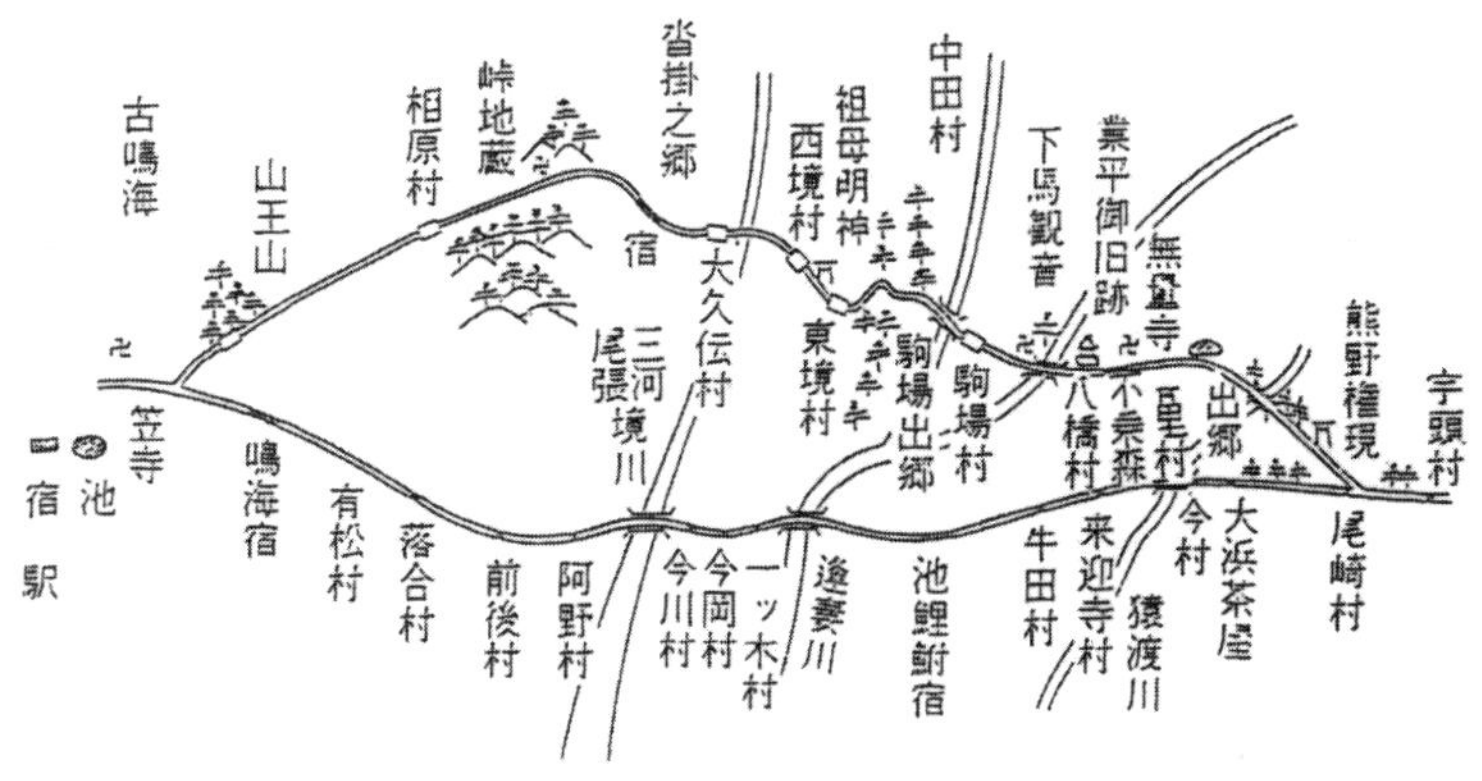

刈谷市史より　上・屏風絵写真　下・同解明図

（説明）鎌倉街道と東海道　東海道は合戦時、阿野村と鳴海の宿間は不通

る」と記すものもある。これらを合わせると「今川義元沓懸へ参陣」の今川義元は単に今川勢の一人称として扱わなければ判断を誤る。「角川本脚注」にも、『三河物語』ではそれは先陣のことで、本陣は池鯉鮒にあったと載る。しかし『信長公記』を最初に引用した山中長俊は鵜呑みして『中古日本治乱記』に「十七日義元の旗本（義元の居場所を示す旗のあるところ）尾張国愛知郡沓掛に着陣」と記し、そのまま甫庵『信長記』も「十七日義元愛知郡沓掛着」と載せて、これが主（おも）きを成した。

しかし『三河物語』に尋ねると、今川勢は五月十六日矢作・宇頭・八橋と今村・牛田・池鯉鮒に分かれて着し、義元本陣は岡崎に着。十七日義元本陣は池鯉鮒に着。十八日はいずれも動かず、十九日義元は池鯉鮒より段々に押して大高へ行（ゆく）、と記したあと義元だけでなく諸勢の動静まで詳細に記す。

当時、矢作川と鳴海の間には宇頭・八橋を経て二村山を越える鎌倉本道と、宇頭から岐れて今村・牛田・池鯉鮒を過ぎ、境川を船渡りまたは徒渉して、阿野村から桶狭間経由善照寺・鳴海に至る鎌倉間道の二つがあった（知多郡史）。鎌倉本道はもちろんだが鎌倉間道も、後に東海道が出来て阿野村と鳴海・有松村境目の間が付け替わるまでは公道であった。

義元は駿府を出立する時から、本陣は大高と決めて、宇頭からは本道を用いず公道とは言え不便な間道を通って来た。十八日がいずれも不動であったのは、戦いを前にしてそれぞれ仕度をする必要があった。松平元康（家康）は「尾張国阿古居の久松佐渡守俊勝の許に渡らせられ御母堂（於大）にまみえ給ふ」と『朝野舊聞裒藁』に載り、何よりもこれから大勢が境川を越える準備が必要だった。

義元が大高を目指していたのは早くからで、永禄元年からは毎年大高の城に兵糧を入れ、前年夏からは大高へ朝比奈泰能を赴かせ、今は松平元康が先行し、「廿・廿四・卅三」は服部左京助で話が繋がると、事態は容易に判る。

通説に、義元は織田方の目を欺くため、十八日間道の池鯉鮒から本道にある沓懸に来て、十九日沓懸を出て再び間道を通って桶狭間に来たとするものは言い繕いに過ぎない。

ここでは今川義元沓懸へ参陣をそのままに読んではならない。

③　十八日の日暮に今川勢は大高の城へ兵糧を入れ、十九日朝、満潮で後巻きが出来ない時を狙って、取出を落とそうと仕掛けてくると識れたと、丸根砦の佐久間大学・鷲津砦の織田玄蕃より注進があった。

注　最初の今川義元を今川勢の一人称に扱っての事

補足

『中古日本治乱記』　信長公記の十七日今川義元沓懸へ参陣をそのまま記して、翌十八日沓懸を打立、大高へ兵糧を入れ、義元は桶狭間ノ内、田楽坪と云所にて弁当遣ひ酒飲て居たりける云々と記す。

甫庵『信長記』　中古日本治乱記に倣って義元は十八日大高へ兵糧を入れ、爰（ここ）に於て軍評定と記すばかりで最後迄義元の居場所を示さない。

『総見記』　十七日義元は池鯉鮒に着し、十八日沓掛へ発向、十八日松平蔵人元康を以て大高の城へ兵糧を入させ、其夜、此城にて合戦の評議を調へ、翌十九日鷲津・丸根両城を攻めんと議定すと載せて、その夜、この城が沓掛か大高か曖昧のまゝ義元は先手の者共が鷲津丸根両城を攻落せしを大に悦び桶狭間の山下の芝原に敷皮しかせそれに坐し休うと記す。

注　十九日、治乱記・甫庵信長記は義元大高より桶狭間着と読む様に仕向け、総見記は義元沓掛より桶狭間着と載る。

④　信長、その夜は鷲津・丸根両砦に助勢すべきか否かの相談をすることもなく、ただ世間の雑談話だけで夜も

更けた帰られよ、と御暇が出た。家老の衆は、殿もどの様に対応すべきか思案も浮かんでこなかった様で、知恵の鏡も曇るとはこの事だろうと嘲り笑って帰宅した。

補足

甫庵『信長記』　信長卿急に御内(みうち)・外様(とざま)の人々を呼集め、明日逆寄せし合戦すべしと思うは如何と問へば、林佐渡、味方僅三千なり此城の節所へ引請合戦に及ぶが宜しからんと申す。信長、先考謂置かれし條、他邦より自国に犯し来れば必ず国境を踏越合戦すべしと宜う。明日合戦を遂ぐべし、酒出せ一種一瓶にて祝ふべしと仰せられ、人間五十年下天の内をくらぶればと舞せ給ひ酒宴數刻に及ぶ。宮福大夫謡立て、御感あって黄金二十両頂戴す。

『総見記』　十八日の夜に入って、敵早大高に参着の由、丸根の城佐久間方より脚力を馳せて申し上げゝり、信長公諸家老を集められしに、軍の御評定はこれなくして、唯世上の御雑談にて御酒宴に及ぶ。宮福太夫と云ふ猿楽、羅生門の曲舞(くせ)ひ、兵の交り頼みある中の酒宴哉と謡ひければ、殊の外御感あって黄金を下され、既に夜も深更に及べり、各々宿所に帰って支度あるべしとて帰されけり。家老の面々帰りながらつぶやきけるは、日比(ころ)は能き御大将なれども御運の末と相見え、智恵の鏡も曇るやらん、指したる軍の御工夫も出ぬと見えて笑止なり、と云ひ合せて帰けり、と載せこちらは『信長公記』と甫庵『信長記』を合わせた記述になっている。

⑤　心配していた通り、夜明けがたに佐久間大学・織田玄蕃から、早くも鷲津・丸根両砦に攻めて来たと、次々に注進があった。信長は出陣の際、人間五十年下天の内をくらぶれば夢幻のごとくなり、一度生を得て滅せぬ者のあるべきかと、敦盛の舞を遊ばされ、螺ふけ具足よこせと仰せられ、御物具召され、立ちながら食事をされ、御甲をめして御出掛けになった。

補足

『中古日本治乱記』　去程に信長は鷲津・丸根両城は徳川家康・井伊直盛に十九日責落されたと報せを聞き、鷲いて自ら出張す。

甫庵『信長記』　翌十九日払暁、敵勢鷲津・丸根へ早、取懸候由、飛脚到来すると、物の具し給ひつゝ、栗毛なる馬の太逞（たくまし）きに金覆輪の鞍しかせ、ひらりと打乗、清洲の城を出させ給ふ。

『総見記』　夜既に十九日明方の事なるに、鷲津の城より注進あり、敵只今鷲津・丸根両城へ人数を取掛け候と追々申し来る。信長少しも騒ぎ給はず、敦盛の舞の、人間五十年化天の内をくらぶれば夢幻の如くなり、一度生を受け滅せぬ者のあるべき歟、と云ふ所を繰返し舞はせ給ふて、さらば螺を吹立て具足おこせよと仰せられければ、小姓衆すなはち御鎧を奉る、静に御物具を召し堅（かた）め、立ちながら御食を三盃（マヽ）まゐり、御冑の緒をしめられ太く逞しき栗毛の馬にめされつゝ、閑々（しづしづ）御出馬なり

⑥　其時の御伴には小姓衆岩室長門守・長谷川橋介・佐脇藤八・山口飛騨守・加藤弥三郎、是等主従六騎あつた迄三里を休みなく馳けられ

補足

『中古日本治乱記』　先陣ハ織田造酒丞・山室長門守・長谷川橋之助・佐脇藤八・山口飛騨守・加藤采女正・同弥次郎・河尻右馬允・同與兵衛・簗田出羽守・佐々内蔵助・池田勝三郎。左備ハ、江州佐々木カ加勢、前田右馬助・乾兵庫介、二千三百餘騎　右備ハ、織田大隅守（信広）・同四郎次郎信賢等也。熱田ノ旗屋口ニ至ル處ニ追々ニ馳来ル軍勢一千餘騎、信長ノ後陣ニ備。

甫庵『信長記』　其時、織田造酒丞・岩室長門守・長谷河橋介・佐脇藤八・山口飛騨守・加藤弥三郎・河尻與兵衛尉・簗田出羽守・佐々内蔵助、唯十騎計（ばかり）にて先（まづ）熱田へと急せ給ひけるが、熱田の旗屋口にては早、雑兵一千餘騎方々より馳加りける。

『総見記』 御供の小姓衆、御寵愛の岩室長門守を始め、長谷川橋介・山口飛騨守・佐脇藤八郎・加藤弥三郎、彼れ是れ主従六騎、其外雑兵二百餘人、熱田まで三里の間を一時に駈付けらる。熱田大明神の旗屋口につかせ給へは、諸勢方々より馳参じて、早千騎計りになりぬ。

⑦ 辰尅（午前八時）に源太夫殿宮の前より東を御覧になると、鷲津・丸根が既に攻落された様で煙が上っていた。此時は馬上の者六騎雑兵弐百ばかりであった。

補足

『中古日本治乱記』 信長則、熱田大明神ニ参詣シ再拝シテ後、士卒ニ向テ唯今内陣ニシテ物具ノ音ノシツルハ、汝等ハ聞サルヤ云々、武井肥後入道夕庵ヲ召出シ一通ノ願書ヲ綴、宝前ニ納ケル、其詞ニ、夫以ルニ当社大明神者累代云々八劔之鋭刃斬㆓衆賊之首㆒立所満㆑所㆑願伏捧㆓一矢鏑㆒云々の願文を神前に奉る。

甫庵『信長記』 即、当社大明神へ御参詣有て内陣に物の具の音物冷じく聞えたり云々武井肥後入道夕庵を召て夫々と仰ければ夕庵硯畳紙を取出云々夫以当社大明神者累代云々八劔之鋭刃斬㆓衆賊之首㆒立満㆓所願㆒伏捧㆓一矢鏑㆒云々。

『総見記』 即ち当社大明神へ御参詣あり、合戦勝利の御祈願を掛けられ、祐筆武井夕庵を召されて一通の願書を籠められ云々（願文々面は載らない）

『織田眞記』（六騎の人名は『信長公記』に同じ）辰刻熱田に抵る。源太夫の宮を過る時、東望めば鷲津・丸根煙起り二塁已に抜を知る。公、六騎歩卒二百計云々（願文のことは載らない）

注　治乱記・信長記・総見記の記述は酷似

⑧ 浜手から御出になると近いのだが、この時は潮が満ちていて、馬での通行は難しかった。熱田より上手の道

を押し合い圧合い駈けられて、丹下の砦に来られたあと、善照寺の佐久間左京助が護る砦に来られて、後から来る者を待って態勢を整えられ、状況如何と御覧になると、御敵今川義元は四万五千を率いおけはざま山で休息していた。

補足

信長伝記主体で記した『信長公記』には、ここで初めて義元自身が登場し、それまではどこを通っておけはざま山に来たのかは、信長の人物伝記には不要なので記されていない。「様体御覧じ」は、自分の眼で眺めただけではない。物見の報せなども含まれ、そのため「廿一」では鷹狩の話が載せてある。「おけはざま山」は今でも桶狭間を東・北・西の三方を囲む山の総称で、固有名詞の山は存在しない。現在でも善照寺砦跡から眺めると、西に長く連なる山並みは随分よく見える。北は僅か、東は全く見えない。ここでは、西に連なる桶狭間の山並みを指して言ったもので個別のものではない。『武家事紀』の「桶迫間合戦図」には、西の山並みが描かれ義元討死場と記してある。名古屋市教育委員会は「桶狭間古戦場調査報告」で、見えない東の山並みの最高峰を、固有名詞のおけはざま山に設定しているのは全くの誤りである。文末のまとめのところでは、義元のいた場所を、おけはざまと云ふ所は、はざまくて(湫)み、深田足入れ、高みひき(引き続き)み茂り節所と云ふ事限りなしと記す。

『中古日本治乱記』　仍テ、鳴海桶挾ニ屯シテ馬廻リノ軍勢ニ盃酒ヲ云々、義元ハ、唯今此ノ所へ敵逆寄セントハ争カ思ヒヨルヘキナレハ、桶挾ノ内、田楽坪ト云所ニテ辨当ヲ遣ヒ、酒飲テ云々と記し、はさまくてみ、深田足入れ、のところを田楽坪と地名で載せてある。

甫庵『信長記』　桶狭間の文字さえ載らない。

『総見記』　桶狭間の山下の芝原に敷皮しかせ、義元それに坐し休ひ云々

『織田眞記』　義元桶狭間山ニ頓ス云々、桶狭間阡陌淤田(四方泥田)高低樹茂シ、進退シ難之地也と信長公記のままに載る。

⑨　午剋（正午）

補足

午剋の前に天文廿一年五月十九日の年月日が載る。五月十九日のことは、案のごとく夜明けがたに云々、と記したところから始まっていて、ここでは記す必要がない。記すからには何か意味が含まれていると思案すべき箇所に当たる。

⑩　戌亥（北西）に向かって攻め手をおき、鷲津・丸根を攻め落とし、これ以上の満足は無いと謡を三番うたわせたそうな

補足

戌亥に向って人数を備への「備」は、攻撃準備の「び」で守備の「び」ではない。ここから北西方向へは中島・善照寺と続く鎌倉間道がある。本道は二村山を越える道で『中古日本治乱記』によると、ここにも今川の一手がいた。義元は鎌倉本道と間道の二道に加え、後には本陣を鷲津砦の北に構えて、大高・鳴海の干潟道の三道から一斉に攻撃に移る企てであった。ここでも信長伝記主体で記述し、鎌倉本道のことは戦いに何の影響も無かったので載せていない。今川の四万五千が二万五千であっても、脇は深田足入れ、一騎打ちの間道一つにまとまって攻め掛かるなどは滑稽である。鎌倉両道と干潟道からの進攻があり得るとするのは、『武功夜話』に早くから梁田鬼九郎を鳴海表の鎌倉両道と干潟道に見に行かせてあると記すものによる。

『中古日本治乱記』　戌亥に向て人数を備へを、義元ノ先陣ハ道ヨリ遥ニ隔西ノ山陰ニ陣ヲ取テ云々と場所は高根・幕山の山並を指す。

『総見記』　佐々・千秋等討死の場を曖昧にし戌亥に向て備へたの記述は無い。

甫庵『信長記』・『織田眞記』も総見記と同じ

⑪　この度家康は朱色仕立ての鎧具足姿で先鋒をつとめられ、終夜大高城に兵粮を運び入れて丸根砦を、大高城の朝比奈泰能は鷲津砦を、それぞれ攻落し辛労あり、人馬共々大高城で休息。

補足

『中古日本治乱記』　十九日義元ノ先陣井伊直盛竝ニ徳川殿ノ御家人等、鷲津ノ城ニ押寄、夜ニ入リ落シ其ヨリ直ニ丸根ノ城ニ取掛元康卿ノ軍兵トモ先登ニ進テ責付タリ云々、最後城中次第ニ勢透テ力モ弱今ハ不叶ト、降ヲ請テ、城ヲハ敵ヘソ渡シケル

甫庵『信長記』　家康の事は載せず

『総見記』　扨も今川の多勢勇み進んで纔(わずか)の小城を攻める程に、鷲津も丸根も十九日の朝掛けに難なく攻落して、両城ながら焼き払ひ義元喜悦の眉を開かる。

『織田眞記』　東照公朱甲ヲ著シ両城ニ攻戦糧ヲ大高城ニ運之ヲ戍(まも)ル

⑫　佐々隼人正・千秋四郎二首、人数三百ばかりは信長が善照寺へ来られたのをみて、高根で戌亥に向かって攻撃準備をしている義元（今川勢の一人称）に、足軽（徒）で抜け駈けした。すると相手は怒涛の様に襲い掛かって来て、鑓下（上から攻め掛かる）に千秋四郎・佐々隼人正他武者五十人程が討たれた。義元は討取った報せを受けて、我等が武威には天魔鬼神も叶うまじ、気分爽快と悦び、謡をうたわせ寛ぐ。

補足

『中古日本治乱記』　十九日瀬山の際に扣へける、義元ノ先手葛山播磨守・同備中守・富永伯耆守等に、信長の大先手佐々隼人正・千秋四郎は信長の瓜紋の旗差揚て逆寄せに攻めて、息をも継がせず十文字に驅破り、横合よ

り岩室長門守も突入、最後三人ながら討死。

甫庵『信長記』 佐々隼人正・千秋四郎御紋の旗を待ちうけ、義元先陣の勢、山際に引へたるに懸入り、縦横に懸破、懸通し、散々に戦い二人ながら討たれ、岩室長門も枕をならべて討たれぬ。

『総見記』 熱田表にいた織田方先陣の佐々隼人正・千秋四郎等二百計りは、信長公の御旗を待ち受け、山際に控へたる駿河勢へ打って掛り、佐々・千秋小勢なれば取囲まれて五十余人討取られ、岩室長門は抜掛けして討取られぬ。

『織田眞記』 佐々政次・千秋四郎、公ヲ見テ善照寺ヨリ出テ三百人許速師（そくじ）ニ義元ノ陣ヲ衝、槍下ニ戦死スル者五十人許。

比較	海道の別	呼称	特長
信長公記	善照寺（鎌倉間道）	義元（一人称）	鑓下
中古日本治乱記	瀬山の際（鎌倉本道）	義元ノ先手	岩室長門守
甫庵信長記	山際（鎌倉間道）	義元先陣ノ勢	岩室長門
総見記	山際（鎌倉間道）	駿河勢	岩室長門
織田眞記	善照寺（鎌倉間道）	義元ノ陣	槍下

鎌倉間道にいた方は、高根の山に徒で駈け上がったので鑓下と載る。鎌倉本道にいた方は、鑓下の代わりに岩室が載る。同じ岩室でも『中古日本治乱記』は長門守と載り、甫庵『信長記』と『総見記』は中古日本治乱記が「遙に隔つ西の山陰にも先陣の勢」がいたと記している「先陣」の呼称を用いて鎌倉間道に当ててある。『総見記』が駿河勢の呼称を用いたのは、いずれも義元と付けてあるものに近づける表現だろう。付き合わせると『信長公記』のままに記しているのは『織田眞記』だけで、佐々・千秋は鎌倉間道の高根で戌亥に向かって備えた今川先陣で討死し、甫庵『信長記』と『総見記』も記述は異なるが鎌倉間道で討死。『中古日本治乱記』だけは鎌倉本道の今川先手で討死させている。

⑬　信長御覧じて

補足

先の様躰御覧じから、ここでの御覧じてまでの間に記された記述の全てがそれに当たる。

⑭　中嶋へ移ろうとすると、家老の衆は高根には今川勢がいて、既に佐々・千秋は討たれ、攻め口は上鑓と条件が悪い。しかも行く手の鎌倉間道は、悪路狭隘でここも合戦には不向きであると、勝算を問わず負の結果だけを予想して、馬の轡の引手を握って引き止めたが、信長は聞かず、中嶋砦に移った。この時の人数は二千にも満たなかったと言う。

補足

文章は信長御覧じての後、何も書かずに中嶋へ移ろうとした云々となっている。ここは何も記していないが、信長自身は何か思うところあってのことだろう。当時、一介の弓衆身分の著者には判らなかったので載せていない。

⑮　信長は中嶋砦に来て、今度は只我武者羅に止めるのを振り切って、中嶋からまた人数を出された。

補足

ここでの記述は漢文調なので、前後を入れ替えるのが今風だろう。今度は訳も言わずに引き止めているので、脇は深田の足入れ、一騎打ちの道、無勢の様躰敵方よりさだかに相見える場所は、中嶋砦より先の鎌倉間道に当たる。山鹿素行は『東海道日記』に鳴海は左右広原で、有松（村入口の一里塚を指す）からそこまでは、田あり足入也と記している。近時、藤本正行正面攻撃説では善照寺と中嶋の間のことにし『東海道日記』の記述が取り上げられていない。そんな事を知ってか知らずか、正面攻撃説に傾注するあまり、東海道を合戦の場に仕立て、挙句は豊明古戦場まで義元を追掛けるのは常軌を逸していると言える。

⑯　此の時の御言い付けは、皆よく聞け、今川勢は宵に兵糧を口にしただけで、夜中に大高へ兵糧を入れ、鷲津・丸根を攻め落とすのに手を焼き、骨折って疲れ切っている、此方は未だ戦っていない新手である。小勢だからといって大敵を怖れてはならぬ、運は天運と言うではないか。攻め掛けられれば退き、退けばくっついて離れるな。是が非でもひねり倒し追崩すのは当たり前のことで思案するまでもない。敵を討ち取っても首は取るな、そのままにしておけ、軍に勝ちさえすれば、ここに関わっていた者は、家の体面を末代まで高めたことになる、ただ励むべしと言うことだった。

補足

御諚の前半は士気を鼓舞し、後半は只軍に勝ぬれば良いと、至って単純明快なもので、合戦の手立てを言ったものではない。しかし『中古日本治乱記』は合戦の日取りは十九・二十日の二日間にわたっているが、文章は信長公記のままに記した中で、義元が陣取りたる山の後に廻り（明日）不意に軍せば、必ず勝を得られると記し、甫庵『信長記』は、中古日本治乱記をもとに、油断しているところに不意に襲い掛かる。『総見記』はより信長公記の文章に近い文言を用いて記述し、その中に敵の思ひよらぬところへ無二に掛って突崩せば勝を得られると、いずれも手立てを盛り込んである。『織田眞記』は信長公記を略して記しただけで、手立ては載らない。

『中古日本治乱記』　夜中、鳴海に至らんと駒に策す処に、池田勝三郎・林佐渡守・毛利新助・柴田権六等、信長の轡を扣て、敵は目に餘る大勢なり云々、唯要害に引籠り、敵兵の不意を計り相戦はゞ利あるべし、と諫めたるに、信長所存は、今夜(十九日)忍て義元が陣取たる山の後に廻り、明日(二十日)不意に軍せば必ず味方利を得べし、敵は十八日に終夜大高へ兵糧入て寝隙なく、今朝(十九日)鷲津・丸根の両城にて苦戦し、晩景は亦、瀬山際の合戦に人馬労たり今日(二十日)亦大雨降は夜討入ん歟、と用心して夜を安定に寝べからず、連日連夜寝されば、神心ともに苦し、其上、敵は度々の軍に討勝て、大将奢り、士怠り、敵を恐れる事なく油断せん事必定せり、軍の利は不意を討にはしかざるぞ。

甫庵『信長記』　信長中島へ移らせ給はんとし給ふに、林佐渡守・池田勝三郎・毛利新助・柴田権六御轡に取付、あのきほうたる大勢に此小勢にて懸らせ給んは勿体無し、と声々に留めければ、各々聞給へ無理に懸らんと云にはあらず、彼凶徒等、終夜大高城へ兵糧入る、のみならず、今朝(その日)鷲津・丸根両城にて兵ども皆つかれぬべし、大将も勝に乗て帯ひぼ解て休むらん。味方は亦、城どもおとされ機を失ぬ、殊に大軍なれば、思ひ侮て、よも平にかゝらんとは思ひもよらず、角、油断して居ける所を不意に起って合戦をせば、などか勝ずと云事なからん、寡を以て多に勝とは、只加様の時を得るのみなり、是天の与ふる所にあらずや、然れば此合戦には分捕高名すべからず、一向、軍功を専らにすべし、と理を極め、義を励し、例の大音声にて仰ければ、尤もなりと人々思入たれば、夜の明たるやうに心晴れてぞ見えたりける。

『総見記』　信長公是より中島へ移りて合戦を始められんと宜ひければ各々御大将の謀をば知らずして、池田勝三郎・毛利新助・林佐渡守・・柴田権六等御轡に取付いて、是は両方深田の中、一騎打の細道也云々、扨中島より又討出で給ふを猶も彼の面々声々に留め申す、其時、信長公御手立を仰せ聞かせらる云々、此敵、昨日（十八日）は大高の城へ兵糧を入れ、又、今朝（十九日）は鷲津・丸根両城の合戦に精を盡し、辛苦艱難してつかれ果たる人数なれば、大勢と云へども武からず、此方は新手にて、思ひ切ったる軍兵なり、敵の思ひもよらぬ所へ無二に掛って突崩さば、などか勝利を得ざるべきと、大音声にて下知し給ふ。扨今日（十九日）の合戦は首取るべからず、打捨なるべし、此軍場へ出づる者は家の面目末代の高名たるべし、とて諸勢を勇めて掛り給ふ。

『織田眞記』　曰敵軍夜食（十八日）シ、終夜糧ヲ大高ニ運シ、丸根鷲津（十九日）ニ攻戦ス、疲労甚シ、吾卒固健（もとよりすこやか）大ノ敵ヲ懼レ小ノ敵ヲ侮不、敵来ルトキハ即却キ、敵退カハ、則逐ン

⑰　御言い付けがあったところへ佐々隼人正・千秋四郎と一緒に高根の今川勢に向かって抜け駆けした前田又左衛門・毛利河内・毛利十郎・木下雅楽助・中川金右衛門・佐久間弥太郎・森小介・安食弥太郎・魚住隼人が首を得て、中嶋砦に引き返して来た。

補足

首を取ってきた人物名を『中古日本治乱記』と甫庵『信長記』は前田・毛利河内・十郎・木下・中川・佐久間とのみ記す。『総見記』と『織田眞記』はそれ以外に森・安食・魚住を載せ信長公記と同様。

首を得た場所は「道より遥に隔つ西の山陰」と、「戌亥に向て備へ」の記し方は異なるが位置は同じ所を指す。

『中古日本治乱記』　義元の先陣は、道より遥に隔つ西の山陰に陣を取て、（義元と）同じく帷幕を垂、油断して居たる処に、信長の旗本より抜懸しける輩には、前田又左衛門尉利家、其外木下雅樂助・中川金右衛門・毛利河内・同新介・佐久間与五郎等、一番に馳入て皆、首取て実検に入しかは云々。

甫庵『信長記』　然れは、此合戦には、分捕高名すべからず、一向、軍功を専らにすべし、云々斯る処に早、前田又左衛門尉利家首取って参りたり、木下雅樂助・中川金右衛門尉・毛利河内・同新介・佐久間弥五郎手々に(てんで)頸を提〳〵(ひっさげ〳〵)参りける。

『総見記』　此軍場へ出づる者は、家の面目末代の高名なるべしとて、諸勢を勇めて掛り給ふに、先駆の前田犬千代・毛利河内・森十郎・木下雅樂助・中川金右衛門・佐久間弥太郎・森小介・安食弥太郎・魚住隼人等、高名し、手に手に首を持ち来る。

『織田眞記』　利ヲ此ニ得、令名ヲ立ベシ、是於テ前田又左衛門利家・毛利河内・十郎・木下雅樂助・中川金右衛門・佐久間弥太郎・森小介・安食弥太郎・魚住隼人、皆悉首ヲ提来献ス

⑱　これ等には、仰せられた趣きを、良く言って聞かせて、中嶋砦を出て、深田足入れ、一騎打ち、しかも敵からは丸見えの鎌倉間道を進み、桶狭間の西の山際まで来たところ、俄かに急雨が石か氷を投げつけた様に敵の輔(つら)（顔）に打ち付けてきた。味方は後ろの方に降り掛る。山際の鎌研からは道を東に外れ、手越川に沿って進み、桶狭間山にいる今川勢先陣の後に廻り込んだが敵は急雨に輔(つら)をたたかれ気付いていなかった。信長は釜ケ谷の大府峡（田樂挟間）まで来て空が晴れるのを御覧になり、鑓をおっ取って大音声を上げ、すはかゝれ〳〵と仰せられ、黒煙を立てて掛かるのを見て、敵は水を撒いた様に後ろへくはっと崩れ、あとには弓・鑓・鉄炮・のぼり・さし物がまるで算木を放り投げた様と異ならなかった。今川義元が乗っていた塗輿も捨てて逃れた。

補足

深田足入れ一騎打ちの道は、当時二村山を通る鎌倉本道に対する間道で、東へは阿野村を経て矢作で、西は善照寺で、それぞれ本道と繋がっていた。東海道を拓いた時は、この間道の鎌研から阿野村までをまっすぐに付け

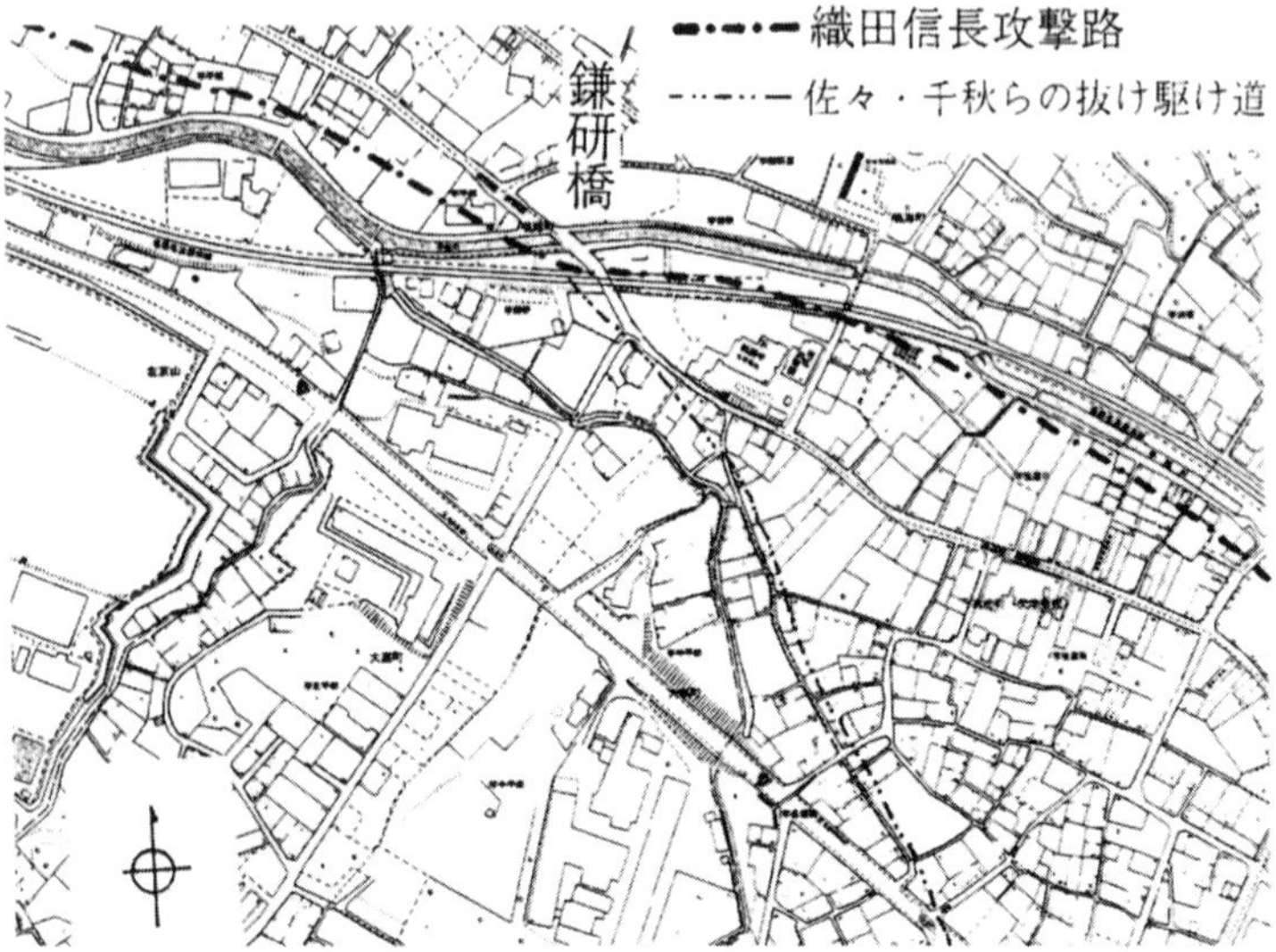

平成５年環状２号線工事着手前の鎌研橋近辺の略図

替えて有松と落合を設け、従来の桶狭間経由の道を公道扱いから外した。これが古戦場を二分する因になった。

桶狭間を三方から囲む様に連なる山を総称して桶狭間と云い、その西、山際にあって、今は東海道とかつての鎌倉間道が追分ける鎌研から道を東に外れ手越川に沿って桶狭間山にいた今川勢先陣の後ろに廻り込んだが気付かれなかったことを、山際迄人数を寄せたところ、俄に急雨があり、石氷を投げ打った様に敵の輔（つら）に打付け、身方は背に降り掛かる。沓懸の峠の松の本に、二かい・三かゐ（ママ）の楠の木雨に東へ降り倒るゝ、余りの事に熱田大明神の神軍かと申候なりと記し、東の方角や神の加護にかわる熱田大明神の神軍を用いて著してある。

天保十二年の『有松村絵図』を見ると、今でもそうだが、鎌倉間道は鎌研で手越川とほぼ直角に交わり、桶狭間村道へと南東方向に延びる。手越川の流れは東方向からになっているが、その区間は僅かで、流れの少し上手になると大きく南東に湾曲しているので、東は目先のことを言ったまで。文章は情景そのままに中島砦から南東方向に進んで来て、鎌研のところで道を東に外れると、後は手越川の流れのままに進んだと著されていた。合戦時は、東海道は不通で、行く手は手越川源流以外にない。信長は空が晴れるまで源流のところにいた。そこを今では釜ケ谷と言う。『信長公記』の「沓懸の到下の松の本に云々熱田大明神の神軍かと申候なり」のたとえ話を、

慶長六年（一六〇一）著『中古日本治乱記』は、今夜忍んで義元が陣取たる山の後に廻り明日不意に軍せばと

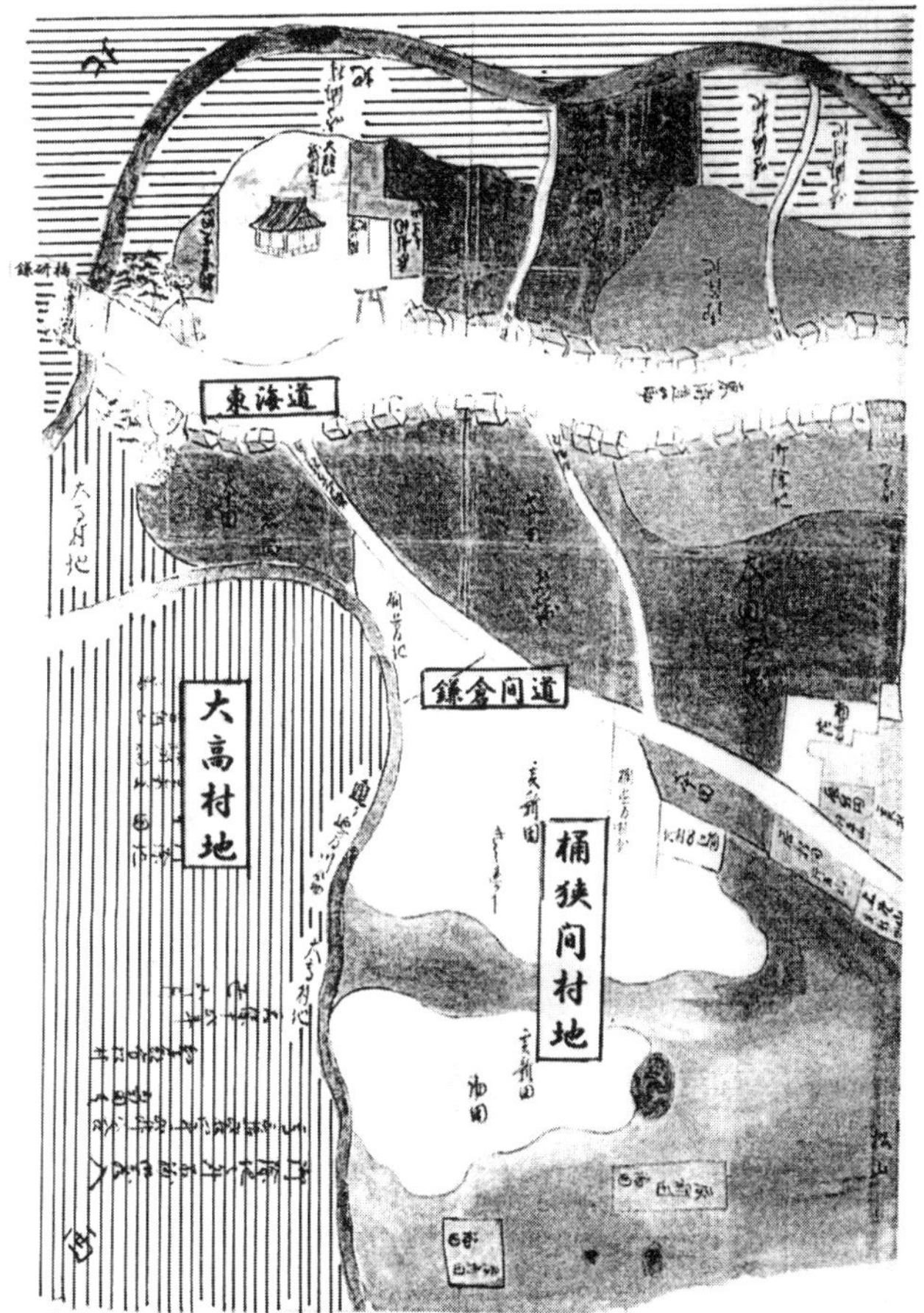

天保十二年村絵図　有松村
縦線内＝大高村地
横線内＝鳴海村地
以外＝有松・桶狭間村地

前置きし当日「折節雨は篠を突か如く降、黒雲覆ひ闇かりけるに、暴風は烈し、風亦駿州勢に吹向ひ、面を打、故に咫尺を見事具ならす。信長、誠に天ノ時を得たると云へし」と東の文字を省き、天祐神助を意味する神軍を、幸運を示す天ノ時にかえた。

慶長十六年（一六一一）著『甫庵信長記』は「雨に東へ降倒る丶・神軍・天ノ時」のいずれも判らず、簗田出羽守に敵の先陣は後陣なりと言わせ廻り込みを示唆して治乱記の「折節雨は篠を突が如く」からの箇所と、『信長公記』の「急雨石氷を投打つ様に云々」の箇所を突き混ぜ「折節黒雲頓に村立来て、大雨頻に熱田の方よりふり来り、石氷を投ぐるごとくに敵勢へ降りか丶り、霧海をた丶へて暗がりければ、殊に寄る味方さへ、敵陣に近づくを覚束なき程なれば、敵は曽て、しらざりけるも理なり」と全く異なる記述にかえた。

延宝元年（一六七五）著『武家事紀』は「折節暴雨俄に降り来て、熱田の方より黒気を丶い、人馬東西をわきまへす云々」と、こちらは治乱記の東の載らない文章を引用して佐々・千秋・岩室は「鳴海の東より働き出て義元の先手で戦死」と記し、前田又左衛門等のことは鎌倉間道が判らなかったので、文末に「又左衛門は首二つを討取った」とのみ記した。

貞享二年（一六八五）著『総見記』は『信長公記』のままに「俄に急雨降来て、石なんどを投ぐる如く敵の顔へ風吹きかく、敵の為には逆風、味方は後より吹く風なり、餘りに強き雨風にて、沓掛の山の上に生ひたる二かい・三かゐの松の木、楠の木なども吹倒す計りなり、是れ只事にあらず、熱田大明神の神軍、神風かなんど丶云ふ程なれば云々」と記し、重要な東を省き、信長は東へ行ったのではなく熱田からの風雨だから南東に行ったと作った。

元禄四・五年（一六九一・九二）頃の著『桶峡間合戦記』は「時に、天俄かに黒雲たなびき覆ふて、暴風、熱田の方より頻に吹来て、大雨車軸を流すがごとく、味方は幸ひ追ひ風、敵は向ひ風にて、雨は沙石氷を擲つに異ならず、信長大子根より急に田樂狭間（桶狭間山の北）へ取り掛り云々」と載せて、田楽狭間え南東向きに攻め掛ったと記した。

享保二年（一七一七）著『織田眞記』も『信長公記』を用いながら、やはり東の説明を控えて「既に師（信長）山麓に拠る時、暴雨烈風礫飛し樹を折る、我軍濡ず、敵軍譟乱、世人相謂熱田の神霊耶（かと）」と『総見記』よりさらに飛躍して著す。

安政二年（一八五五）著『武徳編年集成』は「信長は愛知郡善照寺の砦に着し、同郡鳴海宿・知多郡植（有）松の間を当方へ馳向はる。時に毛利新助等、轡を扣へ是より両方深田の細道を歴（すぎ）て無勢の程を敵に見透され、忽ち敗亡すべき旨頻りに練め云々」とここで東を用い、山際での記述は「時に、天俄かに曇り白雨頻りに至りて、風砂敵の面を撲（うっ）て、雷電魂を奪ふ、敵風雨を凌ぎ兼て殆んど茫然たり、沓掛の上の山、喬木転び倒るゝほどなれば、信長勢の回り来る物音、聊（いささ）かも聞へず、信長雨の晴るゝを待ち云々」と信長公記に近い記述となっている。鳴海宿・知多郡有松の間は言うまでもなく鎌研を指す。

⑲　未剋（午後二時）義元の居場所は是だ、是へ懸れと、御指図があった。今川勢は、初め騎馬武者三百人程が丸くなって義元を囲み退いたが、幾度となく退（ひ）いては懸かり、懸かっては退きしている間に次第に人数が減り、最後は武者五十人ばかりになっていた。信長も徒となって、若武者共と先を競（きそ）い、突伏せ突倒し、思う様にいかないので苛だった若者等は、乱れかかって鎬（しのぎ）を削り、鍔を割り、火花を散して火焔を降らすばかりに甚だしい。しかしながら、敵味方の色分けははっきりしていて同志討ちはなかった。ここに至って御馬廻の御小姓衆方々の手負・死人は数多有り。服部小平太、義元に攻め掛り、膝の口切られ倒れ伏す。毛利新介、義元を伐臥（つきふせ）頸をとる。これはひとつには天文二十三年に清洲の城において武衛様を始めほとんどの人が信友に攻め殺された時、御舎弟を一人匿い（捕は握って離さないの意）助けられた、その報いが神仏の御蔭となって義元の頸を取ることが出来たのだろうと人々は囁（ささや）いた。

おけはざまと云ふ所は、狭間は湫（くて）（水草などの生えた低い土地）で、深田の様に入れば足を取られ、高いところはどこまでも茂り難所際限なし。深田へ逃げ込んだ者は、その場で這いずり廻るのを、若者共は容易く追付き、二つ三つと手に手に頸を取り、信長の前に参上、頸はどれも清須にて実検すると仰出され、義元の頸があるのを確められ、御満足なされ、もと御出になった道を通り御帰城なされた。

補足

改行して「旗本は是なり、是へ懸れと御下知あり、未剋東へ向てかゝり給ふ」までは全て前置きの箇所である。「捨くづれ迯れけり」から年月日改行を無視し「旗本は是なり」から「東へ向てかゝり給ふ」までも飛ばして読んだ方が、前後の繋がりは却って良くなる。

『織田眞記』は「今川義元の塗輿も捨てくづれ迯れけり」の後の区切り「天文廿一年五月十九日」も「旗本は是なり、是へ懸れと御下知あり未剋東へ向てかゝり給ふ」の前置きの箇所も示さず

「公塗輿ヲ見テ元帥（義元旗本）為ヲ知リ急ニ追撃使ム卒三百人許義元ヲ囲ミ庇テ四・五返シ闘モ後、従者纔ニ五十人許云々」

とのみ記し、編年体記述に改めてある。

一、山口左馬助・同九郎二郎父子に、信長公の御父織田備後守累年御目を懸けられ鳴海在城。不慮に御遷化候へば、程なく御厚恩を忘れ、信長公へ敵対を含み、今川義元へ忠節として居城鳴海へ引入れ、智多郡御手に属す。其上愛智郡へ推入り、笠寺と云ふ所要害を構へ、岡部五郎兵衛・かつら山・浅井小四郎・飯尾豊前・三浦左馬助在城。鳴海には子息九郎二郎入置き、笠寺の並び中村の郷取出に構へ、山口左馬助居陣なり。かくのごとく、重々忠節申すの処に、駿河へ左馬助・九郎二郎両人を召寄せ、御褒美は聊もこれなく、無情無下無下と生害させられ候。世ハ澆季ニ及ブト雖

モ、日月未ダ地ニ堕チズ、今川義元、山口左馬助が在所へきたり、鳴海にて四万五千の大軍を靡かし、それも御用に立たず。千が一の信長、纔か二千に及ぶ人数に扣立てられ、逃死に相果てられ、浅猿敷仕合、因果歴然、善悪二つの道理、天道恐敷候なり。

註釈

澆季＝末世。　日月未ダ地ニ堕チズ＝この世はまだ終わってはいない。

補足

冒頭に「一」が付けてある。ここからはまとめの箇所に当たり、信長以外の人物伝記が記されている。山口左馬助に関することを「十一」では謀叛の次第「廿」は桶狭間合戦の前置き、ここ「廿四」ではまとめ書きになっている。左馬助父子謀叛は、天文十八年三月三日織田信秀が没し、同年十一月に松平竹千代と織田信広の人質替が終わって一件落着したすぐ後で、翌年（天文十九年四月十七日）信長に松本城別名戸部城の戸部新左衛門共々攻め殺されているが、著者は信長を慮って事実を曲げ、然も信秀の喪を三年伏せたので天文二十二年として記してある。

「今川義元、山口左馬助在所へきたり云々天道恐敷候なり」は義元を評した箇所に当たる。

山田新右衛門と云ふ者、本国駿河の者なり。義元別て御目を懸けられ候。討死の由承り候て、馬を乗帰し討死。寔命ハ義ニ依リテ軽シト云ふ事、此節なり。

補足

『中古日本治乱記・甫庵信長記』　不載

『総見記』　ほぼ同様に載

『織田眞記』　「義元常ニ之ヲ暱愛ス此般難ニ死ス守節之士ト謂」とのみ載

二俣の城主松井五八郎、松井一門・一党弐百人枕を並べて討死なり。爰にて歴々其数討死候なり。

補足

『中古日本治乱記』　松井兵部小輔親将として五百八十三人討死の中に名が載る。但し五八郎ではない。

甫庵『信長記』　不載。

『総見記』　遠州二股城主八郎宗信を始め一党二百余人討死とのみ載る。

『織田眞記』　松井五郎八郎二股の城に居、松井氏闔族公ノ士卒与ニ相闘テ死ス凡二百人許。

爰に河内二の江の坊主、うぐゐらの服部左京助、義元へ手合せとして、武者舟千艘ばかり、海上は蜘の子をちらすがごとく、大高の下、黒末川口迄乗入れ候へども、別の働きなく乗帰し、もどりざまに熱田の湊へ舟を寄せ、遠浅の所より下立つて、町口へ火を懸け候はんと仕候を、町人共よせ付けて噇と懸出し、数十人討取り候間、曲なく川内へ引取り候キ。

補足

「廿」の前置きには服部左京助（介・進）は御手に属さずと載り、その左京助が合戦の時、義元に合力するため、大高の城下、黒末川口まで武者舟千艘で来たが、義元が早々と討死したので、何もすることが無く乗帰し、途中、熱田で腹いせに町口に火を掛けたが、逆に町の人から攻め掛られ、数十人討取られ何の面白味もなく帰ったと記す。『織田眞記』は、来た目的を元康を救うためとしながら、その事にはふれず、ただ来た帰っただけの記述で、話が短絡に過ぎる。『総見記』は、信長公記で舟千艘となっているところを、十艘に換え、大高の城に兵糧を入れ、元康を悦ばせただけで帰ったと記す。『信長公記』の舟千艘は多いが、十艘は少ない。武者舟は武者の乗った舟のことだが、当時は一艘に対し何人と決まりでもあったのだろうか。通常なら武者五百とか千が、舟何艘にて大高の下まで来たと記すが、人数の程が判らない。舟は左京助が交易に使っていたものが主だとすると、沿岸用のものだろう。それにしても千は多いが、人数が書かれていないのなら空舟になる。一説に、左京助が舟千艘を率いて大高まで来たのは、義元を大高から熱田に渡すためのものであったと言うが、これも文章だけの思案に過ぎない。結論を得るためには「十九・卅三」の知恵が必要になる。

『総見記』　尾州河内二の郷の一向宗うくゐら（鯏浦）の服部左京、此度の合戦に義元へ力を合すべしとて、一向宗を数多引具し、武者舟数十艘に取乗って、大高の下、黒末の河迄乗りきたり、先づ、大高の城へ兵糧多く運入れて松平元康へ力を添へ、其身は戦場へ赴く処に、十九日の未の刻、はや義元は討死なれば力を失ひ、舟に乗って帰りがけ熱田の港云々と記す。

『織田眞記』　河内二之江僧及服部左京助、義元ヲ救ワント欲シ軍ヲ海ニ浮シ大高城ノ下、黒末川ニ至テ舟ヲ熱田湊ニ繋ク舟ヲ下リ陸ニ上リ将ニ市屋ヲ焚ントス賈人（こじん）之ヲ拒ム斬首数十級皆舟ニ上リ逃去、とのみ記す。

上総介信長は、御馬の先に今川義元の頸をもたせられ、御急ぎなさるゝ程に、日の内に清洲へ御出

でありて、翌日頸御実検候なり。頸数三千余あり。然る処、義元のさゝれたる鞭・ゆがけ持ちたる同朋、下方九郎左衛門と申す者、生捕に仕り進上候。近比名誉仕候由候て、御褒美、御機嫌斜めならず。

義元前後の始末申上げ、頸ども一々誰々と見知り申す名字を書付けさせられ、彼同朋にはのし付の大刀・わきざし下され、其上十人の僧衆を御仕立候て、義元の頸同朋に相添へ、駿河へ送り遣はされ候なり。清洲より廿町南須賀口、熱田へまいり候海道に、義元塚とて築かせられ、弔のためにとて千部経をよませ、大卒都婆を立置き候らひし。今度討捕に、義元不断さゝれたる秘蔵の名誉の左文字の刀めし上げられ、何ケ度もきらせられ、信長不断さゝせられ候なり。御手柄申すばかりなき次第なり。

去て鳴海の城に岡部五郎兵衛楯籠候。降参申候間、一命助け遣はさる。大高城・沓懸城・池鯉鮒城・鳴原城、五ケ所同事に退散なり。

註釈

日の内＝その日が終わるまでに。　ゆがけ＝韘・弓を射る時に手にはめる革手袋。　同朋＝武家の殿中に仕えた僧形の小役人・室町時代に始まった。　須賀口＝愛知県西春日井郡新川町。　義元塚＝名古屋市熱田区須賀町。　千部経をよませ＝数多くの経を読誦する。　大卒都婆＝追善供養のために梵字で印し上部を塔の形にした木製の大きな柱または細長い板。　左文字の刀＝義元が合戦の時差していたものが信長に献上され、以後信長が差料とした。今は京都建勲神社に現存する筑前左文字派の刀工銘有り。

補足

この時の同朋名を『信長公記』は記さず。『中古日本治乱記・伊東法師物語・甫庵信長記・尾張志』は林阿弥と記す。『総見記』は権阿弥。『桶狭間合戦記』は両方記す。『改定三河後風土記』桑田忠親監修には、伊丹系譜に虎康今川同朋にて権阿弥と称す。義元討死の時、下方九郎右衛門を以て信長に見へ、今川方にて討死せし諸士姓名詳に答ふ、信長褒美に刀を下されて駿府に帰さる。氏眞の代に束髪して権太夫と改め、後に大隅守と称し、天文（ママ）十年七月より御家人に加へらる。原書『中古日本治乱記』並、『伊東物語』は林阿弥に作るは誤りなりと注記有り。

参考

『武功夜話』意訳　合戦時の佐々隼人允と蜂須賀小六

一、扨永禄元年（一五五八）春越方より駿州今川治部少輔の動き風聞有、然し乍ら風聞は燎原の火之如く、尾張国中行渡る。不測の出来事不安になり焦燥の限也。細作の仕業か流言紛々上下の取沙汰仕切りにて、治部小四萬の軍勢催し西下、尾張一切成し（平らげ）天下に号令なさるとか。上総介、所詮は蟷螂之斧（カマキリが両手の斧を振り回している様なもの）清須明渡し逐電とか、風聞巷に噂致し、前後未だ曽て無き危急存亡之時に立至る。清須御城中御重臣御歴々衆御詮も意見区々。連々（引続いての）御軍議も只々徒に日過ぎ埒明申さず、然るが妙案とて無き趣也。

一、治部少輔西上は五月に相違間敷く（間違いない）と蜂少（蜂須賀小六）恐る〳〵申上る。某細作の処、三河筋往還端々已に馬糧用意差置く、出兵の御触書は松平元康名にて、内々御達せられ、岡崎松平党は与力成され、尾州三州境目に先駈先陣遽敷、並々ならぬ陣触也。治部少輔府中進発すれば、三・四日を経ずして尾張境に達す。御領内鳴海諸城、佐久間大学殿相固められるも、僅か参・四百の人数以て防ぐ事ならず。仮に身続きの御人数（一族類縁の武者）差遣されるも駿遠三の猛勢、一度に取懸来らば南無八幡御加護も捨殺（見殺し）と同様、如何とも成し難し、弓箭以て誉となす我等、上様御用（御申付け）なら一命進上の覚悟成りと切々申宣べる。。

一、上総介信長公申されるには、我以て秘中之策無し、聞及ぶ所、駿河勢我に拾倍す、国中の寄合も（寄せ集めても）四千は越間敷く、敵は鉄桶の陣容なり。寡兵以て、是に備へれば徒らに令勢得（あれも駄目これも駄目と駄目ばかりになる）早晩、清須へ責来るは必定の理也。籠城も清須は小城、延引ならず。それなら野に於て勝負決せんと欲すれば、蟷螂斧を以て、大象に立向ふ如く、愚なる事是に過たるはなし。備有って無しが如し、構えずの構えで待つ。人間生涯五拾年、乾坤を払って立つの間合、見定置事肝要也。先以差遣、梁田鬼九郎鳴海表の干潟道、鎌倉道両道差見居候。柏井衆、佐々衆、龍泉寺にて待構、無闇に功を逸る事、曲事也。治部少、足止めするなどは蜂小、前小、勘考あって然るべし。そこに居た衆は恐れ入った由。

当日、生駒屋敷参集の者、蜂須賀小六、前野将右衛門、生駒八右衛門、蜂須賀大八郎、稲田修理、佐々隼人、同内藏佐、村瀬作左衛門、前野惣兵衛、前野又五郎、同長兵衛、同小兵衛尉、祖父孫九郎尉等拾数人之面々の由也。森甚之丞、森小助等御茶筅様御伝役仰付け清須御城罷越不在。小次郎尉、此時病い差起し喜左衛門、小兵衛殿罷居。此度急変の病は重く、孫九郎尉呼寄云含めるに、我腹中病にて、武士としての務め叶間敷、上総介様危急の時なり。一門中悉く、召連参られよ、小兵衛は我病で平臥の為、罷居るが、某如何様成てもよし、喜左衛門只壱人残されゝば、構いは無用と申される。孫九郎尉は是迄御恩蒙り、今度は粉骨の働き覚悟されよ。討入れば元より一命は無きものと心得よ。小兵衛は祖父様、病、気遣い差戻して来たが、仰せの如く召連参る所存。時節なれば是非なき事。是で今生拝顔叶ずも、呉々御養生なされよ。居合せた御袋様、言葉申兼た様子なり。

孫九郎尉、小兵衛尉罷立った後、小次郎尉病次第に重く成り、是限りに相果る。永禄申（三）年三月拾六日明方の事、実に天運定め難し。明て五月田樂久保見に於て今川治部中軍に討入治部少顕討取、尾張勢の勝利を待たず不帰の客となる。無情題目稱し、念仏仕る。

一、駿州太守今川治部少輔義元、駿遠三に号令を発し、三万有余の軍勢雷発、先手掛川に達すの報せ、清須御城中深閑として声無し。御軍議重ねる処、良き思案なき儘、三日過ぎる頃、先陣早々岡崎着陣之注進。稲田大八郎龍泉寺に伝え来る。織田方の出城鷲津、丸根両城取囲み責立、駿河勢三万有余の軍勢、目も及ひ難き程、二重三重両城取詰、作間（佐久間）、飯尾、必死に防戦するも何しろ小勢なれば支え様無く、清須に注進の処、身続きの人数差遣すは是無し。見殺の躰（体）也。清須御城重臣御一門衆詰め居る処、評議は決まらず、陣振れ等更に無し。心はせし御家来衆御城大手門前、身支度致し、昨晩から来て、今か〳〵と待ち構える。詰居る人数弐百位、御家存亡覚悟と思い定めて駈参じた者供也。丸根よりの注進、息を切らして御門内駈入る。打眺め心配して、尋常ならざると察取り、国境異変、危急の此場たまり兼ね駈行かんばかりの様躰也。上総介様心中計る者ばかり也。陣出の御先触れとて無しの由、後日、森甚之丞、同小助、其場居合せ清須御城中の趣、語り聞かせた。御書院、御広間、御一門衆玄蕃亮様、造酒佐様始め、御一門御老臣衆、連日御詰成されるも埒明かず、此儘過ぎる哉。国境、丸根、鷲津、善昭（照）寺取出は差遺す御人数惣（総）勢七百有余、惣大将作間大学助至急之注進切刃（詰った）急なれば、身続之人数仰付られてはと林佐渡守言上申したるも更に御取上無。然れども籠城のことも仰付成さらず、如何なる所存なる哉。最早末也と申語由。

国境よりの注進。当夜深更に及ぶも引切無く大門前詰懸た武者騒然心許無く存知右往左往、町屋衆逸早く立退き用意致し、女子供引連西方へ逃れ行く群諸口に溢れ、馬はいなゝき犬は盛に吠へおのゝき、清須開府以来の大事出来る。信長様此之夜、宵之口より早々寝所に入られ、御軍議の事一切之無。御小姓衆、御女中衆に何事も仰聞せず押詰った時でも平常の如くにて、御一門衆、御宿老衆手塞り嘆息して臆病に成ると申す。

一、当夜（何日のこと）柏井衆、佐々衆、蜂須賀衆、前野党の面々、龍泉寺参集、罷越す人数三百有余是なり。先以て仰付けの如く蜂小殿、前将殿三拾有余の飛人、国境罷越細作仕る。佐々隼人佐（允）殿此の間、究竟なる者選び引連れ、夜半信州道（飯田街道）往還罷立ち備へ、是より龍泉寺迄連繋の個所弐ケ所、猪子石、岩作に夫々稲田大八郎、佐倉甚助、前野長兵衛等罷立備へる。

一、以前、上総介信長公、郡村生駒屋敷罷候之時、仰付成され候之事。

信長様仰付成され候条々、猶以て今度駿河今川治部少之儀は尋常に於て角力取難候也。日暮迫り来り候処、相見計ひて討入り、是を討取る歟。又、一ツ軍兵動く処、討取は至難之業也。備に向って討入は灯火に入る夏の虫の如く也。駿河勢長途之兵也、寛ぐ処に隙有り、天与の機すかさず討入るは夜討哉。足止た処に討入哉。何れ国境に於て出入、討果すと談し申され候。生駒屋敷参会の面々、佐々隼人佐（允）、同内藏佐、蜂須賀小六、前野将右、生駒八右衛門、前野孫九郎、六名の者にて御坐候事。是は信長様郡罷成候御伴之衆、小姓衆都合三騎忍び罷成候由。

一、上総介信長様仰出された秘中の策、惣じて敵と向ひ合い、見切見合う時は、即ち太刀振りかぶり向ひ合えは太刀の下は地獄也。此度は合戦に非ず。敵の隙に付入り不意に討取事、我に拾倍の敵に彼是籠城取出と騒立てる程、家中の者、徒に取乱し、一陣成り難し、我死は一定の定事と有念仕る。駿州源治部少輔、今三万有余の軍兵を催し、国境を侵し、豈恐哉。信長、先祖蓬州（尾州を蓬来に譬）騒乱を治めた弓箭誉の家也。熱田大明神、津嶋牛王、国中氏神、大小神祇必ず御加護有。兇賊伐て、領民救ふ為には信長一命鴻毛より軽し、我未だ善根無、今此時に当り、生死の工（たくみ）無く晴天白日の如し、貴辺等の旧義を頼む。然し乍ら、信長死に臨み欲心無し、速かに国境に入込み細作し、異変有らば直ちに伝るべし、梁田鬼九郎心はせし者共、沓掛に罷越す、鬼九郎と示し合せ、越度無き様取計らへと申される。梁田鬼九郎、同弥次右衛門清須之人也。武衛様被官之人也。蜂小殿、前将殿知音之人也。清須彦五郎謀叛之時城中より信長様御陣所駈入（寝返）忠節仕る、元より軽少の尾張地侍也。

一、庚申（三）年五月十八日、龍泉寺表より先発の佐々隼人允（正）殿の手勢百有余、信州道往還平針口、是より連繋の要、岩作に前野長兵衛尉、猪子石に稲田大八郎を備へと成し、龍泉寺表は佐々藏助、小坂孫九郎、前野小兵衛等佐々衆、前野衆、柏井衆弐百五拾有余之人数、兼て討入は明日十九日早朝と相定め候、右は細作の為入込候蜂小殿、前将殿注進手筈に候也。信長様は駿河勢に討入之間合、沓掛之城を出て大高の蹊路と相極候也。大高之城、義元本陣構へ候ては最早手之施術無相と急々(はやばや)被申候由、祖父物語候事。

一、以先沓掛在々罷出た蜂須賀党、前野党の面々、夫々勝手様をかえ、沿道百姓に入ましり、沓掛治部少輔の陣所罷出て戦勝の祝賀の列に入る。与曽平二窺う処、義元大高に差向の注進、梁田鬼九郎急度信長様に注進す。信長様是時已(すで)に井戸田迄差向れた由也。鷲津、丸根落城、敵の手に落入は辰之下刻（午前八時）の覚にて、某共龍泉寺表より三州祐福寺に連繋を相懸け佐々隼人殿先発、駿河道平針より星崎道へ進む。

一、蜂須賀党の働きの事　尾張、三河の境目の川筋、莇生(じょうばえ)、諸輪(もろわ)、傍示本(ぼうじもと)、祐福寺の諸村、蜂須賀党兼て実目（実懇）の人多し。治部少輔、沓掛より大高入と察し、在々衆語らひ百姓、僧、神主等示合せ、先は幸先の良い御陣也とて、祝賀の為、大仰の御酒、勝栗、昆布、肴等用意なし、沿道に罷出で、今川治部少輔の輿来るを待受る。此日、甚暑厳敷(あつさきびしく)、木立も無く長途の軍旅に息あへぎ坂道差上り来る。沿道平伏村庄屋藤左衛門献上の品々差出し、恐る〳〵祝意申宣、在々百姓共、御屋館様の徳化に服し、大悦仕る次第、別て恐入奉る、向後、某共百姓の儀、何卒御憐愍の程伏て願奉ると一同嘆願す。治部少輔輿を差止め、我是より織田上総介信長退治、尾張国中平均に致し、以て土民百姓安堵相及ぶ、惣て事改め仕らん、然ば向後何事によらず違背無き様服すべしと御言葉懸て罷越す。

付り之事　今川方の物見者注進は、尾張勢善照寺に進出察知の由。祐福寺村庄屋藤左衛門始め一同の者共心服の次第を申上た（付り之事で、今川方の物見から申上げたまでは、前置き文章に当たる。御言葉懸て罷越す、に続けて読むと重複になる）。坂を下ったるところ田楽久保見木立多く、是より大高迄拾五町位是有候、真直に道を取ず、桶狭間道に差向う。丁度、午之刻（午前十一時）下り山道をぬけ干天猛暑、少々軍兵疲労重る哉。折柄進みたる処、平らかなる処、木立茂るを御目に懸られ軍休ませられる。右今川治部少輔足止められるは、寔信長様御運強き御方也と、後日申語候事。不覚之出来事也。梁田鬼九郎々党、逸早此成行、信長様に注進仕る。沓掛宿罷出者の覚は、蜂須賀小六、前野将右衛門、蜂須賀小一郎、村瀬兵右衛門、武藤九拾郎、前野左門、小木曽平八、稲田修理亮等拾八人と承る。

蜂須賀党献上の為に調達用意仕る品々之覚

一、勝栗壱斗　一、昆布五拾連　一、御酒拾樽　一、餅米にて壱斗　一、栗餅壱石　一、唐芋煮付候者拾櫃　一、天干大根煮付五櫃分

何分にも田舎の事格別之饗応も出来兼ますが只今、丁度小ひる時なれば御召上り下され度と、恐る〳〵献上之躰也。

一、龍泉寺表にて待構へて居たところ、平針口の佐々隼人允殿の繋手で稲田大八郎、前野長兵衛輩下の牧野徳丸、河原の大五郎が駈入来り、只今、清須信長様決心なされ、清須御城を発向なされた。速やかに辰之上刻

（午前七時）迄には、星崎辺迄駈付けられよ。主人（隼人允）は此度の出入りは尋常にあらず無心にて討入のみと申す。成るべく身軽で出立されるが上策と稲田大八郎は心付くまゝに口早に申し残し、直ちに両人は引返した。龍泉寺を駆け出したのは、朝方近く東雲しらむ頃合也。我等一心に小幡原駈け抜け星崎辺に来た時には、信長様は已に善照寺へ向われたと連繋の小者が伝へた。先刻主人は（信長様の）御命蒙り、是より成（鳴）海之敵に討懸る。然れば我等小人数也、柏井衆後追来らば、信長様の後慕い申さず、是より真直、成海へ取懸れと申伝有。丸根、鷲津の辺黒烟を上げ天を覆ひ身震い起る。思案すること無く鳴海表立向う由。　亀斎語り候事

一、右鳴海取懸る先手衆、佐々隼人正、後日語る事。前田孫四郎是人後、又左衛門作る人。先年、信長様御勘気蒙、比良佐々内藏助殿屋敷滞留仕る処、此度之出来、龍泉寺表より先発也。龍泉寺より駈付の面々、佐々内藏介、前野孫九郎尉、同左門、吉田九郎二郎、前野平内、同新兵衛、村瀬九左衛門等取合参百有余人、鑓先揃へ嗔と突入る。駿河構居る処、恐れず討入。駿河我に数拾倍、見る〳〵突崩され、身方大半討取られ、大将隼人允殿討死、内藏介無念形そう歯をならし、我等の命運是に極れり、突入りて切死仕らんと、馬首立直し懸出さんとする処、桜木甚助押止め、此場にて相果るは無駄死也。信長様善照寺に向はれた、遅れはせ乍ら駈付け等しく殿の馬前にて相果る事こそ武者の本懐ぞやと必死に引止めた。

一、尾州田樂狭間之取合祖父書留候　南窓庵記　永禄三庚申年五月拾八日、上総介信長様仰付け通り、某共一統の者共、龍泉寺にて待構へた。兼て上総介信長は、義元討取り御掟の為、先郡生駒八右衛門方へ御出張の時、御手配成された如く、蜂須賀一党之者は早々出立、沓掛在々罷出、某共家来の者、並に柏井衆を引連れ龍泉寺罷越す。二日前より身仕度調へ、此度急変の事なれば何時如何様の御指図是有るや計り知れず。鳴海往還

筋、不可罷出之御達也。佐々隼人允殿、祐福寺道処々連繫の手の者配置、駿河道平針辺入込み信長様御出馬を待、我等前代に無い尾張危急の時、何方迄も御伴仕る覚悟で居た。此度前代に無い大事に臨み、仮に勝目無く、死人出すとも御異議申立る者無。永らくの御台地（給地）無くなりては良可ろう筈がない。御台地無くなれば我等絶果たと同然、何の甲斐が有ろう哉。身分軽き者共迄、一様に申す也。連繫の注進達すは明方近き頃合、急々星崎辺駈付た隼人允殿、鳴海に討入は信長様御指図。是の鳴海の敵五千有余駿河勢先手、隼人允殿討入人数、百数名の小人数、先発必死の討入、跡より続、某共弐百有余人、庶に無に懸捜んで突合処、敵中に陥入、佐々隼人允殿始め過半数、討取られ手負其数不知。御先手の切立得可も無相、善昭（照）寺まで引退る。某一死免候、鳴呼ケ敷次第に候也。

一、鳴海取合孫九郎尉右之如く相記有　南窓庵記

善照寺たどり着たる時、八拾余残るのみ、中嶋取出辺敵満々たり。斯る折、信長様東下大師雄（子）（岳）に相向わると注進、折しも雲行次第に怪敷成り来り四辺薄暗く雷鳴天地に鳴渡り大雨来る。鳴動止まず異様なる気象、寔形状致し難く、心気転倒、人馬諸共立すくみ術無也。かゝる折しも狭間より勝鬨鳴渡り我等何れの勝利なる哉定め難し。遅参して不覚を取る狭間駈下るも已に動く処無。佐々内蔵介殿始我等一同顔色無く身の置処無き次第、恥入て打凋むを御覧じられ、可々大笑なされ、清須御引揚になられた。一党之者、消沈一先ず鳴海を引取。田樂狭間の取合祖父物語　千代書留之事

一、永禄申年鳴海討入て、先懸相果た佐々隼人殿は内蔵介殿の御舎兄にて、隼人殿無限の武辺の人にて云々。上総介信長様、駿河之大守今川治部少輔の首打取武名日本国中無隠候。武運の程熱田大明神御加護も乍然、寔御運強き御方に候也。尾張国中信長様に相随はさる者無相。爰に多年の御宿願、燐国美濃斎藤左兵衛御退治の

為、差構へられ候。

一、三州岡崎の領主松平元康殿、是の御方は後の徳川家康公東昭(照)神君に作る人、今度の治部少輔義元尾張隙入の時、義元に与力なされ大高に罷在候。

訝(いぶか)る『信長公記』は信長伝記主体で記述され、『武功夜話』は前野家の家伝が記述され、それぞれ自前で記すので異なる箇所があっても止むを得ない。しかしここ、田樂狹間の取合では、『信長公記』は佐々隼人正(允)が千秋四郎と共に討死するが、『武功夜話』は佐々は討死しても千秋の事は名前すら載らないなど幾つも訝しい箇所がある。

○御領内鳴海諸城佐久間大学殿相固められるとある。鳴海には祢古屋城と善照寺砦以外に城砦は無い筈だが、さらに大学は『信長公記』では丸根砦にいた。【『鳴見致景図』は星崎に岡部故趾と描き、鳴海の城を根古屋城趾・佐久間右衛門居と記す】

○梁(簗)田鬼九郎は鳴海表の干潟道、鎌倉両道差見居ると記すが、『信長公記』では現れない。

○始の方には明て五月田樂久保見(大脇)で義元討取と載る。【田樂久保見を『鳴見致景図』は義元塚と描く】

○兼て討入は明日十九日早朝と相定め、駿河勢に討入之間合は沓掛の城を出て大高の蹊路(小径)と相極めとある。【そこは二村山を越えて田樂久保見(義元塚)から桶狹間道(大高蹊路)を経て桶狹間の大府峡迄を指す。但しここは大高の蹊路ではない】

○今川治部少輔の輿来るを待受る、此日甚暑さ厳敷く木立も無く長途の軍旅に息あへぎ坂道差上り来る、の場所はどこか。【二村山の現間米の地に当る】

○坂道なるところ田樂久保見木立多く是より大高道拾五町位是有、真直ぐに道を取らず【義元塚から東海道を西に行き有松の鎌研迄を云う】

○酒肴は藤左衛門と蜂須賀小六がそれぞれ差し出している。【藤左衛門は間米で小六は桶狹間の大府峡、『鳴見致景図』なら両家戦場に当る】

○星崎辺に来た時、信長に言われ鳴海の敵に討懸ると記す。鳴海の敵は岡部五郎兵衛ではないのか、岡部は合戦の時鳴海の城にいたが戦った気配はない。【『鳴見致景図』は星崎に岡部故趾と描く】

○龍泉寺より駈付の面々参百有余人大将隼人允殿討死と載る。『信長公記』では佐々隼人正（允）、千秋四郎二首三百ばかりと記され、人数は同じだが千秋四郎は異なる。【『鳴見致景図』の岡部故趾なら千秋は現われない】

○前田又左衛門は龍泉寺表から先発と載るが、どの様な働きがあったのか不明。『信長公記』では抜駈けして首一つを取り木下雅樂助や魚住隼人等と一緒に信長の見参に入れている。【『鳴見致景図』なら初合戦の場で働いた】

○前には田樂久保見（大脇）で義元討取ると記し、後では田樂狹間（桶狹間）の取合と記す。【二つの場所を『鳴見致景図』なら田樂久保見は義元塚で田樂狹間は両家戦場に当る】異なる。

○鳴海往還筋罷出べからずの御達也とあるが、当時往還筋の東海道は無かった。行くなと言われなくても無い所に行ける筈が無い。【『武家事紀』なら東海道の鳴海より阿野村までの往還道より一町程南の里程を廿三町と記し行ったと云う】

○善照寺へ来た時、中嶋取出辺敵満々たりと載る。『信長公記』は中島砦辺で戦いがあったとは記さない。【『鳴見致景図』は武者山を描き桶峡間図はさらに初合戦の場と記す】

廿五之一、家康公岡崎の御城へ御引取の事

異なる箇所に同年号が載る

一、家康は岡崎の城へ楯籠り御居城なり。

一、翌年四月上旬、三州梅が坪の城へ御手遣（てづかひ）。推詰め、麦苗薙（なか）せられ、然て究竟の射手共罷出で、きびしく相支（さゝ）へ、足軽合戦候て、前野長兵衛討死候。爰にて平井久右衛門よき矢を仕り、城中より褒美いたし、矢を送り、信長も御感なされ、豹の皮の大うつぼ、蘆毛御馬下され、面目の至（いたり）なり。野陣（のぢん）を懸けさせられ、是より高橋郡御働き。端々放火し、推詰め麦苗薙せられ、爰にても矢軍（やいくさ）あり。加治屋村焼払ひ、野陣を懸けられ、翌日いぼの城是又御手遣。麦苗薙せられ、直（すぐ）に矢久佐の城へ御手遣。麦苗薙せられ御帰陣。

註釈

翌年四月上旬＝永禄四年四月上旬。　三州梅が坪＝豊田市梅坪町。　高橋郡＝豊田市矢並町。　加治屋＝愛知県西加茂郡小原村地内。　いぼの城＝豊田市伊保。　矢久佐の城＝豊田市八草。

補足

ここ「廿五」の文章は翌年（永禄四年）四月上旬で始まり、「卅七」でも永禄四年辛酉五月上旬云々と記し、一ケ月中に弘治四年、天文二十四年、永禄三年など凡そ月間外のものが所狭しと並ぶが、並んだものは全て信長以外の人物伝記に関するものばかりである。ここでも年号を目印として用い、前後に挟まれたものは全て信長以外のものばかりだと著してある。

「廿四、今川義元討死の事」からは、松平元康を家康と呼び名をかえてあるのは、桶狭間合戦を期に名を改めたことを意味したもの。

『中古日本治乱記』にあまり影響を受けていない『三河物語』によると、家康は桶狭間合戦の際は大高城にいて、義元討死を知り「明日は信長が是へ押寄せるべし今夜之内に支度して引退かせられよ」と勧める者があって、夜中、大樹寺まで来ると、駿河衆は岡崎の城を明けて退いていたので、「捨城ナラバ拾ハン」と岡崎城に入った、と『伊東法師物語』と同様に載る。翌、永禄四年四月上旬、家康は信長も桶狭間での戦いで疲弊しているだろうからと、三州の梅が坪を始め伊保・八草など織田の諸城砦に手遣いし帰陣した、と記され、これ以後の事は全て家康の伝記で、信長の伝記外になるので『信長公記』には記されていない。一方、前野家々伝を記す『武功夜話』には、三州岡崎之領主松平元康殿、是の御方は後の徳川家康公東照神君なり。今度の治部少輔義元尾張争い入る時、義元に与力なされ、大高に御られた。治部少輔敗亡の報せに接するや形勢熟慮し争うことを避けて、早々と三州岡崎に御引揚になられ寔(まこと)手際良き退陣なり。永禄中年の明（四）年、信長様は三州梅坪に佐々内蔵介殿を差遣はされ、某共柏井衆前野党も内蔵介殿御伴仕り罷越した。岡崎松平勢取合之時、前野長兵衛尉討死仕る。

　三河松平党とは御先代様の頃より不仲にて国境での争い絶えなかったが、三州水野（信元）氏仲立あって永禄辛酉(かのえとり)（四）の年御両家御和談成立ち、明年正月日、松平元康公清須御参向新年御祝賀旁々御熟談是有、御両家久敷く尽力なされ御盟約なさる。目出度儀在々上下揚げて寿ぐ、と記され遜色ない。

廿五之二、勘十郎殿謀叛の事

異なる箇所に弘治の年号が載る
勘十郎は九・十七・十八にも載る

一、上総介信長公の御舎弟勘十郎殿、竜泉寺を城に御拵(こしらへ)なされ候。上郡岩倉の織田伊勢守と仰合はされ、信長の御台所入(おだいどころいり)篠木三郷能き知行にて候。是を押領(あふりやう)候はんとの御巧みにて候。勘十郎殿御若衆に津々木蔵人(くらんど)とてこれあり。御家中の覚(おぼえ)の侍共は、皆津々木に付けられ候。勝(かつ)に乗て奢(をごり)、柴田権六を蔑如(べつじょ)に持扱(もてあつかひ)候。柴田無念に存じ、上総介殿へ又御謀叛思食立(おぼしめしたつ)の由申上げられ候。是より信長作病(つくりやまひ)を御構へ候て、一切面へ御出でなし。御兄弟の儀に候間、勘十郎殿御身舞然るべしと、御袋様幷柴田権六異見申すに付て、清洲へ御見舞に御出で、清須北矢蔵天主次の間にて、

弘治四年戊午霜月二日、

河尻・青貝に仰付けられ、御生害なされ候。此忠節仕候に付て、後に越前大国を柴田に仰付けられ候。

註釈

御家中の覚の侍＝家中の御気に入りの侍。　皆津々木に付けられ＝いずれも津々木の配下になされ。

蔑如＝さげすむ。　一切面へ御出でなし＝一度も表之間に出られなかった。　異見＝違った考え。

補足

勘十郎生害の日を「弘治四年戊午(つちのえうま)霜月二日」と載せるが、この年は二月二十八日から改元されて永禄元年に扱われる。それなら柴田権六が、謀叛又も思い立たれた様だと申し上げたため勘十郎（信行）が生涯させられた日を記すなら「永禄元年十一月二日」が正しい。敢えて弘治四年としたのは、以前弘治弐年に一度謀叛し、同年八月廿四日稲生で信長と争い負け戦さをし、末盛城で籠城後謝罪して赦免されている。謀叛を思い立ったのは弘治二年に続き二度目である。それを示すため、敢えて改元前の年号を以てしたのか。それとも改元発表が遅れ、周知徹底しなかったからか。「十八」に続いて記さなかったのは、以前の時は稲生の戦いとして信長伝記主体で記したが、今度は信行自身の伝記記述なので、人物は同じでも扱い方が異なった。ここでも年号を目印に用いてある。

因みに甫庵『信長記』『総見記』は共に編年体で記述され、題名は変わるが続けて記されていて、両著とも後の年号明記はない。

甫庵『信長記』　信長公記の「十八、勘十郎殿・林・柴田御敵の事」を「尾張稲生合戦の事」に。「廿五、勘十郎殿謀叛の事」を「武蔵守殿生害事」に、それぞれ題名を変え、此処での事は武蔵守が龍泉寺に城を拵へ、尾州東部押領の計策聞えるうち、弘治三年正月五日、柴田権六蔑如に扱われ、清洲に武蔵守又も謀叛企有と報せると、信長虚病を患ひ、武蔵守を清洲に呼び寄せ、山口飛騨守・長谷川橋介・河尻青貝三人に初太刀を命じ、最後池田勝三郎、三刀にて撞きふせたとのみ記し、その日を明記せず。

『総見記』　甫庵信長記の「尾張稲生合戦の事」を「尾州稲生合戦の事」に、「武蔵守生害の事」をやはり「織田武蔵守殿生害の事」に、それぞれ題名を付し弘治三年正月を弘治二年に記し、内容は甫庵『信長記』とほぼ同じだが、清須で生害の日を年号は記さないまま十一月二日と載せ、『信長公記』と甫庵『信長記』を併用したと証す。

『続群書類従』　織田系図は信行没年を弘治三年正月六日と甫庵『信長記』寄りに載せる。察するに、信長公記の弘治四年十一月二日を弘治四年が無いので弘治三年にかえ、しかも謀叛企て有と報せた正月五日を信行没年とした。

廿六、丹羽兵蔵御忠節の事

那古屋弥五郎は二・十三にも載る

一、去程に、上総介殿御上洛の儀俄に仰出だされ、御伴衆八十人の御書立にて御上京なさる。城都・奈良・堺御見物候て、公方光源院義照へ御礼仰せられ、御在京候キ。爰を晴なりと拵、大のし付に事を懸けて、御伴衆皆のし付にて候なり。

清須の那古野弥五郎に丹羽兵蔵とてこざかしき者あり。都へ罷上り候処、人躰と覚しき衆、首々五・六人、上下卅人ばかり上洛候。志那の渡りにて、彼衆乗り候舟に同船仕候。何くの者ぞと尋ねられ、三川の国の者にて候。尾張の国を罷通り候とて、有随なる様躰にて候間、機遣ひ仕候て罷越し候と申候へば、上総かいそうも程有間敷候と申候。如何にも人を忍ぶ躰相見え候。詞のあや敷様躰不審に存知、心を付け、彼等が泊々あたりに宿を借り、こざかしきわらんべをちか付け、慇にして、湯入の衆にて候か、誰にて候ぞ、と尋ね候へば、三川の国の者にて候と申すに付て心をゆるし、わらんべ申す様に、湯入りにてもなく候。美濃国より大事の御使を請取り、上総介殿の討手に上り候と申候。人数は、

小池吉内・平美作・近松田面・宮川八右衛門・野木次左衛門、

是等なり。夜るは伴の衆に紛れ、近々と引付け様子を聞くに、公方の御覚悟さへまいり候て、其宿の者に仰付けられ候はゞ、鉄炮にて打ち候はんには何の子細有間敷と申候。急ぎ候間、程なく夜に入り京着候て、二条たこ薬師の辺に宿を取る。夜中の事に候の間、其家の門柱左右にけづりかけを

仕候て、それより上総殿御宿を尋ね申候へば、室町通り上京うら辻に御座候申す。尋ねあたり御門を扣き候へば、御番を居置かれ候。田舎より御使に罷上り候。火急の用事に候。金盛か蜂屋に御目にかゝり候はんと申候。両人罷出で対面候て、右の様子一々懇に申上候。則、御披露の処に、丹羽兵蔵を召寄せられ、宿を見置きたるかと御諚候。二城たこ薬師辺へ一所に入り申候。家宅門口にけづり懸けを仕候て置き申候間、まがひ申間敷と言上候。夫より御談合、夜も明け候。右の美濃衆金森存知の衆に候間、早朝に彼私宅へ罷越し候へと仰付けられ候。丹羽兵蔵をめし列れ、彼宿のうら屋へつつと入り、皆々に対面候て、夕部貴方共上洛の事、上総介殿も存知候の間、去て参り候。信長へ御礼申され候へと金森申候。存知せしむ、の由候つる。色をかへ仰天限りなし。翌日、美濃衆小川表へあがり候。信長も裁売より小川表御見物として御出で候。爰にて御対面候て、御詞を懸けられ候。汝等は上総介が射手にのぼりたるとな。若輩の奴原が進退にて、信長を躵事、蟷螂が斧と哉覧。実しからず。去りながら爰にて仕るべく候哉、と仰懸けられ候へば、六人の衆難儀の仕合なり。京童二様に褒貶なり。大将の詞には似相はずと申す者もあり。亦若き人には似合ひたると申す者も候ひキ。五・三日過ぎ候て、上総介殿守山迄御下り、翌日雨降り候といへども、払暁に御立ち候て、あひ谷よりはつふ峠打越し、清洲迄廿七里、其日の寅刻に清洲へ御参着なり。

註釈

去程に＝『言継卿記』『巌助往年記』は永禄二年二月のことと載る。　御書立＝随行者名一覧表。　城都＝京都。　爰を晴なりと拵＝よそ行きの装いをこらし。　車を懸て＝漢書の故事を引用した飾りつけの意。　人躰と覚しき者＝一癖ありそうな者。　志那の渡＝草津市志那町琵琶湖の渡し。　三川の国の者にて云々罷越し候と申候へば＝三河の国の者で尾張の国を通って来たと言って、うずくまった様子でいると、どうしたのだと気遣うのでどうぞ先にお越し下さいと言うと。　上総かいそうも程有間敷候と申候＝上総介も可愛想だがそう長くはあるまいと言った。　如何にも人を忍ぶ躰相見え候＝どうみても人目を嫌う様子に見えた。　小ざかしき＝小利口そうな。　湯入の衆＝湯治の人。　近松田面＝近松頼母の宛字。　二条たこ薬師＝円福寺の蛸薬師堂。　けづりかけ＝削って疵をつける。　金盛＝金森の宛字。

彼宿のうら屋へつつと入り＝目印をつけた宿の裏からすうと入り。　裁売＝京都市上京区立売。　信長を覘(ねらう)事、蟷螂が斧と哉覧＝信長を討とうと狙うのはカマキリが斧で向かって来る様なものだ。　難儀の仕合なり＝どうしようもない様子。　二様に褒貶なり＝褒める者とけなす者二通りあった。　守山迄御下り＝滋賀県野洲郡守山町まで下る。　あひ谷＝滋賀県神崎郡永源寺町相谷。　はつふ峠＝相谷から三重県員弁郡北勢町石榑に出る八風峠の間道。

補足

那古屋弥五郎配下の丹羽兵蔵は、上総介殿（信長）が密かに上洛した際、身辺警護を承り、上京の途中、討手を見つけ、事無きを得た次第が記されている。那古屋弥五郎は、ここ以外の「二二」と「十三」にも載る。「二二」は親の記述で、「十三」とここ「廿六」は、子の記述である。那古屋弥五郎は二代にわたり襲名で、兵蔵は家来だった。弥五郎のことを「十三」では十六・七若年の家来三百ばかり持ちたる人と載り、親から細作の家柄を引継いでいたからだろう。この時は兵蔵のようなものが多数散らばっていたのだろうとの想定は、「廿一」で天沢が信玄に語っていたことを引合いにすれば判る。

『総見記』　信長は上洛の路を美濃路は敵なれば熱田より船に召され、伊勢路に懸って桑名より上らせ給ふ、其れより忍んで奈良・堺の名所舊跡、所々大形に一見なされ五畿内の地形の様體、人の心の風俗まで御心を付けられ、其れより帝都へ御上着と、信長公記では載らない信長上洛往路の事を語ってから、丹羽平蔵は名古屋弥五郎の臣下で、是も京都へ上りけるに云々と、信長公記の様に記され帰路は同様八風峠越えになっている。

廿七、虵がへの事

一、爰に希異の事あり。尾州国中清洲より五十町東、佐々蔵人佐居城比良の城の東、北・南へ長き大堤これある内、西にあまが池とて、おそろしき虵池と申し伝へたるいけあり。又堤より外東は三十町ばかり、へい〱としたる葭原なり。
正月中旬、安食村福徳の郷、又左衛門と申す者、雨の降りたる暮かたに堤を罷通り候処、ふとさは一かひ程もあるべき黒き物、同躰は堤に候て、首は堤をこし候て漸くあまが池へ望み候。人音を聞て首を上げ候。つらは鹿のつらのごとくなり。眼は星のごとく光りかゝやく。舌を出したるは紅のごとくにて、手をひらきたるごとくなり。眼と舌との光りたる、是を見て身の毛よだち、おそろしさのまゝあとへ迯去り候キ。比良より大野木へまいり候て、宿へ罷帰り、此由人に語る程に、隠れなく上総介殿聞召及ばれ、
正月下旬、彼又左衛門をめしよせられ、直に御尋ねなされ、翌日虵がへと仰出ださる。比良の郷・大野木村・高田五郷・安食村・味鏡村百姓共、水かへつるべ・鋤・鍬持ちより候へと仰出だされ、数百挺の釣瓶を立てならべ、あまが池四方より立渡り、二時ばかりかへさせられ候へども、池

の内水七分ばかりになりて、何どかへ候へども同篇なり。然処、信長水中へ入り、虵を御覧あるべきの由候て、御脇指を御口にくわへられ、池へ御入り候て、暫が程候てあがり給ふ。中々虵と覚しき物は候はず。鵜左衛門と申候て、よく水に鍛錬したる者、是又入り候て見よと候て、御跡へ入り見申すに、中々御座なく候。然る間、是より信長清洲へ帰り給ふなり。

去程に、身のひゐたる危き事あり。子細は、其比佐々蔵佐、信長へ逆臣の由風説これあり。これに依って、此時は正躰なく相煩ふの由候て罷出でず。定て信長小城には当城程のよき城なしと風聞候間、此次に御一覧候はんと仰せられ候て、腹を御きらせ候はんと存知られ候処、家子・郎党長に井口太郎左衛門と申す者これあり。其儀においては任せ置かるべく候。信長を果し申すべく候。如何となれば、城を御覧じなされたしと井口に御尋ねあるべく候。其時我々申す様に、是に舟御座候、めされ候て、先かけりを御覧じ候て然るべしと申すべく候。尤もと御諚候て、御舟にめされ候時、我々こしたかにはし折り、わきざしを投出し、小者に渡し、舟を漕出し申すべく候。定めて御小姓衆ばかりめし候歟。たとへば五人・三人御年寄衆めし候共、つがひを見申候て、ふところに小脇指をかくしをき、信長様を引きよせ、たゝみかけてつきころし、くんで川へ入るべく候間、御心安かるべく候、と申合せたる由承り候。信長公御運のつよき御人にて、あまが池より直に御帰りなり。

惣別大将は、万事に御心を付けられ、御由断あるまじき御事にて候なり。

註釈

比良＝名古屋市西区比良。　城の東、北から南へ長き大堤これある＝現在でも山田町から南の庄内川まで堤有り（新川の流れが現在の位置に変わる以前の跡）。　虵（蛇）池＝名古屋市西区比良野市場には蛇ノ池が現存。　へい〳〵としたる＝広々とした。　安食村福徳の郷＝名古屋市北区福徳町。　一かひ＝一抱え。　大野木＝名古屋市西区山田町大野木。　蚫がへ＝池の総替。　水かへつるべ＝竿の先に水汲み桶を付けたもの。　二時（刻）＝ふたとき（現在の四時間）。　同篇＝同様。　然る間＝その様な事があって。　身のひゐたる危き事あり＝体が凍るような危険な事があった。　佐々蔵佐＝佐々内蔵助成政。　此時は正躰なく相煩ふの由＝この時は立ち上がれない程の病を患っていた故。　御一覧候はん＝一度ご覧頂きたい。　腹をきらせ候はんと存知られ候処＝腹を切らせてしまおうと思われたところ。　家子郎党長＝家臣の郎党の長。　かけり＝姿・形。　こしだかにはし折り＝袴を腰の高さにたくし上げ。　つがひを見申候て＝好機を見計らって。　惣別＝総じて。

補足

蛇替へで色々手を尽くしたが蛇はなかなか見つからなかったので、信長はあまが池より直に清須の城へ御帰りになったが、このとき、佐々蔵佐には謀叛の風説があった。蔵佐はこの時は正躰なく煩っていて蚫替えの場には罷出なかったが、郎党の長を司る井口太郎左衛門が色々理由をつけて信長を舟に乗せ漕出し、信長を突き殺し組付き川に飛込むと策していた。信長は運の強い人で見つからないと判ると、後を鵜左衛門に預けて、さっさと城に帰られたので難を逃れられたと読めるが、これを補う話がある。

『武功夜話』は稲生の取合のところで、抑々取合いの原因は林佐渡・美作の兄弟が角田新吾をそゝのかし守山の城を取抱え柏井横領を企て、佐々内蔵佐を身方に引入れ蜂起して清須の上総介殿を追出し、勘十郎様を棟梁にしようと試み、弘治二年八月名塚で取合いとなった。此の時、上総介様は佐々内蔵佐に謀叛の風聞有と聞こし召されて居て、御疑ひなされていた。自分等が清須罷越した時、内蔵佐を同道しなかったので、やはり異心あったからか、と思食され存知ているかと聞糺されたので、内蔵佐御疑ひは左にあらず、真実は腹の病で甚困苦致し居り、数日来伏って居りました、決して弁解がましき次第にあらずと申上げた。後日、内蔵佐の事は尤もである迷惑を懸けたと頂いた文面を書写してある。ここでの謀叛の風聞と腹の病困苦致し伏居は、蛇がへで、此時は正躰なく相煩ふと、逆心の由風説に一致する。『信長公記』はここでも信長を慮って書面のことは記さず強運の持主に描く。

参考

『武功夜話』意訳　抑々謀叛し候林兄弟　守山之御城取入　柏井横領を企て候　始め尾州角田村住人角田新吾をそゝのかし守山御城取抱　佐々蔵佐身方に引入　蜂起を企候様調略致し候。縁者尾州岩崎丹羽源六郎忰勘助　柏井吉田罷来り　新吾意中申越候事　某共勘助縁者に候　忰平左衛門比良罷居り候　守山之城へ人数相詰与力なされ候　下郡大方之衆末盛勘十郎様御身方被成　近々清須取巻上総殿追出候て勘十郎様棟梁に被成候後々見計分別なされと申越候　右辰（弘治二）年春　新吾尉　勘助不義申越之顛末に候也。然処清須上総介様

佐々内蔵佐謀叛之風聞被成聞召　何歟内蔵佐異心之儀御疑なされ候　我等清須罷越候之時　内蔵佐儀同道不罷を以て異心如有思食候は以外之事　被存知御聞糺有之候　内蔵佐御疑有之ノ儀左には不候　眞実腹之病に付甚困苦致居　数日来伏居候之模様　決て弁解ケ間敷に不候　仮令岩崎勘助不義申越来り候も　内蔵佐実以節を貫く武者一篇之者に候　某舎弟小兵衛　比良差越候人に候えば御当家存亡之折我等立帰　一家之者輩相集数倍之敵押来るとも不恐。一党不残野に骸をさらすとも　三代相恩　御台地相守事我等本意と心へ候也と奉言上

清須表引取候次第に候　然処今度末盛勘十郎殿御謀叛　小田居川越入来候急変に臨み候　親類岩崎丹羽勘助儀　守山之城入申候不心得　当此時　内蔵佐殿腹中を病み臥居候　親小二郎尉　岩倉罷在候えば聊御疑之筋有是候共　無已次第に候也

一、信長公書状　先十日為注進罷越候之儀　其元進退格別に候　思越候内蔵佐之儀尤に候　越度有間敷　多分

迷惑相懸候之如に候　美作川越入候　言語道断に候　柏井三郷相渡間敷　自今人数加入抱えば可為小坂跡目成
其意　作間差含遣候　示合相働取出丈夫に構　先々可有注進　些も油断有間敷候事以上　信長　花押

弘治辰八月拾弐日

前野孫九郎まいる

廿八、火起請御取り候事

一、尾張国海東郡大屋と云ふ里に、織田造酒正家来甚兵衛と云ふ庄屋候らひし。ならび村一色と云ふ所に、左介と云ふ者これあり。両人別て知音の間なり。或時、大屋の甚兵衛、十二月中旬御年貢勘定に清洲へ罷上り候留守に、一色村の左介、甚兵衛宿へ夜討ちに入り候。女房おき合ひ、左介としがみ合ひ、刀のさやを取上げ候。此事清洲へ申上げ、双方公方へ言上なり。一色村の左介は、当権信長公の乳弟池田勝三郎被官なり。火起請になり候て、三王社のまへにて、奉行衆、公事相手双方より検使を出ださる。爰に天道恐敷事あり。子細は、左介火起請取損じ候共、其比、池田勝三郎衆権威に募り候の間奪取り、成敗させ間敷催にて候。折節、上総介信長御鷹野御帰りに御立寄なされ、御覧じ、何事に弓・鑓・道具にて人多く候哉と仰せられ、双方の様子きかせられ、早此有様一々御覧候て、信長御機色かはり、火起請取り候趣きこしめされ、何程にかねをあかめてとらせたるぞ。元のごとくかねを焼き候へ。御覧候はんと仰せらる。かねよくあかめ申候て、かくのごとくにしてとらせ申候の由言上候。その時上総介殿御諚には、我々火起請とりすまし候はゞ左介を御成

敗なさるべきの間、其分心得候へと御意候て、焼きたる横鐇(よき)を御手の上に請けられ、三足御運び候て棚に置かれ、是を見申したるかと上意候て、佐介を誅戮(ちゅうりく)させられ、すさまじき様躰なり。

註釈

尾張国海東郡大屋＝稲沢市大矢町。　一色＝稲沢市片原一色町。　知音の間＝良く知り合いの仲。夜討ち＝夜盗。　公方＝公事方。　当権＝権力の座。　火起請＝灼熱の鉄を握らせ落とすと虚偽を申し立てた事にした裁き。　左介火起請取損じ云々成敗させ間敷催にて候＝佐介は火起請を仕損じ灼熱の斧を取り落としたが、佐介は奉行役の池田勝三郎衆とは昵懇の仲だったので公事方は証拠の斧を隠し成敗させまいとした。　信長機色かはり＝信長顔色かわり。　火起請取り候趣きこしめされ＝火起請の方法を聞かれ。　我火起請とりすまし候はゞ左介を御成敗なさるべきの間＝自分が火起請が出来たら左介を成敗せよ。　横鐇(よき)＝手斧。すさまじき様躰＝すさまじい様子。

補足

実際にあったとは思えない。あったのなら恐怖心を起こさせ自白させる手段のもので、信長の性格を表すたとえ話の謂れあり。

廿九、土岐頼藝公の事

道三は四・五・六・十・卅にも載る

一、斎藤山城道三は元来山城国西岡の松波と云ふ者なり。一年下国候て、美濃国長井藤左衛門を憑み、扶持を請け、余力をも付けられ候。折節、情なく主の頸を切り、長井新九郎と名乗る。一族同名共野心を発し、取合半の刻、土岐頼藝公大桑に御在城候を、長井新九郎憑み奉り候の処、別条なく御荷担候。其故を以て存分を達す。其後土岐殿御子息次郎殿・八郎殿とて御兄弟これあり。忝くも次郎殿を聟に取り、宥め申し、毒飼を仕り殺し奉り、其娘を又御席直しにをかせられ候へと、無理に進上申候。主は稲葉山に居申し、土岐次郎殿をば山下に置申し、五・三日一度づゝまいり、御縁に畏り、御鷹野へ出御も無用、御馬などめし候事、是又勿躰なく候と申しつめ、籠のごとくに仕候間、雨夜の紛れに忍出で、御馬にて尾州を心かけ御出で候処、追懸け御腹めさせ候。それより土岐殿は父土岐頼藝公、大桑に御座候を、家老の者共に属託をとらせ、大桑を追出し候。尾州へ御出で候て、信長の父の織田弾正忠を憑みなされ候。爰にて何者の云為哉覧。落書に云、

　主をきり聟をころすは身のおはりむかしはおさだいまは山しろと侍り、七まがり百曲に立置き候らひし。恩ヲ蒙リテ恩ヲ知ラザルハ樹鳥枝ヲ枯スニ似タリ。山城道三は小科の輩をも牛裂にし、或は釜を居置き、其女房や親・兄弟に火をたかせ人を煎殺し、事冷敷成敗なり。

註釈

西岡＝京都府乙訓郡。　大桑＝岐阜県山県郡高富町大桑。　御席直し＝年寄りの後妻。　属託をとらせ＝買収して。

補足

斎藤道三はもともと松波という者で、美濃の長井藤左衛門を殺し、長井新九郎と名乗り、土岐頼藝の与力を得て長井家を奪い取り、次に頼藝の子次郎を聟に得、今一人の八郎は毒殺し、稲葉山に居座ると、次郎を山下に追い遣り、籠の鳥のように居らせて、日夜責め苛み、終に生害させる。頼藝は大桑に在城したが家老衆を買収して追出し、頼藝は織田信秀を頼って尾州に逃れた。新九郎を勝九郎と記すほか一時、長井太郎左衛門秀元を名乗るなど記述は些が異なる。

参考

『総見記』　此者元来山州西の郊(をか)の民人にして、当時浪人武者也と云ふ。或は、油売の町人なりとも云ひ伝へぬ、いづれ卑賤の素姓なり、此勝(ママ)九郎不図(ふと)濃州へ来て妙春（明応年中の斎藤は法師武者にて斎藤持院妙春と云ふ稲葉山の城に住して武勇の名将なり）に奉公す。一段こざかしき者にて武勇にも長じければ、妙春厚恩を与へて身近く召し仕はれけり。次第に出身して早人数をも預り、度々の武功を顕して、其忠節他に異なりけり。又其時代当国今須の城主に長井と云ふ大名あり、多勢の者にて斎藤に従はざりしを、彼の松波即ち妙春へも其意を得、一身の才覚を以て長井一家を退治せしめ、すなはち今須の城主となり、其名を改め長井太郎左衛門秀元とぞ名乗りける。誠に俄大名なれども此れ元来抜群の剛の者にて、吾家を能く治め、諸侍諸民をもなづけ置きけるが、斯て月日を経ける内に、斎藤妙春重病に侵され死去しぬ。其嗣子(しし)無きを以て、家中わかれ〳〵になりたるを、秀元押懸け切り従へ、異儀を云ふ譜代の者をば皆悉く誅伐して、相従ふ者どもをば其儘己れが臣下にしけり。扨、斎藤の所領を収め家を継ぎ名を替へて斎藤山城守利政と号す。後には薙髪して道三入道と申せしは、此勝九郎秀元が事なり、本より武勇に長じ其比近国にも稀なる程の荒者なり云々。

卅、山城道三討死の事

道三は四・五・六・十・廿九にも載る

山城子息、一男新九郎、二男孫四郎、三男喜平次、兄弟三人これあり。父子四人共に稲葉山に居城なり。惣別人の揔領たる者は必ずしも心が緩々(ゆる〳〵)として穏当(おんたう)なる物に候。道三は智慧の鏡も曇り、新九郎は耄者(ほれもの)とばかり心得て、弟二人を利口の者哉(かな)と崇敬(そうきゃう)して、三男喜平次を一色右兵衛太輔になし、居ながら官を進められ、か様に候間、弟共勝(かつ)に乗て奢(おごり)、蔑如(べつじょ)に持扱(もてあつか)ひ候。新九郎外見無念に存知、十月十三日より作病を構へ、奥へ引入り平臥候キ。霜月廿二日、山城道三山下の私宅へ下(をり)られ候。爰にて、伯父の長井隼人正を使にて、弟二人のかたへ申遣す。趣、既に重病時を期(まつ)事に候。対面候て一言申したき事候。入来(じゅらい)候へかしと申送り候。長井隼人正巧みを廻(めぐら)し、異見申す処に、同心にて、則二人の弟共新九郎所へ罷来るなり。長井隼人正次の間に刀を置く。是を見て兄弟の者も同じごとく次の間に刀ををく。奥の間へ入れ、態(わざ)と盃をと候て振舞を出し、日根野備中、名誉の物切れのふど刀、作手棒兼常抜き持ち、上座に候つる孫四郎を切臥せ、又、右兵衛太輔を切殺し、年来の愁眉を開き、則、山下にこれある山城道三かたへ右趣申遣す処、仰天を致し、肝ヲ消(け)スコト限リナシ、爰にて螺を立て、人数を寄せ、四方町末より火をかけ、悉く放火し、井口を生か城になし、奈賀良の川を越し、山県と云ふ山中へ引退き、明る年四月十八日鶴山へ取上り、国中を見下し居陣なり。信長も道三聟にて候間、手合として木曾川・飛騨川舟渡し、大河打越し、大良の戸嶋東蔵坊構に至て御在陣。銭亀爰もかしこも銭を布きたるごとくなり。

四月廿日辰剋、戌亥へ向て新九郎義竜人数を出し候。道三も鶴山をおり下り、奈加良川端迄人数を出され候。一番合戦に、竹腰道塵、六百ばかり真丸になつて中の渡りを打越し、山城道三の幡元へ切りかゝり、散々に入みだれ相戦ひ、終に竹腰道塵合戦に切負く。山城道三竹腰を討とり、床木に腰を掛け、ほろをゆすり満足候処、二番鑓に新九郎義竜多人数噇と川を越し、互に人数立備へ候。義竜備の中より武者一騎長屋甚右衛門と云ふ者進み懸る。又、山城人数の内より柴田角内と云ふ者唯一騎進出で、長屋に渡し合ひ、真中にて相戦ひ、勝負を決し、柴田角内晴がましき高名なり。双方よりかゝり合ひ、入乱れ火花をちらし相戦ふ。しの木をけづり鍔をわり、爰かしこにて思ひ〳〵の働きあり。長井忠左衛門、道三に渡し合ひ、打太刀を推上げむずと懐付き、山城を生捕に仕らんと云ふ所へ、あら武者の小真木源太走来り、山城が脛を薙切り、推臥せ頸をとる。忠左衛門は後の証拠のためにとて、山城が鼻をそひで退きにけり。合戦に討勝て頸実検の所へ、道三が頸持来る。この時、身より出だせる罪なりと得道をこそしたりけり。是より後新九郎はんかと名乗る。古事あり。昔唐にはんかと云ふ者親の頸を切る。夫は父の頸を切って孝と為なり。今の新九郎義竜は、不孝重罪恥辱となるなり。

注釈

惣別＝おおよそ。　穏当＝道理にかなった穏やかな様。　耄者＝まぬけ。　霜月＝弘治元年十一月。

ふど刀＝刀幅の広い刀。　年来の愁眉を開き＝長年の心配事が解決し。　肝ヲ消スコト限リナシ＝際限も無くうろたえた。　明る年＝弘治二年。　鶴山＝鶴ヶ峰（角川本）。　大良＝羽島市正木町大浦（角川本）

補足

道三には三人の子がいて、長男の新九郎義龍をまぬけ者扱いし、次男孫四郎・三男喜平次の二人を重宝した。怒った義龍は伯父の長井隼人正を使って弟二人を呼び寄せ殺害させ、その旨を道三に報せた。道三は仰天し、井口城の四方に火をかけ生城にして、山県の山中に逃れ、翌年鶴山に布陣し義龍に戦いを仕掛け、最後命を落とした。義龍は以後范可と名乗る。

文末に義龍の所行を評し、昔唐にいた范可は父のためにならないからと父の頸を切ったが、義龍は父の言い付けを不満とし殺したのは、不孝重罪の恥をさらしただけだと記す。

『総見記』は前述と同様に『中古日本治乱記』に似た記述が施され、道三が井口城を一時立退き翌年、義龍と争ったとは載らない。

参考

『総見記』　道三の乙娘は信長公の御室家なり、道三の男子数多あり、嫡男治部大輔義龍は悪逆不孝にて、父子の中悪しければ、道三庶子の喜平次、同孫四郎二人を愛す。義龍深く恨み大に憤（いきどほ）って、去る弘治二年の春、道三鷹狩に出でける留主（るす）をねらひ、日根野備中守弘就と云ふ勇士に命じて、喜平次・孫四郎兄弟を刺殺す。父の道三是を聞いて大に怒って、義龍を討たんと企つ。義龍無類の大悪人にて、美濃一国の人数を催し、逆寄に道三の居城稲葉山へ押し来って父を攻む。道三出向ひ、尾州へも告越されて信長公も御加勢をつかはさる。同年四月廿日終に濃州鷺山と云ふ処にて、道三義龍父子、敵味方に相分れて散々に合戦す。義龍方の大垣の城主竹腰入道道鎮と云ふ者、先手の大将にして一番に切ってかゝるを、道三自身長刀を振持って、なんなく道鎮を切って落し、首を鋒先につらぬき差上げ悦ばれる処を、義龍が後陣の多勢、透間なく押し寄せて切ってかゝりければ、味方敗軍し道三爰にて討死し給ふ。小牧源太其頸を取りにけり。義龍方の勇士奥田七郎五郎と云ふ者、道三方の道家孫八郎と云ふ者を組留め、生きながら頸を引抜きけり。是を始めて敗軍の者ども数多討取り、義龍喜悦の眉を開く、云々。

卅一、信長大良より御帰陣の事

軍終り、頸の実検して、信長御陣所大良口へ人数を出し候。則、大良より三十町ばかり懸出し、および河原にて取合ひ、足軽合戦候て、

山口取手介　討死、

土方彦三郎　討死、

森三左衛門、千石又一に渡し合ひ、馬上にて切合ひ、三左衛門脣の口きられ引退く。

山城も合戦に切負け討死の由候間、大良御本陣迄引入るなり。爰にて大河隔る事に候間、雑人（ざふにん）・牛馬悉く退けさせられ、殿（しつはらひ）は信長させらるべき由候て、惣人数こさせられ、上総介殿めし候御舟一

艘残し置き、おの〳〵打越し候処、馬武者少々川ばたまで懸け来り候。其時、信長鉄炮をうたせられ、是より近々とは参いらず。去て御舟にめされ御こしなり。然る処、尾張国半国の主(あるじ)織田伊勢守、濃州の義竜と申合せ、御敵の色を立て、信長の館(たち)清洲の近所下の郷と云ふ村放火の由、追々注進これあり。御無念に思食し、直に岩倉口へ御手遣(おんてづかひ)候て、岩倉近辺の知行所焼払ひ、其日御人数御引取り。かくのごとく候間、下郡(しものこほり)半国も過半御敵になるなり。

註釈

および河原＝不詳。　足軽合戦＝徒での戦い。　脣の口＝脛当ての上部。　尾張国半国の主織田伊勢守＝織田信賢。　下郡半国＝上郡半国の誤り。

補足

義龍は道三を倒し、その場で首実検してから大良口まで来ている信長に攻め掛かった。この後「則、大良より三十町ばかり懸出し云々」からは信長の記述に当たり「然る処、尾張半国云々」からは織田信賢謀叛の事に及び「卅二」に繋がる。

『中古日本治乱記』に似て記す『総見記』にはここでのくだりは載らない。

不審なのは「卅一」は「廿五」から「卅七」までの信長以外の人物伝記が記された箇所に載る。しかも記された文章は、初めの一行だけが義龍の人物伝記で残りは信長伝記主体の記述になっていて、記す箇所が異なる。それを敢えてしたのは、次の「卅二から卅五」は武衛や岩倉に関わる信長以外の人物伝記が主で量的には信長伝記は僅かである。取立て信長伝記の箇所に記すと返って煩雑になるのを避けた。

卅二、武衛様と吉良殿と御参会の事

一、清洲の並三十町隔て、おり津の郷に正眼寺とて会下寺あり。然るべき構の地なり。上郡岩倉より取出に仕るべきの由風説これあり。これに依つて清洲の町人共かり出し、正眼寺の藪を切払ひ候はんの由候て、御人数出され候へば、町人共、かずへ見申候へば馬上八十三騎ならでは御座なく候と申候。

敵方より人数を出し、たん原野に三千ばかり備へ候。其時、信長かけまはし、町人共に竹やりをもたせ、御後をくろめさせられ候て、足軽を出しあひしらひ給ふ。去て互に御人数内納れられ、か様に取合半の内、

註釈

おり津＝稲沢市下津町。　正眼寺＝曹洞宗青松山正眼寺、後年春日井に移る（角川本）。

補足

「卅二」の「過半御敵になるなり」の後をうけて、岩倉は下津の正眼寺を砦に作り清洲に対抗しようとしたので、信長は藪を切り開いて見通しを良くし、砦を作るのを妨げようと人を出された。町人達が警護の武者を数えると、八十三人程しかいなかった。すると岩倉からは藪を切り払わせまいと、人数三千ばかりを出してきた。信長は此方の人数が少ないのを知られまいと、町人に竹槍を持たせ、その後ろを馬で駆け廻らせ、土煙を立てて人

数が判らない様にされた、と記した後「か様に取合半の内」で終わり、続きは次の「一、四月上旬三川国云々」ではなく「卅四、浮野合戦の事」になる。四月上旬からの話は掲題が「武衛様と吉良殿と御参会の事」と記され全く異なる話で、しかも弘治二年と年度も異なる。

これに反し『総見記』では、岩倉城主伊勢守信賢には譜代相伝の臣下数多いて、たやすくは従わないだろうと、永禄元年五月二十八日岩倉表へ発向。浮野表に陣取して百騎許りを出し動静を窺うも、初めは矢軍（やいくさ）、後には槍にて戦い城方討ち勝つも、すぐに城に引取る、と記しここまでが「卅二」の前半、続けて「卅四」を、二度目は清須方五百ばかりを出し、岩倉方千ばかりで突いて出て、最後城兵を門際迄押詰め二百七十討取ると載る。『武功夜話』の方は、永禄元年五月、上総介様二千を率い清須を出て浮野原に詰め森之脇に陣を居（す）え、まず騎馬武者八百計りで攻め掛り在々に火を放ったが、岩倉方は大門を閉ざし出合わず、上総介様は一先ず清須に引返されたと両著共に戦いはあったと載せる。但し『総見記』には『武功夜話』で美濃の斎藤義龍と犬山の織田信清が与力をたのまれたと記す箇所が載らないのは、『中古日本治乱記』に載らないからで丸写ししていることが判る。

※簡単に言えば次の『総見記』と『武功夜話』の話は『信長公記』には記されていない。

参考

『総見記』　信長は人数二千余騎にて永禄元年五月二十八日岩倉表へ御進発、浮野表に陣取り所々に放火し早（はや）り雄（を）の若侍百騎計りで扱いを入れ動静を窺う。岩倉城の者は、誘い出して退く時に付入ろうとするのだろうと、城中を堅め籠り、織田七郎左衛門・山内猪之助両人だけは三百騎余を追手門外に出し備へる。信長は軍の手合ひを見るべしとて、百四・五十騎を出し、敵兵も百四・五十騎出合来て、相方会釈して、初め矢軍、後は槍にて攻め戦う、城中の者共討勝って寄手引くを慕ひ追掛ければ、織田七郎左衛門これを引止め城に引取る。二度目は弓矢巧者の森三左衛門可成を大将に、五百ばかり人数を出されると、敵千騎計りで突いて出る。三左衛門崩れて引返し、城兵少し色めく所を柴田権六横合に突き立てると、城兵崩れ、門際迄押詰められ二百七十討取られる。信長其日凱陣也。

『武功夜話』意訳　尾州上郡岩倉伊勢守（七兵衛尉信安）美濃へ退去し兵衛尉（信賢）相襲う。美濃斎藤左兵衛尉（義龍）は信賢の御袋様の在所だが、是へ織田七郎左衛門を使者に遣わされ、信長様の影口を申宣べさせ、合力を憑むと軽々引受け、犬山訃巌（信清）にも信長の非道を鳴らし尽力を頼む。御一門衆も信長を天を戴かざる敵と心得、兵衛尉に計を以て、信長に違背致すべしと取計う、我等は稲田修理共々心痛致し、伊勢守已来の御名家存続第一と心掛け、信長とは色を立てず清須に参上し御談合成され、此儘穏便に取計らひ、形勢差見ることこそ賢策と、兵衛尉様始め御一門衆に申上げたが御聞入成らず、人数集め御城に詰入る。清須、岩倉不和、国中風聞伝はり牢人衆、上郡地侍、岩倉参集一両日を待たず、弐千有余人岩倉要所固める。爰に永禄戊午（元）年草木青みたる五月、二千之人数清須を発し尾州浮野原に詰られ、森之脇に御陣居られ、先ず八百数十拾騎の騎馬武者を仕立、垣内打破り、在々に火を放ち駈廻し、御自ら御下知成されて随所に黒烟天に上り、清須方、鬨の声を揚げ噇と町屋に乱入、岩倉方大門を閉ざして出来らず、然に依り上総介様此の日は一先ず差見候て、浮野引返の御下知有、森三左衛門・柴田権六五百野陣なり。

一、四月下旬、三川国吉良殿と武衛様御無事御参会の扱ひ、駿河より吉良殿を取持ち、相調ひ候て、武衛様御伴上総介殿御出陣。三州の内上野原において、互に人数立備へ、其間一町五段には過ぐべからず。申すに及ばず、一方には武衛様、一方には吉良殿、床木に腰をかけ、御位のあらそいと相聞え、十足ばかり宛双方より真中へ運び出でられ、別の御品も御座なく、又御本座に御直り候

なり。去てそれより御人数御引取り候なり。

一、武衛様国主と崇め申され、清洲の城渡し進せられ、信長は北屋敷へ御隠居候なり。

補足

三川国吉良殿は誰を指すのか。参会に至った原因は何か。諸説には、

『角川本』脚注　弘治二年（一五五六）西尾城の吉良義昭と斯波義銀が、どういう席次をとるかの争い

甫庵『信長記』自汗集　三州の吉良屋形義安と会盟の儀をなさしめ、互に筋目を正し給ひしに、今川家、吉良の尾州へ属せしを憤り軍を催し、吉良を攻めしかば、義安出奔して清洲へ来りて客食せり。

『総見記』　急ぎ和睦有って然るべしとありければ、吉良をば駿河衆取持って、即ち武衛と和睦ありけり、さあらば参会の日を定むべしとて、永禄四年四月上旬、吉日良辰を撰んで参会の期を約束し、三州の内、上野原と云ふ所にて互の人数を立てくらべ、其間一町五反程あって、吉良義安もその場へ出向はる。斯て吉良武衛両方互にあゆみ出て給ひ、互に黙礼して退き給ふ。和睦成就して各両国へ引取り給ひけり。

『吉良町史』　吉良家の経緯を事細かく記た中で、参会を和談の如くに記す。

『吉良町史』を基に種々考察を加えると、

○天文四年（一五三五）松平清康が横死した時の吉良には、東條城に吉良持広、西條城に吉良義郷がいて、義郷には義安・義昭二人の舎弟がいた。義安は持広の養女（清康の妹・一説に女とも有）に入婿し、東條城を継いだ。義郷は母が後藤平大夫の女であったことから、天文五年（一五三六）その討いで尾州織田信秀と結ぶと、怒った今川義元は翌年に朝比奈泰能に吉良荘を攻めさせ、義郷は戦って敢え無い最後を遂げた。義郷には子

が無かったので、舎弟の義安が西條城を相続し、東西両條城主となって、己は西條城に戻り、東條城には城代として義昭を入れ、両城は駿州に靡いた。松平清康亡き後、子の広忠と抗争を続ける、上和田の松平三左衛門忠倫と、三ツ木の松平蔵人信孝を織田信秀は援け、天文九年（一五四〇）安祥城を落し、三河進出の足掛りを築いた。信秀に歯がたたない広忠は、人質の要求を受け入れてまで、今川義元を頼った。人質として駿府へ赴いた松平竹千代は、途中戸田五郎に勾引され、尾州に渡された。忠倫・信孝は、後藤平大夫と計り、信秀の思惑通り尾張守護武衛（斯波）義統の女を義安に娶らせ、義昭共々尾州へ再び寝返らせた。

○天文十八年（一五四九）三月三日と六日に織田信秀と松平広忠が相次いで没すると、義元は早速、大原雪斎に安祥城攻撃を命じ、九月には尾州に寝返った義安・義昭を荒川山に攻めて尾張勢駆逐に動く。

『岡崎領主古記』天文十八年九月十八日吉良荒川山に今川・織田の合戦有云々と記す。

『士林証文』から引用すると、此の時、大原雪斎は攻撃に先立って今川は吉良の末流で今あるのも吉良様のお蔭である。然可に御屋形（吉良）様は今川家の大敵斯波氏と婚姻し、渡・筒針の時には織田を援け、中島でも敵対された。是は一辺に後藤平大夫の奸計によるものでしょう、などと記された講和を促す矢文を送ったが、功は奏さず戦いは始まり、結果、敗れた吉良方の後藤平大夫は誅され、義安・義昭は降参し許されて、再び駿州に従った様だ。翌十九年（一五五〇）義元の挙母攻めに義昭は加わり、義元から十五日の衣城攻め合力出陣本望の感状（『三河古文書』）と饗庭の地進呈を受けた。

義安は義統の女を娶っている。当然挙母攻めには加わらず静観していた。程、経た弘治二年（一五五六）三月『吉良町史』は織田勢が荒川山に布陣し、一帯に兵力を展開した。今川方の将・松井左近忠治は、野場原において織田勢に一戦をいどみ敵の首をあげて義元の感状をうけている（『松平家文書』・川越市興西寺所蔵）と載せる。

吉良氏系図（平坂町上矢田養寿寺所蔵）には「義安、上野介東條持廣養子義郷義昭之後両吉良相続弘治二年三州衆駿州衆攻来此時義安出張於東條善明　三州中島之城主松平大炊助並弟十郎左衛門、同太郎左衛門、同久大夫、同孫十、板倉八右衛門等於当家之手討取之畢號華蔵寺殿圓山成公」とも載る。
○静観していた義安は、野場原で織田勢と共に今川と一戦に及んだが、戦い負けて三河守護の地位も城も捨て妻妾だけを連れて、引上げる織田勢と共に清洲に赴き、信長の食客となった。
翌、四月上旬、義元は吉良を捨てた義安に、三河守護を罷免せしめ代って義昭とすべく、上野原で尾張守護義銀と参会し和談に及ぶ。参会の場では、相方居並び吉良・武衛はそれぞれ十歩ばかり歩み出ただけで、元の座に戻ったのは異存が無いことを態度で現したもの。
○この後、信長は岩龍丸を義銀と改めさせ、尾張守護職につかせて清洲の城本丸に入れ、己は北矢蔵に移ったと記すが「一」が付けてあるので、参会の後すぐでは無く他日である。

卅三、吉良・石橋・武衛三人御国追出しの事

服部左京助は廿・廿四にも載る
岩龍丸義銀は十四・十七にも載る

一、尾張国端（こくたん）海手へ付いて石橋殿御座所あり。河内の服部左京助、駿河衆を海上より引入れ、吉良・石橋・武衛仰談（おほせかた）らはれ、御謀叛半の刻、家臣の内より漏れ聞え、則御両三人御国追出し申され候なり。

補足
行頭に「一、」が付けてあるので、信長以外の人物伝記だと判る。追い出せと言ったのも信長だと判るが、な

ぜ服部左京助を使って駿河衆を海から清須の城に引入れようと話し合い、謀叛途中が何日かこれだけでは判らない。第一、動機が何かそれすら判らない。三人に動機はあるか。

吉良義安は三河守護を罷免されたが、尾張で僅かながら扶持を頂き、行きたくてもここ以外に行き場が無い。石橋義忠も尾張国端の海西に居を構え安泰で、他から侵される心配はない。武衛義銀に至っては、上野原で参会後、傀儡とは判ってはいるが、二百人扶持を得て尾張守護職に就き本丸にいて体面は保たれている。差し当たりいずれも小康で動機となる材料が見つからない。動機は他から与えられていた。与えたのは今川義元だった。

義元は、山口左馬助が寝返ったのを利用して、尾張国境・笠寺に楔を打ち込むことが出来た。その後、清洲城守護代織田彦五郎信友の家老坂井大膳は、主君の手足となって織田信長に対抗し攻め苛まれた末、弘治元年（一五五五）四月二十日信長から七枚起請文をもらって、約束通り織田孫三郎を守護代に迎え、まずは争うことも無くなったと安心、御礼に登城すると、兄の坂井大炊助は既に殺され、自分も今や来るのおそしと待ち受けている気配を察し、風を喰って駿河へ逃れた。

『総見記』は、大膳駿河国へ逐電し、今川義元を頼みければ、義元即ち扶持し置いて一所懸命の所領を宛行はれ、向後、尾州へ出馬の時は案内者にせんぞと申付けられける、と載せる。

弘治二年（一五五六）には、信長の実弟勘十郎信行（信勝）が担がれて謀叛を起こすなど尾張国内は同族争いが熾烈化する。義元は互に相食み淘汰された後で、一挙にこれを撃てば最少の努力で最大の効果が得られると考えが及んでいた。

『岡崎市史』は、『言継卿記』に弘治三年正月十三日今川氏眞が和歌会始を催したと記し、同じ年の正月二十九日に今度は今川義元が和歌会始をまた催していると載せ、世人はこれを指して義元は氏眞に家督を譲り、軍事外交専念姿勢を明らかにしたと言う。

翌、永禄元年（一五五八）から義元は戦時用兵糧を、大高城に備蓄を始める。

『三河物語』は、永禄元年戊午の年御年十七歳（当時松平元康）にシテ、大高之兵糧入ヲ請取せラレ給ひて入サせ給ふ処に云々、と載せる。

尾張では信長が、またも信行が謀叛を企てていると柴田権六の報せを受け、今度は許すまじと虚病を騙って、弘治四年（永禄元年）十一月二日、信行を清洲の城に呼び寄せ生害させ、前年から続いていた岩倉城攻めは永禄二年正月、織田信賢を美濃に追い遣り城を破却して終り、是にて尾張国内を手中にした。

時節は到来した。義元は曽て坂井大膳が駿府へ逃れて来たとき、父親義統殿は信長が大膳等を煽って殺したと語ったことを義銀におしえ、驚いた義銀は義元に仇討ちの力添えを頼んだ。

『張州府志』巻十には、信光（孫三郎）清洲城に移る。忽兵を起し信友を襲う。大膳亡命し去る云々。其後義銀、今川義元に與り心を協せ除を欲す、と載る。

石橋義忠は、同じ海西の地にいる河内一郡鯏浦二之江の一向宗僧徒服部左京助が、与力していた岩倉織田信賢を信長は無法にも攻め亡ぼし、恨みを抱いていると義銀におしえた。

『武功夜話』岩倉御城落去之いきさつ始末に、服部左京等は強て信長と出入りを好み云々、と記され、ここ「廿」でも河内一郡は服部左京進が押領して御手に属さずと載る。

義元は近々尾張に出張すると報せ、義銀はその折は左京介（助）の舟で嚮導すると約した（十九、三郎五郎殿御謀叛の事で筋書きが判る）。

永禄二年八月二十一日義元は朝比奈泰龍に大高城在城を命じ、（『岡崎市史』判物）大高城にいた鵜殿長助を掛持ちしていた沓掛城に移らせた。

同年十月十九日義元は、昨年に続き三河の奥平監物と菅沼久助に大高城へ兵糧を運ばせ、合わせて水野氏の氷上・正光寺両砦を除いた（『岡崎市史』判物）

永禄三年五月十九日義元は、前夜半より松平元康に大高城へ、さらに兵糧を入れさせ、当日は決めた通り、服部左京亮は大高城下まで、空舟千艘で迎えに来た。朝比奈泰能と松平元康はこれに乗って清洲城に出向くため大高城で待機していたが、義元が早々と討死したので企みは頓挫し、左京亮は空舟のまま引返し、途中熱田で腹いせに乱暴を働いた（廿四、今川義元討死の事）。

　謀叛を企んだ吉良・石橋・武衛の三人は、その後素知らぬ体で過ごしたが、暫くして信長の知るところとなった。

『総見記』には、家臣の内より返忠の者あって、此由、悉く申上げけり。信長公聞し召され、大に御腹立あり、所詮高家の人を重んじぬるは筋目を思ふ故也。左様に恩を讎(あだ)にて報じ給ふ人を崇敬して何かせん。急度誅伐すべけれども、さすが名家の末々なれば、此上ながら哀なりとて、各々一命をば助け参らせ、吉良、武衛、石橋、三人ともに御分国を追放し給ふに、武衛・石橋は長島へ御越ありて服部左京を頼み居住し給ふ。吉良は駿府へ行って、又、今川へ御降参ゆゑ、氏眞より扶持せしめ、藪田と云ふ処に指置かれけるとぞ聞えし。扨も武衛は無分別故、信長公に捨てられ給ひ、幾程なく長島も落城して、後には身の置き処なく漂泊し給ひしが、終に剃髪して三松公とぞ申しける。舎弟は津河玄蕃允とて、信雄卿に仕へける。三松も年月経て河州の畠山昭高、様々に執し申されければ信長又御不便を垂れられ、一所懸命の小地を賜り、安々と指置き給ひける。信長公の御慈悲諸人是を感心す、と載る。

　義安が駿府へ行って謝罪し、氏眞に藪田に指置かれたことを『吉良氏略伝・三河国聞書』には、義安、妻妾を伴い駿河に赴いた、妻は清康の女で持広の養女の方に当たり、堯雲院に墓があって、堯雲院殿後継貞英大婦・位牌裏には持広公養女慶長十四年二月十四日卒とある。妾は義統の女の方で、華蔵寺に墓があり清林院殿玉府茲光大婦十七年七月十六日卒と載る。義安幽閉の時期を『西尾町史』は『武徳編年集成』天文二十二年二月　『西尾城由来記』永禄三年庚申九月　『家忠日記増補』永禄四年四月の三つを載せ、甫庵『信長記』自汗集は永禄四年『総見記』永禄四年四月上旬とそれぞれ載せる。然し、天文二十二年は義元が虜(とりこ)にしているので取上げるのは難しい。永禄四年と四年四月は『信長公記』の「卅二」四月上旬参会と「卅三」御国追出しが共に永禄四年の箇所に載るものからの引用で、永禄四年四月上旬に参会して四年中に御国追出しはあり得ないので、これも当たらない。消去法なら残る『西尾城由来記』の永禄三年九月に限られる。幽閉されたのは吉良に戻ってか（『西尾城由来記』）、駿府へ赴いてか（『総見記・吉良氏略伝・三河国聞書』）は、いまだ意見が分かれる。

卅四、浮野合戦の事

一、七月十二日、清洲より岩倉へは三十町に過ぐべからず。この表節所たるに依つて、三里上岩倉の後へまはり、足場の能き方より浮野と云ふ所に御人数備へられ、足軽かけられ候へば、三千ばかりうき〳〵と罷出で相支へ候。

七月十二日午刻、辰巳へ向つて切(きり)かゝり、数刻相戦ひ追崩し。爰に浅野と云ふ村に林弥七郎と申す者、隠れなき弓達者の仁躰なり。弓を持ち罷退き候処へ、橋本一巴(いっぱ)、鉄炮の名仁(めいじん)渡し合ひ、連々の知音(ちいん)たるに依って、林弥七郎一巴に詞(ことは)をかけ候。たすけまじきと申され候。心得候と申候て、あいかの四寸ばかりこれある根をしすげたる矢をはめて、立ちかへり候て、脇の下へふか〴〵と射立て候。もとより一巴も二つ玉をこみ入れたるつゝをさしあてゝ、はなし候へば、倒臥しけり。然る処を、信長の御小姓衆佐脇藤八走懸り、林が頸をうたんとする処を、居ながら大刀を抜持(ぬきも)ち、佐脇藤八が左の肘を小手くはへに打落す。かゝり向つて終に頸を取る。林弥七郎、弓と太刀との働き比類なき仕立なり。

去て其日、清洲へ御人数打納れられ、翌日頸御実検。究竟の侍頸かず千弐百五十余あり。

註釈

浮野＝一宮市千秋町浮野。　七月十二日＝永禄元年。　この表節所＝正面は難所。　足軽かけられ＝迅速に攻め掛り。　相支へ候＝応戦した。　午刻＝午前十一時。　辰巳＝南東。　林弥七郎＝岩倉織田信賢の家来。　仁躰＝人柄。　橋本一巴＝清須織田信長の家来。　渡し合ひ＝行き合い。　連々の知音＝旧知の間柄。　たすけまじき＝助けないぞ。　あいかの四寸ばかりこれある根をしすげたる矢をはめて＝強弓に四寸ほどもある矢鏃をしこんだ矢をつがえ。　立かへり＝向き直って。　二つ玉＝射つと二つに割れる弾丸。　小手くはへに＝籠手諸共。　御人数打納れられ＝手勢を収められ。

補足

冒頭は「一、七月十二日清洲より岩倉へは三十町」云々で始まるが実際は「卅二」の「か様に取合半の内」に続く文章なので、七月十二日は永禄元年のことだと判る。この後、岩倉城の後方に廻り浮野に陣を構へ速やかに攻め掛かると、岩倉方は三千ばかりが罷出て来て、午前十一時頃、南東に向かって切り掛かり、数時間戦い追い崩したと記した後は、林弥七郎と橋本一巴の一騎討ちが長々と記され、最後は、其日戦いは終わり、翌日、首実検すると、千弐百五十余有ったで終わっている。相手は三千もいて、首を得たのが千弐百五十余なら約半分討ち取ったことになる。激しい戦いなのに、その様子は全く記されていない。文章の三分の二が橋本一巴と林弥七郎一騎討ちで占められ異常である。『総見記』と『武功夜話』に尋ねる。

記された一騎討の図式

	清須	岩倉	犬山	摘要
信長公記	橋本一巴（鉄炮の名手）	林弥七郎（浅野村の弓達者）		
総見記	橋本一巴（鉄炮の上手）	林弥七郎（浅野村の弓取） 前田左馬助（近年岩倉の武者奉行）	戸（土）倉四郎兵衛 （犬山の寄手）	信長二千信清一千余　南と北より挟合
武功夜話		前田左馬助・鑓（岩倉加担の佐々党と共に入城）	土倉四郎・太刀 （美濃の名代）	犬山十郎左衛門信清は信賢に尽力憑まれ乍ら上総介に合力誓紙渡す

一騎打ちは清須対岩倉から、岩倉対犬山に入れ替わっていた。

『信長公記』は合戦の直前に、信長は調議して信賢に尽力を約束していた犬山の十郎左衛門尉信清を寝返らせた。太田牛一は、信長が武将らしくない手を使って戦いを有利に展開したとは記せなかったので、橋本一巴（清須）と林（岩倉）弥七郎に合戦を代表させて口を拭った。『総見記』は『信長公記』にそんな企みがあるとは気付かず、理由も何もかも度外視して『中古日本治乱記』に載る「前田左馬助（岩倉・信賢）と土蔵四郎兵衛（犬山・信清）の一騎討ち」と、『信長公記』に載る「橋本一巴と林弥七郎の一騎討ち」の両方をそのまま載せた。この両方を載せる記述の仕方は「二、あづき坂合戦の事」の時にも、よき働きの衆と七本鑓を並記してあった。『武功夜話』は岩倉の信賢が、犬山の信清に尽力を頼み、美濃の斎藤義龍にも合力を憑んでいたが、直前に信長が信清を寝返らせ、味方に引入れてしまったので、それでなくても不利な戦いが決定的な負軍になったと包み隠さず記し、前田左馬助と土倉四郎兵衛の一騎討ちは『総見記』と同様だが土倉四郎兵衛は美濃名代と肩書を付けて載る。この後「前田・土倉取組見届候川筋衆は、和田新助・前野又五郎尉、後に物語ったところによる、南窓庵しるす」とも載せる。『武功夜話』で土倉四郎兵衛に「美濃名代」と肩書を付けたのは、初め岩倉兵衛尉信賢は、犬山の信清と美濃の義龍の二人に合力を頼み、勝算あって信長に挑んだ。しかし、信長は郡生駒八右衛門を働かせて、信清を寝返らせ、力を削いで謀叛を思い留まらせようと計ったが、信賢は勢いに任せ戦いを挑み、永禄元年浮野原取合の際、犬山の信清は軍勢を二手に分け、自身は八百有余で前野村より稲木道郡村に進み、於久地の中島左衛門尉・同豊後・同主水の二百五十は、古川筋より下らせた。岩倉城方は浮野原へ罷出、奈良村辰巳（南東）でまず前野又五郎尉・同惣兵衛尉・和田新助・同七郎兵衛等の川並衆と出合い、続いて美濃衆加入の犬山十郎左信清と奈良口で掛り合い、於久地衆に美濃衆を加えた六百有余は古川筋御供所にいて遅参、駈けつけて奈良口で城方と出合った。主な人は中嶋主水・土田甚助・同治左衛門・土倉四郎兵衛尉・江口宗左衛門・堀川源左衛門・酒井左京・丹羽覚左衛門・同左内・安藤五郎兵衛尉等究竟之面々也と『武功夜話』には載る。

この時、前田左馬助と土倉四郎兵衛が掛り合うのだが、『総見記』は左馬助を「元来犬山の侍にて、近年岩倉の武者奉行をしていた」と記し、『武功夜話』は「佐脇藤八の兄で、此度佐々党が岩倉方に加担したのに合せて岩倉に入城していた」と載せるのを類推すると、左馬助は当初から信清に言われて岩倉にいた。後に信清が信長に寝返ったので犬山に戻るべきだったが、信清の寝返りは密にだったため、左馬助は時機を失した。土倉四郎兵衛は『総見記』が記す通り、終始犬山衆のままで信清の元を離れたことは無い。美濃名代と肩書が付いているのは、信賢が美濃にも頼んだとするものに合せた思い付きだけで『武功夜話』に載った。

犬山衆の前田左馬助と犬山衆の土倉四郎兵衛は事情を明らかにしないままここで敵・味方に分かれて戦った。

参考

『総見記』　同七月十二日信長公二千余騎にて又岩倉へ御進発あり、清須と岩倉の間わずか三十町に過ぎずと云へども、其道的面に指向けて輒(たやす)く人数を押難ければ、いつも三里の道を廻り岩倉の後足場のよき所に出で、浮野表に御人数を備へられしが、今度も浮野へ御出馬の所に、当国の味方犬山の城主織田十郎左衛門信清と云ふ人、千騎の人数を引率して、味方の人数に馳加る。此勢を合せて都合三千、すなはち浮野に参著(さんちゃく)あって、先づ足軽を掛け給ふ、城の中の者共、今度はいかゞ思ひけん、軍兵を払って三千余人、長々(ながなが)と浮野に出合ひ、敵味方入り乱れて相戦ふ事数刻に及ぶ。一番の合戦、岩倉勢しどろに見ゆるを、森三左衛門、中條小市、鑓を入れて散々に突崩す、城方の軍兵敗軍して、一度にさっと引取けるを、城際まで追詰め勝鬨を揚げて、清須勢は南の方、犬山勢は北の方、両所に分れて引取ける。二度目の合戦には、城の中の者共、寄手の逃ぐるを付慕うて我も〱と追駈くるを、寄手の方にて高木左吉、生駒勝助、土倉四郎兵衛、和田新助、中島主水、金松牛之助、角田小市、猪子二左衛門、同加助、同才蔵なんど云ふ者、是等は皆犬山よりの寄手なるが、取つて返して散々に合戦す、清須衆も取って返し助来って争ひ戦ふ。其時刻、午の上刻、浮野河を越しつ越されつ、晴なる軍なり、前田左馬允と云ふ者、元は犬山の侍にて、隠れなき武辺の者なり、近年は岩倉に仕へて武者奉行をしけるが、今日、犬山勢に出合ひて互に詞(ことば)をかはし、土倉四郎兵衛と引組みけるが、朝よりの合戦にたゝかひ疲れて、終に四郎兵衛に首を取らる。是れ即ち前田又左衛門利家の兄なりと云ふ。扨も、犬山勢合戦難儀の由聞し召され、信長公自身采配を振って取って返させ給ひければ、御馬廻の衆、我も〱と返し合せ、敵兵を追ひ立つる。犬山勢も引返しければ、又城方の兵共あし〱に引き退く。此時、城方の浅野村の住人林弥七郎とて隠れなき弓取あり、弓を持ってしづ〱と引き退く所へ、清須方より鉄炮の上手橋本一把と云ふ者、鉄炮を持って渡り合ふ。両方弓、鉄炮の上手、互に連年の知音なりければ、弥七郎の方より一把に詞を掛けたるを、一把聞いて、林は聞ゆる剛の者なり、助けまじきとぞ云ひける、弥七郎心得たりとて取つて返し、強き弓に四寸計りの大なる根をすげたる大矢をつがうて、よつ引いて放掛くれば、其矢、一把が脇の下へ深々と射こむ。一把も二つ玉の鉄炮にて相ためにして打けるに、弥七郎打ちぬかれて其儘そこに倒れ伏しけり。信長の御小姓に佐脇藤八と云ふ若者、是も前田利家の弟也、林が首を討取らんと揉みにもんで掛りけるが、弥七郎伏して居ながら太刀をぬいて藤八が左の肘を籠手を掛けて切って落す、されども藤八手早く掛って終に弥七郎が首を取りける。林弥七郎弓と太刀の両様の働き、最後の體(てい)比類なき武辺なりとて、敵も味方も褒めざるものなし。扨、信長公まつしくらに切って掛り、横鑓に突立てられければ、城中の者共敗軍して又岩倉へ引返すを、押し駈け、追ひ詰め、城際まで攻め給うて敵の首八・九百討取り、引揚げ給ふ、今度は敵はや懲果(こりは)て、付慕ふ事なかりければ、其日の晩景に難なく清須へ御凱陣なり。

『武功夜話』意訳　去程に清須上総介信長様、郡生駒八右衛門尉を説客として、犬山十郎左衛門信清殿に仕わされ、理を分け説得し、此度は異心無く飽迄、上総介様合力致すべく御誓紙出さる。信長様より御出勢促され、逸早く郡村生駒屋敷人数差入成され、塁を築き鹿垣結ひ、岩倉に備へられる。和田新助、中嶋主水、前野又五郎尉、同宗兵衛、野々村主税、青山七左衛門、前野小右衛門、猪子兵助、角田又十郎、兼松金四郎、毛受太平、佐脇藤左衛門、日比野六郎右衛門等、大方は信清様扶養成し置く川筋衆三百有余人、郡生駒屋敷に相詰下知を待つ。

同年七月拾四日再度、浮野原罷出、町屋内足軽を駈けさせられ町屋神社仏閣放火灰燼成り、浮野口、犬山十郎左衛門殿、郡迄御出勢成り岩倉窺う布陣、又の一隊大将中嶋左衛門尉、同主水率いる於久地勢六百有余は、十三日巳に御供所うさぎと云ふ所に布陣。岩倉方侍大将中山大膳之手之者弐百数拾之人数以て、大塚と云ふ処取出構へ備へる、是は曽本村五反田と云ふ、是先数町の縄手庶(さえ)切る木立とて無く、茫々原野にて両軍旗差物風に靡き翩翻(へんぽん)たり。於久地衆は先手を懸け、古川筋より弓矢射懸け、取出眞近迄繰入、鹿垣打毀し、抜刀切立、小橋之上より踊り出で、鑓を合せ突進む、弓手衆はバラ〳〵と射懸けて岩倉勢切崩し、四方より取詰め、責立ければ、小勢の中山大膳猥りに勢を失ふは益なしとて退行く。去る程に、物見之者より敵垣内に凡そ五百位備え人数留め弐千有余、浮野原に向ひ決戦之構致し押出すと注進、か丶る時、十郎左衛門殿より速やかに浮野原駈け付よと告け来る。中嶋左衛門尉、是注進聞き兼て手筈違也、我等古川伝岩倉搦手よりの責口と心得居り、意外の出来にあわてふためき大音声に下知し、未（ひつじ）（南々西）に馬首向け駈け行く、是に猪子兵助、同苗治左衛門、美濃名代之荒武者土倉四郎、土田甚助等競って馬に鞭入れ責立て打続く云々。去る程に、違太天（韋駄天）駈行けば鉄炮之音闘（たたかい）之声天地に鳴渡り、軍取合たけなわにて、左衛門尉返す〱越度無念之様体也云々。此日、美濃武者土倉四郎兵衛引組武者有、上郡聞えたる名うて之武篇者前田左馬助其人也。是人、元来は犬山伯厳（信康）様家人にて、訃厳（信清）殿家来、佐脇藤左衛門猶子藤八は、前田又左衛門の舎弟で、左馬助はその兄也、又左衛門は信長公御勘気蒙り、清須退去牢人と相成り、尾州比良、佐々内蔵助に寄食して、犬山訃厳殿と共に清須に罷越す、左馬助は、此度佐々党が岩倉方に加担したのに合せて、岩倉に入城していた。両人は諸々の恩情、彼我閑の声矢たまの間に消去り、互に会釈なし、火花を散らし渡り合う、左馬助、弐間有余之長鑓、四郎兵衛目懸て繰出ける。四郎兵衛之得物三尺五寸大太刀縦横に切かけ〱、双方秘術を儘（ママ）して戦ひけるとぞ左馬助、四郎兵衛頭上扣く処、片鎌鑓土檀（ママ）大きく打扣き柄半はに打折れたるは不覚、ふみ込む四郎兵衛太刀筋するどく、前田が草ずり上より向すね深く割付たれば、剛之者なれど片膝つき崩れ落つるを見て取り、四郎兵衛馬乗に相成、前田の首打取れり。右前田、土倉取組見届候川筋衆、和田新助、前野又五郎尉、後物語候を南窓庵しるす。右遅参候、犬山、於久地衆、前田左馬助取合候は浮野取出寅（東北ヨリ東）方壱町先、奈良村と伝へ聞候、此場にて討取候、岩倉勢首数弐百有余級、岩倉御城迄返候者、僅拾数人のみ。斯て、信長公浮野より岩倉垣内迄御陣被進、弓、鉄炮、城中へ打込み町屋引均し、容赦無御放火、御城下黒土に被成、伊勢守使者相立、越訴被成候も、御許容無、日暮迫り候比合、清須御帰陣也。

小次郎尉宗康、同躮（せがれ）小兵衛尉、御城詰居る。始め御一門、織田七郎左衛門尉、中山大膳大夫、服部左京、高田中務等強て出入を好み、調議をあなどり、壱千八百有余の人数引連、浮野原に相向うも、午の刻には清須之猛勢に伐砕かれ、惣崩れと相成り、手負討死数を知らず、三々五々益無く敗退、城中留者僅参百に足らず、山口猪蔵、門相固め垣内之取出伐敗られ、敵満々たり。町屋炎上焦土と化す。尾州浮野原敗退、岩倉勢甚し、歴々衆打取られ、町屋灰燼となり、上総介信長殿清須に御帰陣の後も柴田権六手勢六百有余留め置かれ、加納馬場辺丈夫に鹿垣結廻し、陣所成され、是より弐町の間厳重に拵へ、隙なく取囲む。御城中徒に時日を費すのみ。城兵之内、足軽小者次第に逐電。

卅五、岩倉落城の事

一、或時岩倉を推詰（おしつ）め、町を放火し、生城（はだか）になされ、四方しゝ垣二重、三重丈夫に仰付けられ、廻番を堅め、二・三ケ月近く陣にとりより、火矢・鉄炮を射入れ、様々攻めさせられ、越訴（をつそ）抱難きに付（つい）て、渡し進上候て、ちり〴〵思ひ〳〵まかり退き、其後岩倉の城破却させられ候て、清洲に至って御居城候なり。

註釈

或時＝永禄二年春（『寛政重修諸家譜』）。　しゝ垣＝鹿垣・猪等の侵入を防ぐため、枝のついたままの木で作ったさかもぎ。　廻番を堅め＝見廻る順番を決め。　陣にとりより＝陣にいて。　越訴抱難き＝直訴しても聞いてもらえず。

補足

岩倉に関わる記述

「卅一」岩倉城の尾張上四郡守護代織田伊勢守は濃州の斎藤義龍と相談して信長に敵対

「卅二」下津の正眼寺を砦にしようとしたが、薮を切り払ってそれを阻んだ

「卅四」浮野でこれを攻め侍首千二百五十余を得て清洲に帰った。この時、橋本一巴と林弥七郎の一騎討ちがあった。

「卅五」町に放火し岩倉城を生城にして、鹿垣取廻し二・三ケ月、火矢・鉄炮を射掛け、信賢は遂に城を明け渡して退くと、是を破却してしまった。

記述はいずれも伊勢守について記述され「卅五」から「卅七」までの信長以外の人物伝記の箇所に載る。そのため暦年順になっていない。また、前野家々伝の『武功夜話』を繙くと、信長は信安の従弟で猿楽の御遊行親しく旧来より殊の外昵懇の間柄であった。今や飛ぶ鳥を落とす勢いの信長は、当初は敢えて干戈を交える気持ちはなく、率直に調議して禅譲を口にした。信安はそれに応じ、子の信家の方に家督を継がせ、信長に従わせて自身は隠居した。しかし嫡男の信賢は不承知で美濃斎藤と犬山信清を頼み争いになったが、旭日の勢いにある信長なら勝負の行末は戦う前から決まっているので、信長の仰せに従い生駒八右衛門が信清を説得し清須方に寝返らせ、いらぬ争いを出来るだけ避ける様工夫をしたが、思うにまかせず、最後は信賢が周囲に説き伏せられて美濃へ落ち行く次第となる。

著者太田牛一は、三ノ山赤塚合戦で信長を慮って山口左馬助のことを記さなかったが、ここでも合戦の事は橋本一巴と林弥七郎に任せ、信長を慮って信清を省きあからさまに記述を施していなかった。

参考

『**総見記**』翌年永禄二年己未初春の比、岩倉退治あるべしとて、信長公数千の人数を引具し給ひ岩倉の城へ取掛けらる。先づ遠々に取巻いて城の體を見給ふ処に、城より出合はず静り返って扣へ居けるを、先づ一両日は其まゝに指置いて、敵のやうを見給ふに、別にかはる體もなし、信長公扨は敵は無勢になり、城を出づる事成りがたしと見えたり、押寄せて放火せよとて、二の丸まで押詰め岩倉の町中、侍屋敷残りなく焼払って裸城にぞなされける。城中是を事とせず、切々せり合ひ防ぎ戦ふ。されば此城見つぐべき味方はなし、いつともなく攻めらるべしとて、四方鹿垣を付け、廻り番を指置いて、陣々より鉄炮を放させ、二、三箇月指置き給ふ。城の中の雑人原次第に退屈して五人・三人宛毎日落ち行き、無勢になる。後には城兵気力盡果て、たのむべき味方はなし。織田七郎左衛門、山内猪之助、織田源左衛門、堀尾忠助四人の家老等相談して、寄手へ訴訟申しけるは、城に籠る者ども一命をさへ御助け候はゞ、皆々退去仕り城を開き差し上ぐべき由申し上ぐる。信長公同心あり、さらば城を相渡して、思ひ〱に引取り候へとて、互に人質を取りかはし、城をば此方へ請取らせ、楯籠る者共は、城主を始め城を開き、思ひ〱に落行きけり。信長公御家督以後、天文十八年より今年永禄二年に至り、其間十一箇年を過ぎて、漸く只今、尾張一国の主とならせ給ふとて、御悦び斜ならず。扨、岩倉の城をば破却し悉くはき捨て給ひ、清須に至って御凱陣なり。

『**武功夜話**』意訳　岩倉織田兵衛尉信賢の御母堂は斎藤氏之女なれば美濃斎藤氏は縁家成り。信安様は武辺の嗜み無く、日毎猿楽等歌舞に心を奪われ、酒色殊の外嗜み多き、日暮らしと承る。上総介信長様は、度々岩倉城え罷越され猿楽の御遊行親しき趣きなり。

伊勢守跡式を家中は、嫡子兵衛尉信賢様と次男信家様の弐個に相成る。信賢様浅慮なれば如何程武功とて無きも、兎角御一門衆口に乗せられ、信長様清須御入城成ってより殊之外妬み心を起され、犬山の信清殿等同心の者多し。親の信安様は欲徳の振舞とてなく、信長様を御敵とは思わず。信賢様色を立つるを兼てより蔑如（べつじょ）なされ、御次男信家様を以て、御跡式伊勢守相続るべく御扱ひなされたところ、家中仲々治まらず。我等は、信安様隠居成さる事こそ御家御安泰と思案仕り、稲田修理共々相談、結局身一つに成りて美濃路落行かれる。然し乍ら禍福は計り難し、已来拾年、信長様美濃平定後信安様召され、美濃白金之地壱千貫之地、下置かれ、信安様余生安穏に過ごされる。

当初、岩倉御一門衆は信賢様策略を以て犬山信清様、美濃義龍とも秘かに通じ、清須（洲）信長公に敵対の色を顕わす。我等は、稲田修理とも相談して、成るだけ平穏に処置有る様精一杯尽力したが承服なく、和平成難く、遂に、信長公大軍を浮野へ差向けらる。兵衛尉信賢は、犬山信清殿を憑みにしていたが、信清殿は日和見し、同年七月信長公に与力なされ、謀事まゝならず。案の如く大敗廃亡し、歴々の衆討ち取られ、他之者共手立て無く逐電、越訴之儀成り難く、明年（二・一五五九）正月も過ぎ、再度越訴願奉れども御容許無し。取極めの儀も之無く困り入れども良策無く、御領地全て信長殿奪取られ、城中兵糧尽果て此儘過ぎる。信賢様愁嘆限無し、此処に至って甲斐無く、一命落すは外分聞悪し、御城引渡し延命して御家存続を計る事、賢慮と説き申上げる。信賢様歎悲しまれるは一方成らず。然乍ら術無しと御心得に成り、倅小兵衛案内仕り、美濃指して落行かれた。城明渡後、信長様御思案あって目代を入置かず、即刻打毀なされ、伊勢守三代之居城費去。我等は、信長様御取立蒙御奉公仕る。信長公は後年、新九郎殿（信賢の子）召出され御扶地賜る。是に岩倉御城御取毀に相成る次第なり。

憑みにしていた犬山信清殿が途中清須に寝返った訳は、信長様は此の頃既に意に背く者悉く御退治成され、清須平呑之勢旭日之如し。一人安泰は申すに及ばず、為に生駒八右衛門才覚を以て、犬山十郎左（信清）殿、信長様御身方に加入れる。上総介様岩倉落去後、八右衛門に感状と御褒美に郡村并六ケ村内弐千貫之御給地下置るとも別記有。

追書

前田左馬助と土倉（蔵）四郎兵衛の一騎討を『総見記』は『中古日本治乱記』に、『武功夜話』は『総見記』に、それぞれ倣って載せた。因みに『中古日本治乱記』のここでの記述は、

「岩倉勢を城迄追討つて信長勢二千は南、信清勢一千は北に引返すところに、岩倉勢三千は是をみて、城を出て北の信清犬山勢を追慕う。犬山勢の土蔵四郎兵衛尉、和田新介、高木佐介、同才蔵、角田市郎以下究竟の兵共返し合せ、浮野川を越つ越れつ相戦う。城兵の前田左馬助は、初は犬山にありけるが、頃年岩倉に居住して此の時、軍奉行し四方を下知したりけるが、土蔵四郎兵衛尉是を見て、鑓を捨て無手と組、上下になって二・三度転びけるが、遂に土蔵、上に乗得て前田が首を取たりけり」

などと載り、『中古日本治乱記』の著者山中長俊は序文に「盟友太田和泉守資方所望あって増補した」と記すので、既にあった『信長公記』巻首を借り受け記したとしても強ち（あながち）大きな相違は無いだろう。してみると、橋本一巴と林弥七郎の一騎討ちを額面だけで判読し、著者の慮っていたところまで考えが及ばず、代わって信清が急に信長側に寝返ったことから、敵対することになった土蔵四郎兵衛尉と前田左馬助を取り上げた、これは事実だろう。遠山信春は『総見記』に『信長公記』と『中古日本治乱記』の両方を記述し、『武功夜話』は前田・土蔵の取り組みを『総見記』から引用し、後年記したとするのが妥当ではないか。土倉に美濃名代と肩書を付けたところは真実とは思えないし、わざ〳〵南窓庵しるすとも載せるのは、既にあったものに後々付け加えたと語るものだろう。

卅六、もりべ合戦の事

一、五月十三日、木曾川・飛驒川の大河、舟渡し三つこさせられ、西美濃へ御働き。其日はかち村に御陣取。翌日十四日雨降り候といへども、御敵、洲の俣より、長井甲斐守・日比野下野守大将として森辺口へ人数を出し候。信長天ノ与フル所の由御諚候て、にれまたの川を越し、かけ向はせられ、合戦に取むすび、鑓を打合ひ、数刻相戦ひ、鑓下(やりした)にて長井甲斐守・日比野下野初めとして百七十余人討たせられ。爰に哀れなる事あり。一年、近江猿楽濃州(ぢょうしう)へ参り候。其内に若衆二人候つる。一人は甲斐守、一人は下野止置き候らひし。今度二人ながら手と手を取合ひ、主従枕をならべ討死候。

長井甲斐守　津嶋の服部平左衛門討とる。
日比野下野守　津嶋恒河久蔵討とる。
神戸将監　津嶋河村久五郎討とる。
頸二つ　前田又左衛門討とる。

二つの内一人は、日比野下野与力足立六兵衛と云ふ者なり。是は美濃国にて推出(おしだ)して頸取足立と云ふ者なり。下野と一所に討死候なり。

此比(ころ)御勘気を蒙り、前田又左衛門出頭これなし。義元合戦にも、朝合戦に頸一つ、惣崩れに頸二つ取り進上候へども、召出され候はず候つる。此度前田又左衛門御赦免なり。

註釈

五月十三日＝永禄四年（一五六一）五月十三日。　舟渡し三つこさせられ＝舟で三ケ所越えられ。　かち村＝勝村・岐阜県海津郡平田町。　御敵＝斎藤義龍。　洲の俣＝岐阜県安八郡墨俣町。　森辺口＝岐阜県安八郡安八町森部。　人数を出し＝手勢を出し。　にれまた＝岐阜県安八郡輪之内町楡俣。　爰に哀れなる事あり＝いたましい事があった。

補足

角川本脚注　前田又左衛門（後の利家）は天文二十年（一五五一）正月から信長に出仕していたが、永禄二年（一五五九）に信長の同朋拾阿弥を斬殺し信長から出仕止めの処分を受けていた。永禄三年の桶狭間の戦いでは、佐々隼人正、千秋四郎等が今川勢の先手に抜け駈けした折に、出仕止めの赦免を頂こうとこの抜け駈けに加わり首一つを取り、深田足入れの場所で、また二つを得て、信長に供したが御許しを得られず、勘気が解けないまま今度の戦いに加わり首二つを得て、やっと赦免を得たと有。

『総見記』には、五月十三日信長千五百騎で西美濃へ発向し、洲俣より長井甲斐守と日根野下野守六千余が攻め掛り、信長はこれを青柳村迄追討って首三百廿余を得たと載り、猿楽の事や足立六兵衛の話は無い。『武功夜話』も同様に、猿楽・足立六兵衛の話は無い。強いて理由付けるなら記述の中に「上総介様州俣に討入被成候事三・四度に及び候」と載せ、この三・四度の中に森辺や十四条の戦いを含めた。三・四度に及んだのは、州俣砦を作ろうと、石積みが完成しかけると美濃衆が出て来て取毀したからで、最後には信清が謀叛したので「旗幟倒し鹿垣取払ひ、石垣破却無念至極、敵嘲笑醜体浅猿、清須帰陣被成候信長様外聞面目相無く候也」と載る。『信長公記』の著者はここでも信長の名誉を慮って州俣築城に触れず、長井・日比野と猿楽若衆の話の真偽は判らない。

『総見記』 永禄四年辛酉五月十三日信長公千五百騎の人数を率して西美濃に御発向有。敵の長井甲斐守と日根野下野守は六千餘騎で洲俣から攻め掛って来て、信長は千五百騎を先陣・旗本・横鑓の三手に分けて争った。敵は此方を小勢と見て、只一揉に駈崩さんと思ひ侮り、段々の切所を踏越え乗越え切って掛るを、味方の先陣よき場所へ引受け、森三左衛門、毛利新助、柴田権六、木下雅樂、水野帯刀などの究竟の兵、鑓を揃へて咄と突入る。敵は難所を駈来て、疲れたる勢なれば、なじかは以てたまるべき、一戦に突崩されて左右に散り、二陣・三陣追掛け〳〵青柳村の辺まで追討した。今度、敵の首数三百廿餘、在々所々焼払ひ、翌十四日清須凱陣。

『武功夜話』 意訳　一、犬山訃巌（織田信清）は昔、親・伯巌（織田信康）が信秀の美濃攻めに与力し討死した時、その功績に沙汰無く、永禄元年（一五五八）岩倉攻めの際には、織田信賢を裏切ってまで信長に合力したにも拘わらず、上総介様は家来衆に分与せられながら、十郎左（信清）様に寸地も差上なさらず、十郎左様存慮（考える様）申立てられたが、御配慮無。

一、その為か、犬山の織田信清様は申（永禄三年）田楽狭間の取合に際し、信長様危急の折も与力なさらず、日和見され、剰へ大川の向ひ宇留間、大沢治郎左衛門と相通じ、謀叛の企て有の風評、御聞召れ御立腹の様子であった。

一、爰に上総介信長様、佐々内蔵介殿に美濃州俣の差配仰付られ、佐久間殿相添州俣取出築けと御諚有。罷出るも御造作難渋、捗取らざる内、美濃方押来り仲々に成就なし難し。抑々、美濃州俣なる所、尾張美濃堺（境）目を成す所、随一の節所成。斎藤の勇将長井隼人、丈夫に構え居り、上郡の人足召連州俣川より大石引上げ石垣作るは賽の河原の石積の如くなり。百間仕上れば忽にして美濃勢押寄来り、五拾間、六拾間打毀す際限無き事なり。其度毎に討取る者、手負者数をしらず、益無く、果は人夫共念仏となへて石運ぶ由。

一、洲俣と云ふ所は節所也、州又川、大小数条寄合ふ処、河原は数町に及ぶ。州俣の渡は美濃より尾張に通ずる鎌倉道で、旅人通行渡る処、雨来れば一夜にして水溢れ舟橋立処に流失、為に旅人の足を止め、居並ぶ旅籠軒を連べるも、永禄三年以来、美濃尾張取合出入険しく成り来り、此方数年来、舟橋架ける者無く、旅人難渋の次第。河原の茫々何処迄陸地、又何処川なるや定難く、千里広漠たり。然れば滞留の旅人籠宿に止宿、天気定り、大流水量減する処を見計らひ、舟にて川渡す。此の渡、水深き処に流れ有、何れも渡河成難し、渡守永樂銭三文之直也。

一、扨永禄酉年（四・一五六一）四月日、上総介信長様三千有余之人数を催し、森部にて御取合成る。作間（佐久間）右衛門尉（盛政）、森三左衛門、佐々内蔵介、軽身なる処に出入仕る。先祖孫九郎尉、某共一党の者、佐々内蔵介殿一緒仕る。在々処の神社仏閣悉く焼払ひ御引取に成る。佐々内蔵介殿某共州俣に留り、引続き取出固め長陣と成る。上総介様州俣に討入成さる事、三・四度に及ぶ。塁は州俣川より川石拾ひ揚げ高さ壱間積上げた処、酉の年、美濃長井之軍勢取抱へ破毀。

卅七、十四条合戦の事

異なる条にも永禄四年の年号が載る

一、永禄四年辛酉五月上旬、木曾川・飛騨川の大河打越し、西美濃へ御乱入。在々所々放火候て、

其後洲俣御要害丈夫に仰せ付けられ、御居陣候の処、
五月廿三日、井口より惣人数を出し、十四条と云ふ村に御敵人数を備へ候。則洲俣より懸付け、足軽共取合ひ、朝合戦に御身方瑞雲庵おと、うたれ引退(ひきの)く。此競(きほい)に御敵北かるみ迄とり出し、西向に備へ候。信長懸けまはし御覧じ、西かるみ村へ御移り候て、古宮の前に東向にさし向ひ、御人数備へられ、足軽懸引(かけひ)き候て、既に夜に入り、御敵真木村牛介、先を仕り、かゝり来り候を追立て、稲葉又右衛門を池田勝三郎・佐々内蔵佐両人としてあひ討に討ちとるなり。夜合戦にまかりなり、片々はつき負け迯去る者もあり。又一方はつき立つてかゝる者もあり。敵陣夜の間に引取り候なり。
信長は夜の明るまで御居陣なり。廿四日朝、洲俣へ御帰城なり。洲俣御引払ひなされ、

註釈
十四条＝岐阜県本巣郡真正町十四条。北かるみ＝岐阜県本巣郡真正町軽海。信長懸けまはし御覧じ＝信長駆け回って状況を御覧になり。足軽懸引き候て＝すみやかに進退なされ。先を仕り＝先頭に立って。あひ討ちとる＝一緒になって討取った。

補足
「永禄四年辛酉(かのととり)五月上旬」から「御居陣候の処」までは前置きで、もりべ合戦の始めと、角川本補注四〇で「永禄四年五月十一日信長を苦しめた美濃の斎藤義龍は急死し、子の龍興が継ぐと、三日後の十四日信長は墨俣(洲)砦を奪い森部の戦いに勝ち、井口（岐阜の別名・斎藤龍興の城を指す）に脅威を与えた」と記すものを合せた箇所。

文章の最後「廿四日朝、洲俣へ御帰城なり」と「洲俣御引払ひなされ」の間には「織田信清が謀叛し」の言葉が隠れている。「御引払ひなされ」た後は、次の「卅八」に文章は続くが、なぜかは『武功夜話』で判る。

『総見記』は軽海・牧村牛之助・稲葉又右衛門など地名、人命が『信長公記』と同様と思われるものを用いて様々に記してあるが、「戸倉四郎兵衛が敵の馬を奪って痛手を負った勝三郎を乗せて引揚げる」ところは、『武功夜話』の浮野合戦で土倉四郎が己の馬が脚を折り後続武者の馬を奪って駆ける話に似る。戸が土なら尚更言える。最後「敵皆引取り居ざり」からは、『信長公記』の「信長は夜の明るまで」云々とほぼ同様で、『武功夜話』の様に引き上げた理由が信清謀叛になっていない。

『武功夜話』はここで長井隼人と日根野備中の名が載り、信清謀叛のことを、美濃斎藤と連繫した信清が謀叛を起こしたので、美濃攻めの足掛かりにしようとしていた州俣築城を一時中断して引き返し、於久地攻めに掛かることにした、と州俣での事が詳しく記してある。信長は永禄二年岩倉城を落としてからは、極力上郡の岩倉衆を前面に立て戦う。その際、清洲との間を行き来したのが藤吉郎で、川並衆の蜂小、前将等の繋がりから次々に調議に持ち込み成就して一躍名を成す。州俣に木下藤吉郎が一夜城を築くのは永禄九年で、それまでは信清との取合ひが続き州俣城は手付かずで過ぎる。

参考

『総見記』　五月廿三日目ざすともしらぬ闇の夜に何所を敵ともしらねば、只かゝれ〳〵と軽海表の深田つたひ溝を越え、向ひの岡野へ打上げ敵の先陣牧村牛之助と勘解由左衛門戦ひ牧村を追立てる。二陣の稲葉又右衛門入替り駈入り来る。勘解由左衛門、敵の野々村三十郎と渡り合ひ討死。池田勝三郎と佐々内蔵助は、二陣より鑓を揃へて切って懸り、稲葉又右衛門を内蔵助と勝三郎が相討ちす。勝三郎此の時痛手負ひ、郎党片桐半右衛門、(十一)戸倉四郎兵衛、敵の馬を奪取って主君勝三郎を掻乗せ、味方へ引いて帰りけり。斯て闇き夜、敵味方勝敗も知れざりければ、又右衛門を討取りたるを能き塩合として、信長公は勝鬨を揚げさせ給ふ。敵も、勘解由左衛門を討取りたるを幸ひとし、時をも合せず夜に紛れて足早に引取りけり。信長公は案内もさだかならぬ敵地にて、しかも闇夜の事なれば、引帰る道筋にて不意の事もあるべし、只、此儘陣を張って夜明けて引き退くべしとて、其夜は軽海を立ちさり給はず、備へを立てゝ夜を明し、既に横雲たな引いて其辺を御覧ずるに、敵皆引取り居ざりければ、早々諸勢を集め給ひて、清須へ帰城し給ひけり。

『武功夜話』意訳　一、美濃之境目州俣は節所、上総介様油断無く窺われる。此処は、尾張より美濃大柿に通ずるところで、州俣越えれば諸々美濃方相備へ固め居る。安藤、伊賀、稲葉、西に構え居る。町屋軒を並べ旅籠拾数有、柳葦草繁茂、数万の小鳥群をなし、河原数反沓（水があふれ）入れゝば水鳥立騒ぎ油断なき処なり。

一、永禄酉年（四）五月之取合、尾張勢三千有余人、州俣に罷出た時、美濃方長井隼人・日根野備中五千有余之人数、十四条と云ふ処にて出合ふ、此之辺見渡せば一面水田也。数度の出勢の為、上総介様今度を以て勝負を決し、手離し致さんものと下知成され、州俣より十四条へ罷出る。孫九郎尉、佐々蔵助（介）殿、夜戦仕る由、我等此の日軽身と云ふ処に夜陣仕る処、夜半敵押来り、彼方此方相分らず乱戦、尾張勢押て退かず。大松数拾本、生立つ祠を楯に取る。美濃方長井左衛門六百有余で攻掛り来る。此之取合、朝明方近くに及ぶ。此の日、尾張勢存分に出入仕るも、敵我に倍し、人数明方に至り一先ず州俣の塁に引退く。二・三日相構候処、清須より異変注進是有。犬山訃巌（信清）殿謀叛成され、於久地、犬山の手の者下津に乱入、在々放火、犬山、於久地、柏森に人数詰入、信長様に御手向い差構へ大事出来、信長様州俣引払、直ちに清須御帰城成される。

卅八、於久地惣構破る丶の事

一、六月下旬、於久地へ御手遣。御小姓衆先懸けにて、惣構をもみ破り、推入つて散々に数刻相戦ひ、十人ばかり手負これあり。上総介殿御若衆にまいられ候岩室長門、かうかみをつかれて討死なり。隠れなき器用の仁なり。信長御惜み大方ならず。

註釈

六月下旬＝永禄四年（一五六一）六月下旬。　於久地＝愛知県丹羽郡大口町。　惣構＝城の一番外側に張り巡らした防備の拵え。　かうかみ＝こめかみ。　隠れなき器用の仁＝紛れもなく秀でた才能の持主。

補足

戦いの様子を『信長公記』は僅か数行に留めるが『武功夜話』は至って詳細に記す。岩室長門の名は『武功夜話』にも載るが討死の様子は載らない。ここも『信長公記』は信長伝記記述、『武功夜話』は前野家々伝記述と、それぞれ自前の事を記すので相違していることは承知だが、『信長公記』は一貫して犬山の信清が再三謀叛を試みるのは、天文十六年美濃攻めで父伯巌討死の功績に沙汰無い事の不満からであることを載せないばかりか、信清の名すら極力控え、表だって記さないのは、信長の名誉に関わるとして手心を加えたとしか思えない。

参考

『武功夜話』意訳　一、永禄壬戌年（五・一五六二）五月中之日、濃州洲俣御出勢成され御取合半之処、犬山

訐巌（信清）謀叛。御領地下津国府に人数差向け、在々所々民家放火に及び乱棒狼籍なさる。美濃斎藤方、川向宇留間之城主大沢治郎左衛門も同心、上総介信長様州俣御出勢の留守相窺っての逆心であつた。某共も州俣迄遠行し、辛苦築く取出破毀致し立退いた。信長様は犬山十郎左殿、此度の謀叛之振舞御腹立に成り、右州俣御引払いの時、佐々内蔵助に殿（しんがり）陣仰付られ、某共は旗幟倒し、鹿垣取払ひ、石垣破却無念至極、敵此の浅ましき醜体嘲笑し、清須帰陣成された信長様外聞面目無し。

一、犬山城の訐巌殿在地は、某共在地柏森鼻先境目也。中川金右衛門を以て合力の諚有。右罷越条は、松倉表並野夫黒田等しく訐巌殿に同心成された、其元（そこもと）等も柏森の取出越されよと左右（かれこれ）申来り、其元在地我等取囲みたる様なれば、一揉せば灰燼竟儘也と強勢。孫九郎尉仮令松倉伯父御殿と刀鐺以て相討と云へども、我等の事無用也と厳然追返す。爰に犬山訐巌殿、御敵対明白に相成り、尾州於久地の城には、中嶋豊後、主水親子、美濃より加勢の人数繰入、申丸の取出柵を結廻し、中嶋主水手勢参百有余相詰め差構る也。前野村は、犬山方出鼻也。犬山討入に備へ大塚、山名瀬越に取出築き、鹿垣厳重に取結び柏井衆加勢の人数百有余、犬山柏森相備う。

一、於久地の御城は、今を去る百有余年、已（以）前、尾州下津守護代家織田兵庫助、御舎弟与十郎殿縄張々て城相築き於久地三千五百貫文御支配になる。是御城平地開起なれば、往昔より小高き小山有、是を以て御本丸と相定め、東口堀切は二重、未申（南西）の方は沼沢数条帯の如く節所也。出城一ケ所申丸と申す。犬山伯巌殿御城御越に成り、美濃に備へ、犬山木之下の御城御山の上に御移しなされ、中嶋左衛門尉於久地目代仰付らる。

一、州俣御引払成された信長殿、急度丹羽郡於久地申（さる）丸取出、並於久地惣構御討入成されるに先立ち御思案有て、丹羽五郎左殿於久地に差遣され、上郡平治の処、徒に構へ、一戦を遂げんと欲するの志や如何様心掛ける哉。実以て争乱を好ず。去乍ら志届かず、御工夫なさらずば我兵なら一日にて相済む処也。何事も逆らひ、我意を貫き相進哉、御改心あれば別条構へる事無しと、御諚相伝へらる。

一、目代中島豊後に熟談の儀仰せ付けられた処、於久地方、城門閉し応じ来らず。五郎左衛門殿断念、清須罷帰り、此之旨信長様に言上す。

一、六月朔日、清須表より甲冑武者等清須足軽小者、郡生駒屋敷に届く、愈以て於久地御退治の御思案か、口々相さゝやき申す。明て六日辰の上刻（七時）永禄戌（五）年之事、急々清須より先触れの書状到来し、明朝於久地朝駈と推察す。各々、方々手ぬかりなく支度候へと、生駒八右衛門尉申し、殿様の御具足大手門前に引並べよ、鑓は抜身、門庇に立かけられよとて、指図成し、馬場に馬引出し、詰の者共足拵十分馬の腹帯〆直し夜半より相構へる。明て七日辰の上刻、加納馬場辺砂塵巻上げ駈来る数拾騎、先頭は上総介信長、物見の佐倉源左衛門は御列着を注進、続くは御秘蔵の御小姓衆市橋伝左衛門、岩室長門、滝川左近将、祝弥三郎の面々なり、生駒屋敷内詰之衆の木下藤吉郎、蜂小（蜂須賀小六）、前将（前野将右衛門）は屋敷駈廻り大音声を以て殿様御到着と呼はり、御小姓衆は門前の具足引寄せ、やれ胴よ、それ草摺りよと、手早く御器用なる手さばき也。後より到着の衆、丹羽五郎左衛門殿滝川衆、森三左衛門衆、人数凡そ参百有余騎也。

一、馬上、上総介信長御下知有。我是より於久地田の暮共一泡ふかせんの所在也。各々惜不高名手柄競えとて、矢庭に駈向はる。殿に遅れてはならじとて、先を競ひ〳〵於久地目指して駈行く。当日、於久地惣責、前野党、生駒党一緒に成り、申丸取出に向ひ、巾駈上り、鹿垣打破り、土居下伏入処、取出内より鉄炮打出し、矢合戦と相成る。生駒八右衛門、前野孫九郎尉責口弐手に相分れ、某共古川堤上へ駈上がる。此手堀切有、大方弐間半有、是を越えると辰巳（南東）之木戸也。城方すでに橋取毀し、楼上より仕切りに弓・鉄炮打懸け近寄難し、堀切堅固也。丈余の深み成れば新蔵門、申様此儘にては引渡り叶間敷、突差に相察して、三郎五郎・与平次、郎党共々素裸に相成り堀切に飛入、丸太倒し策ね、堀切に投入る。浮橋を作り責衆馬乗捨て、嗹と辰巳木戸へ押入る也。大手門、先懸は生駒衆にて、此の時八右衛門は鉄炮にて右肩したゝか打ぬかれ思わず打倒る丶処、家来清五郎駈寄助け、八右衛門強気の人にて退かず、下知なし、中丸の敵退き行く。城方、於久地惣門相支え、上総介様陣前御下知なされ、我等一気に惣門打破り曲輪内押入る処、城方老朽の武者、聞高き坂井小藤太、卯花の威具足、黒鹿毛の馬に打乗り、拾有余の武者丸になりて、信長様旗本に切入る。御近衆市橋伝左衛門、岩室長門、伊藤夫太夫、長鑓を以て立向う由。此の時、信長様弐間有余の長鑓自在にしごき、駈廻り立働れる由、後日雲球語る。初手申丸の取合、鉄炮庇蒙る八右衛門尉、信長様御旗本付添う由。某共取懸る馬場先、中嶋主水と取合、馬場先堀切前高く土居下を馬にて乗入る処、足軽共駈寄来り長鑓にて馬脚打払う、敵群り乗入るは六ツケ敷、森甚之丞、最前打払われ用無さず、与右衛門、小助共徒歩立に相成り揉合う、些馬場先狭き所にて、孫九郎此の場にて馬打捨て、遮二無二叩合ひ突合ひ、馬場内に押入る。於久地馬場口之取合は蜂小、前小、土居上より石を投け打ち、城方ひるむ処を駈下る。過ぐる稲生之取合思案して鎧襖作り一寸一寸割入る。信長様、於久地惣門前、縦横駈廻り大音声の御下知冷敷（すずしく）、御近習衆一様に見事なる立働也。過年、数々之出入、か様なる武者振未だ覚無し。上総介信長様町屋内火を放ち、勝鬨揚げて御引揚也。尾州於久地惣門之取合は、永禄戊（五）六月四日之覚なり云々。

卅九、二宮山御こしあるべき事

一、上総介信長、奇特（きどく）なる御巧（おんたくみ）これあり。清洲と云ふ所は国中真中にて富貴（ふつき）の地なり。或時、御内（みうち）衆悉く召列（めしつ）れられ、山中高山二の宮山へ御あがりなされ、此山にて御要害仰付けられ候はんと上意候て、皆々家宅引越し候へと御掟候て、爰の嶺かしこの谷合を誰々こしらへ候へと御屋敷下さる。

その日御帰り、又、重ねて御出であつて、弥く右の趣御諚候。此山中へ清洲の家宅引越すべき事、難儀の仕合なりと上下迷惑大形ならず。左候処、後に小牧山へ御越し候はんと仰出だされ候。小真木山へは、ふもとまで川つゞきにて、資財・雑具取り候に自由の地にて候なり。噇と悦んでまかり越し候なり。是も始めより仰出だされ候はゞ、爰も迷惑同前たるべし。小真木山並に御敵城於久地と申候て、廿町ばかり隔てこれあり。御要害ひたくと出来候を見申候て、御城下の事に候へば、拘へ難く存知、渡し進上候て、御敵城犬山へ一城に楯籠候なり。

註釈

奇特＝極めてすぐれた。　御巧＝くわだて。　或時＝いつの時か（角川本は永禄六年七月以前に作る）。　二の宮＝犬山市二之宮。　誰々こしらへ＝ここは誰あそこは誰が建てよ。　諚＝御言い付け。　難儀の仕合せ＝難儀なめぐり合せ。　上下迷惑大形ならず＝上も下も当惑することひととおりでない。　左候処＝その様なところ。　小牧山＝小牧市の東にある山。　小真木山＝小牧山。　資財雑具取り候に自由の地＝資材や家具を運ぶのに便利な地。　迷惑同前たるべし＝当惑するのは前と同じ。　小真木山並に＝小牧山の隣に。　ひたひた＝次第々々に。　御城下の事に候へば拘へ難く存知＝自分の城が小牧山の下に有り全てが丸見えでは維持するのは難しいと存じ。　一城に楯籠＝犬山の城へ一緒になって立て籠もる。

補足

『総見記』にはここでのくだりは載らない。『武功夜話』にも二宮山の事は載らない。やはり、信長を良く言うための例え話の部類に当たる。小牧築城の目論みは『武功夜話』を見る限り、当時は木曽川を越えて尾張まで入り込んでいた美濃勢力を川の対岸まで押し返し、東山道掌握にあった。その過程で、一つには於久地城主中嶋豊後に脅威を与え、二つには凶作による難民救済があった。於久地の城渡し進上を『武功夜話』は調議和談としている。城を籠絡し、武力を用いず兵力拡大を計るのは常の事で、和談は有った。丹羽五郎左衛門はその時の清須側代表を務めていた。根廻しは藤吉郎が、蜂小・前将の手を借りて行った。証しは後に藤吉郎が知行を得て、野武・松倉等の差配を申しつかっている。

参考

『武功夜話』意訳　一、清須御城を引払い、尾州駒来（小牧）山御城替え御触有。上下御家来衆かゝる危急の折、如何なる御思案成り哉。打驚き御心中計り難しとて、異見区々（まちまち）也。清須城下住居の御家中衆、御女房衆、御内儀衆、下人等迄全て所帯道具一切御引越の大事（おおごと）也。右御触れは永禄戊（五）年霜（十一）月之頃にて、直に清須御家中、丹羽五郎左衛門殿御城御普請奉行仰せ付けられ小牧罷越す。清須町屋、大工棟梁衆作事取懸る。小牧の百姓衆は此度の凶作に不安遣方無かった処、開闢以来の大普請に、百姓衆生計安堵す、在々に御高札を掲げ地子銭、諸役銭、半済の御触有り、何分によらず、小牧移る事御構無き旨也、百姓共御城普請人夫諸役受賜り、有志の者続々御手伝仕り、為に御城は勿論、御家来衆御長屋等、日に〳〵捗る。小牧在々百姓、地役人、廿（弐）拾参人、村々庄屋衆信長様陣所罷越し、賀意申上奉る。信長様御言葉遣れ、御褒美下置る。なほ清須町屋、諸商人、諸職人等屋敷賜り、夫々小牧に越、御家中の新居御長屋旧来の家より間取り広く成行く。越す迄に思案して居た事は、越して見ると立処に消失し、御内儀童共歓喜し、表庭も広く、小松を植込み、花の木を差添え、四季の緑、秋の紅葉、一入美しく、鶯の声谷間に囀、白鷺飛来群遊ぶ景観、朝日夕陽に御城之白壁照輝之景色、寔尾陽随一の御城也。町屋立並賑々敷く、信長様御威光限り無し。

一、小牧御城は足軽長屋拾弐棟、御家来衆御屋敷は御山麓、午（南）の方位、御土居御座候て木戸弐ケ所、南北五拾有余間、殿様御屋敷の前方に開、中道、横道升割に仕切る、〆て拾八割、比類無き御新地に候也。御山の頂には二重楼、聳え立、二重高楼三間四方に欄干手すりを巡らし、一望千里の見晴し、尾張国中は元より、美濃、三州を超（眺）望、遠く勢州関山迄一目也。然ば往還、往来の旅人暫く足を留、山頂の御城を相眺め、あれぞ今川治部討果されし織田上総介信長公の御城なるや、実に御見事なる拵えと、褒めそやす。御屋根は葺にてふき上げ厚く、清須より越来る町屋人住付、并諸国より商人、諸職人集ひ寄せ来り、賑々敷成来り、信長様、御仁政以て市商いは許され、日を追って盛んになり、往還人馬之往来繁く、上郡伯楽馬曳来り、馬市亦盛に成り、御時節目出度き事也。

一、上総介信長様は壬戌(みずのえいぬ)の年は於久地攻めのみで、小牧山御普請に余念が無かった。於久地城の中嶋豊後等は、廿(弐)拾数町鼻先から城普請の木遣りの歌声、槌音が南風に乗って手に取る様に聞えてくる、明暮、小牧山を眺め手の施し様が無く、家中の不安も積り、今度再度藤吉郎殿罷越、信長様の御諚相伝、和田新助と於久地の中嶋豊後面談の上熟談し、酉(とり)年已来の不都合之儀是有るも信長様御寛大にて、向後、忠勤相励み御奉公候えば一切御構無き旨、丹羽五郎左衛門を介し、和談の調儀（議）を整え於久地三千五百貫文を差出した。上総介信長様は丹羽五郎左衛門殿を差遣わされ、目代中嶋豊後、越訴の諚、御赦免なされ、爰に於久地城明渡し、丹羽五郎左殿入置れる也。丹羽五郎左殿御仁徳も然り乍ら、藤吉郎殿之才覚御器量然るべし処也。

一、此度、犬山訃巌殿御謀叛に、孫九郎尉は在所前野邑留り柏井罷帰らず、於久地、柏森に備え人数詰め居り、於久地方、犬山方、動差(作)窺う処、双方構へ無く過ぎ、爰に藤吉郎殿は某共親類の川並衆松倉惣兵衛、坪内玄蕃にも相働き調議して内々秘に相謀る。前野又五郎尉、同惣兵衛尉は、坪内の名跡を御舎弟玄蕃に相譲り前野村罷越す。爰に川並衆野武、松倉、黒田は藤吉郎、織田上総介信長様差配と成り向後、信長様に与力の次第也。松倉前野又五郎尉、同惣兵衛尉、坪内玄蕃尉、同喜太郎、前野式部允、黒田の和田新助、同源左衛門尉、野々村大膳、前野九郎左衛門等也。蜂須賀彦右衛門尉、並に前野小右衛門尉、川並衆は岩倉責以来、信長様与力致し実心異心等之無。

四十、加治田の城御身方に参る事

一、去程に、美濃国御敵城宇留摩の城・猿はみの城とて、押並(おしならび)二ケ所、犬山の川向(かわむかひ)にこれあり。是より五里奥に、山中北美濃の内加治田と云ふ所に、佐藤紀伊守・子息右近右衛門と云ひて父子これあり。或時崖良沢(きしりやうたく)使として差越し、上総介信長公偏に憑入るの由、丹羽五郎左衛門を以て言上候。内々国の内に荷担の者御所望に思食(おぼしめす)折節の事なれば、御祝着(しうぢやく)斜めならず。先ず兵粮調へ候て、蔵に入置き候へと御諚候て、黄金五十枚岸良沢に渡し遣わされ候。

註釈

宇留摩の城＝各務原市鵜沼にあって大沢基康の居城。　猿はみの城＝岐阜県加茂郡坂祝町・多治見修理の居城。　加治田＝岐阜県加茂郡富加村。

補足

加治田の佐藤紀伊守父子のことは『総見記』に記述はない。『信長公記』は加治田の城に籠城していたと記し、『武功夜話』は加治田の城から逃げて来たと記し、様が異なる。いずれが正か、今のところ確証は得ないが、黄金五十枚は信長を良く言うためか、もしくは籠城と逃げて来たの違い判断材料とする見方もできる。

『信長公記』角川本補注　犬山城から木曽川を隔てて大沢基康は宇留摩城に、多治見修理は猿啄城を守っている。信長は美濃松倉城の坪内利定一族を味方につけた。美濃加治田の佐藤紀伊守、佐藤右近右衛門尉父子も丹羽長秀（五郎左衛門）を介して、信長に内応すると申し入れて来た。西美濃方面で内応者を物色していた信長は大いに喜び、起請文と兵糧を蓄積せよと黄金五十枚を与えた。永禄甲子（きのえね）（七）年のことである。

参考
『武功夜話』意訳　永禄甲子（きのえね）（七）年春四月、犬山攻め陣触れの箇所に、美濃加治多（田）の城主は佐藤紀伊守である。この人は備後（信秀）様の頃よりずっと与力していたが、東美濃、関の城主長井隼人は信長様が犬山・宇留間に攻め掛かってくると知り、邪魔だと加治多の城を囲み佐藤紀伊を追い出した。城を捨てた佐藤紀伊は、可児郡米田肥田玄蕃、土田甚助等の縁故を頼り、郡生駒八右衛門屋敷に逃げて来た。今度、犬山十郎左衛門御退治に大河を押渡り美濃攻めに先立って御案内役を承り、兼ての不甲斐ない身を嘆いていたところだったので、身に余る果報と喜んだ。

四十一、犬山両おとな御忠節の事

一、或時犬山の家老、
和田新助　　是は黒田の城主なり。
中嶋豊後守　是は於久地の城主なり。
此両人御忠節として、丹羽五郎左衛門を以て申上げ、引入れ、生（はだ）か城になし、四方鹿垣（しがき）二重（へ）・三重（へ）

丈夫に結ひまはし、犬山取籠め、丹羽五郎左衛門警固にて候なり。

註釈

黒田＝愛知県葉栗郡木曽川町黒田。

補足

犬山城責めの時、城中には黒田城主和田新介と、於久地城主中嶋豊後守二人の家老が居て、両人は織田信長家臣丹羽五郎左衛門に味方すると申入れ、障害物を取除き信長勢を城に入れた。丹羽五郎左衛門は城の四方を二重・三重の鹿垣で囲んで警固した、と至って簡単に記述するばかりで、城主の十郎左衛門信清はどうしたのか、名前すら著さないのは異常といえる。『武功夜話』では中嶋豊後守は小牧城が築かれる時、既に調議に応じ於久地の城を明けて早速丹羽五郎左衛門の手に加わり、犬山城責めの道案内を務めた。当時は世の習いとして、お抱え頂くとまず鼻を切って先陣を務め、手柄をたてて恩に報いるのが常であった。上郡の岩倉衆ももちろん同様だったので、前野家家伝の『武功夜話』には華々しく載るが、信長伝記主体の『信長公記』にはあまり載らない。また『武功夜話』は、犬山責めの際、佐久間右衛門、柴田権六等は楽田道、丹羽五郎左衛門は中道、信長は稲木本道の三道から責め掛かり、犬山十郎左衛門は城の山下取巻かれ、弐刻半責立てられ、遂に力尽き僅か六六騎で善師野道へ引退いたと記す。(五)

参考

『武功夜話』意訳　一、永禄甲子年（七・一五六四）春四月、犬山十郎左衛門退治之陣触れ有、五千有余之人数

小牧辰巳馬場に参集し、佐久間右衛門、柴田権六等は楽田道。丹羽五郎左衛門は於久地の中嶋豊後、同主水、堀川源左衛門等三百有余を加え中道。信長様は旗本衆壱千弐百引連れ、郡村生駒八右衛門屋敷に移られ、稲木本道を以て東美濃責入口と相定められた。犬山方の柏森取出、中嶋取出、薮内取出等は塁を固め仲々降伏致さず、一戦御手向覚悟なり。

一、某共は鼻（先陣）にて孫九郎尉等に柏井衆を合せ弐百三拾有余で大塚取出に備へ、信長様の下知を待った。川並衆三百有余は松倉表に参集、木下藤吉郎の足軽鉄炮隊百弐拾有余と合せ四百有余は、宇留間大沢次郎左衛門並びに伊木山伊木清兵衛に備へた。

一、宇留間の大沢治郎左、伊木清兵衛は向岸に構へ、関の長井隼人と相談し、尾張柏森取出にも人数を繰入て居り、美濃方に並ぶべき者無き武篇者である。伊木山清兵衛は、伊木山の頂上で取出を構へ、藤吉郎殿が松倉より巾上に取懸り、大河に舟橋を架け、渡ろうとすれば、高みより弓・鉄炮を打懸るは必定、渡河は難し。宇留間の治郎左の城も節所に構て居り、矢面（おもて）になり渡河は叶はず。古来、備後様の頃より此処からの渡河は未だ曽て無かった。藤吉郎様軍議の際、蜂須賀彦右衛門、前野小右衛門等は建言し、清兵衛とは兼て実懇成り、生来、剛気実直の武者にして、此度は治郎左に同心しているが、斎藤とは主離れし、伊木山に引籠っている。信長様の御威光はよく存じ居り、所領を安堵し身方に加えれば、力は百倍に成る。徒に兵を用いず、調議（相談してまとめる）こそ肝要と言上。藤吉郎尤也と聞上げ、両名早速伊木山清兵衛に罷越し談合、清兵衛は藤吉郎殿の趣意を察す。

一、北嶋口より責衆蜂須賀小六、前野小右衛門、舟頭衆を含む総勢弐百五拾有余人は、六拾有余艘で草井より川を上る。白帆風に靡き、籏、幟押立、茜之褌、腕技襦袢、櫓櫂の音川面に鳴渡り、噇と押出し北嶋の岸に舟着け、伊木山に着陣。清兵衛宅にて篤と談合、其元（そこもと）が手前共に御味方頂ければ宇留間取込むは容易なり、此度、信長様御出馬の委細申上げ、拝謁される様、藤吉郎殿取計うべし、御了簡成されと、藤吉郎は意を含め書面差出し、是を見て御配慮某了簡万々有難く存ず、と心中の思いを述べ御味方となる。

一、伊木村の伊木清兵衛御味方となり、先ずは安心なり。伊木清兵衛案内にて伊木山に上る。是の頂より犬山・上郡・美濃地一望絶妙の地也。伊木山の下、深潭を為し、是より川下弐町先は大曲。之より川幅大きく開け、水淀たる処、山名瀬と云ふ渡り有り、北嶋へ通ず。伊木山陣は稀に見る楽々陣と伝へし。

一、上総介信長様は柏森責口を遊佐河内守に先懸仰せ付けらる。是人楠氏兵法の練者にして郡生駒八右衛門屋敷寓居之人也。河内は足軽鉄炮廿(弐)拾五丁、鑓隊百弐拾、弓衆弓三拾張を預り、大道寺兼松金四郎の取出に鉄炮之音百雷之如く、眞黒に相成打懸け、弓衆は敵に見へざる様、芳池へ立廻り放ち、大道寺北門に取付く、御徒衆五・六拾は大門打破りて乱入、烟を上げる也。信長様高所狐塚より御覧になり、河内の采配の妙賞讃、御言葉賜る由、此出入、討取る犬山方、首の注文百参拾有余個と記す。

一、中道より進む丹羽五郎左殿、滝川左近殿、并に於久地衆の弐百三拾有余。中道の道、小田井道也。犬山近くに有。五郎左殿是より高雄村に差出ずべく御下知の時、中嶋豊後御意見申し、少々遅参するも、羽黒に出で五郎丸に差替るが上策也。更に言葉を加へ、犬山には近道なるも、此先節所也。先日来、雨水の為道路損傷甚敷く、此場にて手間取、隊列を崩し千々離々では、堀之内構えの犬山方付入来り、思はぬ不覚取哉も知れず、某案内仕れば、巾上之道然るべしと言上。五郎左殿尤也と、直ちに脇道巾上より五郎丸に立向う。

一、犬山方、柏森取出の中川金右衛門、兼松金四郎等四百有余、并犬山衆と美濃衆繰入、堀之内取出参百有余は必死に御手向致すも支え切れず、犬山へ向て敗退。斯て永禄甲子（七）年八月信長様犬山の御城山下取巻き、競ひ〱攀上り弐刻半責立られゝば、犬山十郎左衛門御城一篇に取詰に逢ひ、歴々の衆数多打取られ支え切れず、付き従うもの僅かに六(五)六騎で善師野道へ引退いた。

追書

『総見記』十郎左衛門のことを巻第五尾州犬山の城没落の事で「犬山を退去の以後、甲州へ落ち行き、武田信玄入道が親族に一條右衛門大夫信龍と云ふ者を頼んで居けり、信玄入道聞き及びたる剛の者なり、我呼出し扶持し置いて、信長弓矢の様子を相尋ね知るべしとて、其儘呼出し召抱へ、常に相馴れて相伴しけり。信清即ち薙髪して犬山哲斎と号し、信玄に養はれて中々楽み居けるとなり」と載る。「信長弓矢の様子相尋ね」は当時、常の事だろうが、『信長公記』廿一・廿二の「天台宗の能代、天沢の御雑談候つる」が思い起こされあまり重きをなさない。

四十二、濃州伊木山へ御上りの事

一、飛騨川を打越し、美濃国へ御乱入。御敵城宇留摩の城主大沢次郎左衛門、ならび猿はみの城主多治見(たぢみ)とて、両城は飛騨川へ付いて、犬山の川向に押並(おしならべ)て持続(もちつゞけ)これあり。十町・十五町隔て、伊木(いぎ)山とて高山あり。此山へ取上り、御要害丈夫にこしらへ、両城を見下し信長御居陣候なり。うるまの城ちかぐ〵と御在陣候間、越訴ども拘へ難く存知、渡し進上候なり。

一、猿はみの城、飛騨川へ付いて高山なり。大ぼて山とて猿はみの上にはえ茂りたる崱(かさ)あり。或時大ぼて山へ、丹羽五郎左衛門先懸(さきがけ)にて攻めのほり、御人数を上させられ、水の手を御取り候て、上下より攻められ、即時につまり降参、退散なり。

註釈

伊木山＝各務原市大伊木町。　大ぼて山＝猿はみの城西方の高所。　崱＝量（かさ）む所。

補足

『信長公記』は宇留摩と猿はみ（啄）の両城主名を紹介し、伊木山に信長が着陣すると、宇留摩城はすぐ降参し、猿啄城は丹羽五郎左衛門が先懸して水の手を取り、上下から攻めると降参したと、至って簡単に記され、『武功夜話』は詳述されているが、『信長公記』「卅四、浮野合戦の事」では橋本一巴対林弥七郎の一騎討ちが、土倉四郎兵衛対前田左馬助に変わっていた。ここでの『武功夜話』は甲子（かのえね）（七・一五六四）年中の事を乙丑（きのとうし）（八・一五六五）年中の事に変えていて、遺憾といえる。

新人物往来社版『武功夜話』では、「犬山城攻めを甲子年五月十三日とし、乙丑年宇留間取抱え」と記すばかりで何の詮釈もない。

合戦の拠点となった伊木山、宇留間、猿啄について『信長公記』と『武功夜話』を比較すると、

信長公記に載る三箇所を武功夜話と比較

事項	信長公記	武功夜話
伊木山	宇留間と猿啄を見下す伊木山に要害を作り信長着陣	藤吉郎が、伊木山城主伊木清兵衛を調略し、信長は犬山の十郎左衛門信清を追崩した後、飛騨川に舟橋架けさせ伊木山に上り、藤吉郎先手で（東山道を通り）猿啄に向った

宇留間の城	主の大沢次郎左衛門が、越訴しても聞いてもらえない事を知り、城を開渡す	藤吉郎が誠意を尽し説得し、調議に持込み、信長の怒りを抑えて事無きを得た
猿啄の城	丹羽五郎左衛門が、まず大ぼて山に攻め上り、猿啄城を上下から攻めるとすぐ降参した	丹羽五郎左率いる三百五十有余は、密々の命を受け栗巣（栖）越えして、猿啄の水の手口より攻め掛った

『信長公記』が記さなかった十郎左衛門信清は、『武功夜話』には名も記され、伊木山、宇留間も、蜂小や前小や坪内物兵衛など川並衆の手蔓に頼った藤吉郎の働きがあったと「信長伝記以外の人物伝記」によって『武功夜話』は記すが、「信長伝記主体記述」の『信長公記』に載らないのは、それぞれ自前で記したからだと、ここまでの解釈は悪くはない。しかし記述をつぶさに眺めると『武功夜話』には永禄甲子（七）年を用いて猿啄に攻め掛かるまでの記述が二箇所に載り、重複のようだが一方には、乙丑（八）年を用いた「南窓庵記す処云」と添書きした文言を付け加えた違いがある。

そこで、後述意訳文の「永禄甲子（七）春四月」と記されたところから「永禄甲子（七）八月条」と記された前まで（Ⅰ）と「永禄甲子（七）八月条」から「巻之弐終」のところまで（Ⅱ・Ⅲ）の二つに分け、双方の必要箇所を抜き取り、別々に羅列し、さらに年月日＝①、加治田の事＝②、十郎左衛門の事＝③、丹羽五郎左衛門の事＝④、藤吉郎の事＝⑤、一箇所意味深長な記述のところ＝⑥と符丁を付け、その上で異なる箇所を具体的にまとめ書きしてみると、違っているのは年号だけではなかった。

永禄甲子（七）春四月から
永禄甲子（七）八月条の前まで　Ⅰ

①永禄甲子（七）春四月（Ⅰ）

②関の城主長井隼人は加治田（多）城主佐藤紀伊守を追出し、佐藤紀伊守は城を捨て郡生駒八右衛門屋敷に逃げて来て、信長が美濃へ繰入れの時案内役を承る

①信長小牧発向は永禄甲子（七）四月十三日

①宇留間総責は永禄甲子（七）の年

①信長が郡生駒屋敷に来たのは永禄甲子（七）五月十日か十三日のいずれか

③犬山十郎左信清は弐刻有半責立られ、力尽き善師野より栗巣大ぼてに逃れた

④猿啄の城攻めの時迂回攻撃する丹羽五郎左を継尾山蓮台寺坊主罷出案内に相立、栗巣（栖）渡口相違。継尾山寂光院信長様御状伝候

永禄甲子（七）八月条から巻之弐終まで　Ⅱ・Ⅲ

①永禄甲子（七）八月条（Ⅱ）

③犬山十郎左信清は、城一つ取詰られ支え切れず随う者僅か六六騎で善師野道引退る

②東美濃長井隼人、加治田取詰め之注進有

①猿啄攻めの際、丹羽五郎左参百五拾有余で密々栗巣越仰付かり八月二日継尾口に差懸

④丹羽五郎左に相随う生駒甚助、佐々平左衛門、前野小兵衛、小坂孫九郎等継尾山寂光院坊主罷立案内仕る

⑤信長様、木下藤吉郎御先手、前野惣兵衛尉、坪内玄蕃等道案内し猿啄向て発向

④猿啄の水之手口より伐入焼払ひ城兵退散

⑥南窓庵記す処云（Ⅲ）

②加治田急変の折一刻の猶予取れば加治田佐藤紀伊守、右近右衛門尉見殺、堂洞又長井取抱るは必定

①乙丑（八）八月七日犬山御発向

⑤犬山落去後、伊木山に藤吉郎在陣

①信長伊木越は同年八月三日之事

①伊木山、芋汁御食は永禄八乙丑年八月三日

IとⅡの異なる事項

事　項	永禄甲子（七）春四月から永禄甲子（七）八月条の前までⅠ	永禄甲子（七）八月条から南窓庵記す処云の前までⅡ
年号	甲子（七）春四月	甲子（七）八月
犬山十郎左衛門	犬山から善師野を経て大ぼてに逃れた	犬山から僅か六（五）六騎で善師野道に引退る
佐藤紀伊守	加治田の城から生駒八右衛門の所に逃れて来た	加治田の城に立籠っていた（信長公記）
丹羽五郎左衛門	猿啄へは栗巣（栖）越の道を継尾山蓮台寺（寂光院）坊主案内で越す	同上に加え、猿啄の水の手口より伐入り焼払ひ城兵退散（信長公記）
信長が猿啄に向った時	佐藤紀伊守は案内役承る（逃れて来たから黄金五十枚は貰えない）	藤吉郎先手、坪内玄蕃等が案内し伊木山から猿啄に向った（立て籠もっていたから黄金五十枚は貰えた）

例えば『信長公記』には加治田の佐藤紀伊守父子は籠城していて、信長から黄金五十枚を頂いているが、Ⅰの記述だと加治田の城から逃げて来ていたので黄金五十枚は頂けない。しかしⅡ・Ⅲなら立て籠もっているので黄金五十枚は頂けた。概して記述Ⅰは古来からの言い伝えで、記述Ⅱ・Ⅲは後年どこかの文献から借用したものではないか、惑わされてⅡ・Ⅲを用いると、永禄七年を永禄八年に扱うことになる。

○記述Ⅰと記述Ⅱ・Ⅲの日付の扱い方

記述Ⅰは事の始めを「永禄甲子（七）春四月」と記し、以後年月日は甲子（七）四月十三日―甲子（七）の年―

永禄甲子（七）と全て同じ年が続き、信長が生駒屋敷に来たのは同じ年（永禄甲子）の五月十日か十三日のいずれかだったと読める。

記述Ⅱは「永禄甲子（七）八月条」と記すので以後は全て甲子（七）八月の事になる。猿啄へ攻め掛かる時に、丹羽五郎左衛門参百五拾余は秘かに栗栖越えして猿啄に攻め掛かれと仰せられ、継鹿尾の寂光院坊主の案内で栗栖越えした時は年号なしの八月二日となっているが、同じ条に載るのでここは甲子（七）の八月二日に当たる。

記述Ⅲは「南窓庵記す処云」と小文字で添書きか断り書きか意味深長な言葉の後に、信長が犬山攻めに発向したのは「乙丑（八）八月七日」で、次に信長が犬山城を落とし、舟橋架けさせ伊木越えしたのは「同年八月三日」と記すが、同年が甲子か乙丑かは明らかでないまま信長が伊木山で山芋汁を食したのは「乙丑（八）の八月三日」であると、ここでは分明に記すので、前の同年は乙丑年と見なすことになる。しかしこれでは記述Ⅱの最初の「永禄甲子（七）八月条」を、永禄乙丑（八）八月と読み替えなければ記述Ⅱと記述Ⅲは繋がらない。「南窓庵記す処云」の添書きはこれを示唆していた。

○武功夜話研究と二十一巻本翻刻Ⅱの「研究」では、記述Ⅰは扱わず記述Ⅱの「八月二日」は甲子（七）年に丹羽五郎左が猿啄に向かった時の日付で、少し後の信長様は木下藤吉郎御先手で猿啄に発向した時の「同年八月三日」の同年乙丑（八）年を言い、猿啄へは甲子年と乙丑年の二度発向していると載る。また『堂洞軍記』の「永禄八丑八月廿八日堂洞落去」を拠りどころにして、『信長公記』の「九月廿八日信長御馬を出され堂洞を取巻き攻められ候云々」の九月は八月の誤りだろうとも載る。その『堂洞軍記』は信長が永禄七年八月朔日尾州小牧山を打立井の口城（稲葉山の城）に押寄せ在々所々放火して攻め落し、八年八月廿八日に堂洞は落去と記し順序が『信長公記』と異なる。『総見記』も永禄七年八月朔日稲葉山落城その後に犬山城落城を語る。ただし、何日の事とも明記せず猿啄・堂洞の事は載せていない。問題解決には落城の時期を井の口城か堂洞と犬山城か、どちらが先かを計るのが早道だろう。

参考

『武功夜話』意訳　一、永禄甲子（七）春四月、犬山十郎左衛門退治之陣触有、佐久間右衛門、柴田権六等は楽田道、丹羽五郎左衛門は中道、信長様は稲木本道の三口を東美濃責入口と相定められた。

細作先以て入込油断無軍議取極る。爰に東の美濃長井隼人是人関の城主也。信長様此度犬山宇留間相働候差見、美濃加治田（多）之城取囲み城主佐藤紀伊守追出し候事、此之加治田佐藤紀伊、備後様之比より相通し候、与力之人に候也。城捨郡生駒八右衛門屋敷逃越来候、是等之人々、可児郡米田、肥田玄蕃、土田甚助等類縁之者共に候也。今度犬山十郎左衛門御退治大河押渡美濃繰入先立御案内承り候、兼て不甲斐なき身嘆候処、被仰付案内役、身に余る果報、打喜ひ候、生駒屋敷滞留之人。（『武功夜話』Ⅰ・一〇二頁）

一、織田上総介信長様小牧御発向は永禄甲子（七）四月十三日と記す。（『武功夜話』Ⅰ・一〇二頁）

右永禄甲子年宇留間惣責之覚南窓庵に此如記す。（『武功夜話』Ⅰ・一〇四頁）

爰に信長様、犬山十郎左衛門御退治東美濃責入之部署相定、楽田道、中道、稲木本道之三口小牧発られ候、御自分御旗本御引連其人数八百有余人、郡生駒之城越被成候、是より生駒八右衛門案内仕る次第、南窓庵記永禄甲子五月十日亦五月拾三日と記、何れなるや。（『武功夜話』Ⅰ・一〇四頁）

犬山之御城山下取巻競ひ〳〵攀上弐刻有半責立候、犬山十郎左衛門、遂に力尽き善師野道より栗巣大ほてに逃れ候也。（『武功夜話』Ⅰ・一〇六頁）

（ここまでは『信長公記』「四十」「四十一」の箇所にも載る）

猿啄の城は美濃方多治見次郎六百有余之人数で柴竹束積立堅固に取固め居り、飛騨川は岩を砕き川岸葦草丈余生茂り、大井戸之渡は土田村に通し東山道節処の所、猿啄より間道は上有知（かみつち）で分け、宇留間宿より山坂険阻馬も通り難し、責口仰せ付かった丹羽五郎左衛門之先猿啄に出する間道に候、山道狭隘通路進み難し、人数参百息を切らせ堪進候。折合継（鹿）尾山蓮台寺坊主罷出案内に相立、栗巣（栖）渡口相達候、然ば御本尊千手観音菩薩難有、御霊験に候哉、寛永之今にも継尾山寂光院、信長様御状伝候、寺領寄進状に候、孫九郎尉五郎左殿一緒仕り栗巣渡越し候。南窓庵相記す条々有。（『武功夜話』Ⅰ・一〇六頁）

永禄甲子八月条。犬山城織田十郎左衛門信清様御城一つに取詰に逢、支不切明テ退キ候、御手向空く候、志不成之次第に立至候事、御歴々数多打取られ相随う者僅かに六（五）六騎善師野道引退候也。時節なれば犬山落は致し方無し、生駒八右衛門尉、今と成ては尽力も効無し、兼て御進退談合の処、性（生）来強盛にて聞入成さらず是非無し、落涙之至り也。信長様は東美濃長井隼人、加治田取詰め候之注進依て飛騨川筋猿啄繰入之部署相定御下知成候。丹羽五郎左どの某共参百伍拾有余以て栗巣越内々蜜（密）々被成仰付候。八月二日継尾口差懸候。（『武功夜話』Ⅰ・一〇六頁）

信長様、木下藤吉郎殿御先手、前野惣兵衛尉舎弟坪内玄蕃道案内猿啄へ向御発向被成候。（『武功夜話』Ⅰ・一〇六頁）

丹羽五郎左殿是手に相随ひ候面々生駒甚助、佐々平左衛門、前野小兵衛、小坂孫九郎等究竟之者打揃打入候、何分坂道悪敷蔓草打払ひ木々伐し難儀至極に候。鹿飛交猿声しきりに候処継尾山寂光院坊主罷立案内仕る。此処置以て渡口進候也。飛騨川に出ず、奇岩林立、眼下激流渦巻、列風砂礫を吹上、音に聞く難所に候、矢だまに動せざる者共不思足立竦み、暫し声無く見入候、斯処川渡之儀如何なる行之有候哉、寂光院坊主共相尋候処彼之者申すに、是より先弐町、大岩併立川幅狭り飛石之如く散在、此下手水淀み渡口に候、対岸猿啄之水之手也、此之手より責懸候えば、猿啄衆膽を寒し候事相察候、寂光院坊主衆枢機之助言、五郎左殿厚く謝意申宣候。坊主衆立帰り、郷民共呼集め舟之所置（処）尽力候、水之手口より伐入候。丹羽五郎左殿初め某共攻入焼払ひ候、城兵退散落去之始末に候也。福富平左衛門、丹羽五郎左衛門比類無働に候也。（『武功夜話』Ⅰ・一〇六〜

七頁）

一、松倉御進発木下藤吉郎殿巾上に着陣の時、物見立帰り已に落去と注進あった。宇留間大沢治郎左悴主水正は前野惣兵衛と実懇の間柄で、巾上の藤吉郎陣所に罷越、越訴状差出し降参の旨申し来る。藤吉郎殿は坪内玄蕃尉始め六拾有余人随ひ宇留間城山に差入り、大沢治郎左降参の旨、犬山の信長様御陣所に注進したところ、信長様は大層な御怒りで、治郎左が十郎左衛門を唆し謀叛させた為、兵馬数多損失し、州俣から途中で引返す騒乱を醸した事許し難し、速座に治郎左首打落し進上せよと御状至る。（『武功夜話』Ⅰ・一〇七頁）

「南窓庵記ス処云」（小文字で意味込めた添書）

一、宇留間大沢治郎左衛門尉儀、藤吉郎殿は坪内惣兵衛と共に治郎左の城に罷越、悴主水正は惣兵衛とは昵懇、親治郎左衛門は逆った謝罪をしたいと言ひ、藤吉郎は取計うので素直に宇留間の城を開渡す様に諭し、信長に大沢親子の此度の不都合の顚末を申添えたが助命ならずの諚、藤吉郎為す術無し、宇留間の大沢家来、凡そ三百有余は主人の安否を気遣い今だ城を去らず。巾上に居る坪内玄蕃は藤吉郎殿の安否を気遣い川を渡り、生駒八右衛門尉憑入り駈込む。加治田急変の折に候、藤吉郎宇留間鎮静候て城明渡候上は一刻之猶予取候ては加治田佐藤紀伊守、右近右衛門尉見殺（立籠っていた）洞之内、堂洞又長井取抱候は必定、左に候えば虎は野に放、牙をむき、徒に兵之損失候之事両損に候と、御重臣衆治郎左衛門助命身柄合せ奉願候。信長殿昔年之仇と申、御承服出来兼候も、段々御聞分被成、大沢治郎左之身柄共藤吉郎申付差配候様被仰候、乙丑八月七日犬山御発向、美濃堂洞へ御出馬に当、大沢治郎左先発必死尽力候由。（『武功夜話』Ⅰ・一〇七頁）

一、犬山落去之後、伊木山取出厳重に取固め藤吉郎在陣候。（『武功夜話』Ⅰ・一〇七頁）

一、草井衆舟頭衆大河舟橋懸る事、北嶋口より伊木村に在陣の蜂須賀小六殿、前野小右衛門尉惣勢僅か弐百有余人と、身方に引入れた北嶋口草井長兵衛始め川筋舟頭衆の五拾有余艘は、伊木山の合図之のろしを見て、一斉に漕出し伊木浦に寄合。下知を待、草井長兵衛、松原之両人伊木山陣所罷越。犬山表烟上り鉄炮の音鳴渡り、出入之関の声弐刻有半打続き、城裏手水之手より城方敗軍之者、五艘、拾艘、宇留間に漕出す。草井長兵衛川中へ漕出し、鉄炮弓矢打懸け、川中之取合城方舟拾三艘分捕り舟頭衆下知致し、舟橋相懸候。信長様伊木越候は同年八月三日之事に候。信長様御馬衆、御小姓衆、御家来衆、伊木に御登候、一段の見晴良く小牧山、稲葉山、指差し御機嫌斜なり。前将、蜂小、伊木清兵衛、藤吉郎同座控居り、信長様清兵衛之御仁体御洞察候て首肯。清兵衛之儀追て藤吉郎以て沙汰可申付被申候由、藤吉郎重々御仁兎奉願候（『武功夜話』Ⅰ・一〇七～八頁）

一、織田上総介信長、伊木にて伊木清兵衛差上候山芋汁御食被成御賞美之事、永禄八乙丑年八月三日之条　南窓庵云々。（『武功夜話』Ⅰ・一〇八頁）

※『堂洞軍記』『総見記』は稲葉城落去を七年に扱い、七年の堂洞攻めを八年に扱った。『武功夜話』はこれに従い、途中から犬山城落去・堂洞攻めを八年に書改めた。稲葉城攻めは『信長公記』の九年が正しい。

『堂洞軍記』（『続群書類従』第二十一輯下巻第六百十七）「稲葉軍之事」で伊賀（安東）伊賀守・氏家常陸助・稲葉伊豫守の西方三人衆は密会して斎藤龍興は政道宜しからず諫書をそ認（沮）（ママ）御異見申するも御承引なく、信長公に使して御味方に参す可し（べ）と申ければ永禄七年子八月朔日尾州小牧山を打立井の口の城へ押寄せ未明に瑞龍寺山にかけ上て、時の声をぞあげにける。城中思ひよらぬ事なればあはてさわぎて上を下へと返しける内に、所々より火矢を以て城を焼崩し大城一時の烟となり、大将龍興を始めいづれも我先にと落たりけり。三人衆、信長公に君臣の礼をなし、翌日諸方に鹿垣を二重三重にゆはせ、井の口改め岐阜とぞ名付け給ひけり。

「堂洞合戦の事」では、去程に永禄八年丑の八月下旬、織田信長打残たる美濃くに山城とも打したがへんとて、御出馬有ける。先猿尾の山城をせめ落して、初軍よしと悦びて、さる尾を改め勝山とぞ名付けり云々。

文末には箇条書して

一、永禄七子八月朔日井之口城主斎藤龍興落去
一、同八丑八月廿八日堂洞落去
一、同八年九月朔日関落去
一、関山城主永禄八丑落去　斎藤山城守伯父之内　斎藤隼人正殿
一、加治田堂洞城主同年落去　岸野勘解由殿　子息孫四郎殿
一、同所山城主但屋敷歟　佐藤紀伊守殿　子息右近右衛門殿討死

など本文中の記述不足を補う。

参考

『総見記』「稲葉山落城濃州退治事」で稲葉伊豫守・氏家常陸介・安東伊賀守の濃州西方三人衆は斎藤家を見限り、幸ひ尾州の信長公は故道三入道の聟君にて、由緒あれば味方に参って是を当国の守護に仰ぎ奉って我々の身を寄せんと、先づ龍興の無作法共を諫言の書状を呈進す。龍興、元来愚人なれば案の如く彼の諫言の趣どもを一事も承引し給はず。三人衆此上は力なしとて、さらば敵対申さんと尾州へ便を参らせ、我等三人味方に参って御先駈仕らんと勧め申す。信長公其れこそ能き時節なれと、島田所之助・村井民部を遣はされ、能く其首尾を示し合せられ、近日出馬あらば三人共御人数に相加って、龍興を退治すべき由、其約束をぞ堅めける。斯て永禄七年八月朔日、信長公は小牧山にて勢揃し給ひて、三州は入り給はず、それより直に濃州へ御進発あり瑞龍寺山へ駈上らせ給ひ、先勢は関を作って在々所々を放火せしむ。城中の者どもあわて騒ぎて、我もくと稲葉山の城に逃入り防ぎ戦う者なし、尾州の寄手片時の間に、城の廻りを焼払って裸城ぞしたりける。西方三人衆も其まゝ駈付け御目見得申上げる。翌日より稲葉山の城の廻りを、二重に獅々垣結廻し攻詰め給ふ。城中の兵殊の外迷惑し、難儀に及ぶに依て降参し、城開渡し申すべく候の間、一命を助け下さるべしと申せば、

信長公早速御容赦あって皆々方々へ浪人し散々になりにけり。斎藤右兵衛大夫龍興は、伯父長井隼人を伴ひ江州へ浪々ありけり。然れども、信長公斎藤の名字の絶へん事を深く歎き思召され、龍興が弟に斎藤家の跡を継がせんとて、一所懸命の地を宛行はれる。此の人後に元服して斎藤新五郎と云ふ。後、本能寺崩れのとき信忠卿の御供して討死し給ひ子孫絶えざりけり。（『信長公記』＝斎藤新五）

「尾州犬山城没落の事」に信長公尾州清須の城より濃州に移り給ひて岐阜の城に御住居あり。又、其比尾州犬山の城主織田十郎左衛門信清別心の色を立てたりけり。信長公は時を移さず退治の為、犬山表へ数千騎で出馬遙（はるか）の跡に本陣を据えられ、先手の者ども町屋打破り放火、城乗らんとせしとき、十郎左衛門八百余人、門を開き切って出て、寄手三百余人討死、犬山勢百七・八十討たれけり。その後、十郎左衛門五十日三十日城を持ちたれど今は思い残す事なしと城を開き闇にまぎれて落失せ、末に甲州武田信玄に召され薙髪して犬山哲斎と号した。

四十三、堂洞取出攻めらるゝの事

一、猿はみより三里奥に加治田の城とてこれあり。城主は佐藤紀伊守・子息右近右衛門とて父子御身方として居城候。長井隼人正加治田へ差向ひ、廿五町隔て堂洞と云ふ所に取出★とりで★を構へ、岸勘解由左衛門・多治見一党を入置き候。去て長井隼人、名にしおふ鍛冶の在所関と云ふ所五十町隔て、詰陣(つめのぢん)にこれあり、左候へば、加治田迷惑に及ぶ間、

九月廿八日、信長御馬を出され、堂洞を取巻き攻(せめ)られ候。三方谷にて東一方尾つゞきなり。其日は風つよく吹くなり。

信長かけまはし御覧じ、御諚には、塀ぎはへ詰め候はゞ四方より続松(たへまつ)をこしらへ、持ちよつて投入るべきの旨仰付けられ候。然して長井隼人後巻(うしろまき)として、堂洞取出の下、廿五町山下まで懸来り、人数を備へ候へども、足軽をも出さず。信長は請手(うけて)に御人数備へられ攻めさせられ、御諚のごとくたえ松を打入れ、二の丸を焼き崩し候へば、天主構へ取入り候を、二の丸の入口おもてに高き家の上にて太田又助只一人あがり、黙矢(あだや)もなく射付け候を信長御覧じ、きさじに見事を仕候と、三度迄御使に預り、御感有て、御知行重ねて下され候キ。

午剋に取寄り、酉剋迄攻めさせられ、既に薄暮に及び、河尻与兵衛天主構へ乗入り、丹羽五郎左衛門つゞいて乗入る処、岸勘解由左衛門・多治見一党働く事大形(おほかた)ならず。暫(しばし)の戦に城中の人数みだれて、敵身方見分かず。大将分の者皆討果し畢、其夜は信長かぢたへ御出で、佐藤紀伊守・佐藤右近右衛門両所へ御出で候て御覧じ、則、右近右衛門所に御泊。父子感涙をながし、忝しと申す事中々

詞に述べ難き次第なり。翌日廿九日、山下の町にて頸御実検なされ、御帰陣の時、関口より長井隼人正幷に井口より竜興懸出でられ、御敵人数三千余あり。信長御人数は纔かに七・八百に過ぐべからず、手負・死人数多これあり。退かれ候所はひろ野なり。先御人数立てられ候て、手負の者、雑人共を引退けられ、足軽を出すやうに何れも馬をのりまはし、かる〳〵と引取てのかせられ候。御敵ほいなき仕合と申したるの由候。

註釈

堂洞＝岐阜県加茂郡富加町加治田と美濃加茂市蜂屋町に挟まれた丘、現・糠洞あたり。尾つゞき＝尾根続き。続松＝松明。後巻＝相手を後ろから攻める。詰陣＝後備え。足軽をも出さず＝仕掛けることをせず。請手＝対抗する手勢。天主構＝本丸に相当する。黙矢＝射損じた矢。きさじ＝気分散じ。午剋＝正午。酉剋＝午後六時。大形ならず＝思いのままにならない。見分かず＝見分けがつかない。かじた＝加治田。竜興＝斎藤龍興。足軽を出すやうに何れも馬をのりまはし＝馬で駆け廻り土煙を立てて手勢が大勢いるように見せて。御敵ほいなき仕合と申たる由＝敵はこんなに相手がいたとは思わなかったと言った。

補足

『信長公記』首巻には年月日の記述が少ないといった特徴がある。それだけに記されたところは一瞥では過ごせない。ここでも九月廿八日、翌日廿九日と記すのみで、年号は「卅七、十四条合戦の事」に永禄四年辛酉五月上旬と記されて以後載らない。年月日を枠組みで表現するなら、年は大枠、月は中枠、日は小枠で、大枠が判らなければ何日頃のことかと大雑把に見込むのさえ難しい。「廿四、今川義元討死の事」では、永禄三年の出来事に天文廿一年の年号を用いて「信長公十九の御年」の出来事と同じ方法で記してあると示唆してあった。ここでも何か意味が込めてある。

『信長公記』角川本補注の「首巻四〇」と「首巻四一」には本文を補う様に犬山から堂洞までの次第が記されているが、「首巻四〇」の伊勢国に働いた甲子（七）の年は丁卯（十）年が、堂洞落去乙丑（八）年七月は甲子（七）年が、それぞれ正しいのではないか。「首巻四一」ではこれに答えるように、伊勢国勢州取合は載せず、堂洞落去は月日の無い成行を記した後に、甲子（七）年九月二十八日綸旨賜ると記すので順序からすると、堂洞落去は七年中のことになる。

『武功夜話』翻刻三巻本には本文の他に研究と題した一文の二つが載り、同じ『武功夜話』でも「新人物往来社出版本」の一文を加えた三つはなぜか微妙に異なり、三巴を呈する。『武功夜話』の研究は本文に記す同年八月三日の解釈に迷い、新人物往来社版は犬山城主十郎左が善師野道へ退いた日を七年五月十四日とし、信長が芋汁を食した日を一年後の八年五月十四日に扱い、本文の伊木越同年八月三日はどこにも記されていない。しかし、どちらも宇留間取合を八年に扱うのは、『堂洞軍記』の影響を受けているからだろう。

結論だけなら『信長公記』角川本補注、首巻四〇と四一の比較表の内?印が邪魔をし、次表の点線内の事項を八年に扱ったからだと言える。

信長公記角川本補注

首巻四〇の記述

○七年二月　竹中重治井口城を奪取し後、斎藤龍興に還すが家臣団の弱体を露呈
○信長はすかさず犬山以下宇留間・猿啄・関を攻略
？○井口城に付城を築き伊勢国へも作戦
○七年七月　美濃加治田父子内応
？○七年八月　伊勢国の戦い終了

○七年九月二十八日　宮廷勅使迎える（綸旨賜）
○八年七月　信長堂洞攻略、関も陥落
○八年十二月　一乗院覚慶（義昭）二回目の御内書授
○九年八月　進撃した信長退却中長良川で多数溺死
○九年九月　木下秀吉墨俣に築城。蜂須賀正勝等龍興軍を撃破
○九年十一月　信長天下布武印使用
＊○十年八月十五日　美濃三人衆の内応により兵を集め井口城を攻略

首巻四一の記述

○七年以前　加治田佐藤父子信長に内応・黄金五十枚頂く
○七年七月二十九日　信長に属していた竹中半兵衛敬念寺に禁制を出す
○七年八月　長井隼人佑道利は関まで出陣、堂洞に加治田の向城を築き岸勘解由、多治見一党に守らせる。
○信長堂洞を攻め夕方、河尻秀隆天主一番乗。この夜信長佐藤父子の城に宿泊。翌日帰陣の際、道利は関から、龍興は井口城から出撃し、信長須衛の坂で敗退

○七年九月二十八日　宮廷の御倉職立入宗継綸旨持参
○七年十二月二十日　信長は義輝から御内書頂き馬一匹呈上

付記
七年＝永禄甲子★キノエネ★年
八年＝永禄乙丑★キノトウシ★年
九年＝永禄丙寅★ヒノエトラ★年
十年＝永禄丁卯★ヒノトウ★年

※忖度するなら？印を省けば良い。

武功夜話比較

事項	翻刻本松浦著 本文	翻刻本松浦著 研究箇所	新人物往来社版	参考堂洞軍記
陣振・小牧発向	七年四月十三日	七年四月十三日	七年四月十三日	
信長生駒屋敷御越	五月十日か十三日			
犬山城へ迫る		七年八月		
井口城落去				七年八月朔日
犬山落去善師野退	七年八月条	七年八月	七年五月十四日	
丹羽五郎左継尾口	七年八月二日	七年八月二日		
犬山御発向堂洞へ	七年八月七日	七年八月七日		
伊木越	*同年八月三日	八年八月三日		
信長芋汁御食	八年八月三日	八年八月三日	八年五月十四日	
宇留間惣責	八年		八年	
堂洞落去		八年八月七日	八年	八年八月廿八日
加治田落去				八年八月廿八日
関落去				八年九月朔日
御綸旨	七年七月		七年	

『信長公記』補注では「首巻四〇」の方は「武功夜話の研究」や「新人物往来社版」に近く「首巻四一」の方は『信長公記』本文のままで、一番の違いは堂洞落去が七年九月二十八日綸旨賜の前か後かにある。更に九月二十八日は『信長公記』本文に数少ない日付として載るがあまりにも意味深長で、補注の解説に触れないと到底綸旨賜った日付とは気付かない。現時点では太田牛一は『信長公記』に綸旨賜った日を記憶するため、八月七日堂洞落去を故意に九月二十八日と記し『続群書類従』は堂洞落去七年を八年に替えて記したと説明するに留まる。「武功夜話の研究」や「新人物往来社版」は信長の小牧発向は七年四月十三日で同じ。犬山落去は八月と五月に分かれるが七年は同じ。堂洞落去でも一方は八月七日と付くが八年でやはり両方おなじであるのは『続群書類従』に載る「永禄八年八月廿八日堂洞落去」を引用するからだろう。ここで比較した「武功夜話翻刻本」の本文と研究の箇所及び「新人物往来社版」さらに『堂洞軍記』の記述全てが点線枠内に収まり「南窓庵記す処云」の言葉に掛かる箇所に当たっている。『武功夜話』はここでも本来の家伝記に後年余分なものを付け加えて重大事を自ら演出していた。

参考

『武功夜話』意訳　爰に織田上総介信長様は猿啄を取抱へ、加治田・佐藤右近二郎道案内して蜂屋村・岸勘解由の取出、洞之内、堂洞と云ふ処、丹羽五郎左殿御先手にて責懸る。勘解由左衛門犬山十郎左衛門殿縁者之者也。名高キ武篇者也。手強く楯（立）籠り手向う。此洞之内、津保之川を挟み谷合也。富加と云ふ処より道は一筋、節所なるも、尾張勢竹束を担ひ押上げ、惣構へ打破り取詰る。勘解由左衛門無念遣方なく腹切相果る。斯て、洞之内一篇に平均（ひらならし）成され、佐藤紀伊守に仰せ付けられ（反銭・夫銭召置切取勝手の事）関町より陶之山超えして、鏡野（各務原）へ出られたとき、御難有。大嶋茂兵衛案内申上げ、坂下り鏡野と云ふ処差懸る。須衛之道は凡ソ参拾町斗（許）下る広野、乾（北西）の方より三千有余の人数押立、信長様退路を塞ぐ。美濃龍興

（斎藤）の軍勢にて、日根野備中の人数先駈し尾張勢を取巻く。信長様は軍勢六百有余騎の内、長井隼人に備へた残り五百有余の人数で、これを喰止め御帰国になった。此の時は、関より須衛の山越て、小牧へ帰陣の途中、一里拾五町ばかりの間道で、美濃芋ケ瀬迄廿拾（ママ）町有。日根野の猛勢、矢を射懸来り、身方の倍に余る人数、迚（とて）も及ばさるの取合にて、敵方武者、信長様本陣近々押寄来り、丹羽五郎左殿是より東口弐拾町、芋ケ瀬迄一散駈なされとて、御馬廻衆、黒母衣衆参拾有余騎、眞丸に相成り、群がり寄来る武者共切払ひ、広野駈ケ抜ける。殿（しんがり）は佐々内蔵介、小坂孫九郎、作間右衛門等が引受た。猶慕ひ来る美濃勢は、残らず打取れと、潮の湧が如く群り起り、責掛り来る。此取合、初手より退戦の故、信長様退行れゝば我等も退行とて、拾町斗退行し、頃見計らひ駈退いた由。高名も手柄も差置き、外聞無く、ほう〳〵の程で逊退いた。日根野備中、尾張勢打合ふ者とて無い故、後より盛んに悪口申す。芋ケ瀬迄追ひ慕うも甲斐無し。信長様無事小牧御帰陣也。（『武功夜話』Ⅱ・一四頁）

須衛坂退戦を『信長公記』は「足軽を出す様にいづれも馬を乗廻しかるがると引取てのがれられ候」と記す。ここは『武功夜話』が正しいのなら「信長公記の著者」は信長の面子を慮って記述していたと評することになる。さらに『信長公記』の文章をつくづく眺めると「左候へば加治田迷惑に及ぶの間」で改行し「九月廿八日」でまた間を開け「信長御馬を出され堂洞を取巻き」云々と続く、それなら改行を止め「九月廿八日」は除き読み繋いだ方が文章の通りは良くなる。「九月廿八日」は何だったのか。「武功夜話の研究」では『堂洞軍記』に永禄八丑八月廿八日堂洞落去と載り、判物の多くも永禄八年で、『信長公記』は八月を九月に書き間違えているとまとめてある。

しかし『武功夜話』本文は「信長様無事小牧御帰陣也」と載せた後に「去る永禄甲子（七）年七月日、尾州犬山織田十郎左衛門信清御退治成され、尾張平均御支配成された時、御勅使尾州に下向、御綸旨賜り御目出度儀、朝廷よりの御用速に計べし、隣国美濃、国乱れた有様、是は左兵衛尉不忠不孝致す処、諸邑民百姓上下塗炭の苦み憐なる次第、信長左兵衛尉退治仕り天下の御為御輔弼之儀（政を御助け致すべく）仕度仕らんと言上由」と七月に綸旨賜ったと記す。（『武功夜話』Ⅱ・一五頁）

『信長公記』角川本補注四二には綸旨の事を「永禄七年は、信長にとって記念すべき年である。それは、九月二十八日宮廷の御倉職をつとめる立入宗継が、正親町天皇の宮廷御料の恢復とか御所の修理などの密命をうけて、尾張清須に下向してきたからである。此事は立入文書『道家祖看記』に載ると記すほか「同年十二月二十日には室町将軍義輝からも御内書を頂いている」とも載せる。

「信長公記の著者」は綸旨賜った時、天下平定の口上が密々だったので、明らさまには記せず、さりとて長く記録に留めるべき重大事である。その為、九月廿八日と日付けだけを堂洞での戦い文中にまぎれ込ませた。堂洞の戦いは『信長公記』が記す様に「七年八月中の事」で綸旨賜った時は、須衛坂で退戦後の九月廿八日。立入宗継を迎えたのは、もちろん清須城内でのことになる。

「武功夜話研究」の箇所には『織田信長文書の研究』にも載る、判物を用い対照してある。いささか見解の相違もある、羅列して付記した。

五三美濃佐藤右近衛門尉宛判物写

先度以誓紙如申候三郡之儀反銭、夫銭共一切可被召置候、其上手入次第可有知行者也

仍状如件

永禄八

七月十日　信長

佐藤右近衛門尉殿

見解

加茂、武儀、可児三郡の反銭、夫銭共全て集め置いて構わない。奪取ったところは知行地としても良い（切取勝手）と読める。

五四美濃坪内利定宛判物写

分国におゐて貴辺鉄砲にて鹿、鳥打候事不苦候委細中野又兵衛（重吉）小坂井可申者也

仍状如件

永禄八

九月三日　　信長

坪内喜太郎（利定）殿

見解

給地内で鹿、鳥を鉄砲で打っても構わない。細かい事は中野・小坂井が申す、と読める。坪内利定は岩倉落去以後、清須に組した新参で譜代でない。加えて当時でも、鉄砲の威力は相当なもので、みだりに発砲は出来なかった。それを敢て許したのは、以後違背無き事を認め、同時に今度の東美濃攻めの功績評価も込めてある。

五五尾張寂光院宛判物写

当寺之儀寺領、諸寄進。田畠并野山等迄如前々不可有相違殊諸役令免許畢（おはんぬ）、一切其方江令寄附訖、不可有

异儀（いぎ）者也　仍状如件

永禄八　　信長

九月日

継鹿尾

寂光院

見解

寺領、寄進の田畠並びに野山は前々の通りに相違ない。諸役は免許済、一切其方へ与える様言い付け済。異議はない。と読めるので以前に与えた判物があることになる。

「武功夜話研究」の箇所にはそれを示す様に寂光院宛、七月十五日付の判物があると載る。文面は「寂光院分壱町五段（反）先々の如く召置かるべく候違乱有るべからず。恐々謹言。七月十五日（年不記）丹羽五郎左衛門長秀判。佐々一兵衛尉主知判、柴田修理進勝家判。寂光院御同宿中」と記されていると説明がある。七年七月拾五日、丹羽五郎左等は栗栖越えの時、寂光院坊主に案内させ、壱町五反の寺領安堵を当座約束して、丹羽・佐々・柴田連名の判物を与えた。合戦の翌年改めて信長名で判物を渡したので二枚になった。信長の方は後なので済んでいると念を押してある。研究では寂光院宛の七年と八年の二枚があるので、猿啄へは二度行ったと説明するのは正しくない。

五六美濃斎藤新五宛判物

新知扶助分

百貫文ひらか（関市平賀町）　弐拾五貫文こまき（加茂郡富加町小牧）　四拾八貫文大山（加茂郡富加村）　百四拾参貫文ひかせ（関市肥田瀬）　良沢に扶助百五拾貫文大はさま（関市迫間）　その他八つは略記　都合弐千百八拾四貫文

年号なし
十一月一日　　信長花押（貼紙）

斎藤新五殿

見解

今まで知行地が無かったので今回新しく与えた。知行地が加茂・武儀・[illegible]三郡に細分割になっているのは、通常合戦時の恩賞ではなく、平時に急に必要が生じまとまって与える所がなく、あちらこちらから少しずつ削って与えたことを意味する。

斎藤新五の事を『堂洞軍記』は、永禄八年八月廿五日信長が、関、加治田表出陣の折、五百余騎で信長に加勢すと載るので、この時の恩賞とも取れるが『総見記』（『織田軍記』稲葉山落城斎藤家滅亡事）では少々異なり、稲葉伊豫守、氏家常陸介、安藤伊賀守三人が龍興を見限り、信長に越訴した。永禄七年八月朔日、信長は小牧山に勢を揃へ、三州へは赴かず瑞龍寺山へ駈上り、在々に放火し、裸城にした。斎藤龍興は伯父長井隼人を伴い江州へ浪々有。信長は故道三の聟君の由緒あれば斎藤の名字絶へん事を歎き、龍興が舎弟を助け元服せしめ名を斎藤新五郎とし、些か扶持したと載る。『信長公記』は斎藤新五の名が永禄十二年勢州攻めに初めて載る。三書で共通するのは斎藤新五または新五郎は天正十年六月二日本能寺崩れのとき中将信忠卿の御供して討死のところだけである。今、『堂洞軍記』と『総見記』の二者択一なら給地が細分割されているだけ『総見記』に分がある。但し、井口城落去を永禄卯（十）年八月朔日の出来事として『武功夜話』とも同様に扱ってのことになる。要は『総見記』の永禄七年八月朔日を『信長公記』の永禄十年八月朔日と読み替えればよい。『信長公記』には永禄乙己（十二）年に新五の名が載るので判物の年号は辰（十一）年とするのが妥当だろう。また良沢に扶助とも載る。良沢は加治田の佐藤親子黄金五十枚の時に名が載る。良沢は判物の方が正しいのではないのか。

五七美濃坪内惣兵衛等宛判物写

扶助分之事

参百貫文下町　弐百貫文反銭小物成共十町名　八拾七貫文加納　七拾貫文薗　宮田（岐阜県本巣郡巣南町）

右六百八拾七貫文糺明次第　知行不可有相違候者也　仍状如件

永禄八

十一月三日　信長

坪内惣兵衛殿

坪内玄蕃允尉殿

坪内喜太郎（利定）殿

見解

文中に糺明次第と有る、最初決めていたものに手違いがあって改めて判物を出したことが判る。

五八美濃坪内惣兵衛等宛判物写

拾六貫文七町五反地　弐拾弐貫文日田苅　弐拾弐貫文井堀馬場方（以下省略）

右惣都合三百貫文令扶助畢（おわり）　全知行不可有相違者也

仍状如件
信長花押

永禄八年
十一月三日
坪内宗（惣）兵衛殿
坪内玄蕃允殿
坪内喜太郎殿

見解

右惣都合三百貫文令扶助畢（おわり）と記されている。この三百貫文は前の「五七」の初めに書かれた参百貫文に当たる。日付、宛名が同様なのが理由で「五七」の方には糺明（きゅうめい）の文字がある。糺明した結果「五八」で三百貫文を畢り（取り消して）「五七」で改めて三百貫文を含め六百八拾七貫文を給した。

『織田信長文書の研究』に載る猿啄、堂洞攻めの判物は、示したように六枚ある。内一枚は年号が記されていない斎藤新五に対するもので、これは後の井口城落去後に出されたもの。本来堂洞攻めに新五は無関係だったが、『堂洞軍記』に名が載るところから永禄八年とみなし、ここに用いられていて少々見当が異なる。残る五枚は全て永禄八年と記されているが、取合は永禄七年にあった。判物は一件落着後、種々勘案して恩賞を割り振り発給するので日数が必要で、発給は一年以上後になった。「武功夜話研究」の箇所では、『堂洞軍記』に永禄八年丑八月下旬云々と載るものを頼りに、永禄八年の判物を重ね合わせているが、『堂洞軍記』は井口城落去を永禄七年に、斎藤新五は関城を攻めて後に、佐藤紀伊守の養子になったなど、不審な記述があり疑問が残る。ここは何よりも本文に小文字で添書きした「南窓庵記す処云」を繙くことが肝要だった。もっとも『武功夜話翻刻本』

が原本のままに、この七文字を載せてあったから言えることである。

四十四、いなは山御取り候事

一、四月上旬　木曾川の大河打越し、美濃国加賀見野に御人数立てられ、御敵井口より竜興人数出だされ、新加納の村を拘(かゝ)へ、人数を備へ候。其間節所にて馬の懸引きならざる間、其日、御帰陣候なり。

一、八月朔日、美濃三人衆、稲葉伊豫守・氏家卜全・安東伊賀守申合せ候て、信長公へ御身方に参るべきの間、人質を御請取り候へと申越し候。然る間、村井民部丞・嶋田所之助人質請取りに西美濃へさし遣はされ、未だ人質も参らず候に、俄に御人数出され、井口山のつゞき瑞竜寺山へ懸上(かけのぼ)られ候。是は如何に、敵か味方かと申す所に、早(はや)町に火をかけ、即時に生(はだ)か城(じゃう)になされ候。其日、以の外風吹き候、翌日、御普請くばり仰付けられ、四方鹿垣(しゝがき)結ひまはし、取籠めをかせられ候。左候処へ美濃三人衆もまいり、肝を消し御礼申上げられ候。信長は何事もか様に物軽(ものがる)に御沙汰なされ候なり。

一、八月十五日、色々降参候て、飛騨川のつゞきにて候間、舟にて川内(かはうち)長嶋へ竜興退散。去て美濃国一篇に仰付けられ、尾張国小真木山より濃州稲葉山へ御越しなり。井口と申すを今度改めて、岐阜と名付けさせられ、明る年の事

註釈

四月上旬＝永禄九年四月上旬。　御普請くばり＝普請手配。　左候処へ＝その様なところへ。　肝を消し＝驚き仰天して。

補足

ここ「四十四、」でも相変わらず年号は記さないまま。一つ目は四月上旬、信長は加賀見野まで出陣、尾張川を越えて新加納で日根野備中の大軍と戦うが大雨に祟られ、馬での懸引が出来ずに引き揚げた。二つ目は美濃三人衆御味方仕る次第。三つめは龍興が川内長嶋に退散し井口を岐阜と改めたと簡単に記すだけである。

○しかし『武功夜話』は、一つ目を坪内松倉衆が加納の地を切り取り、信長は弐千有余で河野嶋え陣を据へ、尾張川を越えて美濃日根野の大軍と争い、天候急変、大雨来り退路難しくなり、鑓合せゝず引退る時、尾張川増水で退引ならないところを加納より坪内松倉衆五百有余が駆け付け引揚げを手伝ったので、無難に小牧帰陣と記す。『信長公記』の方は信長を慮って記述してある。

○二つ目では、信長が勢州攻めのため、川内に人数を多太々と留めていたので、氏家訃詮は領地を奪い取られるのではないかと心配になり、安東と翻謀叛を計り一合戦に及んだが、藤吉郎は既に同心していた稲葉伊豫守に調議させて、稲葉、氏家、安藤(東)の三人は質子を差出し、御味方仕ると恭順の意を示したと記す。何とも得体の知れない記述である。

『武功夜話翻刻Ⅱ』（一八～一九頁）には「宇留間落去之折、大沢次郎左衛門悴主水、已に一命無き処、藤吉郎殿取計い延命を得、是恩義に粉骨の働を以てし、西之美濃稲葉伊予守居城曽根に再三罷越談合あつて御身方に引入れた。伊予守は織田と江州浅井氏の御縁組仲立したのは宇留間落去明年の事である。この時、郡生駒八右衛門尉縁家筋東美濃苗木勘太郎の息女を御養女と成し、甲斐国に差遣された。こちらは生駒八右衛門尉が尽力した。

永禄乙丑（きのとうし）（八）年早々御目出度き義に候。　南窓庵記写」と載る。

稲葉は永禄丑（八）年に同心し、仲立ちまでしている。卯（十）年の時は、翻謀叛した安東・氏家と調議して事を納めた。人質差出すなら安東・氏家の二人だけで稲葉は必要ない。信長伝記主体記述の『信長公記』は、この稲葉の事績を知らないまま村井・嶋田が人質を受け取る前に早くも信長が井口城に攻め掛かったと記していたと読むか、それとも三人衆の寝返りは稲葉が仲立ちの時すでにあって『信長公記』はこれを知らず、三人衆の扱いを井口城攻略時に話しを合わせたとするのか。意見は分かれる。

三著の記述比較

年号	信長公記	総見記（堂洞軍記）	武功夜話
永禄戊（五）年		洲俣砦出来	
永禄子（七）年八月朔日	①犬山の城・家老忠節として生城になし、宇留間・②伊木山は調議、③猿啄は丹羽五郎左先駈し降参	⑤井口之城、⑥稲葉・安東・氏家味方して信長小牧より三州へは入給はず濃州へ進発瑞龍寺山駈上り放火、城方降参し城開け渡す	信長五月十日か十三日、郡生駒屋敷着し三道より①犬山攻め、信清支えきれず善師野道引退る。丹羽五郎左継尾口に至る
永禄子（七）年九月廿八日	④堂洞午剋に取寄り酉剋迄攻め大将分の者皆討果す（御内書の日）		
永禄丑（八）年八月朔		信長岐阜の城より①犬山信清退治に出馬、信清五十日三十日城を持ちたれど今は思い残すことなしと其夜城を開き①落去	①犬山落去、②信長伊木山で芋汁御食、丹羽五郎左③猿啄砦の水之手より攻掛る

永禄丑（八）年八月廿八日		④堂洞も落去	④堂洞落去
永禄丑（八）年			⑦稲葉伊予守、浅井・織田縁組仲立
永禄寅（九）年九月十四日			⑧洲俣砦拵
永禄卯（十）年八月朔	⑥美濃稲葉・安藤・氏家の三人人質差出し、村井・島田受取る以前に信長⑤井口城に攻掛る		⑨氏家・安東翻謀叛して一合戦に及び⑥稲葉・安東・氏家三人人質差出し恭順、⑤信長稲葉城取抱

※武功夜話　①が二箇所に載るのは信長公記と総見記の両方に倣ったから
②③④は総見記に倣った
⑤は信長公記に倣った
⑥⑦⑧⑨は武功夜話独自のもの

『武功夜話』は途中から『総見記』の七年井口城攻め、八年犬山城落去を用いて記したが、さりとて井口城落去二度はあり得ず翻謀叛に代えて記した。

○三つ目の龍興が川内長嶋に退陣する場面は『武功夜話』もまとめの箇所で永禄十年と載る。

参考

『武功夜話』意訳　美濃国稲葉郡鏡（加賀見）野と申す処は御父備後様の頃より難事が多々あった処で、尾張川は美濃尾張の境目をなし萱葦は河原を覆ひ、流れ数条は時として位置を替へる広野である。加納の地は小高で是より三拾有余町下手は美濃方の川手と申し斎藤方が出城を構へ長森後山、瑞龍寺山、因幡（稲葉）山、七曲口、いづれも節所（処）である。然し天文の頃から何度も取合出入があり、おしなべて尾張方の負けが続く。信長様の時になって、尾張川下手州俣に討入は五度に及ぶが、地の理悪く功成らず信長様色々御勘考御思案成さり、我等も日夜先に立って尽力するが間に合わず、美濃隙入（油断を突いて責掛る）も半ば手塞りの状況だが、尾州国内は何方も背く者なく静謐である。

「稲葉山隙入の事」　去る、永禄甲子（きのえね）（七・一五六四）年七月の頃、尾張犬山織田十郎左衛門信清御退治になり、尾張平定御支配なった時、御勅使尾張下向あって、御綸旨賜わり（永禄七年九月廿八日）、信長朝廷の御用速かに叶うべく左兵衛尉退治仕り、天下御為御輔弼（ほひつ）之儀（政（まつりごと）を御助け致すべく）仕度仕らんと言上の由。

然し乍ら、美濃斎藤左兵衛尉龍興は因幡の城に據り、猶丈夫に相構へる。信長様は此の機を失しては弓箭以て面目が無い。尾州小眞木（小牧）山を御本陣と定め、藤吉郎殿と密々謀成され、川並衆、黒田衆、前野党、柏井之衆等々を急ぎ召寄せ、藤吉殿と同心して稲葉山隙入騒乱致し、加納の節所取抱えて取出構へよと御諚有。

乙丑（きのとうし）（八・一五六五）年霜（十一）月の始、前小殿、蜂小殿は因幡山、地之理（利）を探る為、美濃地先へ入込み、杣人、狩人に様を換え、瑞龍寺山裏山深く立廻り、柴を苅取、雑木を払ひ薪を作り、因幡の山瑞龍寺の山々各所に堆高く積立てた。立働く者は蜂小、前小が差配、稲田大炊外参拾有余人、四辺敵地なれば声を殺し、三人宛壱組と成り、夫々仕度し、細心の注意を払ひ、太刀、鑓も差控へ、腰刀のみ、四辺心を配り夜中山陰に眠る。寒気、殊之外甚敷堪へ難し。濃州稲葉山、斎藤山城守道三入道居城の跡、只今は左兵衛尉居城地也。瑞龍寺山と申す七曲口、某共先祖以来三代恨多き所、天文子（廿一・一五五二）年此方美濃尾張之争地。此度因幡山へ入込む藤吉郎殿差配謀議にも、只一人異議申す者無く、諸手筈取極め出立した。瑞龍寺山に柴薪を用意した参拾有余人の内、蜂小、前小は下山。清助は留り、稲田大炊殿は差図を引受け、加納町屋烟上れば頃見計い、兼て用意の柴に速かに火付の役目承り、町屋窺ひ身体隠し居た。まるで山谷打越て猿にも似たる働き也。藤吉郎は蜂須賀小六、前野小右衛門、藤吉殿御舎弟小一郎殿等と川筋衆の拾有余人は、鎧頭巾帷子の身軽な出立で、一手に大松明、火薬樽相担ぎ瑞龍寺山へ入込む。既に丑刻（午前一時）辺り森閑として静か也、夜半西風烈しく、木は枝を鳴らすのみ。程経て町屋之内より数ケ所火の手が揚る、我等稲田大炊殿下知に従ひ、山谷馳廻り、柴に火を懸けた。此の日、西風強く、忽にして火勢谷を渡り、山々火の海と成る。地獄の業火も斯の如し、町屋炎上、山谷焼け、猶も燃続く。藤吉郎、蜂小、前小、小一郎殿の手六拾有余の人数、御城角（隅）の櫓に駈上り、火薬樽差入、松明投入必死の働、為に角櫓炎上、美濃方肝を冷し、術無き有様也。町屋に火を放つ者松倉衆の由。此の時、惣兵衛尉、玄蕃尉、川並衆総勢五百有余人、長森加納の日根野の軍勢に向って夜討ち懸け、遂に加納相抱く（手に入れる）。

「信長公、藤吉郎殿密々の事」　夏越方丑（公記・子年）八月日、宇留間（鵜沼）総責の時、藤吉殿大功有。上総介信長様愈々藤吉殿を重要と成され、一僕から成上り、御身分の高い人々を追い越して奉役を仰せ付けられた。過日、藤吉殿と信長公は、美濃稲葉を如何すべきか直談なされた折、此儘因循（いんじゅん）（ぐずぐず）して江州浅井、越前朝倉が左兵衛（龍興）に加担与力されては、殿、兼ての大望（上洛）成難く、御綸旨にも背くべし。速かに加納を切取（手に入れ）出城を厳重に構へ、河内松倉とも連繋して人数を繰入れ、遊兵（思いのままに行動する兵）をして、尾張川下手口より懸合（攻め掛る）えば、志相叶ひ成就之道も開けましょう。当分、加納一円は度重なる出入（戦い）の為、欠所（荒廃）同然也。その加納の地は、松倉坪内一党に差配申付け、切取勝手（好き勝手に敵地を奪取る）にすれば手を離れ、何分の利（濡手で粟）ではなかろうか、と差出が間敷く意見申上げ、急度（其の場で）御英断に成る。川筋衆はいづれも争いにたけた武者輩、水火も辞さず、人数は選りすぐりの者五・六百人成り、是に岩倉城を取潰され給地召上げられ困っている侍衆を加えて河内に寄せ集めてしまをうとの事だった。これは濃州加納取合中頃の仔細也。

「松倉坪内一党の事」　坪内惣兵衛尉、舎弟玄蕃尉、濃州加納取抱、柵、鹿垣結廻し、川並衆六百有余之人数相詰、籏・幟押立る。信長公人数弐千有余、小牧より大河打渡河野嶋へ御陣据へられ、加納と連携して美濃に構へられる。蜂須賀党並びに前野党、加納坪内の取出に駈向う。美濃の勇将日根野備中、六千有余の人数以て弐手に分れ、内壱阡有余之人数で加納へ差向う。加納と云処は尾張川を挟む節所也。加納より平嶋、松倉と連携の取出構へ、尾張川より川並衆一歩たりとも退かざる構へ也。敵方押来れば弓、鉄炮打懸け応戦す。信長公は尾張川を打越し打入ろうとされるところを日根野の大軍が遮ぎる。此時、天候身方せず、大雨降り来り、尾張川増水退路難しくなり鑓合せ仕らず御退り成さる。弐千有余引退くは仲々の大儀、已に尾張川水増し困難至極、御陣払之注進、加納に達す。急ぎ五百有余の人数を出し、御引揚手伝うに依り難無く小牧御帰陣なる。是は加納に取出構へた藤吉郎殿寔良策也。

加納の地は高所に有、是より取出平嶋松倉に及び尾張川の流れが境をなし、自然の要害なり。此度之坪内松倉衆高名有。加納筋六百八拾有余貫文切取りは恩賞として下置かる。

「蜂須賀・前野両党の事」　藤吉殿は伊木・宇留間惣責以来瑞龍寺山隙入迄数々の働きに対し、御沙汰あって宇留間巾上より拾ケ村二千三百貫文頂戴の身分になられ、名を木下藤吉郎秀吉と改め、蜂須賀彦右衛門尉、前野将右衛門尉は藤吉郎殿御家中に成られた。永禄寅（九・一五六六）年六月と相記す。小六殿が蜂須賀彦右衛門尉に、小右衛門殿が前野将右衛門尉と、それぞれ自称は永禄丑（八）年の事である。両人は此年霜（十一）月、瑞龍寺山隙入の時、藤吉郎殿と一手になり四日間、難儀押して相働いたが、別条御恩賞の御沙汰も無く、両人憮然たれば信長様如何様存知成る也。些以て偏頗（はんぱ）之御処置也。不足之儀とて申さずも向後、心得相替りたる如く、在所立帰り引籠るは如何なる了見なるや、小牧へも参上仕らず御沙汰も無く過ぎる。

爰に永禄寅（九）年春頃、藤吉郎殿、松倉衆、坪内玄蕃尉、喜太郎、松倉の前野又五郎、同惣兵衛連座談合有。則ち、信長様愈美濃斎藤左兵衛尉御退治取懸りの為、州俣取出仰付の詮有。藤吉郎殿密々大事相談成さるも異見区々中々纏らず。尤も州俣は尾張、美濃両所に懸る節所の処也。一遍には成り難し、過ぐる永禄申（三）年以来、数度討入取出構えるも遂に達し得ずの処也。目前に敵を控へ御城造作の儀、至難之業、到底尋常には成難し。神技の行い無く致しては望むべくも有らずとて、武辺の衆も少々尻込の為体。中々に埒明申さず。普段の討入に非ず、彼城造作共成されるなら、隔遠の地に罷越、御用材の手当等、是又尋常に非ずとて、一同首を傾け相談するも、是とてよき思案の議申す者無し。藤吉郎殿申されるには、州俣の造作は大事也。先以て曽根の稲葉伊予守は我等に同心致した。去、永禄申（三）歳の如く、美濃一斉打懸らず、従って働易くも也、と言葉加えれば、玄蕃尉申すには、数千人の人数州俣差向えば立所に取合となり、城造作など論外になると躊躇す。坪内玄蕃等には思惑があって、先年新加納取抱の時、信長様加納一職支配仰付けられ、美濃切取の恩賞として頂いた壱千六百有余貫文の御給地丈夫に構へて居れば、美濃方に付入られることは無い。今、攻守に手分けの時は直様奪取らんものと押懸来るは必定。我等州俣罷出れば信長様御人数以て然る可く備へ候はずば危し。猶新加納より繋の要所に入置く人数壱千、弐千必要となれば新加納は尚更どうでも良くなると保身の術を極め込んだ。挙句、又五郎尉膝を進め、此度、州俣御築城の御詮は公方様御憑りなされ、天下統一の儀成し遂げる為の窮余之策也。聊以て六ツケ敷き事乍ら粉骨成就すべき也。爾らば一水も洩無く密々取計ひ小六、将右衛門存知依之事成るやと話は紛糾、果は某に一案御座る。先年来、古川筋衆、柏木三郷衆粉骨の働きも今だ御手遣も無く、偏頗のまゝ、某日頃案じ居る也。岩倉衆、信長公捨置かれ、依怙贔屓で御座る。尤も是等の衆、いづれも武篇一途の者共也。此度の州俣の御造作御差図成され、無事成就の上は信長公とて捨置かれ間敷く、猶御貴殿御立身は申すに及ばず、是等の者共差置ては、此度の難事計り難く相心得る。某も同道仕る故、直に宮後蜂須賀小六、前野将右衛門両人に合力頼まれよと申す。

永禄寅（九）年四月日、木下藤吉郎殿松倉衆介添し、宮後蜂小屋敷に来て、藤吉郎殿秘曽々条々語られて、州俣の事に及ぶ。西美濃討入は去申（三）年以来両三度、築塁半ば美濃勢押寄来り取出造る中途引退き成就成難し。戌（五・一五六二）年以来、此州俣より美濃討入責多く利無し、稲葉取抱の儀、仲々六ツケ敷儀也。先年、其元等合力して新加納取抱格別之働有。然る処、御恩賞の御沙汰無し。是は別て依怙贔屓之御処置に有らず。松倉衆、信長様御奉公御仕官成され下し置かれた御加恩之御給地成り、然るに郡生駒八右衛門殿兄者人孫九郎殿を頼み、小牧山罷越、信長公御拝謁を進めるも、御貴辺御両人他に志有哉。小牧越れず、遂に機会無し、今日に至るは重々以て某の不徳の致す処、今度某身に余る御給地、面映き次第恥入る。某御両所存知依の如く、成上り者、差たる武篇も相無し。此度の大役伏て合力願度罷来る。前回の機会失ひては世に出する機会も無し、何卒御良考願度し。言葉終るを待て、御舎弟小一郎殿傍依り、某未だ一僕の身さしたる手柄も無し、諸兄に異見申事烏滸敷次第なり。州俣に取出構へ、首尾成立てば州俣人数詰め置、両所より稲葉の城挟み、形勢差見て隙入せば稲葉取抱の左兵衛尉退治本願も達ると心得る。然ば申（三）歳以来、五年の歳月徒らに費し徒労に帰す。我一人の功名願う者には非ず、尾張国安全の為也。貴殿存念承り度く、夜中罷越した。若、此の難事、某の力及び諸兄と共に乱国納められたなら、我一命は軽いと眞心から懇願。某在所中村に帰り百姓仕る、武篇の志など毛頭御座らぬ、兄者の正しき心に感入り、鍬を捨て罷参じた。諸兄等は兄者牢々の頃からの知音と承る、野に在て身を立てず、望まず、義を重んじ、大侠の人と承る。何卒、此度の事は兄者一身の立身望むに非ず、是非共、御尽力の程偏に願申すと切々申出た。

去程に藤吉郎殿連々語るを、蜂小殿相聞、黙して語ず。介添の衆、互に顔見合せ暫時声無し。風颯々と竹林渡来り、短檠、影淡くゆらぐ。蜂須賀小六殿猶暫く口閉し居た処、御趣意相分り申した、我等野に在る者、金銀栄達望むは昔の事、信長公旗下に駈参じ精々鑓先之功名以て競う事、豈遅取間敷也。去り乍ら、志相違ひ野に居すは卑意を願い、孤独を楽み、只一人悦に入、日暮しするに非ず。此度、御舎弟小一郎殿拝顔、実心甚深く感に入る也。先々如何程の大敵立塞ぐも御伴仕り御手伝仕らん、と御返答申した。翌日早朝、小次郎丸、前将殿屋敷罷越す。同坐するは蜂須賀彦右衛門、同小十郎、稲田大炊允殿、山の尻兼松、嘉藤二、前野九郎兵衛、同嘉平次、某。孫九郎殿、柏井罷在故不在は、密々の相談にて、此度の造作、大略聞及び異議申者一人も無し。美濃方に悟られぬ様、隠密の内に州俣御用材運入、時日を費さぬ様人数繰入、造作の業至極辛苦、藤吉郎殿、蜂須賀屋敷で密々の計事、熟談なさる。居合せた者、口外仕らずと金打する也。

「濃州々俣築城の事」　親助六尉在命中語申す事并覚書の内示合せし事左の如し。

一、城普請の御用材は七曽八曽之山方衆　差配は長江半之丞　但し八百津舟頭衆含

一、小松原での城材造作奉行は稲田大炊亮并堀田隼人　尾張川筋での事

一、馬柵鹿垣　小越渡越の衆　先備を兼て前野将右衛門差配　但し小越渡口駈付衆含

一、鉄砲隊　小越渡る衆　青山小助差配　是は藤吉郎殿足軽隊含

一、大工棟梁方　小越渡る衆　松原内匠大工棟梁衆　松原内匠差配　但大工衆清須方と山家衆

一、木下藤吉郎殿　小越渡り越　木下小一郎、林孫兵衛尉付従　後備蜂須賀小六　小越渡り越　日々六太夫小松原より小越渡り駈付

一、尾州小越渡、河内小松原共に九月十二日丑之刻と相定　定書陣中法渡は組中廻文の事

一、尾州小越渡口　壱番手蜂小並藤吉殿　弐番手松原内匠大工棟梁方　前将渡河三番手

九月十二日丑之刻（午前二時）尾州小越渡と河内小松原に発向と相定め、定書、陣中法度書夫々組中に廻文す。九月十二日は連日之干天続きで水量は減っていたが勢いは日頃と変らず喜平次殿は後備へに居て、駄馬数拾頭を引連れ、馬を水に入れるのに手間取っていた。尾州小越渡口は、河中に浮嶋が弐個ばかり有、此辺浅瀬

にて深き処は脇下迄、中程浮嶋迄五反ばかり有。中之嶋に前将殿陣取才配成さる。本流には舟橋懸ける。本流は弐反位、荷駄は全て舟渡也。助六尉は水馬之心得無く、本流は戸迷うを察し、前将殿舟渡差許さる。向う岸、大浦口にて暫時休息、明方の事肌寒く覚ゆ。惣大将木下藤吉郎様、当日の出立、黒皮染尾張胴の具足、猩生緋の陣羽織御着用、弐尺六寸程の野太刀背に負ひ武者振にて中背細身の仁体と覚ゆ。

同日、午之刻（午前十一時）我等小熊に達す。日暮に趣く折柄、天気次第に悪く成り、雨降り来り一向に止まず、雨水肌にしみ透（とおり）堪難し。一寸之油断もなく馬柵結廻し、闇夜四面眞黒足元定らず、州俣到着より夜を徹して働く。森太郎殿、某、伴七、半九郎、喜平次殿申付の如く、堤下小松原に馬繋ぎ定番也。尾張川より生便（おびただ）敷（しき）城材、人群り、州俣岸引揚る。数千人の人数、雨中を厭ず、其日の内に大方運び上げた。藤吉郎様、蜂小、前将殿下知なされ、川岸より城地迄壱反ばかり河原引均（なら）し道を作る。大炊殿取付きぜひとも今日中に済ませよと幾重にも下知なされ、取掛った衆七・八百人は居られたか、川か人か判らない程、真黒に群り、前代未聞の景色也。清助殿先発孤穴（まみあな）、小熊に罷在。大浦口朝飼仕る時、九郎兵衛殿組下、野々村三左衛門、手勢五拾有余の人数引連参陣。尾張小越渡打越の人数、惣勢子、参百弐拾人駈付の衆合せ、都合参百六拾有余之勢子也。騎馬武者拾六騎、駄馬〆て馬数四拾八頭也。

此度、不意の乱入に付御触書は、州俣路次、若万一敵方弓矢鉄砲打懸来るも、一切構わず、討出るは無用之事と有。

尾州松倉岸小松原相詰入、御城材造作は、前以て手筈通り摩兎戸より松倉岸に於て、稲田大炊殿差配、田舟川舟尾張川に引入れ稗嶋口より下り、州俣運入れ、素裸に成り河中に飛入、短き材は肩にて運入、大なるは鬼車にて城地曳上る。我等、直に馬柵に取懸る。此の日、敵方気付き竹ケ鼻口より鉄砲打懸寄来る。前将殿は敵方懸来るも一切構わず余念無く仕れと、呼はり〳〵駆廻りなされまする。最初に取付たのは、乾（北西）方より寅（東北ヨリ少シ東）五百有余間、日暮時には取付仕舞る由。是より馬柵は五之目高サ壱間、寔堅固に構る也。夜を徹し二段取付、千鳥に結ひ回し、出入口三ケ所大木を柵に引懸け戸口を固め、如何様とも破れ難く心を配る。

美濃方人数大方弐千は下るまい。西竹ケ鼻口、十四条口、両手より押寄来る。是を迎討つは稲田大炊亮殿、青山小助、前野清助、林孫兵衛等、鉄砲隊并六百有余人。青山小助殿鉄砲隊六拾有余挺、前野清助殿三拾有余挺、筒先揃へて眞黒に相打懸る。敵方、我等侮り深々柵近辺迄寄来るを、一斉に鉄砲打懸られひるむ処、稲田の手之者打崩す。馬柵丈夫に取付居り城地安全也。（新人物往来社版に馬柵を意識した詳細記述はない）

織田上総介信長公、州俣御入城は永禄寅（九）年九月十四日也。去り乍ら信長公、此度は数日之間には稲葉山には責入成さらず、藤吉郎殿をして州俣目代と成される。斯て、蜂須賀小六殿、前野将右衛門等其儘州俣帯留也。州俣詰入の人数壱千有余人の人数、是大方は上郡衆也。助六尉並太郎殿は帰村、残りの人々州俣に於て越年也。

「濃州稲葉山落去の事」　明て永禄卯（十・一五六七）年春頃、清須御城より呼出の沙汰有。孫九郎清須表罷越と勢州（伊勢）責の御掟で、部署御定めになり、滝川左近将殿差配にて、郡生駒八右衛門、孫九郎尉、森甚之丞は河内中江と申処に差遣された。親助六尉、森久三郎、同清十郎も中江罷越し、柏井留守居は前野新蔵、その子清蔵門は中江に御伴、在所前野村喜左衛門は留守居也。滝川殿は勢州中江に人数三千有余で取出構へられる。親孫九郎尉等が勢州河内中江と申す処に出向いたのは稲葉山落去以前の卯（十）年七月日の事である。

去程に美濃衆氏家訃詮の領地は、州俣とは境目也。信長公が多太々々と人数を河内に留まらせて居られるのをみて、自分の領地が奪取られるのでは無いかと感違いし、又も斎藤に通じ逆心、西美濃衆糾合し五千有余の人数で洲俣に責懸る。州俣を固めるは、木下藤吉郎殿を始め蜂須賀小六、前野将右衛門、稲田大炊亮、青山小助、日々六太夫、松原内匠、木下小一郎、その他何れも一騎当千の武者輩也。

先に、信長様御諚を受け、勢州河内中江の滝川左近将殿の元に差遣された孫九郎は生駒八右衛門尉、中川勘右衛門、森喜之丞、作間右衛門三千有余の人数と共に、桑名郡迄罷出た処で、安藤伊賀守、氏家訃詮が逆心したと注進有。作間殿は人数を相分け、急ぎ引返し来りて、州俣の藤吉郎殿と一緒に火水となって討合ひ寄手は叶わず引退いた。

西美濃氏家、安藤(東)之諸勢は浅慮の謀叛、藤吉郎殿は稲葉伊予守を使者とし調議成さしめた処、今度の不都合を深く恥入り質子（人質）を差出し恭順の意申し来る。此の由、藤吉郎殿、信長公に言上の処、何の御構いも是無。安藤(ママ)伊賀守は氏家訃詮と翻(かえり)謀叛すると長井隼人に報せて信長様に敵対するも、州俣を藤吉郎殿は堅固に固めていたので追詰る能わず、逆に追崩され、引退るは愚策であった恐入質子相差出詫入候、西美濃稲葉伊予守、安藤伊賀、氏家訃詮御身方之旨申入来り候（『信長公記』の記述）是偏に藤吉郎様宇留間大沢治郎左衛門を以て御調略に成り、新加納坪内党丈夫に相構へ、州俣に藤吉郎を入置れた為で稲葉の城はさながら生城の如く相成った。

爰に、信長公多年の志を決し陣触成され、三千有余之人数、大河押渡り、河野嶋より川手を責上げ瑞龍寺山より七曲口へ、丹羽五郎左殿、柴田権六、作間の諸将先手となって押詰る。新加納より松倉衆は長森口え進んだ由。州俣より繰出した人数は壱千六百有余人、川舟三拾有余艘を用意し陸路駈上りしは、木下小一郎殿大将として稲田大炊殿、長江半之丞には日々野六太夫付添って、宇佐六条口へ舟出、先手蜂須賀小六、前野将右衛門尉漕出し、続いて木下藤吉郎殿、青山小助の鉄砲隊は同舟し、水之手口え差向う。川面未だ明やらず中天十三夜月皓々と冴渡り、奈賀良（長良）の川、嚏と押上る。陸路を駈上った稲田衆は町屋に放火、紅連の炎数ケ所より立上り、大門打破り乱入した。我等は水の手口責取り、巳之上刻（午前九時）には御城落去也。是は七曲の責衆責取也。城楯籠者共何処ともなく退散、苦も無く城責取る。武者雑兵討取数際限無し。

稲葉の城取抱成され、柴田殿在番し小牧御帰陣。我等は州俣罷居る。信長公小牧御引払いになり居を稲葉に移し、神社仏閣灰燼成るを、退転先より呼返す沙汰の御配慮之有、為に法燈相続き、家無者には材木を与へ徳化成された為、日を追て町屋並立、元之如くに成り、多年之宿志遂に目出度仕合に候也。永禄卯（十）歳八月之事。

稲葉之城責の間、小坂孫九郎、滝川左近将、中川勘右衛門等壱千弐百は勢州神戸で備へていた。勢州の陣は、永禄卯（十）年より巳（十二）年迄の長陣と成る。信長様は稲葉山落去後、伊勢平均の為、美濃、尾張の軍勢八千有余騎を差向け成さる。此の大軍には州俣の木下藤吉郎殿弐千も罷参じ、美濃衆氏家訃詮、市橋九郎右衛門、安藤伊賀壱千も（当時の慣通り）州俣より馳参じた。

四十五、公方様御憑み百ケ日の内天下仰付けられ候事

一、公方一乗院殿、佐々木承禎（じょうてい）を御憑み候へども同心なく、越前へ御成り候て朝倉左京大夫義景を御憑み候へども、御入洛（じゅらく）の御沙汰中々これなし。去て上総介信長を憑思食（たのみおぼしめす）の旨、細川兵部太輔、和田伊賀守を以て上意候。則、越前へ信長より御迎を進上候て、百ケ日を経ず御本意を遂げられ、征夷大将軍に備へらる。御面目御手柄なり。

去程に、丹波国桑田郡穴太村のうち、長谷の城と云ふを相抱へ候赤沢加賀守、内藤備前守与力なり。一段の鷹数奇（すき）なり。或時、自身関東へ罷下り、然るべき角鷹二連求め、罷上り候刻、尾州にて織田上総介信長へ二連の内、何れにても一もと進上と申し候へば、志の程感悦至極に候。併（しかしながら）天下御存知の砌（みぎり）申請くべく候間、預け置くの由候て、返し下され候。此由京都にて物語り候へば、国

を隔て、遠国よりの望実(まこと)しからずと申候て、皆々笑ひ申候。然る処、十ケ年を経ず、信長御入洛なされ候。希代(きたい)不思議の事共なり。

註釈

公方＝足利義昭。　征夷大将軍に備へらる＝征夷大将軍に就かれる。　穴太村＝京都府亀岡市曽我町穴太。　角鷹二連＝熊鷹二羽。　天下御存知の砌申請くべく＝天下取った時に頂戴する。　望実しからず＝望みは実現難し。

補足

「御面目御手柄なり」までは、次の巻一で信長が義昭を迎へ入洛する前置きとして記したもので巻一には、永禄十一年（一五六六）七月廿五日越前に居る義昭を御迎へに和田伊賀守、不破河内守、村井民部、嶋田所之助を行かせ、濃州西庄、立正寺に公方様御成りになったと記す。

『武功夜話』巻四では「越前金ヶ崎御陣之覚之事」に「先ニ戊辰（十一）之年　信長公一乗院様御諚有之候て御上洛被成候」とだけ記し、年月日はおろか、立正寺の名すら載らないのは、目的が前野家々伝に影響を与えなかったからだと言えないか。それなら『武功夜話』は正しい。

追書

『信長公記』は以後巻一に移るが、「一、」を付けた箇所が見当たらなくなった。

繋がる　桶狭間の戦い絵図

桶狭間の戦いには数多合戦図があり、位置が異なるだけではなく、時として城主が更り城の位置さえ改ったものもある。

然し丹念に調べるといづれもそれなりに理わりあってのことで、単純に誤りとするものはない。

絵図で一番古いのは、識る限り蓬左文庫が蔵する尾崎久弥蒐集の寛文九年（一六六九）描かれた『道中回文絵図』だが、僅か四・五年後に『武家事紀図』が描かれ、元禄三年（一六九〇）になると『東海道分間絵図』が描かれ場所そのものが異った。

愚直なあまり匡すに多年を要した。以後連々と論争が続き、今に至りその誤りは『愛知県史』、『新修名古屋市史』迄及ぶ。『豊明市史』は肝心の所に添書したり文字をかえ、我田引水を試む。

いづれも早期是正を望む。

一、武家事紀尾州桶狭間合戦

山鹿素行は承応二年（一六五三）三月、赤穂に赴いた時『東海道日記』を記し、これを草稿本として明暦三年（一六五七）に成稿本『海道日記』を著したとするのが現代の通説である。

山鹿素行集第七巻解題には草稿本は自筆本であると認め成稿本は写本しか残っていないが、比べると内容は両著とも大体同様で、道中の旧蹟や古戦場要害の地等について語るところが多いと理ってある。果して『東海道日記』と『海道日記』は大体同様だろうか。

下書きを意味する草稿本『東海道日記』には「東海道の池鯉鮒と鳴海の間にある阿野は、尾・三の境を成す。桶狭間田楽坪は義元討死の所と云われ、その塚は街道から登った左の山間の沢にある。街道は池鯉鮒から落合迄は平原が続き落合から有松迄は両方に小山みゆる（山間の意）。鳴海は左右広原で田あり足入（塩田）の場である。有松から此処に来る間には、小川二・三（扇川・手越川・その支流）ある。今川義元と織田信長が此の辺で戦い、義元が打死したヲケバサマは此の所である」と記されている。

しかし四年後に著した清書を意味する成稿本『海道日記』では、「東海道の池鯉鮒と鳴海の間にある阿野は、尾・三の境を成す。桶狭間田楽窪は義元討死の所と云われ、その塚は街道から左の山の間の沢にある。街道は池鯉鮒から落合迄は平原が続き、落合からは両方に小山みゆる。鳴海は左右広原で田あり、足入れの場である。此処に来る間には小川二・三ある」。

と記され、登った左の山の間の沢にある田楽坪は、登らない左の山の間の沢にある田楽窪に。落合から有松までの山間は、落合から先、どこまでも山間に。義元と信長がこの辺で戦い、義元が打死したヲケバサマは此の所であるは省き、ヲケバサマ討死を否定した。

事の経緯を『武家事紀』に尋ねる。

『山鹿素行全集思想篇第四巻』解題並凡例にはこの書は延宝元年（一六七三）素行五十二歳の時の著で、序文には、「往年ひそかに中朝実録を輯め、将に余年を竢ちて『武家事紀』の事に覃ばんとせり。頃歳此の集を草し、題して『武家事紀』と曰ふ」云々と載る。

○『山鹿素行全集思想篇第十五巻』山鹿誌の附、磯谷氏伝の箇所には、「磯谷氏、姓は源、名は久英、小字平介、後に十介と字す。素行に随い、播州に到り、十年中、先生の凡辺に在りて、日夜勤労、先生謫居の間の述作の書、磯谷氏輔佐す」とも載る。

○素行会の解説箇所には、「別名『武家事紀』五十八巻は播陽の僻地赤穂で著述せられ、しかも、わずかの短歳月間で成ったということは、まことにたゞ驚目すべきことである」とも載る。

○『武家事紀』には素行自筆の稿本が伝わっていない。赤穂謫居の歳月（寛文六・一六六六から延宝三・一六七五）つねに素行の傍にあって史料の整理探索や筆写をしたのは、十歳の時から師に侍して日夜勉労に励んでいた磯谷平介で、『謫居童問』などの一部の稿本は、この磯谷の筆に成ったものである。

○これを証するかのように延宝二年（一六七四）六月二十二日の素行自筆日記に、磯谷平介古今戦略の草を脱すと記されていることで判る。最後のところには、此の書が出来た延宝元年の八月から十二月までの家譜日記が缺落佚損しているため、成立のくわしい実情は不明であるとも載る。

○「山鹿語類」などは、素行の多年にわたる講説を高弟門人たちが書留めた講義録であるが、その師の著書と目されていると解説がある。

これ等事情を勘案すると『武家事紀』も素行の著述や講説を平介がまとめ上げたものだろうと想定できる。同様に『東海道日記』は素行が記し『海道日記』は平介が記していたと思わないと、異なる箇所の謎が解けない。

東海道日記に桶狭間田楽坪と記させた『中古日本治乱記』の要旨

善照寺の砦佐久間右衛門尉信盛・舎弟左京亮親盛四百五十騎にて守らせ、中村・鳴海の両城をは山口父子に守らせけるに、信長に恨ありとて叛逆企て今川勢を引入けり。

十七日義元の旗本（義元自ら）愛知郡沓掛に着陣。翌十八日沓掛を打立けるに同国北郡の軍兵皆、義元に馳付ける。此夜、大高え兵糧入れ寝隙なく鷲津・丸根に苦戦す。

十九日義元の先陣井伊信濃守并徳川の御家人、鷲津を落し、それより元康丸根を責めて城方降を請て城明渡す。信長の大先手佐々・千秋は、信長の瓜紋の旗差揚て、義元の先手瀬山の際に扣へけるに逆寄し急に責討、岩室横合より突入三人討死。駿州勢軍将の首三つ桶挾に帰参し義元に献す。

信長は先手軍将討死を聞き、夜中鳴海に至らんとするに、池田・林・柴田等、敵は二砦を落し味方の大将三人討取気を得たり、要害に籠り敵の不意を計るべしと諫めるを、不意を討にしかずと、仕度して潜に桶挾の山の後へ二手になつて押廻す。

廿日、大雨車軸を流す、義元の先陣、道より遙に隔つ西の山陰に陣取り、帷幕を繿(つらね)油断する処へ信長の旗本より抜懸しける前田又左衛門・木下雅樂助等馳入首取実検に入る。

信長は簗田出羽守の勧めに尤もと許諾して義元、唯今此の所へ敵逆寄せんとは争(いささ)か思ひよるへきなれば桶挾の内・田楽坪と云ふ所にて辨当を遣ひ酒飲て居たるところへ、信長の先陣織田造酒丞・森三左衛門・簗田出羽守等一手に成て相進み先登の軍兵百余騎にて、義元帷幕を繿ね大雨の晴たる程とて酒飲て居給ひける旗本へ咄と喚いて馳入る。

折節雨は篠を突き黒雲闇を覆ひ暴風烈しく駿州の面を打故に咫尺を見事具ならず、信長誠に天の時を得たると云べし（折節から具ならずまでは天の時の説明文）

床机に腰掛士卒を下知して居たる義元に服部小平太鑓付、膝の口切られ毛利新介、義元を突伏せ首取る時、義元に左の小指を喰切られる。

海道日記に桶狭間田楽窪と記させた『三河後風土記』の要旨

善照寺の要害には佐久間右衛門尉信盛・同舎弟左京亮親盛等兄弟四百五十余人、云々

十四日、義元の旗本尾州愛知郡沓掛に着陣。翌十五日沓掛を打たつところに、同州北郡の軍兵ども山口父子

をはじめ義元の陣に馳加はるゆへ大軍と相なる。此日、義元の先手井伊信濃守、徳川の譜代、鷲津に押寄せ夜に入て落城。寄手引続き丸根を責て、岡崎勢、城将佐久間大学討取落城。丹下の柘植玄蕃より敵方大高の城へ粮米を運び入たるよしの注進を始め、山口父子敵となつて中村・鳴海両城義元に開渡し、鳴海の城、岡部五郎兵衛入替る、鷲津・丸根落城と、次々清洲に注進有。信長軍評定して小勢といへども自身駈向ひ雌雄決すべしと、鐙取って馬に打のり駈出給ふ。織田造酒丞、岩室長門等并江州佐々木の加勢前田左馬助・織田信広・信実の二千三百余つづく。熱田大明神に拝礼、願書納めて、此れより浜手潮みち通りやすからず笠寺の東閑道を押行、諸所の砦に籠置たる軍兵引卒し、善照寺の東の山際にて勢を揃へて五千余人有。信長、佐々隼人介・千種(秋)四郎兵衛両人を呼んで、我は間道より義元の本陣をおそひ突崩し必死の軍をすべし、汝等は信長が旗馬印を押立、義元が先手瀬山の際にそなへたる駿州勢にせめかゝらば油断したる敵の先陣散乱すべし、然らば（敵は）後陣よりたすけ来りて戦ふべし。斯のごとくにして義元の旗本を透(すか)させ、其空虚に責掛らば、義元を討取れるべしと宣ひ、三千五百人を引わけて両人にさづけ、其身は千五百余人を引率して、敵軍の備へたる山の後より押しまはし、忍びやかに進むべしと下知。時に簗田出羽守申けるは、御謀略、図にあたり尤もに候、敵兵は昨日城責したるせつの陣所あらためず、よって此道筋より押寄るにおいては、駿州勢のうしろへ出べし。然れば大将義元を討とらん事必定なり、急ぎはせつかんと勇み、まつ先に進んでおし行ける。

十九日の暮方より大雨頻りにして、殊に向ふ風なれば、暫時、是をしのがんと、義元はじめ諸手の陣々幕をたれ、休息しける所、其夜丑の刻頃やうやく風雨やみけるが、また明方より大風雨しきりになれば是非なく、翌日も此所に逗留せらる。そもそも、当地は鳴海桶狭間の内にて田楽が窪といふてすこし小高き所なり。義元の兵種々品々音物ありしを幸ひに取ちらして芝居に酒宴す。

五月廿日の朝、いまだ夜も明はなれざるに、必死をきわめた佐々隼人介・千種四郎太夫両人は、信長の持旗、瓜の紋付たるをまつ先に押立、今川家第一の先手葛山播磨守・同備中守・冨永伯耆守等一萬余人にて備たる瀬山の際の陣所におしよせ、百千のいかづち一時に落かゝるごとく厳敷追立々々突まはり切伏せれば、駿州勢朝比奈康秀等三将は二陣・三陣となっていどみ戦う。佐々・千種（秋）は十方に敵を請ながら離合集散秘術を尽す故、今川家の三将も、もみ立られて備野白になって猶予しける所に、岩室長門守きつと見て、すわや味方上鑓になったり此図をはづすべからずと、五百余人鬨の声をあげて横合に駈入て黒煙を立てゝ戦しければ、駿州勢は大崩れになって引退く中に、庵原美作守・朝比奈主計頭等今川家究竟の猛将、自身鑓取って力戦しけるによって佐々隼人介・千種（秋）四郎・岩室長門等おの〳〵乱軍中に討死しけり。

去程に、信長は風雨はげしく篠つくをいとわず、究竟の英兵千五百余人を三手にわけ、先手織田造酒丞・林佐渡守等をまつ先に進ませ、旗本の先手は簗田出羽守と定め、山間の細道を押し行く所に、瀬山の方に当りて鬨の声おひたゞしく起る。信長悶心して、すわや佐々・千種等が軍をはじめたるぞや、此図をはずすべからずとて、自分眞先に進み、馬武者を先に立て、敵陣をかけ破れば、将卒ともに我おとらじと争い進みけり。その中に武者一騎、前田犬千代利家生年十八才なりと高々と名乗、敵中にかけ入けるが、立所に武者一騎突落し首取て、信長の御目にかけける所に、信長以の外に機嫌損ず。彼首をなげ捨、再び敵中にかけ入り、亦一人首を取る。然るところに引つづき木下雅樂助・中川金右衛門等も我先にと、かけ入、粉骨を尽し力戦しておの〳〵敵の首を得たり。織田造酒丞・林佐渡守・森三左衛門・簗田出羽守等は、信長の自余の敵には目をかけず大将義元をえらみ討にせよと呼ばり給ふゆへ、一手になって追立々々苦戦す。

折節、降雨は篠をつくがごとく、黒雲おゝひてひとへに闇夜のごとく風ははげしく駿州勢に吹かけるゆへ、面を打雨は目に入て、咫尺も見る事叶ず。扨又、信長は天の時を得たりと心得し所に、今川治部大輔義元は紫縮緬に桐の紋付たる幕を打廻し、床机に腰かけながら大音に我等馬廻りの兵は進退をともにせよと下知なされども、風雨強くして、物音さらに聞へず。只々狼狽さわぐなり。

爰に、尾州津島の住人、服部小平太は剛の者にして、かゝる乱軍の中に敵の惣大将義元を討取べしと心中に思ひこみ、四方をみやる所に、むらさき幕の内に緋緘の鎧を着し、おろちと名付たる左文字の刀松倉郷の太刀二振を帯し、梨子地柄の鑓を脇ばさみ、床机に腰かけ下知し居給ふを、きつと見て、今川殿と思ひければ名乗って突かゝる。義元は究竟の猛将なれば、松倉郷の太刀を抜いて小平太が鑓の柄をはつしと打れしが見事に切折給ひ、二の太刀にて服部が膝の口をしたゝかに切付給ふ所に、毛利新介かけ来り後より義元の脇ばらへ一鑓突入れ飛かゝりて義元を組しき、しるしをあげんとして、あやまって左手の小指を義元の口中に入けるを、義元くひ切れしが、新介少しも屈せず、終にしるしをあげたり。

『武家事紀』尾州桶狭間合戦記述の立位置

元号	年	西暦年	事　項
永禄	三	一五六〇	桶狭間の戦い
天正	十五	一五八七	護国禅師雪斎遠諱香語　五月十九日礼部於尾之田楽窪
慶長	三	一五九八	信長公記　合戦場・おけはさま山に人馬の息休め、はさまくてみ深田足入れ高みひきみ茂る節所
	六	一六〇一	中古日本治乱記　合戦場・桶狭間の内、田楽坪
	十五	一六一〇	東海道を拓き有松村、落合村を作る
			三河後風土記　桶狭間の内、田楽が窪といふて、少し小高き所
	十六	一六一一	甫庵信長記　合戦場・特定記述無
寛永	二	一六二五	三河物語　五月十九日義元、池鯉鮒より段々に押て大高へ行
	五	一六二八	関東下向道記　馬手に小高き古塚有

承応	二	一六五三	東海道日記　桶狭間田楽坪・ノボレバ左の山間の沢にあり、落合より有松迄両方に小山みゆる　今川・織田戦う
明暦	三	一六五七	海道日記　桶狭間田楽窪・左の山間の沢に有
寛文	六	一六六六	素行赤穂謫居
	九	一六六九	道中回文絵図　やかたはさま、今川よし元・さいご所　（後・絵図）
延宝	元	一六七三	＊武家事紀十九集　義元桶狭間の山間に旗本を立て　桶狭間合戦場迄二十三町十三間　合戦場は桶狭間より卯辰の方　合戦場は田楽坪
	三	一六七五	素行赤穂より江戸に戻る
貞享	二	一六八五	総見記（織田軍記）　桶狭間の山下の芝原
元禄	三	一六九〇	東海道分間絵図　今川義元塚　（後・絵図）
	四・五	一六九一 九二	桶狭間合戦記　山澄英龍　桶狭間山の中、田楽狭間
宝永	五	一七〇八	桶挾間古戦場之図　桶挾間村の北屋形挾間古所謂田楽窪・桶狭間村より鳴海へ乾二十三町余
延享	三	一七四六	東海道巡覧記　落合村今川義元塚
宝暦	六	一七五六	尾張国鳴海致景図　今川義元塚　御屋形迫間・今川織田両家戦場
文化	三	一八〇六	東海道分間延絵図　今川義元塚　桶廻間合戦場道一丁余
弘化	三	一八四六	桶峡間図　馬立松、義元験ノ松・討死ノ跡ト云

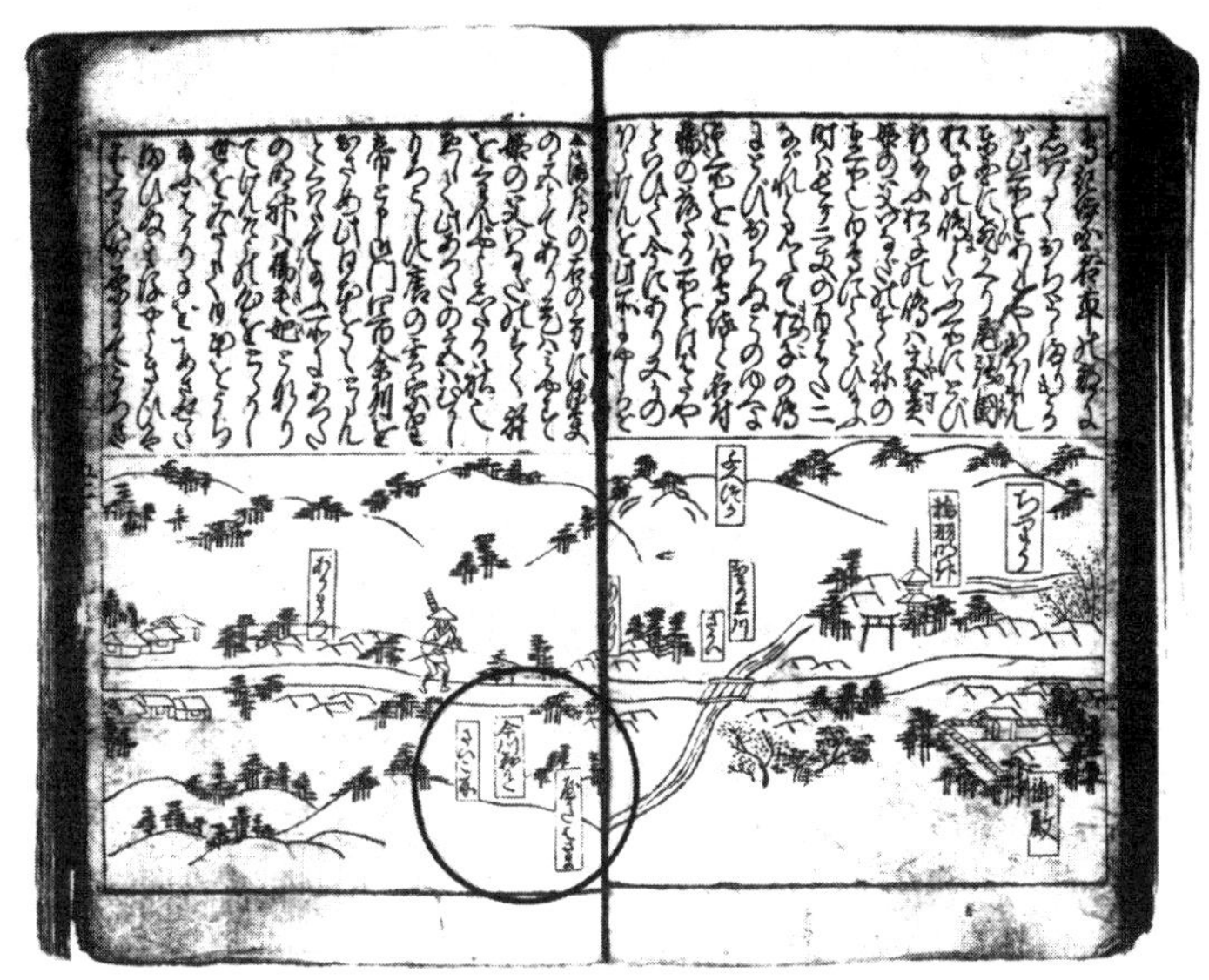

○道中記で最初に描かれた桶狭間合戦絵図

寛文九年（1669）道中記回文絵図　丸囲み箇所

屋かたはさま＝昔は護国禅師雪斎遠諱香語に尾之田楽窪一戦而自吻矣と載り、今は屋形狭間と記す。

今川義元・さいこ所＝斎藤徳元が関東下向道記に道より馬（右）手にあたりて小高き古墳有、織田信長と駿河義基と夜軍有しに義基たたかひまけて此所にて果給ひし古墳なりとしたためた場所

○道中記で海道日記から引用して大脇村落合に描かれた今川義元塚

元禄三年（1690）東海道分間絵図　丸囲み箇所

今川義元塚＝海道日記に桶狭間田楽窪　ここに今川義元打死の所とて塚ありと記るすものから描かれた。

東海道綱目分間之図　名古屋市博物館所蔵　遠近道印作　菱河吉兵衛画

(一)武家事紀巻第十九集

尾州桶狭間合戦

主に宇和島本・津軽本を用いた

今川義元、駿・遠・参ヲ討従テ、尾州智多郡ヲ打取ントス、此比(コロ)織田信長武威ヲ尾州ニ振フテ、尾州漸ク手裏ニ属シケレハ、義元自兵ヲ率シ、織田信長ヲ退治セシムヘシトテ、永禄三庚申(かのえさる)年五月、尾州ヘ発向ノ催アリ、是ニ因テ信長ヨリ鳴海近辺ニ要害ヲ構テ義元ヲ防カル、丹家城ニ水野帯刀・山口海老丞・柘植玄蕃允、善照寺城ニ佐久間右衛門尉力弟左京助、中島城ニ梶川平左衛門、丸根城ニ佐久間大学、鷲津要害ニ飯尾近江守弟隠岐守、織田玄蕃允、中村ニハ中村(ママ)九郎二郎、鳴海ニハ山口左馬助父子(ママ)ヲ入置テ、取々(トリテ)ヲ守ラシム、然ニ去年(サルトシ)中村・鳴海ハ今川ニ属シテ駿河勢ヲ引入ケレハ、鳴海ハ今川ノ家臣岡部五郎兵衛尉守之、同年大高・沓懸両城モ今川ニ属ス、マタ笠寺ニハ葛山播磨守・飯尾備前守・三浦左馬助ヲ入置テ信長ヲ防ケシム、大高ノ城ハ今川家臣鵜殿長助楯籠ル、大高城兵粮不足ニ付テ、去年(永禄二)義元源君ヲ〆(シテ)粮ヲ城中ニ入シム、源君大敵ヲ押ヘ、心静ニ大高ヘ粮ヲ入玉フ、是ニヨツテ今年五月義元ノ先手ヲ勤玉フ、凡義元ノ兵四萬餘、五月十二日駿府ヲ立テ藤枝ニ一宿、十三日遠州懸川、十四日濱松ニ著、先手ハ本坂・今切両所ヨリ押シ出ス、十五日参州吉田、十六日岡崎、十七日池鯉鮒ニ著、先手ハ尾州愛智郡沓懸ニヲシ出シ、其辺ノ城ヲ巡検シ、丸根鷲津ノセメ手ヲキハメ、駿河勢ヲ〆(シテ)尾州鷲津ヲ責シメ、源君ヲ〆丸根ノ城ヲ責シム、十八日源君千餘ノ兵ヲ以テ、丸根城ヲカ攻ニ責ヲトシ、城将佐久間大学ヲ討取玉フ、駿河勢ノ攻ケル鷲津城モ陥テ、飯尾近江守戦死ス、此事信長ヘキコヘケレハ、味方ノ地ヘ敵ヲ入テハ、合戦利アラザルモノナレハ、逆寄ニ押寄、義元ト無二ノ一戦ヲトクヘシトテ、ワツカ三千ニ及ベル兵ヲ率〆清洲ヨリ出勢ス、老臣林佐渡守小ヲ以大ニ適スルハ、其來鋭ヲサケテ其虚ヲウツニアリ、大軍勢ニ乗〆、ヲシ來ルヲ防トゝメンヿ(コト)不ㇾ可ㇾ然(シカルヘカラズ)ト諷諫ストイヘトモ、亡父信秀以來敵ヲ我國地ヘ一足モ入ルヽ事ハ不レ有レ之(コレアラザル)ニ、今我尾州ニ既ニ武威ヲ振ヒ、大軍ニヲソレテ不二出合(デアワズ)一ハ、始終ノ戦不レ可レ有レ利(リアルベカラズ)トテ、唯一騎カケニ出勢有リ、簗田出羽守・佐々内蔵助・織田造酒丞・岩室長門守・長谷川橋之助・山口飛騨守・加藤彌三郎・河尻與兵衛・佐脇藤八・カレコレワツカ十餘騎ニテ熱田ニ著陣、其内方々ヨリカケツケテ一千餘騎ニ及ヘリ、信長則熱田ニ参詣〆、武井肥後守入道夕菴ニ願書ヲカヽシメテ奉納アリケレハ、内陣ニ物具ノ音イタセリトテ、信長大ニイサミ玉ヘハ、諸卒コレニ気ヲ勵マシテ、堅陣モヤフルヘキ勢也、十九日義元既ニ丸根・鷲津ヲ攻取、物初メヨシト喜テ大高ヘ彌(イヨイヨ)兵粮ヲ入テ、鵜殿長助永々大高ニ在番ノユヘ、則、長助ヲ替ラセ、誰ヲカ、番手タラシメント詮議マチ〳〵ニ〆、ツイニ源君ヲ大高城ニ入ヲク也。先手十餘町ヲシ出シ、義元ハ桶狭間ノ山間ニ旗本ヲ立テ、尾州ヲ伐従フル事間アルマシキト喜フ、信長ノ兵鳴海ノ東ヨリ働出テ義元ノ先手ヘカヽル、佐々隼人正・千秋四郎・岩屋長門守眞先ニスヽンテ、義元ノ先手ヘ切テカヽリ戦死ス、義元勢三人ナカラ討取頸ヲ本陣ニ遣シ実検ニ入ル、義元彌氣ヲハケマシ、信長ヲ物ノ数トモセス、サヾメキ渡ル、折節暴雨俄ニフリ来テ、熱田ノ方ヨリ黒気ヲヽイ、人馬東西ヲワキマヘス、義元ノ軍士雨ヲシノカントカナタコナタノ木蔭ニ立ヨルユヘ、義元ノ本陣尤ウスキ時分、信長暴雨疾風ヲカマハス、義元ノ旗本ヘツイテカヽル、此時林佐渡守・柴田勝家・池田信輝・毛利新助等、信長ノ馬ノ口ヲ取テ暫ク待玉ヘト諷諫ストイヘトモ、小勢ヲ以テ大ヲ討ヿ(コト)ハ天ノ時ニ乗スルニ不レ如(シカズ)トテ、一騎カケニカケ入玉フ、簗田出羽守・織田造酒允・森三左衛門・林佐渡守・中條小市・毛利新助ヲ始ト〆(シテ)、スキマナク切テ入ル、義元ハ敵ノ來レルトハ知ス、雨ヲサケテ四方クラキニ途ヲ失テイケル比(コロ)ナレハ、互ニ同士軍(イクサ)ヲシテ前後ヲ不レ辨(ワキマヘズ)、義元帷幕ヲオロシ、辨當ヲツカイ、心静ニイラレケルカ、敵來レリトキイテ、幕ヲアケ士卒ヲシツメ下知セラル處ヘ、服部小平太伐テカヽル、義元則小平太カ膝ノサラヲキリフセカ戦ノ處へ、毛利新助鑓ヲ入突フセ、ツイニ義元ヲ討取ノ由大音ニ呼ワリケルユへ、義元ノ勢立足モナク敗軍シ、討タルゝモノニ千五百餘人也、信長大敵ヲ討、大ニ悦、イソキ清洲へ引トリ玉フ、此戦少ノ間ノ事ナレハ、先手後備トモニ義元討死ヲシレルモノナク、手ニ遇（アウ）モノ少シ、是ユへニ信長ノ引取玉フモ不レ知（シラズシテ）メ、駿河勢譜代ノ歴々トモニ悉ク駿府へ引イルゝ也、

（付け足し）

此時義元ノ刀松倉江（郷）也、則信長中ゴミニ今川義元刀信長討二取之一ト銘ヲ入レ差玉へリト也。

一番頸木下雅樂助也、二番ニ前田又左衛門十八歳イマタ犬丸ト云、此時頸ニツヲ討取也、

大高ヨリ鷲津マテ七町半、丸根ヨリ大高マテ七町、鷲津・丸根ハ大高へノ付城也、鳴海ヨリ桶狭間へ三十町二十九間、桶狭間ハ鳴海ノ巽也、桶狭間合戦場へ二十三町十三間、合戦場ハ桶狭間ヨリ卯辰ノ方ニ當ル、鳴海ヨリ丸根マテハ二十三町、但山道十七町鷲津マテ十町、合戦場ハ田楽カ坪ト云所也。

以下略

知多郡史上巻第一編・通史　第二十七章桶狭間戦役抜粋

これは我が郡の北部にばかり置かれたものではなかった他にも例のあることである。我が郡に於いては有松ばかりであるが舊時我が郡に属してゐた落合も前後もこの例の下に立つたものである。碧海郡に入つても今岡や一里山等の地がある。海道の設備かくの如くにして立てられたのである。かくの如き設備をなさない以前の東

海道の地形は如何なるものであつたか鎌倉街道は沓掛から二村山上を過ぎつて相原郷に出て成海の地に至つたものであつた。

この戦役に利用せられた所の阿野、大脇、桶迫間大高の間には一の通路があつたことは事實である。この道は当方に向つて出やうとすれば海を越江なければならぬのである。阿野の東端は海であつてその交通は如何にせられてあつたか知られぬのである。蓋し對岸の岡との間には船で渡したのであると傳へられて居る。徳川時代の初めにも未だ東海道に近き点まで海であつた事だからこの戦役の頃にも浪打際の地であるから徒渉又は船で越江たものである。そうでなければ迂路を廻つたものでなくてはならぬのである。

これが古來の公路であると傳ふる人はあるけれどもそれは肯定せられぬ事である。敵前を渡河するのは至難の事であるのにこれは監視の爲に置かれたものであるから川上の地で渡河してその各自の部署に就かせたものではないか。この間に公道の有無は別の問題である。後に至つて對岸の地が常に半島と三河地との間に幾多の渡津が設けられたのも昔の例に慣つたものだからその縁由から見れば渡津の地は存在してゐたものである。この点から大脇と今川との間、又敵の有であつた岡と横根との間何れにも渡津を設けて船舶の便があつたので。今の如き陸上交通にはなつて居らなかつたのである。

明治 24 年測図　名古屋近傍図　鎌倉・本道と間道

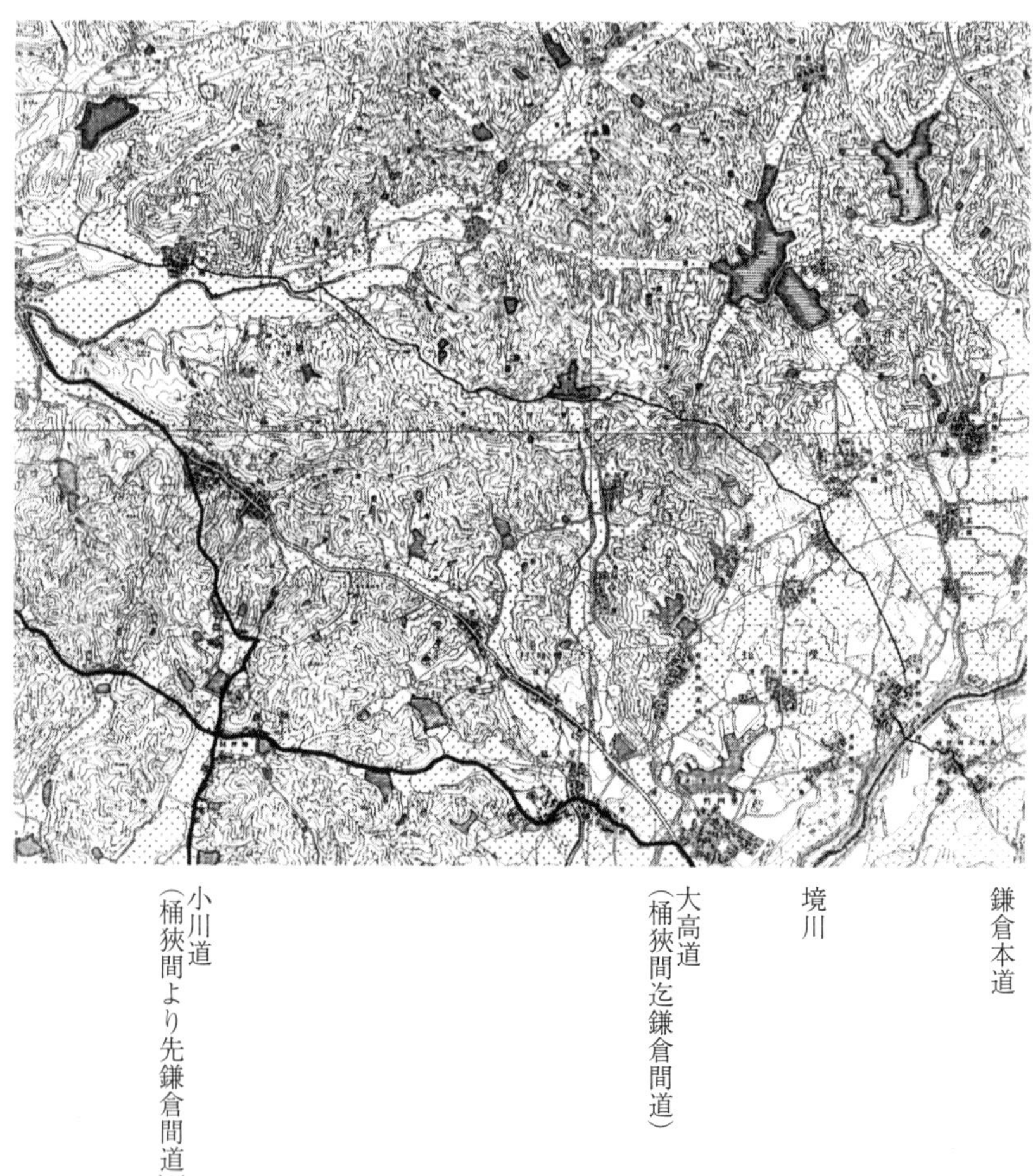

○【桶狭間戦い時の道】　駿河から岡崎に来て、それより矢作・宇頭・八橋・大久伝・宿から、二村山を越え相原・善照寺・古鳴海に至る鎌倉街道の本道に対し、宇頭から追分けて今村・牛田・池鯉鮒、これより今岡・今川の二箇所渡渉し、阿野村から大高村に行く山間の道を用いて、途中桶狭間で追分けて、鳴海・善照寺に至って鎌倉本街道に出合う間道があった。慶長十五年（一六一〇）東海道開通の際は、間道の道幅を広げたり、阿野から鳴海の手前鎌磨までの間は大高道利用を止め、山間を切り開いて新しく道を作り、落合・有松の駅を設けた。付替えて残った旧来の箇所は生活道路に様を代え、いつか忘れ去られた。

『三河物語』は合戦時の五月十七日、今川勢は矢作・宇頭・八橋の本道と今村・牛田・池鯉鮒の間道にいて「義元は十九日池鯉鮒より段々に押して大高にゆく」と記し、義元は沓掛には行かず大高へ直接行く途中、桶狭間で憩っていたと著すとしか読み取れない。肝心の『信長公記』は五月十七日「今川義元沓掛へ参陣」と今川勢を一人称で記した後、十八日夜に大高の城へ兵糧を入れさせ、十九日は取出に攻め掛かって来るのは間違いないと佐久間大学・織田玄蕃から注進があったなど話を色々に記すが、五月十九日義元がおけはざま山で休息するまで、義元自身がどこでどうしていたなど一言も記していないのは、『信長公記』が信長伝記主体で記述され、桶狭間で義元と向き合うまでは必要でなく、記してなかったからで、信長伝記主体記述の特性を利用してあった。

『武功夜話』は合戦の時、信長は「簗田鬼九郎・弥次右衛門父子を早くから鳴海表の鎌倉両道と干潟道に様子を探りに行かせてあると語っていた」と載せ、干潟道は鳴海から黒末川に添って大高に至った後、桶狭間道また は追分けて緒川や苅谷に至る道を言ったもので、当時はこの三道以外、鳴海に至る道はなかったと証す。天文廿四年、信長は村木攻めの際、嵐の中を熱田から渡海したのはこの時既に鳴海・大高・沓掛の三城砦が謀叛していたので、後巻きを慮っての渡海であった。

○【鳴海城と付城の善照寺砦】　鳴海の城に合戦前、今川勢がいたことはいずれの著も変わらない。但し『中古日本治乱記』に山口父子が鳴海城へ今川勢を引入れたと記すのは誤りで、中村・鳴海を守っていた山口父子を信長が攻め殺したので、代わって今川勢が鳴海の城を護ることになった。善照寺を『武家事紀』『中古日本治乱記』は共に城または砦と記し『三河後風土記』は要害と記すのは、ここが鎌倉本道と間道の出合いに当たり重要な所だからか。今、善照寺砦に立つと人数なら精々五百人程度が守れる広さでしかない。後に山澄英龍は『桶狭間合戦記』に星崎に岡部五郎兵衛がいたと載せるので、この時、善照寺砦と鳴海の城を合わせた要害に佐久間信盛、親盛兄弟がいて（『三河後風土記』）、星崎に岡部がいたと話が作られたのなら『武功夜話』の佐々隼人允、鳴海討死も相乗りできる。

『武家事紀』には「鳴海は今川の家臣岡部五郎兵衛尉之を守る善照寺城に佐久間右衛門尉カ弟左京助」と載る。通常、城と付くものには何も付けず、砦と付くものに城と付けるので星崎は単に鳴海とし、善照寺を城ではなく要害にすれば作られた話は生きる。

三著の必要箇所を結び付け『東海道日記』と『海道日記』の記述を加えて忖度すると事実が判る。

項目	東海道日記に用いられた中古日本治乱記	海道日記に用いられた三河後風土記	治乱記と風土記を合わせた武家事紀	参考信長公記
善照寺は砦か城か	砦（親盛）	要害（信盛・親盛）	城（親盛）	砦（親盛）
義元の先手	瀬山の際に扣へける（本道）	先手瀬山の際にそなへたる（間道）	十余町押出し	
義元の先陣	道より遙に隔つ西の山陰（間道）	—	—	戌亥に向て備へ（間道）
義元本陣	桶挟の内・田楽坪	桶狭間の山間	治・風	おけはざまはざまくてみ深田足入れ高みひきみ茂る

佐々・千秋・岩室	義元の先手に逆寄せして	瀬山の際の陣所	鳴海の東から義元の先手に掛る	義元へ向つて足軽に罷出
前田又左衛門	義元の先陣	争ひ進みけり（先懸）	頸二つ（付け足し）	抜懸け
信長が攻め掛つた道	山の後より押しまはす	山間の細道（間道）	暴雨疾風をかまわず義元の旗本へついてかゝる	山際を廻り

山鹿素行は『東海道日記』を『中古日本治乱記』（以下治乱記）主体で記した。磯谷平介は『三河後風土記』（以下風土記）主体で『武家事紀』に「尾州桶迫間合戦」を著し、同時に『東海道日記』で「桶狹間田楽坪に今川義元討死の塚がある、そこは街道から上った左の山の間の沢のところにある」と記されていたものを「桶狭間田楽窪の今川義元討死の塚がある、そこは街道のすぐ左の山の間の沢のところである」と『海道日記』で改めた。風土記が「桶狭間の内田楽窪」と記したのは護国禅師雪斎遠諱香語に「礼部尾之田楽窪」と載るものからの発想で、『海道日記』はこれを受けての記述であることは十分察知できる。磯谷平介は『武家事紀』に「桶狭間の山間」と載せて治乱記と風土記の両方に通じる記述を施したまでは良かったが、風土記に信長が「山間の細道を押行く」と鳴海の手越鎌磨から鎌倉間道を進んだと記されていた道筋の判断を誤った。山鹿素行は赤穂下りの時から鳴海から桶狭間合戦の場までは鎌倉間道を通り、里程廿三町十三間と諳んじていたが、磯谷平介は道中不案内でまさか東海道とは別に間道があったとは気付かず、里程廿三町十三間を東海道に求めた。そのため鳴海から東海道を通り桶狭間田楽窪の少し小高きところを通りすぎ少し先にある大脇村の僅かな窪地に求め『海道日記』に「ノボラナイ」左の山の間の沢のところと記し、『武家事紀』には山間の細道にかえて、信長は「暴雨疾風をかまわず義元の旗本についてかゝる」と、いずれにも通じる記述をした。『武家事紀』第二十八集『尾州桶迫間合戦図』には東海道を描き、手越鎌磨で追分けてはいるが、その先鎌倉間道は描かれていない。以後多くが

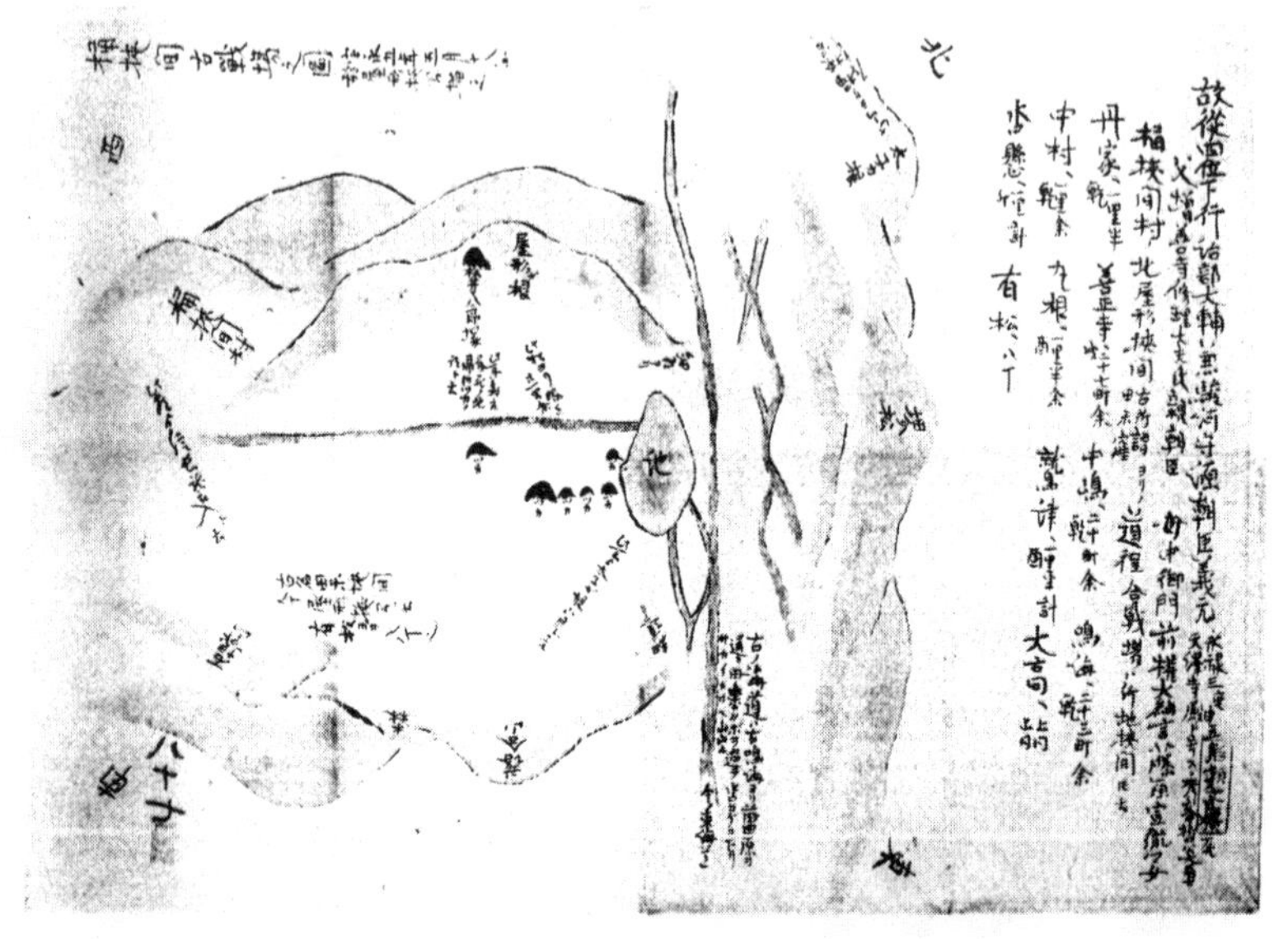

西尾市岩瀬文庫蔵　宝永五年（1708）桶狭間古戦場之図

留意する箇所

○於屋形狭間（大脇・落合）に桶狭間古戦場（桶狭間）を描くと載る。

○桶狭間村ノ北屋形狭間古所謂田楽窪（桶狭間）よりの道程は合戦時は竹地狭間（桶狭間）で鳴海より二十三町余乾に有。

○太子カ根のところに此山より桶狭間道ありと記し、太子カ根から直接桶狭間に行けるが池の側に此所太子カ根見ゆると記し、こゝから太子カ根は見えるが行くことは出来ないと示唆した。

倣う。描かれていても、大高と桶狭間の境目筋に位置するのは主旨が異なる。天保十二年の桶狭間村絵図は、長坂道として正しく鎌倉間道が描かれている。宝永五年（一七〇八）描く岩瀬文庫所蔵『桶狭間古戦場之図』や『新編桶峡合戦記志稿本』などは指摘しているが、未だ省みられていない。『日本戦史桶狭間役』編纂の参謀本部はこれを実測図に著したので嘘は描けず苦労の跡が窺える。

「尾州桶迫間合戦」記述後の付け足しに記された各所方角里程を用いた『旧（もと）図』と『付け足し図』及び『武家事紀図』と密接に関係する蓬左文庫蔵『愛知県史図』の四枚は、同様の方角里程を用いて描かれているが解釈が様々に異なる。枠組して番号を付け組合せを明示し説明を加えた。

方角・里程の比較（縦枠は組合せを示す）　※旧図以外は共通して大高道・鎌倉間道が描かれていない。

区分	一 (一)	一 (二)	一 (三)	二 (一)	二 (二)	三 (一)	三 (二)	三 (三)	三 (四)
山鹿素行が諳んじていた旧の道筋（旧図）	大高ヨリ鷲津マテ七町半	丸根ヨリ大高マテ七町	鷲津・丸根ハ大高へノ付城也	鳴海ヨリ桶狭間へ三十町二十九間	桶狭間ハ鳴海ノ巽（南東）也	桶狭間合戦場へ二十三町十三間（鎌倉間道に描いた）			
磯谷平介の思惑あった道筋（付け足し図）	大高ヨリ鷲津マテ七町半	丸根ヨリ大高マテ七町	鷲津・丸根ハ大高へノ付城也	鳴海ヨリ桶狭間へ三十町二十九間	桶狭間ハ鳴海ノ巽（南東）也	桶狭間合戦場へ二十三町十三間（東海道に描いた）	合戦場は桶狭間（田楽窪）ヨリ卯辰（東南東）ノ方ニ当ル		
第二十八集桶迫間合戦図（武家事紀図）	大高ヨリ鷲津七町半			鳴海ヨリ桶迫間村迄三十町	同所（鳴海）ヨリ桶迫間村迄辰巳（南東）ニアタル	鳴海ヨリ桶迫間合戦場迄廿三町（東海道に描いた）		同所（田楽坪）ヨリ合戦場ハ丑寅（北東）ニアタル	桶迫間（田楽坪）ヨリ合戦場へ十二町
桶狭間合戦之図（蓬左文庫蔵愛知県史図）	是（大高）ヨリワシス村迄七町半	是（大高）ヨリ丸根迄七町		鳴海ヨリ桶迫間ノ道卅町廿九間	同所（鳴海）ヨリ桶迫間ハ辰巳（南東）ノ方也	同所（鳴海）ヨリ桶迫間合戦場迄廿三町拾三間（東海道に描いた）	桶迫間（田楽窪）ヨリ合戦場は卯辰（東南東）ノ方	同所（田楽坪）ヨリ合戦場ハ丑寅（北東）ニアタル	桶迫間（田楽坪）ヨリ合戦場ハ拾弐町

（次頁につづく）

	四(一)	四(二)	五	六	七
	鳴海ヨリ丸根マテハ二十三町	但山道十七町	鷲津マテ十町（鳴海ヨリ）	合戦場ハ田楽カ坪ト云所也	
	鳴海ヨリ丸根マテハ二十三町	但山道十七町（鳴海ヨリ）	鷲津マテ十町（鳴海ヨリ）	合戦場ハ田楽カ坪ト云所	
	鳴海ヨリ丸根へ二十三町	是（丸根）ヨリ鳴海迄十七町	鷲津迄十町（鳴海ヨリ）	合戦場ハ鳴海ヨリ阿野村迄ノ往還道ヨリ一町程南	鳴海ヨリ野間ノ内海へ九里程有
	鳴海ヨリ丸根廿三町	是（鳴海）ヨリ丸根迄ワシス通リ山道拾七町半	是（鳴海）ヨリワシス迄十町	合戦場ハ鳴海ヨリ阿野村迄ノ往還道ヨリ一町程南	野間海道是（鳴海）ヨリ丸根平地迄道筋拾九町余

（前頁よりつづく）

旧図

二(一)　鳴海から東海道を東に向かって進み鎌研からさらに手越川に沿って、大子ケ根・釜ケ谷を経て桶狭間に至る

三(一)　鎌研から曽ての鎌倉間道に当たる長坂道を経て田楽坪の合戦場に至る

二(二)　行く先が鳴海から南東に当たるので二(一)と三(一)の両方に掛かる文言

四(一)(二)　二十三町は先の三(一)と同数。鳴海と桶狭間の里程に、桶狭間から大高に至る山間の道十七町を加えて、鳴海より桶狭間を経て丸根までの距離を表した。

付け足し図

三(一)　桶狭間まで二通りの路があると記されているとは気付かず、しかも鎌倉間道はそのままで東海道になったと勘違いし、二十三町を東海道に当てた。

三(二)　田楽窪は関東下向道記で馬手に小高き古塚有と記され、雪斎遠諱香語に載る尾之田楽窪に倣った（三河後風土記にも田楽窪は載る。田楽窪の位置は今回昭和十年の地籍図から有松武路の山に原野と記され確認できた）。

武家事紀図
三㈢㈣　風土記を用いて合戦の場所をかえたので治乱記の田樂坪を示す場所もかえた。
六　正確には鳴海からは廿五町は下らないが窪地ならここ以外にない。

愛知県史図
方角・里程は付け足し図と武家事紀図を合わせて記し、田楽窪と田楽坪が並ぶのは海道日記の姿と同じ
七　丸根平地は中島からの小川道と桶狭間からの大高道が出合うところで、緒川（小川）道は行く先で苅谷と追分ける。合戦の時信長は大高の付城としてここに丸根砦を築いた。

㈠『武家事紀』第十九集山鹿素行が諳（そら）んじていた旧（もと）の道筋（旧（もと）図）

『武家事紀』第十九集尾州桶狭間合戦本文後の付け足しに載る方角・里程の内「合戦場は桶狭間より卯辰の方に当る（平介思惑して付加）」を除いたものが旧（もと）、素行の諳んじていた方角・里程に当たる。残る方角・里程とその詳細。（番号は方角・里程比較表に依る）

○「大高より鷲津まで七町半」＝一㈠
大高城址より中屋敷を経て鷲津砦までの干潟道
○「丸根より大高まで七町」＝一㈡
丸根砦と大高城址間直視の道
○「鳴海より桶狭間へ三十町二十九間」＝二㈠
信長は鳴海から桶狭間の義元に攻め掛かる時は、今川先陣のいるところを避け、手越川のままに鳴海中島橋より鎌研（磨）生山（釜ケ谷）を経て桶狭間に廻り込んだ

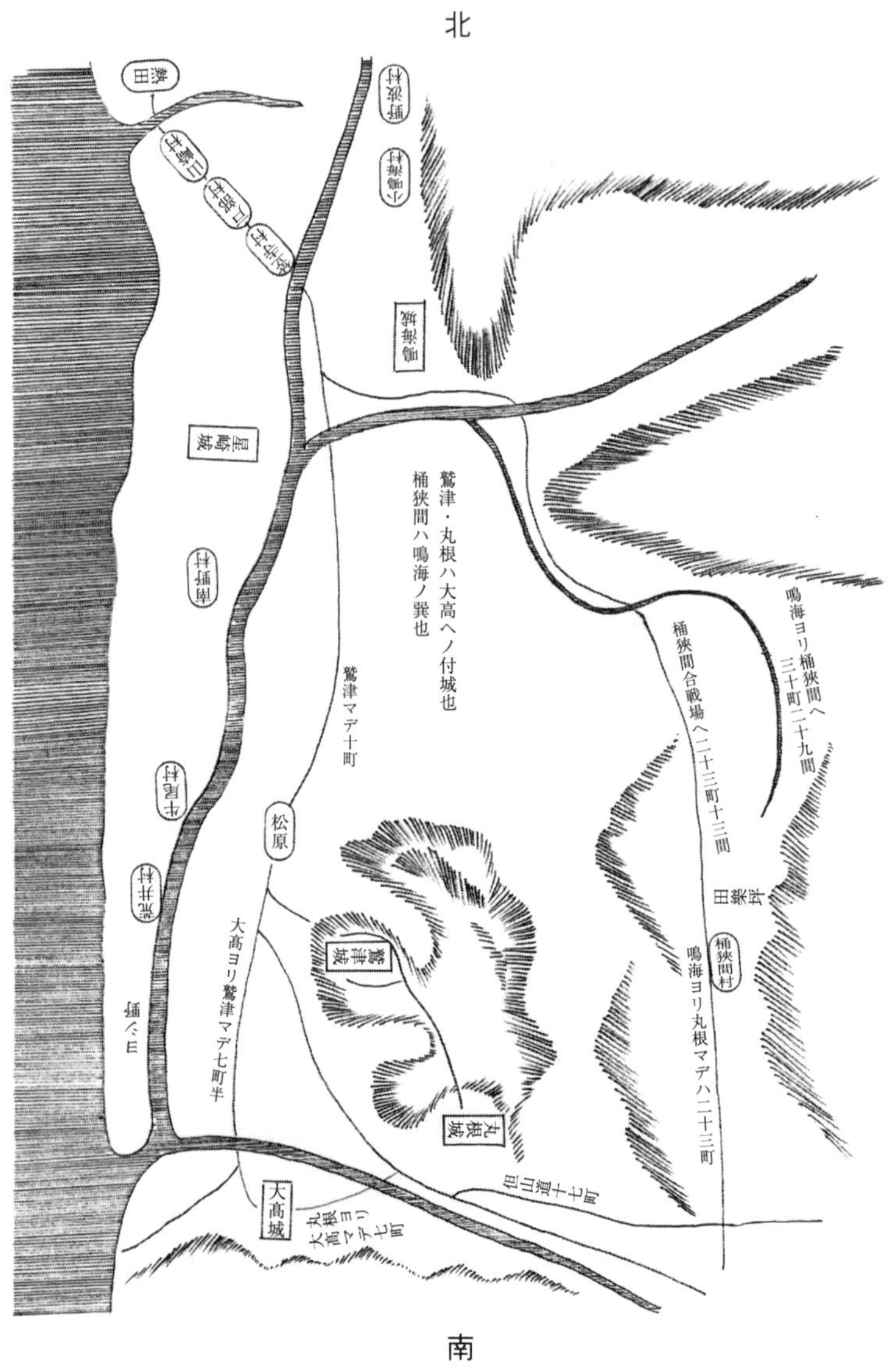

山鹿素行が諳んじていた旧の道筋（旧図）

注　鎌研は『信長公記』で「山際迄御人数寄せられ候の処俄に急雨石氷を投打つ様に敵の輔（つら）に打付くる、身方は後の方に降りかゝる沓懸の到下の松の本に二かい三かゐの楠の木、雨に東へ降倒るゝ、余りの事に熱田大明神の神軍かと申候也」と譬えた記述の箇所

○「桶狭間は鳴海の巽也」＝二㈡
鳴海から桶狭間は辰巳の方角にある

○「桶狭間合戦場へ二十三町十三間」＝三㈠
鳴海から桶狭間の合戦場までは鎌倉間道を通れば二十三町十三間になる

注　『信長公記』には義元が「戌亥に向て人数を備へ、佐々隼人正・千秋四郎二首が義元へ向て足軽に罷出」ていたり、信長の家老が「脇は深田の足入、一騎打ちの道なり、無勢の様躰敵方よりさだかに相見え候」と言って引止めた道筋に当たる

○「鳴海より丸根までは二十三町、但し山道十七町」＝四㈠㈡
鳴海より丸根砦に行くには干潟道の鷲津経由だが、以外なら大廻りして桶狭間合戦場（二十三町）を通り大高道を行くことになる。但しそこは山道（十七町）が加わる

○「鷲津まで十町」＝五
鳴海より鷲津までは干潟道を通る

○「合戦場は田楽坪と云所也」＝六
『中古日本治乱記』には義元は桶狭間の内・田楽坪と云所にて辨当を遣い酒飲んで居て信長に討たれたと載る

㈡ **磯谷平介の思惑あった道筋（付け足し図）**

山鹿素行は『中古日本治乱記』を用いて桶狭間の戦いを著した。磯谷平介は『武家事紀』で尾州桶狭間合戦を

まとめるに際し、不足を補うため『三河後風土記』を以てしたが、そこには、

五月十四日、義元の旗本勢愛知郡沓掛に着陣し、翌十五日には沓掛を打たち、此日、義元の先手井伊信濃守と徳川家の譜代衆は鷲津の城を取まき責立てた、と記されていた。

平介、思案して『三河後風土記』に元康は五月十二日に大高へ兵糧を入れ、そのまま鵜殿と入替わっているので鷲津を攻めるに不都合はなかっただろうが、井伊はどうだろう。鎌倉本道の沓掛からどこを通って鷲津まで来たのか。他方、信長は今川に攻め掛かる際は、佐々隼人介(允)・千種(秋)四郎兵衛(ママ)に旗、馬印を押立てさせ、鎌倉間道の瀬山の際にいる義元の先手を食い止めに行かせ、自分も間道から鳴海・桶狭間の内にて田楽が窪というすこし小高き所にある義元本陣に攻め掛かり大勝している。それなら十四日沓掛に行ったのは、やはり義元の先手で、義元自身は池鯉鮒から間道を通って田楽が窪に来ている、と結論付けたのはまことに達見といえる。しかし、残念だったのは慶長六年（一六〇一）鎌倉間道を東海道に改修した時は、阿野と鳴海の間は道が付け替えられていた。桶狭間は付け替えて残ったところにあったが、平介は間道がそのまま東海道になったと勘違いしたのが祟った。『三河後風土記』に信長は「山間の細道（鎌倉間道）より義元の本陣を襲ひ突崩す」と載る。間道は即ち東海道と思い込み、どこからとも示せないまま風雨の中、攻め掛かったと記した。

その上で素行が諳んじていた方角と里程を本文後の付け足しに記したが、間道にある桶狭間を東海道に求めたので、既存のまま記せず言葉を補った。その他、里程も当てはめるところが判らず難渋した。（番号は方角・里程比較表に依る）

○「大高ヨリ鷲津まで七町半」＝一(一)

城・砦の位置が判っていれば簡単なので、これは問題なかった。

○「丸根より大高まで七町」＝一(二)

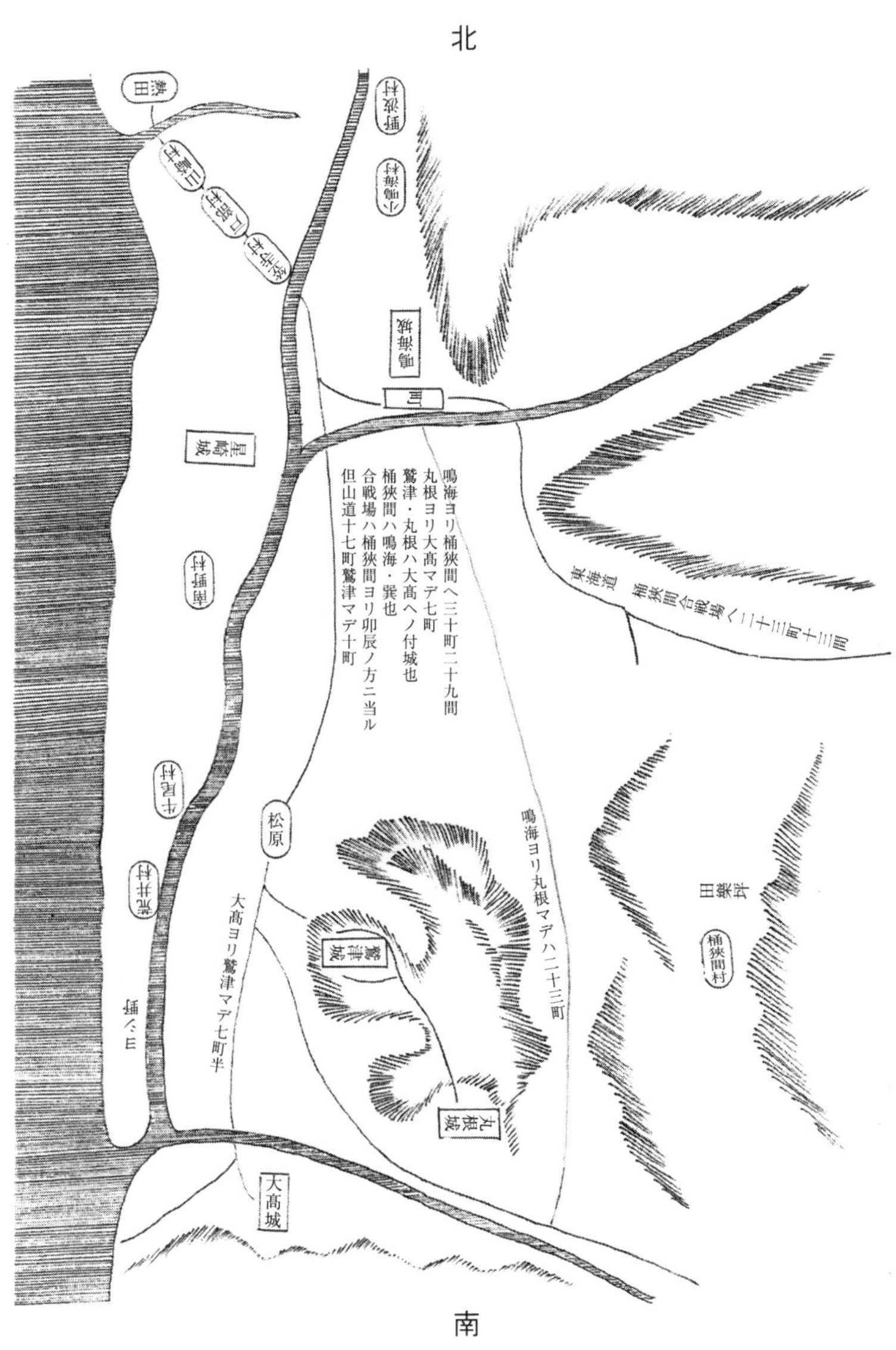

磯谷平介の思惑あった道筋（付け足し図）

直視できるのでほぼ、どの辺と判る。

○「鷲津・丸根は大高への付城也」＝一㈢

見ての通りで問題はなかった。

○「鳴海より桶狭間へ三十町二十九間・桶狭間は鳴海の巽也」＝二㈠㈡

城・砦の位置が判っていれば道筋は判らなくても、おおよその判断はついた。特に東海道が出来てからは、桶狭間との往き来の道は一筋ではなかったので、その内のどれかだと言っても過言ではない。

○「桶狭間合戦場へ二十三町十三間・合戦場は桶狭間より卯辰の方に当る」＝三㈠㈡

平介は『三河後風土記』をもとに『尾州桶狭間合戦』を高興の名で著した。風土記に桶狭間の戦いは田楽ガ窪であったと載り、斎藤徳元は『関東下向道記』で「馬手に小高き古塚有」として、そこは雪斎遠諱香語に「礼部尾之田楽窪一戦而自吻矣」と載るところでもあると知っていた。桶狭間は鎌倉間道にあったが、間道の今は東海道に呼び名が替わった。それなら東海道の鳴海から二十三町十三間先の合戦場は桶狭間田樂窪から卯辰の方角に当る。と意味を込めた。

○「鳴海より丸根までは二十三町」＝四㈠

まさか素行が山道十七町と合わせて記していたとは気付かず、地形で考えると大高と桶狭間は隣り合っている。単純にその境目筋（鳴海と桶狭間が、大高と接するところ）に著した。里程が適しているか否かは問題外であった。

○「但山道十七町・鷲津まて十町」＝四㈡五

素行が鳴海から桶狭間を通り丸根までの里程は二十三町と山道十七町の合わせたものとしていたが、平介は二十三町と切り離して但山道十七町は鳴海から鷲津を通り丸根までで、その内鷲津までは十町であると扱い方を替えた。

○「合戦場は田楽坪と云所也」＝六

素行が合戦場だと言っているところだと意味を込めた。

付記　平介が思惑した方角・里程を絵図に描くと「手越川と鎌磨から桶狭間迄の道、さらに大高道」が不要になった。思惑した方角・里程は中央にまとめて示した。

㈢『武家事紀』第二十八集尾州桶迫間合戦図（武家事紀図）

先の磯谷平介が思惑あって描いた付け足し図をもとに描かれた。（番号は方角・里程の比較表に依る）

○比べると合戦場が前図で「田楽坪と云所」と「鳴海から二十三町」先の「桶狭間より卯辰の方に当る」の二ケ所になっていたものが、ここでは「鳴海より桶狭間（大脇村・落合）合戦場まで廿三町」のところは「田楽坪より丑寅十二町のところ」だと記し、自身の思惑あったことは言わず「その合戦場は鳴海より阿野村迄の往還道より一町程南」に当たると締め括った。＝三㈠・㈢㈣・六

○付け足し図で田楽窪を移し、ここでは田楽坪を移し、桶狭間から合戦場を無くしたので、絵図にいままで「田楽坪」と記していたところを「義元討死場」に改めた。そのため、描く姿は桶狭間だが、記す姿は落合で、至って曖昧なものといえる。

○付け足し図で「但山道十七町」としていたところを「是より鳴海迄十七町」に改めた。＝四㈡

付け足し図と同様にここでも不都合なところは「同所」や「是」を用いているので前図・前々図と比較判断しないと、ちょっと見はどこか判らない。旧図と比べると、

手越川筋が依然として描かれていないので「鳴海より桶迫間村迄三十町」はどこを通るのか示し難い。

鎌倉間道即ち東海道と思い込んでいるので、大高道は不要だと描かれていない。これでは井伊や三河衆が鷲津・丸根を攻める時は緒川道を来る以外方法がない。

「丸根・大高七町」も目視は可能だが机上だけの話なので道が描かれていない。

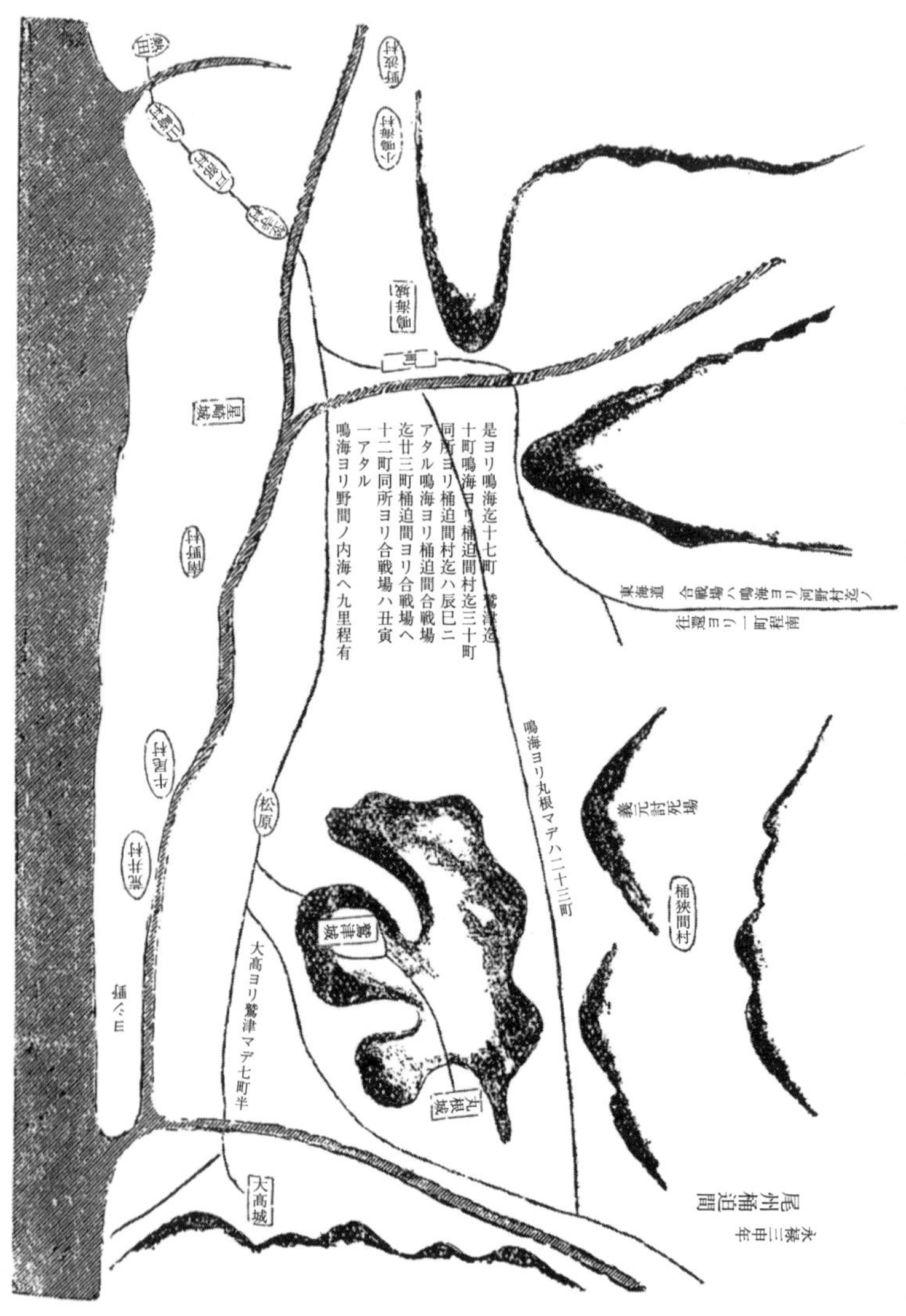

『武家事紀』　第二十八集尾州桶迫間合戦図（武家事紀図）

東海道を描き「合戦場は鳴海より阿野村迄の往還道より一町程南」と載るのも、やはり鎌倉間道即ち東海道と思い込んだ末のことで「桶狭間合戦場へ二十三町」にかわる書き込みである。

そのため桶狭間の東の山と、西の山の間を通る鎌倉間道は、東海道と記されたところから追分けるばかりで行き先が描けず、桶狭間村は孤立無援の場となった。

合戦場・義元討死場ともに、このようにして桶狭間から落合の地に移り代わって行った。その姿は『道中記回文絵図』で山に「屋かたはさま・今川よし元・さいこ所」と描かれていたものが、『東海道分間絵図』に「今川義元塚」と描き代わる過程を示したものといえる。

二、蓬左文庫蔵桶狭間合戦之図（愛知県史図）

先の『武家事紀図』を基に描いたことが判る。描かれた時期を所蔵する蓬左文庫では、江戸中期または十八世紀とし、描いた人物名は不明。『愛知県史』は絵図の写真掲載のみで説明記事掲載はないので意図は判らない。改めて『武家事紀図』と突き合わせると、方角・里程の組み合わせ方や表現も少々異なり、示唆する意味も異なる。

校正中に絵図は天保十一年作図と教えを受けた。解釈はかわらないが繋がり説明が異なる。必要箇所で説明をかえた。

○『武家事紀図』は尾州桶迫間合戦に載る「桶狭間の山間」を意識して、桶狭間の東の山並みと西の山並みを二列に描いていた。ここではその西の山並みの先に、大脇村・落合の山を付け加えて、「義元本陣」や「服部小平太・毛利新助」の名を記し、麓の窪みには「雨池」を描き、より大脇村山を誇示した。また、東海道の鎌研で追分けて「合戦場は鳴海より阿野村迄の往還より壱町程南」と記していたものを、義元本陣の山よりさらに阿野寄りに描き替え、以前は鎌研の追分としていた箇所を「往還より壱町程南の追分」に作り替え、先図に記されていた「桶迫間村」は大脇村に思案を替えた。描き替えた山塊は誰も桶狭間山に大脇村山を付け加えたと気付かないが、桶狭間の東側の山並みが、残っている。大脇村山にこんな山並みは存在しない。

○その他、鳴海城北に描かれた森と、鷲津・丸根の山塊に描かれた明神の森は、それぞれ東宮社と諏訪社の森で、天保十二年『鳴海村絵図』で判る。

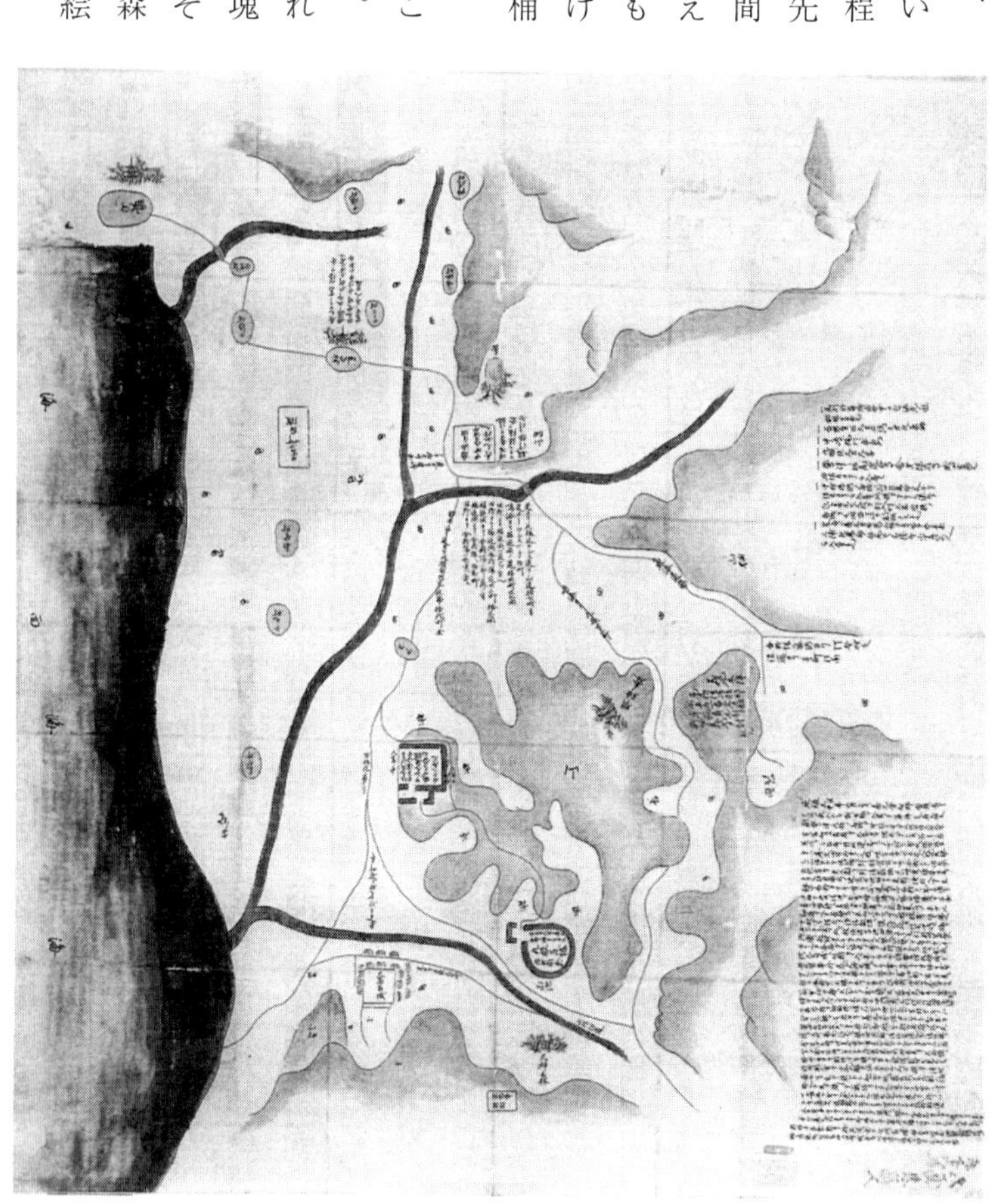

図版４　桶狭間合戦図　名古屋市　蓬左文庫蔵　愛知県史掲載

「鳴海より丸根廿三町」の道は、諏訪社の傍を通る中島砦付近からの於川（小川）道だろう、同じ天保十二年の『大高村絵図』では、丸根砦東南の平地で野間海道や桶狭間道とも出合う。「鳴海より丸根廿三町」は武家事紀図にも記され、こちらは桶狭間と大高の境目筋に載り描く位置が異なる。結局、武家事紀図までは勾(まが)りなりにでも、桶狭間の姿は描かれていたが、ここにきて描かれたものは位置はそのままで大脇村落合に様変わりし、ちょっと見の桶狭間は消え失せた。そのため、桶狭間に掛かる方角・里程を当てはめることができず六項目全ては絵図中央にまとめ書きになった。残る鷲津・丸根に関する二項目の「山道十七町半」と「鷲津迄十町」は尾州桶迫間合戦の本文後の付け足しで区分を間違えて「但山道十七町・鷲津まで十町」と続き書きし、ここまで尾を引きずって来た。こゝは尾州桶狭間合戦を記した礒谷平介の誤りから始った。

　大脇村山絵図を真似て雨池を描いた山に「義元本陣と服部小

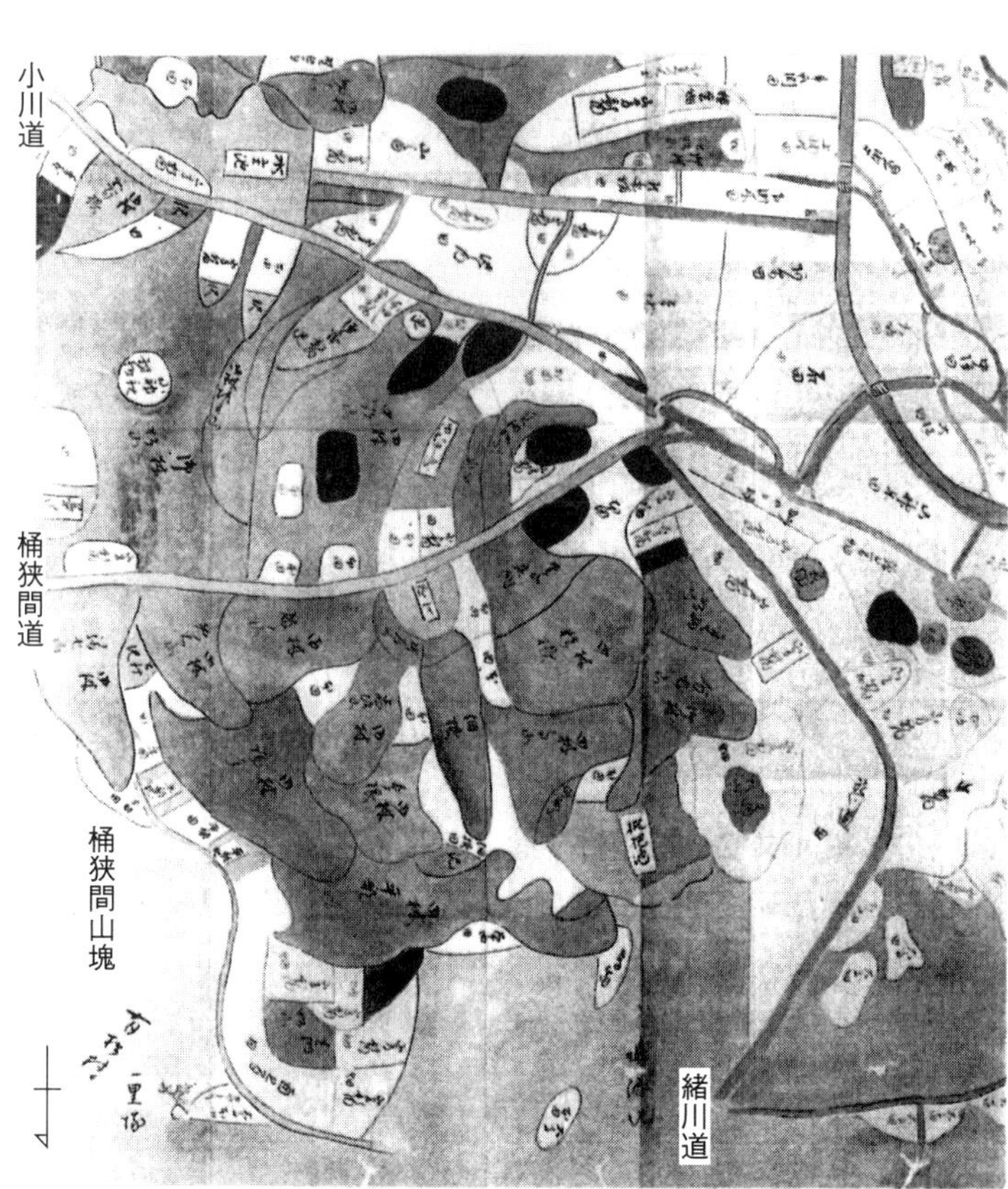

天保十二年　大高村絵図

平太・毛利新助」の名が載るのは、絵図の下の甫庵『信長記』文からの引用だろうが、絵図を描いた目的は義元討死の様子ではなく田楽坪の位置にあった。

『武家事紀図』は「鳴海より桶迫間（と）合戦場迄（は共に）廿三町、桶迫間より合戦場へは十二町、同所（田楽坪）より合戦場へは丑寅（北東）にあたる」と記され、密かに田楽坪の合戦場を大脇村山地に描き替えてあった。ここでは東海道の鎌研で追分けていたものを、義元本陣のところ迄ずらして「合戦場は鳴海より阿野村迄の往還道より一丁程南」と詳しく位置説明に用い、これに合せる様に『東海道分間絵図』では、往還道より一丁程南に「今川義元塚」が描かれた。

合戦の場が桶狭間から大脇・落合に替った様子は文化三年（一八〇六）になり『東海道分間延絵図』にも描かれた。すると三年後の文化六年（一八〇九）には、大脇・落合に「桶狭弔古碑」と「桶狭間古戦場是より一丁」の碑が建てられた。

このくだりからすると、延享二年（一七四五）作図大脇村山絵図の「今川義元軍場、塚、松井八郎」等を記す貼紙は文化三年から六年を経る間になされ、蓬左文庫が桶狭間合戦之図と称する『愛知県史図』は始めの「方角・里程比較表」の様な過程を経て『武家事紀図』（一六七三）に倣って江戸中期に描かれたと此処迄想定して来た。

ところが校正の段階で『愛知県史図』は天保十一年（一八四〇）に描かれていると教えを受けた。してみると描かれた時期は『尾張国鳴見致景図』（一七五六）や『東海道分間延絵図』（一八〇六）の後になり説明は全く違ったものになる。

尾張藩は天保十二年（一八四一）領内全ての村々に村絵図を描き差出す様、布令を出した。愛知県史図は、その前年（一八四〇）に藩が描いた。参考にしたものは『武家事記図』及び、有松村に「今川義元塚」と「御屋形迫間今川織田両家戦場」と描いた『鳴見致景図』（一七五六）のほか、延享二年（一七四五）作図の『大脇村山絵図』、「今川義元塚」と描いた『東海道分間絵図』（一六九〇）、大脇村落合に「今川義元塚」と「字屋形山桶迫間合戦場」さらに「桶迫間合戦場道一丁余」を付加えた『東海道分間延絵図』（一八〇六）、同じく大脇村落合の地に建つ七石表を寛政七年（一七九五）に描いた高力猿猴庵の『東街便覧図略』これ以外にも文化六年（一八〇九）に建った「桶狭弔古碑」等、があった。

そこで藩は目立つ塚、戦場、一丁の文字、さらにやたら桶狭間を冠する姿をみて『武家事紀図』で桶狭間の東西に並列する「総称桶狭間山」の西の山並みに大脇村山絵図の山を冠し、鎌磨(研)の追分と、そこに描いてある「合戦場は鳴海より阿野村迄の往還道より一丁程南」をそのま、、「冠した大脇村・落合の山」の位置に描き換えて『愛知県史図』を作った。そのため桶狭間山が大脇落合の山になり、唯一目印だった鎌研を無くしたので、大高の隣が桶狭間変じて大脇落合になり桶狭間は無くなったがどこにも何の説明も無い。

鳴見致景図、東海分間延絵図、愛知県史図の三絵図は共に、塚、戦場、一丁の三つを記すがその用い方を、

『鳴見致景図』は三つを有松村・桶狭間に記し、

『東海道分間延絵図』は三つを大脇村・落合に桶狭間を用いて記し、

『愛知県史図』は三つを義元本陣、義元討死などと抽象的に用いて桶狭間を大脇村・落合の姿に描きかえる。

三絵図は同じものを用いて描くが、描いた場所は異なる。特に延絵図と愛知県史図は自分のところに相手の姿を描く何とも摩訶不思議な絵図で不審が募る。これでは結果として「方角・里程の比較」で示した『旧(もと)図』に及ぶのは難しい。

昭和四十一年（一九六六）名古屋市教育委員会提出『桶狭間古戦場調査報告』冒頭の実測図に記す有松、桶狭間、大脇・落合の位置を点線で囲み桶狭間の戦いは広範囲にわたっていると示すのは、此処での三絵図を示唆しているとしか思えない。

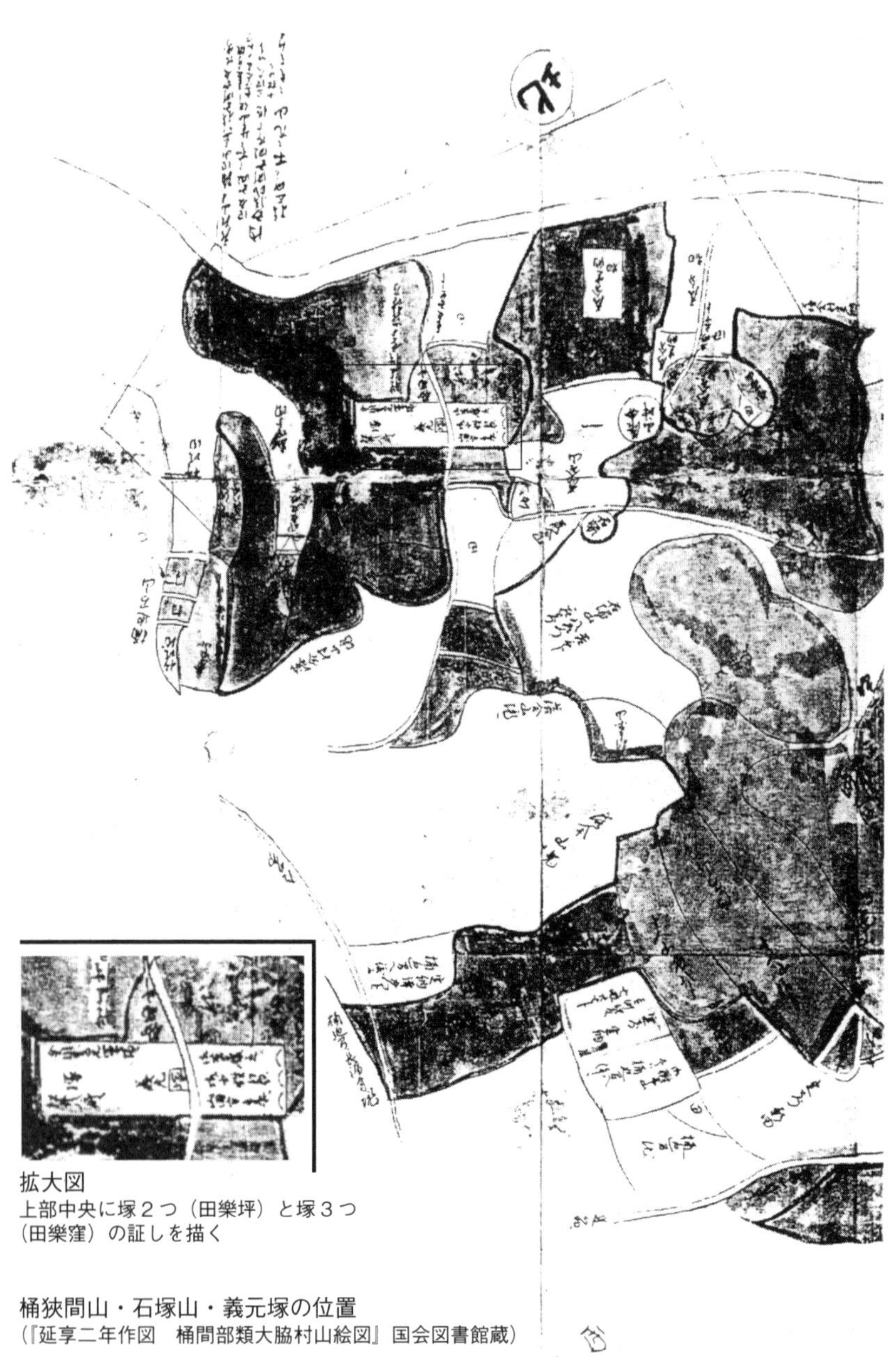

拡大図
上部中央に塚２つ（田樂坪）と塚３つ
（田樂窪）の証しを描く

桶狭間山・石塚山・義元塚の位置
（『延享二年作図　桶間部類大脇村山絵図』国会図書館蔵）

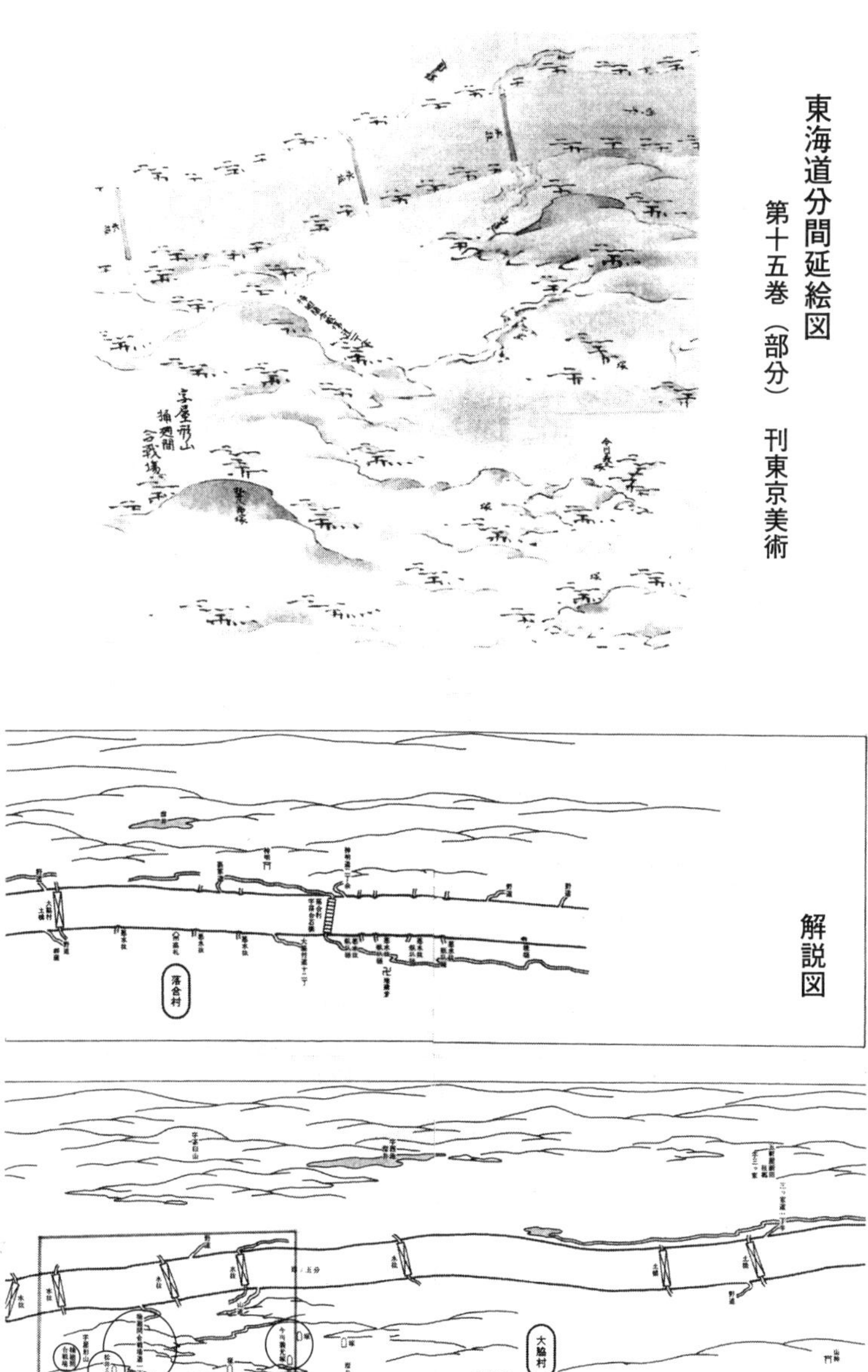

東海道分間延絵図　第十五巻（部分）　刊東京美術

解説図

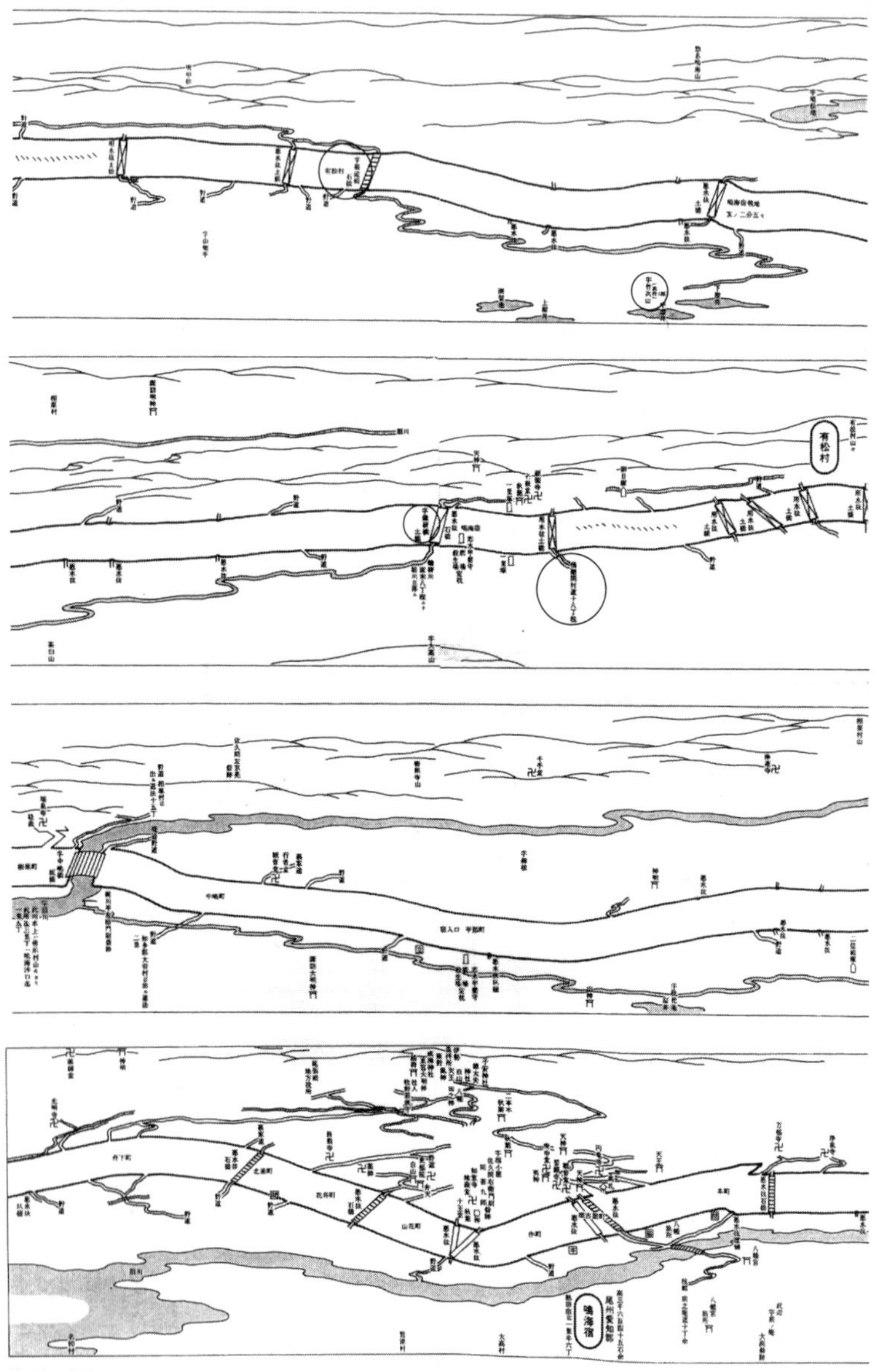

原本は『五海道其外分間見取延絵図』と称し、その内、東海道の部分を『東海道分間延絵図』として文化三年（一八〇六）に著された。絵図そのものは東海道の道しるべなので、ある程度は誇張もあり意図するところも異なるので杓子定規にはいかないが、

『蓬左文庫図』または『愛知県史図』で「合戦場鳴海より阿野村迄往還道より壱町程南」と記していたところを、『延絵図』では鳴海宿から落合村までの間で大脇村寄りに「桶迫間合戦場道一丁余」と描く。一丁が同じなので土地勘があればどこかは判るが、延絵図はなぜ桶狭間を付けるのか。

『愛知県史図』の義元本陣・服部小平太・毛利新助と記され、迫出した山に描いていたところを、『延絵図』では桶狭間合戦場道一丁余の傍の山塊に描く。ここも山の形が何となく同じ程度に判れば、前の義元本陣云々は問題でない。

『愛知県史図』の義元本陣云々の山塊裾に記す雨池は、『延絵図』のやはり裾に広がる今川義元塚と数個の塚碑より右下に描く涌井が相当する。今川義元塚と数個の塚碑は、明和八年（一七七一）人見弥右衛門・赤林孫七郎の建てた角柱で目くじらを立てることもない。

『愛知県史図』の「義元本陣云々」と記した山塊より南に続く山並みは、桶狭間の西側で南北に続く山並みでもある。『延絵図』では「松井八郎塚」と山上に記し、東西に長く連なる山に描かれ、南北ではない。しかし、その傍には「字屋形山桶狭間合戦場」と載り、ここでも桶狭間合戦と記す。字屋形山は岩瀬文庫蔵『桶挟間古戦場之図』に載る「屋形ガ根」が転化したものとする説もある。過去、寛文九年（一六六九）の『道中回文絵図』は、ありまつを出て阿野に向かうすぐのところに「やかたはさま、今川よし元・さいご所」と記し、東西にのびる山が描かれていた。その後、元禄三年（一六九〇）『東海道（細目）分間絵図』からは海道の阿野に近いところに「今川義元塚」と記し、松の生えた塚が描かれるようになった。もちろん、『延絵図』も同じである。分間絵

図などは、『道中回文絵図』と同様の位置に同様の山を描きながら「やかたはざま云々」とは記していない。『道中回文絵図』の山と、『延絵図』の山と、形も同じなら「やかたはさま」は「屋形山」に、「今川よし元・さいご所」はまとめて「桶狭間合戦」に意図は合う。

延絵図の解説には、手越川を鎌研川と記して「字竹治山」から流れ出て鳴海で扇川に出合うのは正しいが、竹次（侍）は大脇で竹路または武路は桶狭間で村が分かれる。近時、武路側の山に「今川よし元」と「さいご所」の二つに当たる目印の松があった位置を、昭和十年の地籍図で確認できた。同時に、東西方向に描かれた山は桶狭間武路の山だったが解説には記されていない。その先、何箇所かには有松村は載るが、桶迫間村はない。こんな所にも桶迫間は記されていないのかと思っていたら、鎌研橋のところに「桶迫間村道十八丁程」と記され、道が追分けてあるのは、『武家事紀』二十八集尾州桶迫間合戦図と同じ。やれやれあったと思ったが、追分けた先は描かれず、桶迫間村は載らない。これでは先の『愛知県史図』が、桶峡間のところに大脇・落合の様子を描き、ここでは大脇・落合のところに桶狭間の様子が描かれ真逆ではないか。

山並みは東西に続くのが正しいのか、それとも南北か。桶狭間の山は桶狭間を東・北・西の三方から囲み、その全てを指して桶狭間山と称してきた。東と西の山は、両方ともに南北に連なり、それを北に位置する武路の山が東西に繋ぐ。同じ桶狭間の山でも、描く時に用いた箇所で方角は異なる。してみると『愛知県史図』は『武家事紀図』に倣って東と西の山並みを用いているが、『延絵図』は桶狭間の北にある武路の山を用いて描かれていて発想は異なる。『延絵図』の前身、元禄三年の『東海道分間絵図』は山などは用いず「今川義元塚」とのみ描いてあるので、約百年後『東海道分間延絵図』が描かれるまでの間に東西の山を繋ぐ武路の山を用いる知恵を授けたものがあったことになり、思い当たるのは宝暦六年（一七五六）の『尾張国鳴海致景図』だった。しかし、致景図もそんな下心があって描かれたものではなく、絵図なので遠近の距離が正しく著されていない不都合が、そのような結果を招いたとするのが自然で罪はない。

むしろ、旧陸軍参謀本部が『日本戦史桶狭間役』で、此役勝敗を決したる地は田楽狭間にして桶狭間に非ず、然(しかれど)も今は誰もが此処を桶狭間の役と言うので、今はそのま、にして居く、と記す。今は誰もと理るのは、『延絵図』に載る桶狭間の文字を指してのことか。参謀本部はここを田楽狭間の合戦場と云うなら『延絵図』がやたら桶迫間を冠するのは誤りだ、となぜ言わないのだろうと非難の矛先が変わる。

三、尾張国鳴海致景図（致景図）

国立公文書館蔵

絵図成立の過程

絵図左下に、此の鳴海勝景図は当春、吉賢が勢州尾州を巡視し、その次第を尾州名護屋の幅下杉浦氏に描かせたものを、宝暦六年（一七五六）森幸安が模写した、と載る。

吉賢は巡視して東海道巡覧記（延享三年・一七四六）を著し東海道の駅路を

○いと（井戸）田　○山崎村　○戸部村　○笠寺村　○田島橋　○宿　○阿ふぎ（扇）川　○東立場
○鎌とぎ（磨）橋　○一里塚　○有松村　○落合村　○善江（前後）村　○阿の（野）坂　云々

と記しているが、なかでも目を引くのは鎌磨橋の文字で、他の道中記にはあまり載らない。

道中記集成掲載

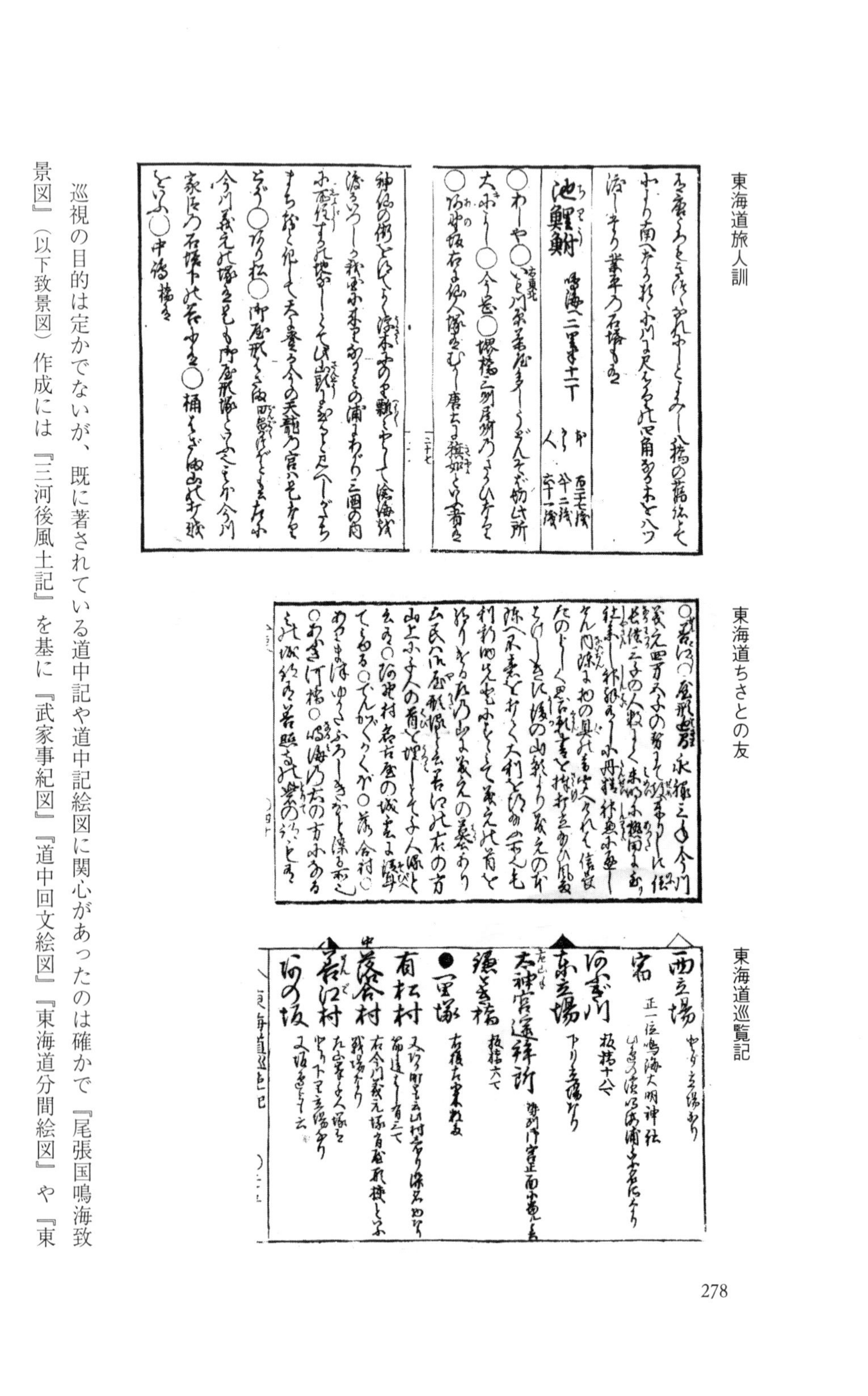

東海道旅人訓

東海道ちさとの友

東海道巡覧記

巡視の目的は定かでないが、既に著されている道中記や道中記絵図に関心があったのは確かで『尾張国鳴海致景図』（以下致景図）作成には『三河後風土記』を基に『武家事紀図』『道中回文絵図』『東海道分間絵図』や『東海道旅人訓』（享保五年・一七二〇）、『東海道ちさとの友』（享保十六年・一七三一）、『東海道巡覧記』（延享三年・一七四六）等を引用したと思われる。道中記の三著は、共通する事項で記述が異なる。しかし致景図には審議のないまま繋ぎ合わせ引用したので、仙人塚、今川義元塚、鳴海の城の三つで差障りが生じた。

○仙人塚

『東海懐宝道中鑑』（正徳二年・一七一二）に「千人塚」と記されるまでは「千人津か」「せんにん塚」などと記されていた。

『東海道旅人訓』阿野坂の右に千人塚ではなく「仙人塚」があると記し、その由来を「むかし唐土に棋如（きじょ）といふ者有、神仙の術を得て滄海を渡る。いつしか我国に来里（きたり）なるミの浦にわずか三国の内に所従するの地なしとて此山頭に至ると見へしが、たちまち龍と化して天に登る、今の天龍の宮は是な里とぞ」と事細かく記した。これまで、千人塚と記している道中記に由来説明は載らない。

『東海道ちさとの友』仙人塚は天白橋と笠寺村の間にある天龍の宮のことで、善江の右の山にあるのは「千人の首を埋めた千人塚」だと改めた。

注　『東海道ちさとの友』は岩瀬文庫蔵『桶挾間古戦場之図』（以下岩瀬文庫図）の後になる。作為はあった。

『東海道巡覧記』善江（前後）村の左、山峯に「千人塚」有りと前著に倣った。

○今川義元塚（墓）

『東海道分間絵図』には「今川義元塚」と載る。これより以前の道中記は、阿り松の屋形狭間に「今川よし元・さいご所」と載っていた。

『東海道旅人訓』阿り松にある御屋形狭間は田畠（でんばく）の津ぼ（田楽の坪）ぞとも云。左に今川義元の塚有。是も御屋形塚と云。二つは桶狭間の打越に有、と記す。

注　『東海道旅人訓』より以前の『岩瀬文庫図』には桶狭間の打越にかえて山の上に「屋形根」と記し、両方に屋形と付くものがあると示唆する。

『東海道ちさとの友』　左の山に義元の墓があり土民は屋形塚とも言うと、片方だけを教え、前著の桶狭間の打越を言わない。

『東海道巡覧記』　落合村右に「今川義元塚」有、屋形挾といふ戦場、と記し絵図に拘泥した。

○鳴海の城

『東海道旅人訓』　なるみの浦、右（東北）に鳴海の古城有、左（西南）の海辺に星崎の古城有、と記す。

『東海道ちさとの友』　鳴海の右になるミの城跡有、善照寺の砦跡、とも有り。

『東海道巡覧記』　なるみ一里塚の左に鳴海と云取出有、と言う。

注　『東海道旅人訓』はなるみの浦、左に星崎古城があると記すが、この城は、合戦の時は未だ存在していなかった。これに対し『東海道ちさとの友』は、なるミの城跡は善照寺砦の跡だと記す。それなら星崎の古城のところに鳴海の古城があったことにしなければ、鳴海の城の行き場がない。しかし巡覧記には鳴海の一里塚の左に鳴海という取出はあると記し、確かなら星崎の城が出来たから鳴海に移ってきたことになるのか。ここでの件り（くだ）が致景図作成に大きく影響を与え、以後描かれた絵図にまで及ぶ。

致景図を描く際は、右から左に東海道を描き、中央に高札場を配し、これを基点に合戦に関わる場所目印などを記し、上部には処々の道法（みちのり）が載る。

絵図上部の鳴見札の辻より処々道法（必要箇所のみ）

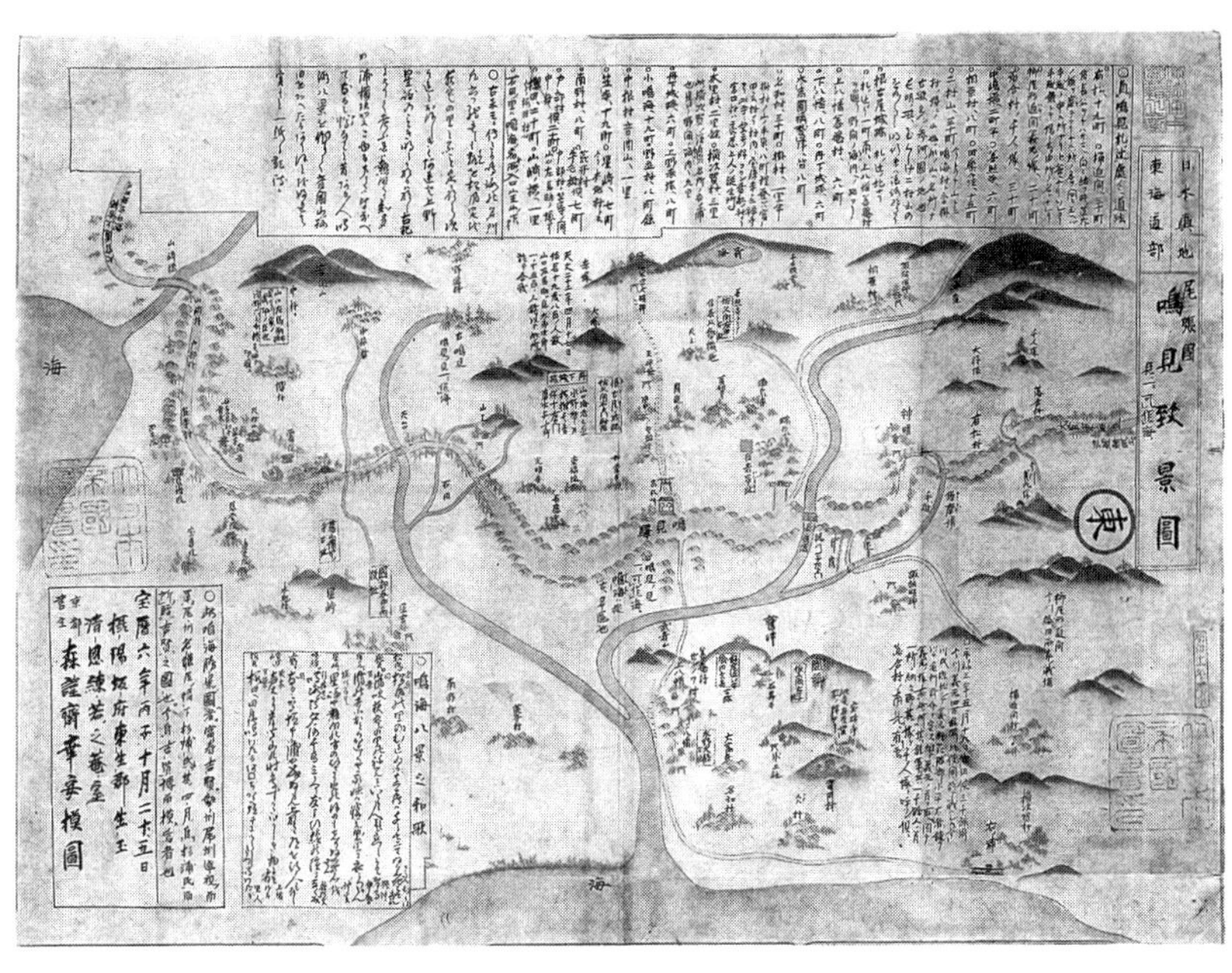

尾張国鳴見致景図　国立公文書館蔵　日文碩叢書　森幸安の描いた地図

○「有松十九町桶迫間三十町信長公ヲケハサマニ向ヒ給フ時、草刈ノ鎌ヲ磨テアリケル所ノ名ヲ問ヒ玉ヘバ手越ト申ス所ナリト答ヘケリ。ソレヨリ手越鎌トキ橋ト云フ由緒ノ名トナレリ」

桶迫間三十町は、『武家事紀』に載る「鳴海より桶迫間へ三十町二十九間」を云ったもの。鎌とぎ場のところは、有松村が出来る以前から、鳴海・桶狭間・大高の三村が境を接するところで、ここに架かる橋を『東海道巡覧記』には、鎌磨橋と載る。『三河後風土記』では、合戦の時、信長は簗田出羽守正綱を先手に定め、山間の細道をおし行所に云々と記す。山間の細道は鎌倉間道が東海道に付け替わった時に残された部分で、天保十二年の桶狭間村絵図には長坂道と載り、先に進むと田楽狭間に行き着く。同様に鎌磨場からさらに手越川をさかのぼり、太子ガ根・釜ケ谷を経ても田楽狭間・桶狭間村に行き着く。こちらは『信長公記』に記す信長の進路で、里程も鳴海の札の辻より三十町は正しい。しかし同じ三十町でも先とは道筋が異なり、鳴海から東海道を通り有松村に来てここまでが十九町、それより今に言う「通り狭間」を用いて桶狭間村に至る道筋も想定できるが、合戦の時は有松村はなかったので、「通り狭間」ももちろんなかった。絵図にも描かれて居らず。想定するのは難しい。三十町はここ以外に、

「落合村ノ千人塚へ三十町」

「二村山三十町今トウケ山ト云鳴海村云々」

などが載り、彼方此方に三十町に当たる所があり、どこに該当するのか判らないとよむのだろうか。

因みに山鹿素行が鳴海から田楽坪の合戦場まで三十町としていたものを磯谷平介が『武家事紀』を山鹿高興の名で著した時に、合戦場を誤って合戦場は田楽坪の北東方向だと記し、三十町は桶狭間村までの里程に当てた。これを信じ記された致景図に田楽坪の文字はない。

○「御屋形迫間義元ノ塚（落合）二十町」

鳴海の高札場より有松村東入口までならほぼ二十町は正しい。それより『武家事紀図』に載る「阿野村迄の往還より壱町程南」までなら廿三町拾三間では少ないが、卅町廿九間では遠過ぎる。

○「相原村八町田楽窪十五町」

高札場より相原村までが八町なら十五町は方角からすると二村山の間米・田楽窪（久保見）に当たるが里程は少な過ぎる。

○「札ノ辻ヨリ一町南・上八幡善菴村ヲ通リ野間ノ内海へ路アリ」

『武家事紀図』に「鳴海より野間の内海へ九里程有」と載る道を言った。

○「大高圓祢（丸根）鷲津皆八町」

『武家事紀』には鷲津まで十町と載る。丸根・鷲津皆八町と載るのは、当時の里程表示はこの程度で十分通用していたことを示すのだろう。

○「南野村八町荒井村牛毛村倶七町」
荒井・牛毛は近いことを示す。ここでは荒井村のみ載る。後年模写のものは牛毛村も載る。

絵図の書込

○「山崎村・戸部村・笠寺村」
列記した姿は『東海道巡覧記』と同じ、ここも『武家事紀図』に倣った。

○赤塚の横に「天文二十二年四月十七日信長十九歳八百ノ人数、山口左馬助、息九郎次郎、一千五百ノ人数ヲ以テ此所ニ於テ合戦」（十九歳は余分）
『信長公記』「十一、三ノ山赤塚合戦の事」の記述通り。但し、実年は三年前の天文十九年で『群書類従』山口系図に「同属の山口俊良、重俊、良真の三人が四月十七日尾州松本城砦（別名戸部城）で戦死」と載り、このとき一族が攻め殺されていたと窺い知れる。

○「善照寺砦佐久間左京古趾、根古屋城跡佐久間右衛門尉在」
『三河後風土記』は「善照寺の要害には佐久間右衛門尉信盛・同舎弟左京亮親盛等兄弟四百五十余人云々」と載る。『信長公記』を始め他著で兄弟と記すものはなく、いずれも信盛の弟親盛だけが善照寺に在砦と断っている。『三河後風土記』の兄弟二人が善照寺在城に合わせるように『東海道ちさとの友』も「なるみの城跡は善照寺の砦跡」と記すのなら、善照寺は鳴海と善照寺の二つで一つだろう。それなら『三河後風土記』が「善照寺の要害」と記すのは当然だと致景図には、「鳴海の城を根古屋の城」と表現を変え、右衛門尉信盛在城（信盛は山崎城主が通説）とした。名前を変えて居座られた鳴海城は『東海道旅人訓』が「なるみの浦、左に星崎の古城有」と記している城は合戦時には未だ存在していなかったと言うのなら、合戦時に星崎にあったのは鳴海の城だろうと理詰めして、絵図の星崎に「岡部五郎兵衛故址」と記した（同様のことは桶狭間合戦記にも載る）

○「葛山備中ノ守古址」

『三河後風土記』が「尾州知多郡は大半義元の下知に随ふ此ゆへに沓掛・大高の両城を責取て、城代には義元の妹聟鵜殿長持を籠置き、笠寺をも責落して、此所には葛山備中ノ守を籠置たり」と記すものによった。しかし、後の永禄三年五月十二日の時の配置では、笠寺の城には信長の押さえのため葛山播磨守・三浦左馬介・飯尾豊前守・浅井小四郎・沢田掃部介・今川中務允等八千にて相守ると載り、葛山備中守は載らない。他方、『中古日本治乱記』『三河後風土記』ともに合戦の時、鎌倉本道瀬山の際の陣所には今川の先手として「葛山播磨守・同備中守・冨永伯耆守等」がいたと載り、播磨守と備中守は混同しているようにも読める。『信長公記』は合戦の時「笠寺の城にはかづら山・三浦左馬助・飯尾豊前守・浅井小四郎」の名が並び、いたのは播磨守の方だけのように読める。備中守がいたのは「瀬山の際か、笠寺の城か」同時に両方はあり得ない。

○「岡部五郎兵衛故址」

『信長公記』は「鳴海の城には駿河より岡部五郎兵衛城代として楯籠り」と載り「故址」は付かない。

○「高札所」

現代でも同様位置に証しを残す。

○「武者山」

『武家事紀』を山鹿高興の名で著した磯谷平介は『三河後風土記』の善照寺要害より囮（おとり）として佐々・千秋等は働き出て、瀬山の際（単なる山の傍の意）にいた今川先手で討死したと載せる。瀬山の今川先手は『中古日本治乱記』で、初めは場所を「鎌倉本道」としていたものを、言葉はそのままに場所は「鎌倉間道」に当て、『武家事紀』本文に「義元は先手十余町押出し、桶狭間の山間に旗本を立て、信長兵、佐々隼人正・千秋四郎・岩室長門等は鳴海の東より働き出て義元の先手に切ってかゝり戦死す」と記し、全て鎌倉間道での出来事に改めていた。ところが『武家事紀図』を描く時は、鎌倉間道の鳴海より桶迫間まで二十三町の里程を東海道に測り、「信長に東海道を通り義元を討たせた」と想定したので、佐々・千秋等は出る幕がなくなり、致景図では「鷲津・丸根を攻め余勢をかって押出して来た今川勢と武者山で争い討死した」と作った。もちろん武者山なる山など現実にあろう筈がない。『三河後風土記』で岩室が「すわや味方上鑓になったり、此図をはずすべからず」と叫んでいるのに合わせ山を描いたまでである。

「致景図以前に武者山を描いたものはない」

話も二転三転しているが、武者山を説明出来ているものは三河物語ぐらいだろう。（郷土文化通巻一三四号掲載）

○「手越」

手越は地名で、ここを流れる川を手越川と呼ぶ、絵図では上流を神明に描くのは誤り。上流には田楽窪があり、その先は田楽坪であり桶狭間村がある。致景図は鳴海よりここまでの里程を札の辻より処々道法で「有松十九町、桶狭間三十町」と続き書きするのは三十町の中に十九町が含まれることを示す。『武家事紀図』では「鳴海より桶狭間村迄三十町」と記す。

○「鎌磨場」（東海道と間道の追分）

わざわざ例え話を付けてまで、手越鎌磨場と場所名を載せるのは、『東海道旅人訓』など三著の内『東海道巡覧記』だけである。致景図では左下に吉賢勢州尾州巡視云々の文字があり、致景図独自のものだろう。

○「今川義元塚」

『武家事紀図』に「合戦場は鳴海より阿野村迄の往還道より一町程南」と載り、『東海道分間絵図』は「今川義元塚」と描く。順序からすると致景図は『東海道分間絵図』を用いた。

○「御屋形迫間今川織田両家戦場」

『武家事紀図』に「義元討死場」と載り『道中回文絵図』は「やかたはさま・今川よし元・さいご所」と描き、『東海道日記』の「今川義元織田信長卿とこの辺にて戦をけばさ（ママ）まにて打死この所也」と記すものに限りなく近い。

○「中島より諏訪明神の端を通る道」

中島から行き着いた山三つは『道中回文絵図』の「屋形はさま・今川よし元・さいご所」に当たるなら『武家事紀図』の「鳴海より桶狭間里程廿三町」が当てはまる。しかし道の追分が鎌磨ではなく中島砦になり諏訪明神の端を通るので、大高地内を示す。山三つはどこか。道もその先途切れているので、桶狭間村は孤立し、これでは廿三町は当てはまらない。

○「永禄三年五月十九日織田候三千餘騎、今川義元四万餘騎此狹間に於て戦しむ。今川氏敗北して義元討死服部小平太鑓を以て突、毛利新介組て義元之首を取、因て義元塚此の所に有。其外軍兵千余之首一ケ所に納むる。即其塚を千人塚と呼ぶ。倶に落合村の南北に有」

文章は全て落合での出来事のように記すが、『東海道日記』の「御屋形迫間今川織田両家戦場」で戦い、『海道日記』の「今川義元塚」で義元は討取られ、残る駿兵の首は千人塚に納めれば油断のない海道案内になる。『東海道ちさとの友』がすぐに仙人塚を千人塚に戻したのも宜(うべ)なるかな。

絵図の書き込みを順次見ていくと種々難問が含まれているが、絵だけだと合戦の場が桶狭間と落合の二箇所にあり、千人塚、手越鎌磨場、中島、鷲津、圓弥(丸根)、大高、善照寺、根古屋、丹下等の城砦、岡部古址、葛山備中守古址などの曰くある記述、赤塚、笠寺、中村の地名等が載り、またとない合戦の展開図である。

描く際は信長に代表されるように西から東へ向かって記されているが、反対に義元が代表する東から西へは記されていない。敢えてそれをした松浦武著『武功夜話』は義元が今川義元塚を通って両家戦場のところで討死したと記す(蜂小足止め話)ので顰蹙(ひんしゅく)を買う。しかし、これには確かな傍証がある。「今川義元塚」は『海道日記』の「こゝに今川義元打死の所とて塚あり、左の山の間のさわにあり」を示し、「両家戦場」は『東海道日記』の「今川義元織田信長卿とこの辺にて戦をけばさまにて(ママ)打死この所也」と記し、二ケ所で討死している。さらに

『武功夜話』は佐々隼人允が星崎にある鳴海の城で討死したとも記すので、いずれもこの絵図通りである。

付、鳴海名所八景和歌織田今川古戦場図

東海道鳴海文学歴史資料として、昭和四十四年八月三日発行の奥付あり。何も註釈はないが、『尾張国鳴海致景図』（以下致景図）と同様といえるほど近い。どうも名古屋市が昭和四十一年に桶狭間古戦場調査報告を著したときに致景図を使用し、後日、描き換えたものか。原図（もとず）と思われる致景図と比較すると、

原図の右肩に記された『尾張国鳴海致景図』の題名、左下に載る「宝暦六年丙子十月二十五日の作図年、京都書生森謹斎幸安模図」などの記述なく、東海道以外の道筋は二本線から点線に換えてある。まあいいやと簡単に忖度してみたが、本当は忖度してはいけなかった。

尾張藩では『致景図』に逆らって天保十一年に武家事紀図をもとに桶狭間の姿に大脇村・落合の姿を上乗せして愛知県史に載る蓬左文庫蔵桶狭間合戦之図（以下愛知県史図）が描かれ、昭和の世には致景図に倣って鳴海名所八景和歌織田今川古戦場図（以下鳴海名所八景和歌図）で札の辻から有松村迄は十九町で有松村から御屋形迫間義元塚へ二十町なら差一丁の合戦場は鳴海より阿野村迄の往還道より一丁程南の一丁が当嵌り、義元塚は有松村から僅か一丁のところに当ると忖度した。その結果『桶狭間古戦場調査報告』には、合戦場は豊明古戦場と桶狭間古戦場に有松村を加えた一円と地形図で示した。

これに対し緑区桶狭間は如何に対応したのか。

明治以降、特に日本戦史が主張する豊明市の古戦場は伝説地ながら、史蹟指定を得て、いたって強気に歳月を重ねて来た。緑区桶狭間はここにきて頑張っていた梶野禄文（孫作）氏が黄泉路に旅立ち支柱をなくした。推し量るに行政としては、此の機を逸しては、二度と好機到来はあるまじと、両古戦場関係者を呼んで小島広次氏に

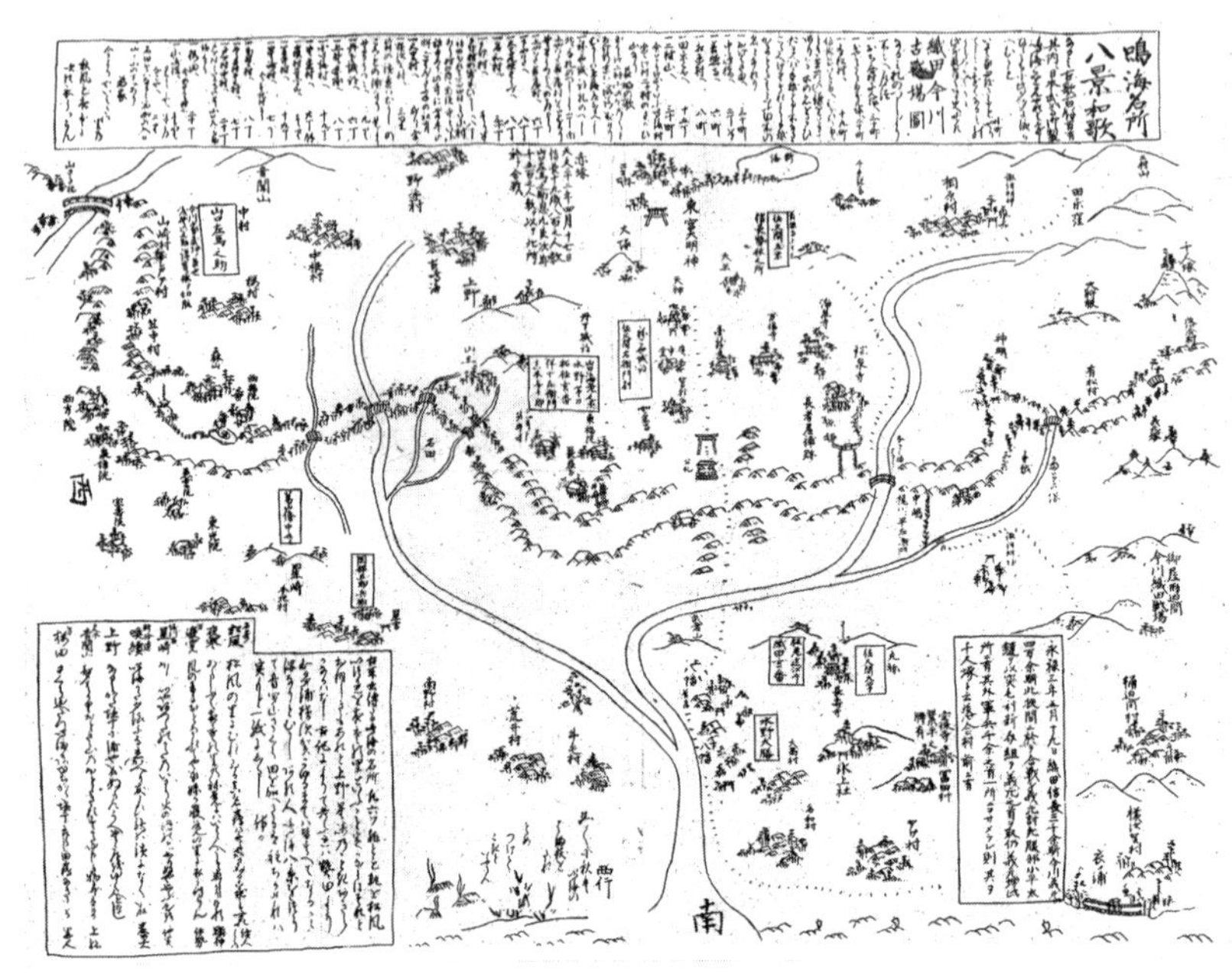

鳴海名所八景和歌　織田今川古戦場図

は意を含め、表向き暈しを入れて戦場地域は、東は豊明町（当時）の石塚山付近から、南は桶狭間、西は有松町を含む一円だと桶狭間古戦場調査報告をまとめ、豊明・桶狭間双方に差し示した。その節は別途『致景図』を見せて「今川義元塚」と「屋形迫間今川織田両家戦場」の二つが記されている。斯様に古から双方は並び立っていた、程度の説明はあっただろうが、原図の全てをわきまえていたとは思えない。後日模写して古来より合戦場が二つあることを示す証しとしたが、よもや『道中回文絵図』と『東海道分間絵図』の様子が載り『東海道日記』と『海道日記』に繋がっているとは到底思い及んでいなかった。模写に際し、題名、作図年、森幸安の名前まで省いたのは、別途描いたものがあったことにするためか。全て新しく書き写し、山並みなどは位置は同じだが峰の数などは異同。二本線の道は点線に換え、一番必要とする「今川義元塚」は「義元塚」に、「御屋形迫間今川織田両家戦場」は「両家」を省いてある。これほど手を入れて独自性を主張するが、星崎のところに岡部五郎兵衛の名。祢こや城に佐久間右衛門尉の名が載る説明は出来るか。善照寺から始まる点線が中嶋砦を経て諏訪明神を過ぎた先で途切れている説明はどうか。ここは『尾陽雑記』に知恵を借りる手もあるが気付いていない。赤塚の処に信長と左馬助息九郎次郎が戦った合戦の文が載るが、これも天文二十二年の年号説明だけでも難しいのではないか。「武者山」についてはどうか。榊原邦彦著解釈学七十一輯で『桶峡間図』に載るものを用いて「鳴海旧記に歩射山の誤り」と記すものを当てるのか。

平成二十六年二月発行緑区誌五十周年記念に『鳴海名所八景和歌図』と題してこの図が色付きで載る。色は『致景図』と同色である。

その他、疑問箇所の内、絵図上部に記された札ノ辻からの道法では（順序不同・必要箇所のみ）落合村千人塚へ三十町、おやかたはさま義元塚へ二十町、有松村十九町、おけはさまへ三十町などの記述がある。その内、原図の致景図では「御屋形迫間義元ノ塚二十町」と記されているところをヒラカナで記し、合わせるように絵の「今川義元塚」も単に「義元塚」と記してある。それでも文と絵は関係有と示唆したと受け取って、『魏志倭人伝』を読むつもりで

札ノ辻から有松村までは十九町で、有松村から御屋形迫間義元塚へは二十町なら十九町を差し引くと僅か一丁で行ける。札ノ辻から千人塚まで三十町だから義元塚から落合村千人塚までは十町である。桶狭間は有松の南にあって札ノ辻より三十町もある、合戦には無関係と読んでみた。これを絵図にあらわすと『東海道分間延絵図』の気色になった。その絵図は桶廻間村道十八町ほどと記しながら、桶廻間村までの道は描かず、大脇村の方には桶廻間合戦場、桶廻間合戦場道一丁余と、こちらに桶廻間を用いてあるので、一丁は有松村の屋形狭間から大脇村の屋形狭間に替わっていた。その様子は『武家事紀図』と『愛知県史図』を比較すれば判る。

緑区誌に絵図を載せた目的は「今川義元塚」と「屋形迫間両家戦場」の二つがあることさえ知らせれば良かろ

うとでも思ったのか。ただ絵図だけを載せて何の説明も加えず、本文では山澄英龍の文に数ケ所、『信長公記』の記述を用いた梶野渡説だけを載せるので、絵図を披露した効果はない。

緑区民は他地区から尋ねられても困惑するばかり、反対に豊明市民は絵に今川義元塚と描かれているだけで我が意を得てほくそ笑む。桶狭間は絵図の説明を求められれば、ここで最も重要なのは、鳴海から桶狭間に至る鎌倉間道が描かれず、桶狭間村は山中の道も無き孤立の姿に描かれているのは『東海道日記』で記されている今川義元の「ヲケバサマ（ママ）にて打（討）死」が『海道日記』の「こゝに今川義元打（討）死の所とて塚あり」に代わったからだと答えればよいのだが、緑区役所、古戦場保存会共に素振りさえみられない。

四、武功夜話尾州田楽狭間の取合

尾張上四郡の守護代岩倉の織田伊勢守（信賢）が永禄二年に清須の織田信長に滅ぼされた後は、前野家を含め尾張上四郡在家の多くが以前のままで信長の禄を食むことになった。所謂丸抱えで、禄は以前のまま頂けた。そのため、旧来の信長家臣は戦勝の恩賜に与（あずか）ろうにも頂戴するものがなく不平が残った。また岩倉勢のなかには服部左京（進・助・亮）のように岩倉取合の時、孫九郎尉等の和談（調議）に反対して合戦を強行し生き残った者で、丸抱えを拒み野に下るものもあった。服部左京助のことを『信長公記』は「山口左馬助父子成敗并河内知多郡の事」で、河内一郡は二の江の坊主（服部左京亮）押領して御手に属さずと載せる。さらに永禄三年の田楽狭間の戦いの時は「義元へ手合せとして武者舟千艘ばかり大高の下、黒末川口迄乗入れ云々」と記され敵対していた。丸抱えに応じた者は、当時の以来（しきた）りで合戦があると先頭切って功名を上げ恩に報いるのが常なれば、翌年の桶狭間の戦いは好機到来である。

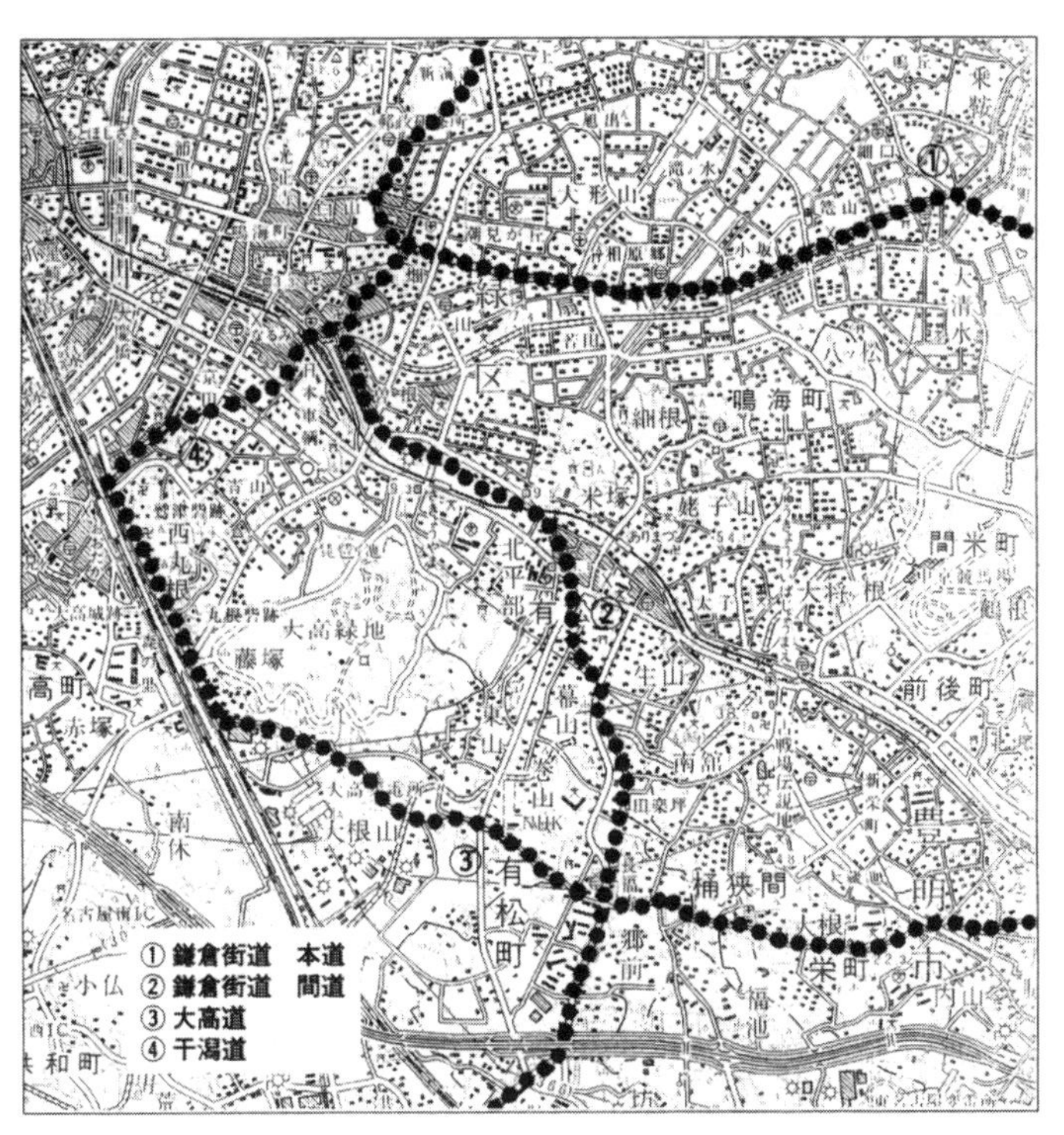

当時、通行に使用されていた道
本書は国土地理院発行の２万５千分の一の地形図を元に作成したものです。

この戦いを最初に太田牛一が信長伝記主体記述の『信長公記』を以て伝え、山中長俊は『中古日本治乱記』に引用し、それを平岩親吉が『三河後風土記』に、小瀬甫庵は『信長記』にと、それぞれ用いた。もちろん自前の思いが込められているので、次第に『信長公記』から離れていった。延宝年に入り、『中古日本治乱記』を『三河後風土記』で評したような『武家事紀』が著された。残念だったのは合戦当時、鎌倉本道に対する間道として用いられていた道は後に、一部分を付け替えて東海道と改め往来の便に供されていたが、『武家事紀』の実質的著者磯谷平介は「鎌倉間道がそのまゝで東海道に改められた」と思い込み、鎌倉間道に示してあった「鳴海・桶狭間廿三町の里程を東海道に当て、合戦の場を桶狭間村から大脇村落合に替えてしまった」描いた『武家事紀図』にも鎌倉間道と大高道は載らない。さらに、これを受けて『尾張国鳴見致景図』が描かれ一般に流布した。

してみると、『武功夜話』で「永禄三年三月十六日明方、小次郎尉は五月に田楽久保見で信長が義元を討取り勝利する前に逝っていた」と記す田楽久保見（田楽久保見は田楽窪の転化したもの）の場所は、昭和十年の地籍図に跡地として載るものが適応し、そこは『関東下向道記』で「馬（右）手に小高き古塚有」と記され、『道中回文絵図』で「屋かたはさま今川よし元さいご所」と記されていたところにも当たる。同じ田楽久保見でも「後の坂を下ったところ田楽久保見木立多く云々」のところは大脇村落合の地で『東海道分間絵図』や『致景図』に「今川義元塚」と記すところに当たり、同じ文字を用いてあるが位置は異なる。もともと田楽久保見は鎌倉間道の鳴海から廿三町先で『道中回文絵図』に描かれている。それを磯谷平介が東海道に求めたため「後の田楽久保見」の位置に変わり、『東海道分間絵図』には「今川義元塚」と描かれることになった。平介はとんでもない失敗を犯したが、詰る人がいないのは知らないからか。

『信長公記』の桶狭間の戦いは、信長伝記主体で記され、『武功夜話』は前野家家伝なら、時として互に相手だけに記されたところがあってもおかしくはない。しかし、双方が重なるところは同様であるのが正論だろう。『武功夜話』では桶狭間の戦いの時、主役をつとめたのは蜂須賀小六と佐々隼人允の二人だった。

一方の蜂須賀小六が率いる蜂須賀党は、前野将右衛門の前野党とともに身形を百姓などに変えて沓掛に赴き、治部少輔の陣所を窺う。信長は蜂小等の報せで攻撃を「十九日義元が沓掛から大高え向う蹊路と定める」と『武功夜話』に載る。本当に義元は沓掛に来ていたのか。始めに記したように順序は『信長公記』が一番なら優先権は譲れない。この著は「廿四、今川義元討死の事」で出だしに「天文廿一年壬子（訳有）五月十七日今川義元沓懸へ参陣」と記すところは「今川勢の一人称で」、この日、今川の先手が沓掛に赴いたことを言った。『信長公記』は信長伝記主体で記述され、義元自身のことは桶狭間で向き合うまで記されていない。今川義元沓掛参陣を『中古日本治乱記』がそのままに用い、以後『三河物語・伊東法師物語』など僅かなものを除きこれが襲継されていった。

『武功夜話』も例外ではなく、尾張三河の境目筋の百姓・僧・神主等義元沓掛より大高入と察し、大仰の酒肴用意なし、治部少輔の輿が来るのを待ち受ける。庄屋藤左衛門は坂道をあえぎながら上ってきた駿河勢に献上の品を差出し、治部少輔は輿を止めて、向後何事によらず違背無き様にと言葉を掛けて通り過ぎた、と載せるが『信長公記』をもってすればここは作文になる。もっとひどいのは、この後「坂を下ったところが大脇村落合の田楽久保見で、此処から大高迄十五町ある、眞直ぐ道をとらず」と記す。十五町は田楽久保見から東海道の鎌研(磨)までを言うが、やはり致景図を見てのことか。「永禄三年の時は、東海道はなかったのでこんな表現は出来ない」。大脇村から桶狭間に至る桶狭間道は、今でも通って来ると、桶狭間北二丁目の田楽狭間に行き着くので道は正しいが、これも永禄三年にはなかった。それでも通って来て、ここで休息し、蜂小等は酒肴を差出し、義元が足を止めたのを長引かせたので、信長は義元を討ち取ることが出来た目出度し、めでたしとなる。道・場所ともに現在でも確認はできるが、だからといって、当時既にあったことにしてしまうのはよろしくない。「田楽久保見から大高迄拾五町有、眞直ぐに道を取らず」に対応するように、佐々隼人允は事前に信長から「鳴海往還筋罷出るべからず」と御達を受けている。鳴海往還筋は東海道を指す。もちろんこの時は東海道はなかったので、御達しが出る筈がない。ここも『武家事紀』が誤って鎌倉間道を東海道に見立てたから語られた話で、義元が足止めたところを致景図には「屋形迫間今川織田戦場」と記してある。先に「義元塚」が描かれているから、後の場所で戦場があって戦っているなど辻褄が合わない。『東海道分間延絵図』では止むなく今川織田戦場の位置も桶狭間村も描かず、大脇村落合の地に桶狭間の文字を冠し成り済ました。

もう一方の主役、佐々隼人允は「十七日から平針口に罷出て、所々に繋ぎを置いて」信長の出馬を待った。当日、信長から「急ぎ星崎辺迄駈付けよ」と繋ぎで御達しを受けた。ここから致景図を下敷きにして『武功夜話』を繙くと、御達しがあった星崎辺の位置を致景図では「星崎」「星宮」と記すところに当たる。しかも、ここには「岡部五郎兵衛故址」とも載るのは、『東海道ちさとの友』が「岡部の名を用いて鳴海の城址を想像させ」、そのまま致景図に描いてある。隼人允が星崎辺に来た時には、信長は既に善照寺へ向かった後で、「信長の小者から鳴海の敵を攻めよと伝えられ」隼人允は後から来る弟の内蔵助や柏井衆に「鳴海え取懸れ」と申し伝え自身は鳴海で討死した。内蔵助等三百有余は申し伝え通り鳴海へ討ち入ったが、大半討ち取られ、ひとまず善照寺に引き上げた。善照寺まで辿り着いた者は八十余人、この時「中嶋取出は敵満々たり」と記す。『致景図』はその様子を「武者山」を描き、ここで佐々隼人正や千秋四郎、岩室長門が討死したという。善照寺砦で信長は大師岳に向かわれたと報せがあった頃から雲行怪しくなり雷鳴天地に鳴渡り大雨来る。かかる折、狭間から勝鬨聞こえ「狭間を駈下ると闘いは終っていた」と大略載る。『信長公記』と『中古日本治乱記』は雨が止んでから信長は攻め掛かり、『三河後風土記』と『武家事紀』は雨の最中と載る。どちらが正しいか判断できるだろう。また、基をなす『信長公記』は「佐々隼人正・千秋四郎の三百程は、信長が善照寺に来たのをみて、おけはざま山に人馬の息を休める義元に向って徒で罷出て、また〳〵間に五十騎程が討死した」と記され、『中古日本治乱記』はその場所を、義元の先陣は「道より遙に隔つ西の山陰に陣取る」と明瞭に今の有松町高根の西の山を言い当てているので、いよいよ『武功夜話』の評判は悪くなる。か様に諸書と照らし合わせると佐々隼人允は平針口にいて、繋ぎの報せで駈け付け、抜け駆けして討死した程度の伝記が残っていたが、後に『致景図』または関係するものを用いて従来のものに付け加え、新しく伝記が記されたとすると、成立は宝暦六年（一七五六）以後になる。ただし『信長公記』始め諸書の書は「全て、佐々隼人正と千秋四郎の組合せ」になっている。一人『武功夜話』だけが佐々隼人允の一人舞台では如何に肩入れしようにもできかねる。

補足　ここでは松浦武著『武功夜話』を用いたが、豊明市史には新人物往来社版『武功夜話』が載る。数箇所比べたが、総じて新人物往来社版は文章が整い過ぎていて却って疑問を感じる。

○松浦著「梁田鬼九郎は鳴海表の干潟道と鎌倉両道に差見居る」
　新人物往来社版「梁田鬼九郎を鳴海表に遣わし候」

○松浦著「前野小次郎尉は永禄申年三月拾六日明方天運定め難く明て五月田楽久保見で治部少首を討取られるのを待たずに」二ケ月前の三月に不帰の客となった。
　新人物往来社版「曽祖父宗康永禄申年三月十六日卒去候」

○松浦著「坂を下ったところ田楽久保見木立多く道より大高迄拾五町位是有」と東海道を行った先、鎌研に求めてある。
　新人物往来社版「能地理案ずるところこれより大高まで路次十五町ばかり」と記し、桶狭間道を通った先に求めてあるが、そこは未だ桶狭間地内である。

五、田宮篤輝著桶峡間図

田宮篤輝通称弥太郎は文化五年（一八〇八）の生まれ尾張藩士大塚三右衛門を実父に同藩田宮半兵衛を養父となす。晩年の号は如雲、明治四年（一八七一）四月十九日没す。

弘化三年（一八四六）に『新編桶峡間合戦記』を著し、山澄英龍号淡州著（一六九一・九二）『桶狭間合戦記』と遠山信春著（一六八五）『総見記』の異なる因由を明らかにし、鳴見致景図の不一も満更ではないと、新編桶峡間合戦図志稿本で「織田・今川割拠攻戦之図志」をまとめ、武家事紀第二十八集に載る『尾州桶迫間合戦図』（一六七三）と『尾張国鳴見致景図』（一七五六）をもとに『桶峡間図』（一八四六）を描いた。

織田・今川割拠攻戦之図志

必要箇所のみ抜粋

鳴見致景図記載を括弧付記

一、清洲より

熱田へ三里余巽也

一、熱田より

鳴海の古城へ一里半巽也

一、山崎城　佐久間右衛門尉

（致景図　城・城主共不記）

鳴海へ一里余巽也

善照寺へ一里八町余辰也

星崎へ三十町余巳也

一、笠寺の寺部の城　山口将監盛重

（致景図　城・城主共不記）

一、同所市場の城　山口左近大夫安盛

（致景図　葛山備中守古址）

星崎の城へ十四町余南也

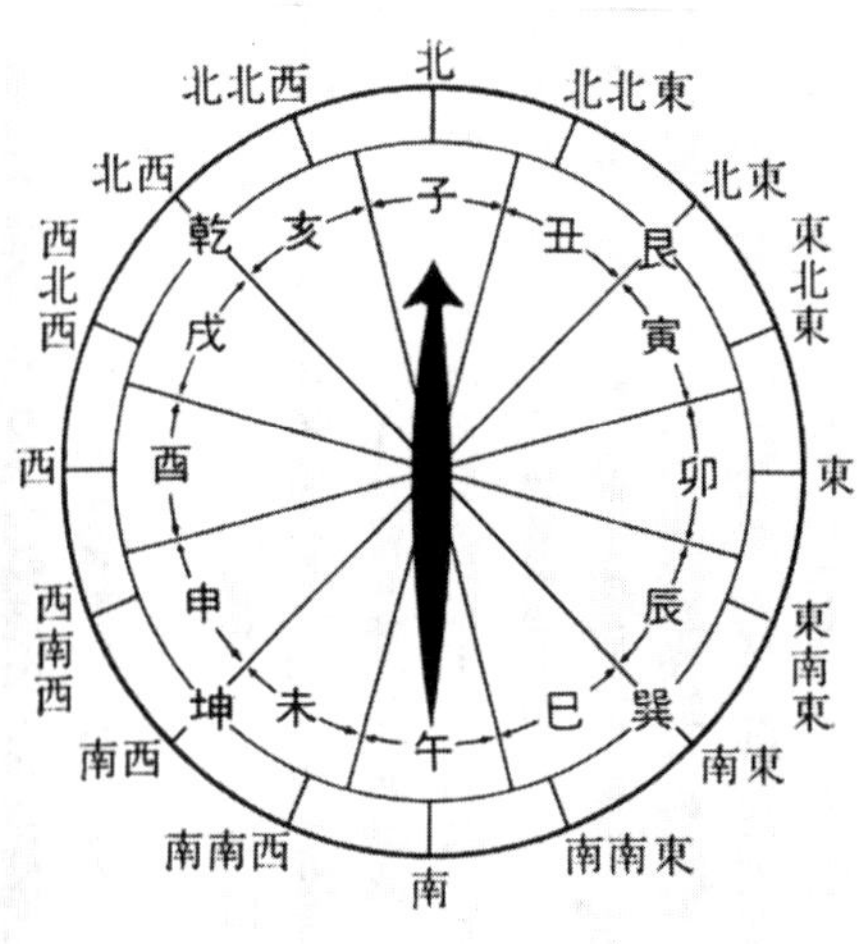

方角図

大高へ一里余南也

右の通笠寺には二箇所あり山口左馬助が働にて駿河勢葛山備中守等五頭を入置しは何れの方ならん弁じ難し

一、丹家の城　水野帯刀・山口海老之丞・柘植玄蕃允

（致景図　水野帯刀・山口海老丞・柘植玄蕃・伴十左衛門・真木与十郎）

制札場より九町子の方にある由いへり

一、鳴海の根古屋の城　岡部五郎兵衛

（致景図　根古屋城跡　佐久間右衛門尉）

鳴海駅子の方　古城志　鳴海駅の根古屋といふ地にあり

篤輝按するに初山口九郎治郎の居りしは此城にてあらずや　古志共に其名みえねば別所にてありしや但し山口父子切腹後岡部にまもらすとたしかに諸書に出たればもしくは同所の事にて、山口父子切腹は、にわかに事起りしと見えたれば此城しばらく明き居候を駿府より指図にて岡部こゝへ参り出陣前の事なれば猶更城を丈夫に普請いたし楯籠りしを村の旧記にはかく申伝へたるにては非ずや　山崎淡州考には岡部の守りしは星崎の城としてこの城の沙汰なしひそかに思ふにこゝは鷲津・丸根と善照寺等の間にてはあり、まして本道咽喉の要処にもあれば此城を捨置て星崎にのみ籠ると云事もいかがあるべき

丹家の砦へ八町余北也

善照寺の砦へ八町余東也

中島の砦へ八町余辰也

大高の砦へ廿一丁余未也

丸根の砦へ十三町余申也

鷲津の砦へ十五町余申也
屋形峡間（大脇村）へ廿五町余巽也
沓掛へ二里半余東也

一、善照寺の城　佐久間左京亮親盛
（絵図に或説此所中島砦と云）
（致景図　佐久間左京亮）
制札場より六町卯の方にて旧趾に古松樹七本あり
鳴海の古城へ八町申酉也
太子の根へ中島・相原村へかゝり山間の道

一、中島の城　梶川平左衛門重貫
（絵図に中島砦と載る）
（致景図　梶川平左衛門）
同駅中島といふ地にあり扇川の辺民居の中にて城域はかりがたし制札場より辰巳の方四町ばかりなるべし旧墟すべて民居にて間数さだめがたし民家の裏竹林の中にいさゝかなる塚あるを梶川が墓なりといへり
鳴海駅巳五町余　古城志
星崎の古城へ廿八町余戌也

一、丸根の城　佐久間大学助季盛
（致景図　佐久間大学址）
星崎の古城へ廿五町余亥也

一、鷲津の城　飯尾近江守定宗　同隠岐守信宗　織田玄蕃允信平

右丸根・鷲津の総名をば棒山と云しと見えたり蓋し棒山の内の険阻両峯を取て砦に構へられしならん。

（致景図　飯尾近江守　織田玄蕃古址）

総見記に黒末川入海の向に当て鳴海と大高の間を取切砦二箇所構へ云々

星崎の古城へ廿七町余亥也

一、大高の城　鵜殿長助　合戦の前日より徳川蔵人元康公

（致景図　水野大膳古址）

星崎の古城へ三十町程北也

鷲津へ七町余寅也

鳴海へ廿町余寅也

一、大子ケ根

屋形峡間（桶狭間村）の義元塚へ三町余南少し西へなる

（致景図　御屋形迫間今川織田両家戦場）

篤輝曽て有松の人竹田某に尋るに太子ケ根よりは屋形峡間（大脇村）は南東に当ると云り、左も有ぬべし故は風雨西北より来り味方は背に受、敵へは逆に向ふよし、諸書に出、且総見記に同く未の刻東へ向て追掛け玉ふとあれば義元の死所は太子ケ根より南東へ当る事疑ひなし

一、屋形峡間（大脇村）　義元討死の所

（致景図　今川義元塚）

善照寺砦へ廿七町余戌也

中島へ廿町余乾也

鳴海へ廿五町余乾也（廿三町にあらず）

一、中村の城　山口左馬助弘家　志に教継

（致景図　山口左馬助　今川家の武功の臣也　浅井六之助諫言に依て切腹）

一、星崎の城

（致景図　岡部五郎兵衛故址）

鳴海の砦へ十九町程辰也

笠寺の砦へ十四町余北也

本地村田子屋といふ郷の南の切といふ地より二町ばかり北の方にあり

篤輝案するに此城を山澄淡州は即ち岡部五郎兵衛が籠りし鳴海の城なりと案ぜられたれど、創業録には此時は星崎の城未だ築かず信雄の時、雑賀大炊之を築と云ひ、志にも城主は岡田助右衛門其子長門守等の旨計りにて其以前の城主ありし事を載せざれば淡州の説もいかがあるべき故に今闕疑（けつぎ）して城主を載せず

『桶峡間図』を描く際は『尾張国鳴見致景図』に倣ったが、致景図は東海道日記で「今川義元織田信長卿とこの辺に戦をけばさまにて打死この所也」と記すものを「御屋形迫間今川織田両家戦場」と載せ、海道日記で「こゝに今川義元打死の所とて塚あり左の山の間のさわにあり」と記すものを「今川義元塚」と載せていた。篤輝は桶峡間図で致景図が「御屋形迫間今川織田両家戦場」と描いているところに、武家事紀第二十八集に載る『桶迫間合戦図』（武家事紀図）の様子を描いて、志稿本に致景図が「両家戦場」と描くところは、屋形峡間（桶狭間村）といわれ里程は「鳴海から廿三町」に当たる。致景図で「今川義元塚」と描くところは合戦後、屋形迫間（大脇村）義元打死の所といい、こちらの里程は「鳴海から廿五町」で、「鳴海より廿三町」と載るところとは同じ屋形峡（迫）

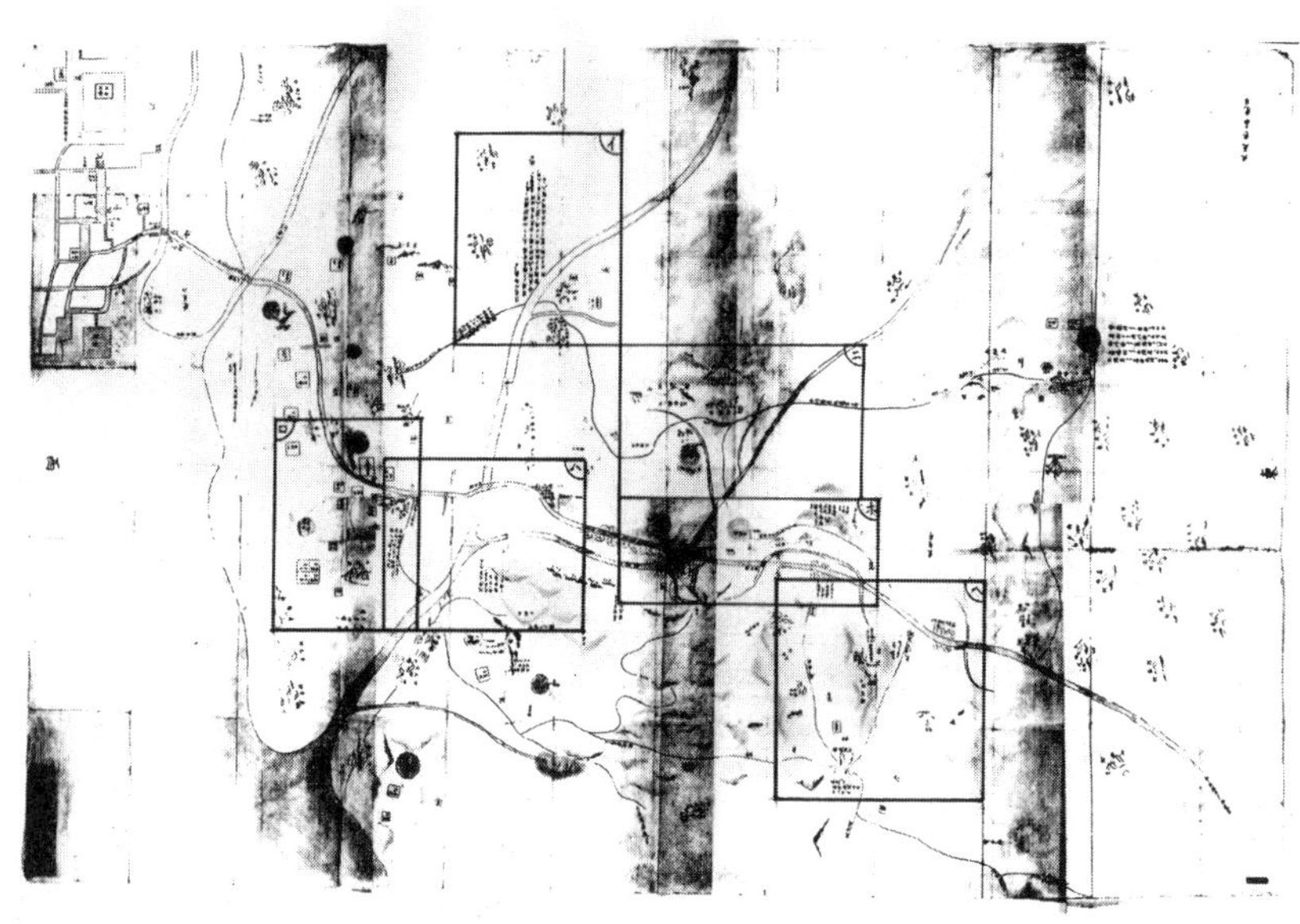

蓬左文庫蔵　桶狭間図（桶狭間合戦之図）全図

間でも場所が異なると主張した。

桶峡間図作成に当たっては、特に『桶狭間合戦記』と『総見記』について留意したが、それでも種々思惑があったようだ。

田宮篤輝が桶峡間図作成時留意した箇所

	区分	山澄淡州・桶狭間合戦記	遠山信春・総見記
一	織田今川割拠攻戦之図志	大子根から屋形峡間の義元塚へ三町余南少し西へなる	鳴海根古屋の城より屋形峡間へ廿五町余巽也 屋形狭間義元討死の所鳴海へ廿五町余乾
二	本文に載る義元の居場所	桶狭間山の北・田楽狭間	桶狭間の山下の芝原
三	責掛る時の空模様	大雨車軸を流す如く（三河後風土記・武家事紀）	晴天に成るとひとしく（信長公記・中古日本治乱記）
四	道中日記	東海道日記（桶狭間・田楽坪）	海道日記（桶狭間・田楽窪）
五	道中記絵図	道中回文絵図（屋形はさま、今川よし元・さいご所）	東海道分間絵図（今川義元塚）
六	鳴見致景図	御屋形迫間、今川織田両家戦場	今川義元塚
七	武功夜話	尾州田楽狭間	田楽久保見
八	武家事紀	鳴海より桶狭間合戦場迄廿三町	
九	岩瀬文庫図（桶挟間古戦場之図）	桶挟間村の北屋形挟間古所田楽窪より鳴海二十三町余乾	

備考
　桶狭間合戦記の八・九と総見記の一は対応する。
一、織田今川割拠攻戦之図志で総見記欄の一つは鳴海から屋形峡間、今一つは屋形狭間から鳴海に方角乾が付く、二つが載る。

八、武家事紀は鳴海から桶狭間合戦場。九、は屋形挟間から鳴海に方角乾が付き、二つは先の一、と同じだが里程だけが廿三と廿五で拮抗する。

その他、二、以外の三、から七、までも何らかの形で拮抗する。しかし、同じ拮抗していても二、と四、はどちらも桶狭間が付く。特に二、は桶狭間山の北と、桶狭間の山下で、違いは北か下かで微妙といえる。

単純に戦場の方は二十三町で塚の方は廿五町の組合せになっている。

田宮篤輝の思惑㈠　砦・場所の表示

『武家事紀図』で義元討死場と記されていた桶狭間の西の山並みは「桶峡間山」と名を付し、桶狭間合戦記に「先陣の将松井兵部少輔宗信等は拾町計り張出て備へを堅くす」と載るものを意識して山上に「松井宗信塚(図へ)と云」と記して、山裾には道中回文絵図の「屋形はさま　今川よし元・さいご所」を形象して「屋形峡間(図へ)　馬立松・義元験の松討死の跡と云」と記すほか「合戦前(図へ)は田楽ガ窪と云」とも記し、屋形峡間は合戦後の呼び名だと示唆した。田楽ガ窪は『三河後風土記』に「当地は鳴海・桶狭間の内にて田楽ガ窪といふて少し小高き所なり」と載る。

○淡州は『桶狭間合戦記』に、義元は同日沓掛を出陣し、桶狭間山の中、田楽狭間に来たと記

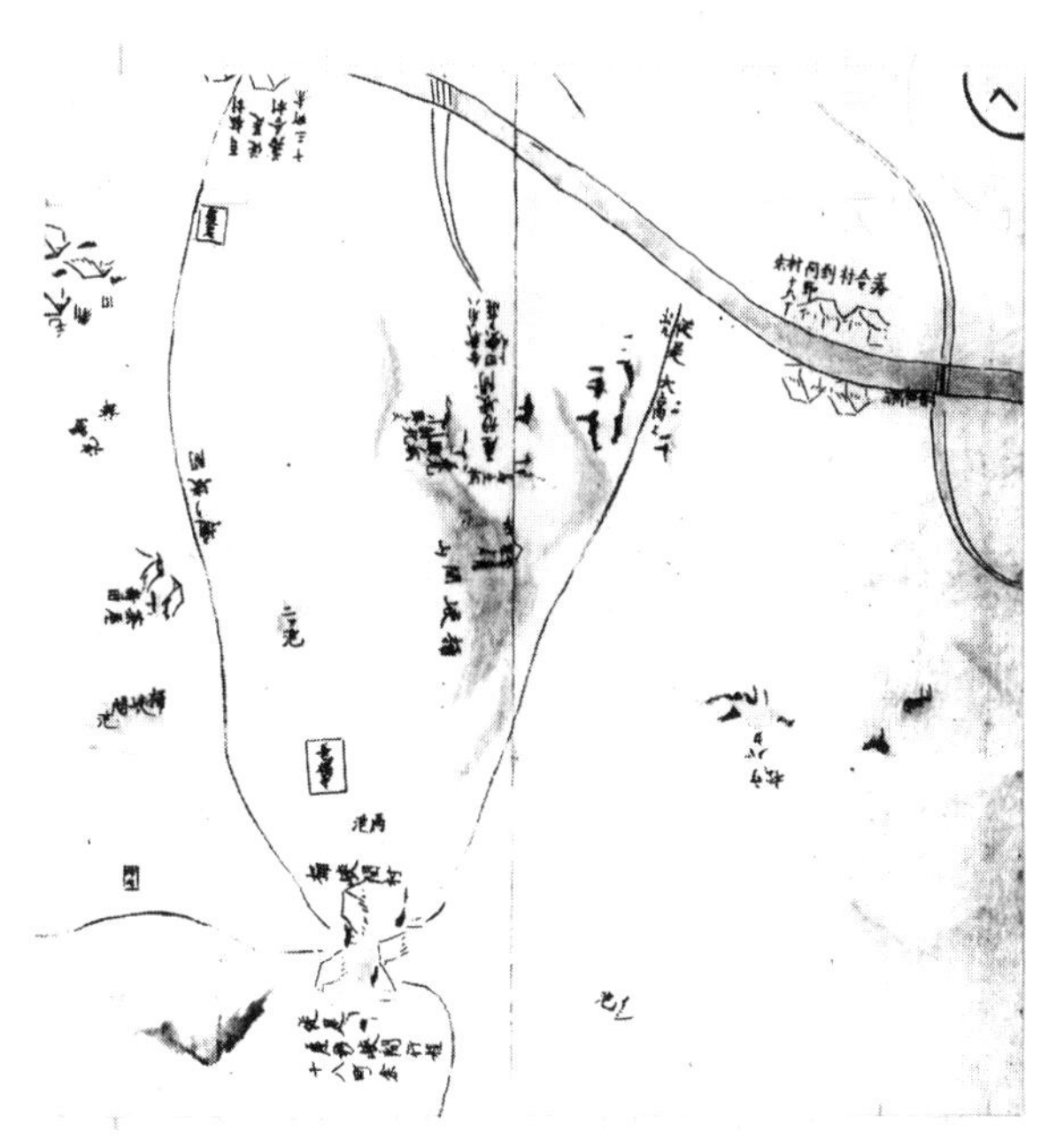

図へ

している。義元は沓掛を出て南に進み、阿野から鎌倉間道を通って田楽狭間に来たのだろうと思われる所を、磯谷平介の間違いそのままに、『海道日記』の桶狭間田楽窪までは阿野から東海道を道なりに来て、それより追分けて桶狭間村まで来たのだろうと、東海道と追分けるところに「是より大高え出る」(図へ)と記したあと、「桶狭間村を経て大高迄の道」を描き、義元は沓掛を出て、このように大高へ行こうとしていたと忖度して桶峡間図に描いた（鎌倉間道の桶狭間・阿野間不記）。

「是より大高え出る」と記された道を『武功夜話』では、今川義元は田楽久保見からこの道を通り田楽狭間で足を止め、蜂須賀小六等が酒肴を差出し刻を稼いだので信長は義元を討取ることができたと記すが、篤輝と武功夜話は直接の関りがあったとは思えない。

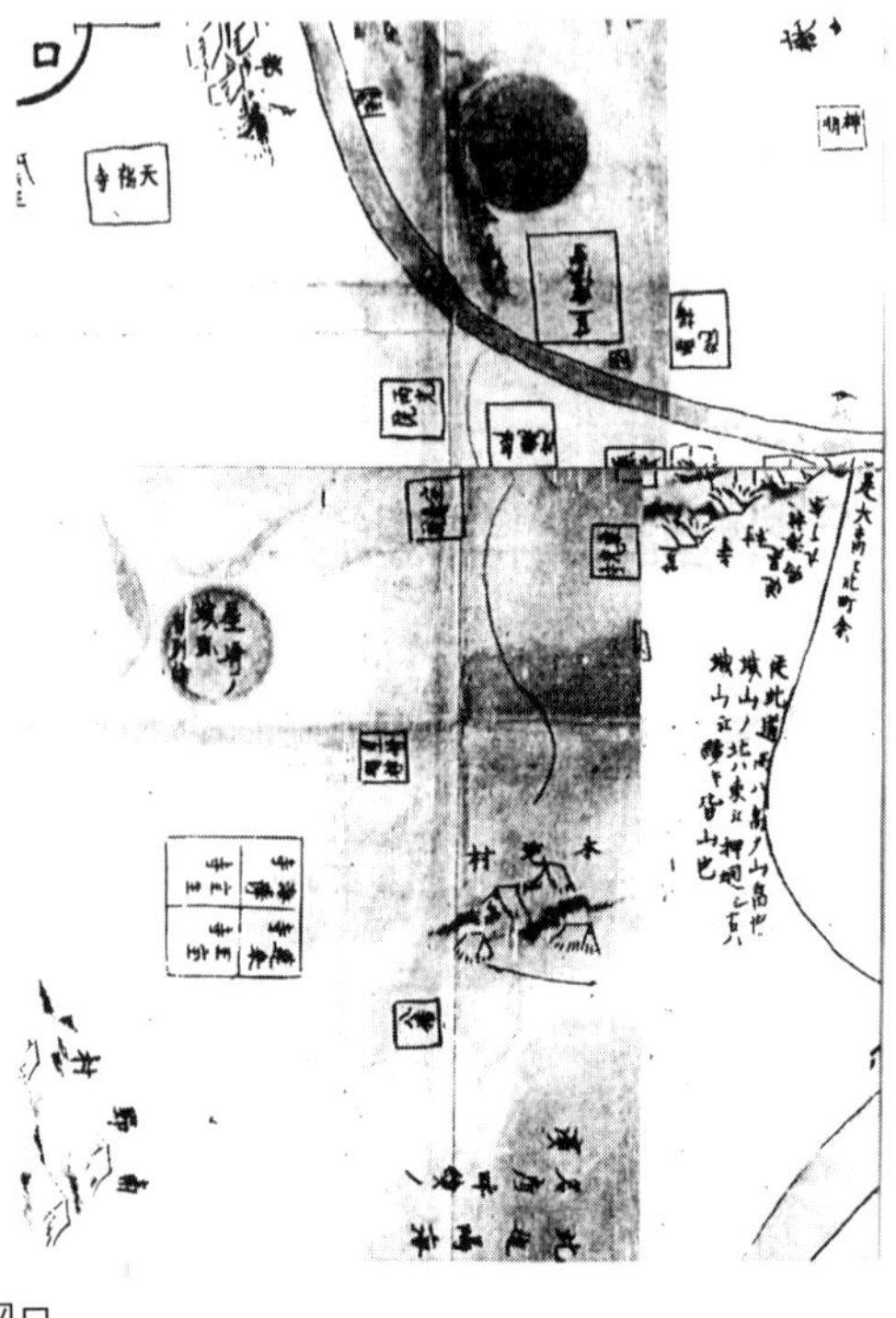

図ロ

○『武家事紀図』で「鳴海より野間の内海へ九里程有」と記され、致景図でも「是より野間の内海へ九里」と記されていた干潟道を鳴海と前輪村の間にある武者山で区切って省き、代わって笠寺村と前輪村を結び「是より大高え卅丁余」(図ロ)と記した。

致景図では佐々・千秋等は善照寺の要害から瓜紋の旗差上げ武者山の今川先手に攻め掛かった道として描いていたが、桶峡間図では笠寺からこの卅丁余の道を通り武者山の今川先手に攻め掛かり討死したと記述を代えた。篤輝は『武功夜話』に佐々隼人允が星崎辺まで駈け付けて鳴見の敵で討死した様子を隙間(かいま)見ていたかの如く描いてあるが左にあらず。ここは淡州が「信長公は鳴海辺所々に砦を構へ軍勢を入置れた時、熱田にも佐々等を千秋に指添へ人数を置かれたのか、それとも熱田辺に佐々が領地が有り、千秋と云合せ先陣を申請たからか、と佐々・千秋は熱田から先手として出掛けた」と記すものに従い、熱田を出て笠寺から「是より大高え卅丁余」の道をたどり武者山に至ったと絵図に思いを込めた。言われてみると『武功夜話』は佐々隼人允だけで千秋は現れない。ここは『武功夜話』の独自の記述になる。両立を望むなら佐々と千秋は星崎辺で出会えば簡単だが、武者山を描いた過程を知ればどちらも事実とは言い難い。

○星崎・鳴海・善照寺の位置

淡州は『桶狭間合戦記』に山口左馬助と戸部新左衛門はどちらも尾張を見限り、今川義元に属していたものを、信長の謀り事により義元に討たれているが、一説に左馬助と新左衛門は同じ人物で、尾州では山口左馬助の事だと言い、駿州では戸部新左衛門の事だと言い分明ならず。また義元は左馬助を殺した後、岡部五郎兵衛眞幸に鳴海の城を守らせた。「古記には岡部が守った城を駿河では鳴海の城だと言い、甲州では笠寺の城だと言い、尾州では星崎の城とも言った」と記していた。

篤輝はそれなら今の星崎にある城は鳴海とも笠寺とも呼ぶ所になるのか。初め山口がいた城は、今の鳴海の宿の城跡だと土地の者は言い伝えている。一説に今川が山口の居城を鳴海から、星崎と笠寺の間の山に移らせ、山口を誅した後に、岡部を籠置いたのだろう。自分が考えるには『安土創業録』にこの時、星崎の城未だ築かれず、信雄の時、雑賀大炊がこれを築いたという。また『尾張志』にも、星崎城主は岡田助右衛門直教から始まると載る。「そもそも鳴海の宿の城跡は鷲津・丸根・善照寺の間にあって本道の咽喉の要処に当る、此れ程重要な処を捨てゝ星崎に籠るなど如何なものか」と、岡部の籠りし鳴海の城は多分、根古屋の城なるべし、其節図志に詳かにすと断り「星崎・鳴海・善照寺の城砦について致景図で記されていたところを桶峡間図では改めた」。

鳴見致景図と桶峡間図では扱い方が異なる

鳴見致景図	星崎の城 岡部五郎兵衛	根古屋の城 佐久間右衛門尉在	善照寺の要害 善照寺とりで 佐久間左京亮古址
桶峡間図	星崎の城 有別論	鳴海城 或説善照寺砦此所也と云根古屋の城とも云	善照寺砦 或説此所中島砦と云

○中島砦の位置

「扇川と手越川の出合う辺民居の中に有ると言うが、間数さだめがたく、民家の裏竹林の中にいささかなる塚あるを梶川が墓なりといへる」と、此処だけは致景図に「中島・梶川平左衛門」と記されている位置に砦と記さなかった。致景図では信長は、熱田を出て善照寺砦で勢を揃へ是より中島へ移り合戦を始めんと善照寺砦から相原に掛かり中島の梶川平左衛門のところに至り云々、と読める。淡州は桶狭間合戦記に「信長進んで丹家に至り中島・丹家両砦に籠置かれたる人数をば旗本へ召加へ善照寺辺へおもむく云々、即ち旗を巻き兵を潜め中島より相原村へ掛り山間を経て太子根の麓に至る」と載せて、信長が丹家で中島砦の人数も旗本に加へ善照寺砦ではなく辺に来たあと、中島から相原村に進むと記す。それなら善照寺砦が記されず、相原村を起点にすると近いのが中島でその後が善照寺辺になる。

先の星崎城が鳴海城なら、鳴海城が善照寺砦で、善照寺砦が中島砦と順繰り、相原村が後で不都合はなくなる。篤輝は思案して『桶峡間図』の善照寺砦のところに「或説此所中島の砦と云ふ」(図二)と書き加えてみたが相原村

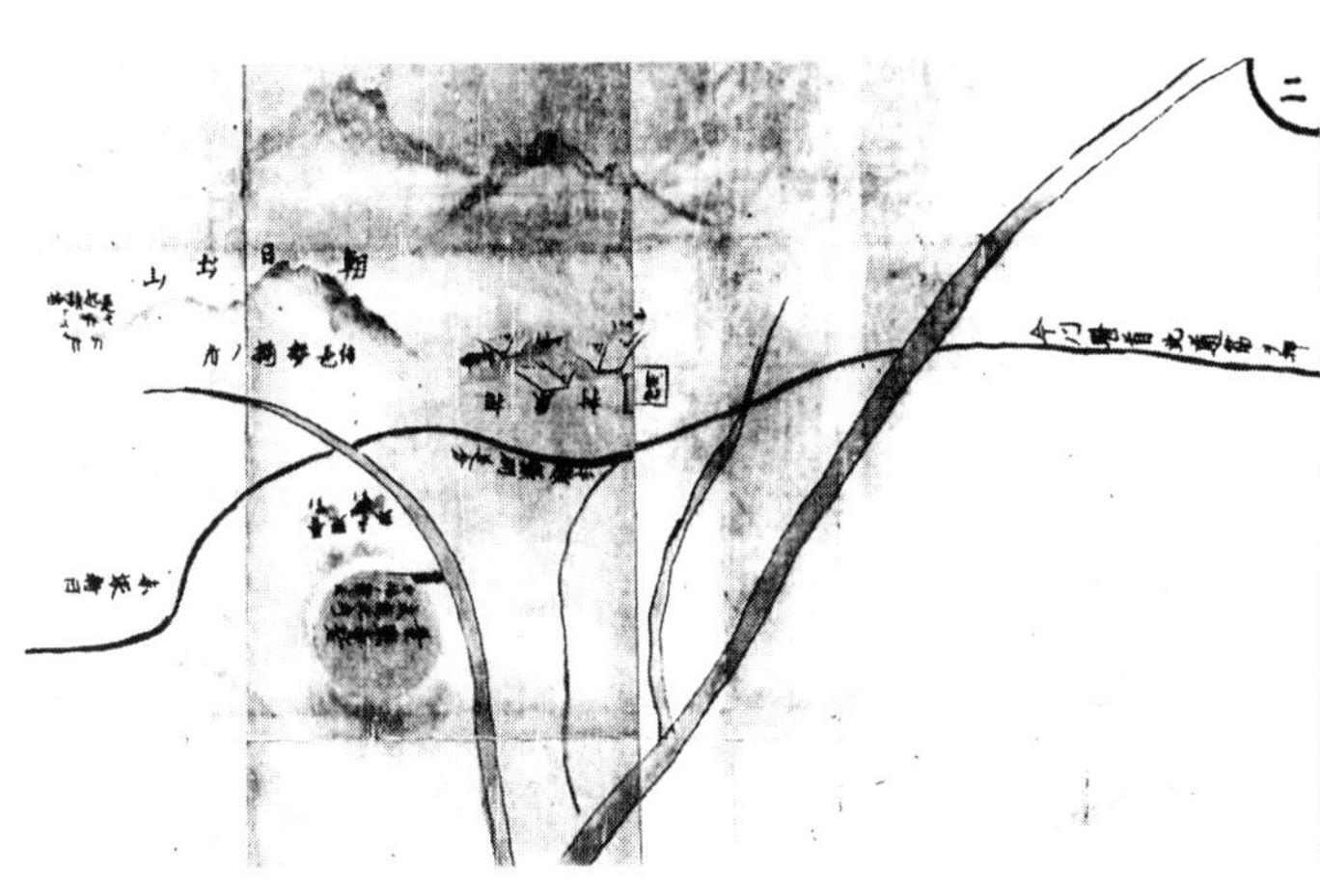

図ニ

に掛かり山間を行くのは、鎌倉本道を進むことになる。鎌倉本道には今川の先手がいる。『総見記』もそれを示唆する記述がなされているので桶峡間図には「今川（図ニ）魁首此道筋ヲ押」と載せた。致景図は相原のところで道が追分けてある。追分けて進んでくると、東海道に至るがその先、手越鎌磨のところから鎌倉間道が描かれていないので、行くことができない。此処（図ニ）は善照寺砦を致景図に倣い本来の位置に記し、順序を善照寺、次に相原で道を追分け「東海道（図ホ）に至る手前に中島砦を描いて」これより横入れに山間を軍行することにした。篤輝は、桶狭間合戦記に簗田弥次右衛門が信長に「山間を軍行し云々」と言ったところは『三河後風土記』に載る「山間の細道」が当てはめられていたなどは到底思い至らなかった。

『三河後風土記』の「山間（間）の細道（道）」は鎌倉間道の手越鎌研から先を言ったものだが、仮にそうと判っても致景図に鎌倉間道が描かれていないので、肯定に難を来した。致景図に描かれているのは東海道のみで「否なら適当に山中を進める以外術無（すべな）く」、中島砦の位置を申し訳程度、東海道から離れたところに描き作文した。

該当箇所への記述が異なる

区分	砦に表示	場所に表示		東海道は無かった
		手越・鎌研追分の道	扇川・手越川の出合ひ	
鳴見致景図	善照寺砦		中島・梶川平左衛門	思い違いして東海道を行かせた
桶峡間図	○善照寺砦○或説此所中島の砦と云	○中島砦を描いた	梶川家敷　或説此所中島の砦と云	行くところが無かったので山中に道を描いた

「中島から相原」を、「相原から中島」に、順序を変えたことは『桶峡間図』の鳴海村・野並村を記した傍に「信長(図イ)公御懸り口」と題し

「清洲より熱田着陣夫れより山崎村、桜村を通り野並村、古鳴海村江懸り善照寺の東峡間朝日出にて勢揃有て相原に掛り中島の砦に入、直ちに東の山間に押、太子ガ根の麓より屋形峡間に横入の由」

と記して、ここで順序を入れ替えたと説明した。

○『武家事紀図』で「鳴海より丸根へ二十三町」と記されていた大高・桶狭間の境目筋の位置に、致景図で札の辻道法に載る「有松十九町・桶迫間三十町」の里程を以てし、鳴海から有松村を通り桶狭間村に至る「通り狭間(図ヘ)」として描き、両側に長フクジ・桶狭間池・牛毛新田などと記したので本来、桶狭間の東の山並みと西の山並みの間を行く「通り狭間」が、西の山並みのさらに西に位置することになり、西の山並みが東の山並みに描き代わってしまった。(通り狭間は狭間の通れる所の意で固有名詞でも何でもない)

○致景図で「中島砦から諏訪明神を通る道」の行先を大高道や三州苅屋道とし、大高の山間を行く道(通り狭間)に描いた。一つには、先に「鳴海より野間の内海へ九里」の干潟道を武者山を生かすために前輪村で区切って省いたので代わって野間に行く道とした。言い換えれば『武家事紀図』で「鳴海より丸根二十三町」

と記していたものを位置はそのままで「鳴海より野間の内海へ九里」の道に作り代えた。

○致景図で途切れていた手越川はここでは正しく源流まで描き、行き着いたところに「合戦前は田楽ガ窪と云」(図へ)と載せた。田楽ガ窪は雪斎遠諱香語の「同五月十九日礼部尾之田楽窪一戦而自吻矣(ジフン(オキジ))」に通じ『関東下向道記』に「馬手にあたりて小高き古塚有」と載る。

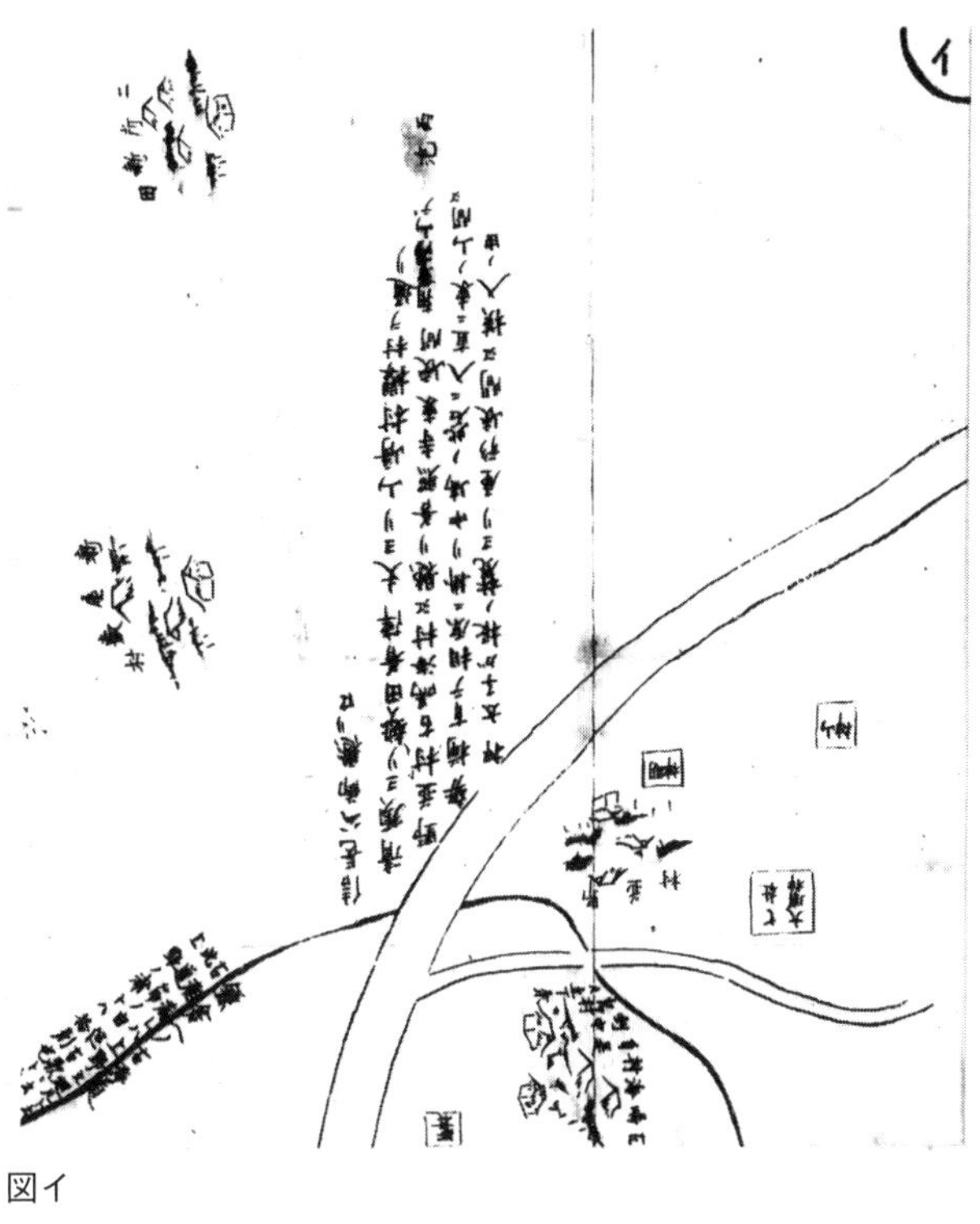
図イ

篤輝は山澄淡州の『桶狭間合戦記』と遠山信春の『総見記』を用いているが、この時の佐々隼人允・千秋四郎と岩室長門三人の討死、および関係する前田又左衛門・木下雅樂・魚住隼人等の働きを、淡州は鎌倉本道の瀬山の際にいた今川先手と争ってと記し、信春は十町余張り出し、山際に扣へていた駿河勢と争ってと、人物は同じだが場所が異なっていた。致景図には場所は「武者山」とだけ載る。篤輝はなぜ武者山か判らなかったが、これ以外当てはまるものがないので桶峡間図には同様に武者山を描き「此所(図ハ)武者山と云従是大高江十一丁余初合戦ノ場也」と念を入れて記した。

注　榊原邦彦著『解釈学第七十一輯』蓬左文庫蔵桶峡間図研究に「原図は此所武者山ト云従是大高江拾一町余初合戦ノ場也とあるが、初合戦ノ場也は誤り、鳴海旧記は武者山は歩射山の宛字で、桶迫間合戦の戦場と誤伝したもの」と記す。それなら『三河後風土記』はどうか『集覧桶廻間記』には大高の方え千秋四郎・佐々隼人・岩室長門等御紋の旗待請見るとひとしく義元カ先陣勢大高・鳴海の山際に満々（みちみち）て引（ひかえ）たる中え面もふらず懸入て、東西南北、懸破懸通って遂に三人共枕を並べて討れぬとある。日本戦史は此等をもとに『桶挟間戦図』に「朝比奈泰能等陣場」と描き、初合戦を示唆している。どの様に誤伝か説明を要する。

田宮篤輝の思惑㈡　絵図項目

○「此間山中行程十八丁余」（図ホ）

中島砦から太子ケ根までの里程をいう。中島砦の位置は、それなりに考えあってのことだった。位置を決める際は『桶狭間合戦記』に簗田出羽守が「ひそかに山間を軍行して義元の旗本へ不意に懸って討入給は、勝利のみ

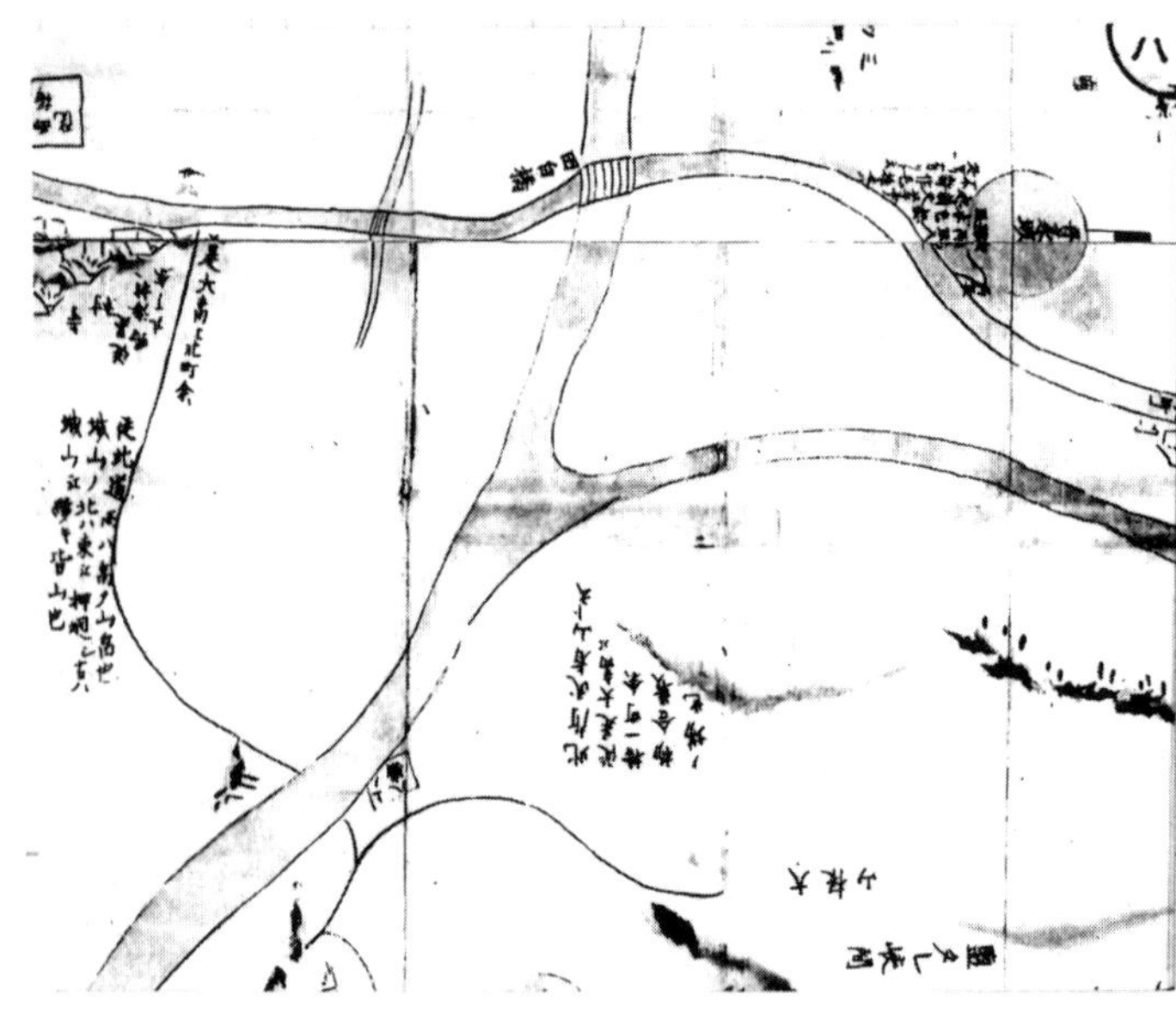

図ハ

ならず大将をも討取るべしと申し上げたことが信長の本意に叶ひ、山間を経て太子根の麓に至る」と記すものに加え、『総見記』の「しのんで山際を廻らせ給へば俄に急雨降来て石なんどを投ぐる如く、敵の顔へ風吹きかく、敵の為には逆風、味方は後より吹く風なり、餘りに強き雨風にて沓掛の山の上に生ひたる二かい三かゐの松の木、楠の木なども吹倒す計りなり味方の大勢廻り来る物音少しも敵に聞えず」と記すし、『信長公記』に載る「東」の文字を用いず熱田と神風を掛けて「北西の風雨に押される様に中島砦から南東に向った」と合わせて話を作ることにし、中島砦の位置を少しずらし太子ケ根の北西に当たるように山中に道を描いた。

注　『総見記』に載る「俄に急雨降来て云々吹倒す計りなり」の箇所を『信長公記』は中島砦を出て手越川に沿う様に進んで手越鎌研（磨）場のところから鎌倉間道を東に外れ、なほも手越川に沿って進み敵の背後に廻り込んだが、桶狭間の山際を廻ったところから熱田大明神の御助けか強き急雨を、味方は背に受け、敵は顔に受けたので見付からずに済んだと語られていた。『総見記』は東を省いて記したので、手越鎌研のところから東に外れず鎌倉間道のままに南東へ進んだ。ここは迂回したか、直進したか、の違いで、行き着いたところは桶狭間山の北・田楽狭間か桶狭間の山下の芝原かで、桶狭間の山に変わりはない。しかし手本とした致景図は一方が「今川義元塚」で、もう一方は「御屋形迫間今川織田両家戦場」の二ケ所が載り『東海道分間延絵図』では「今川義元塚」と「屋形迫間両家戦場」は「屋形山桶狭間合戦場」に書き換え、二つが重なり合って大脇村山に描かれている。延絵図は文化三年（一八〇六）に描かれ『桶峡間図』より四十年早い。篤輝が眺めていた可能性は十分ある。それでなければ「桶狭間の山下の芝原に居た」義元を桶狭間ではなく「大脇の屋形迫間」に攻めるような愚かな記述をすることはない。

中島砦の位置を描きかえ、太子ケ根と結び、山中行程十八丁余と記すと、後はそこに当てはまるように目印を付け足した。

○「坊主山（図ホ）・エゲ山」

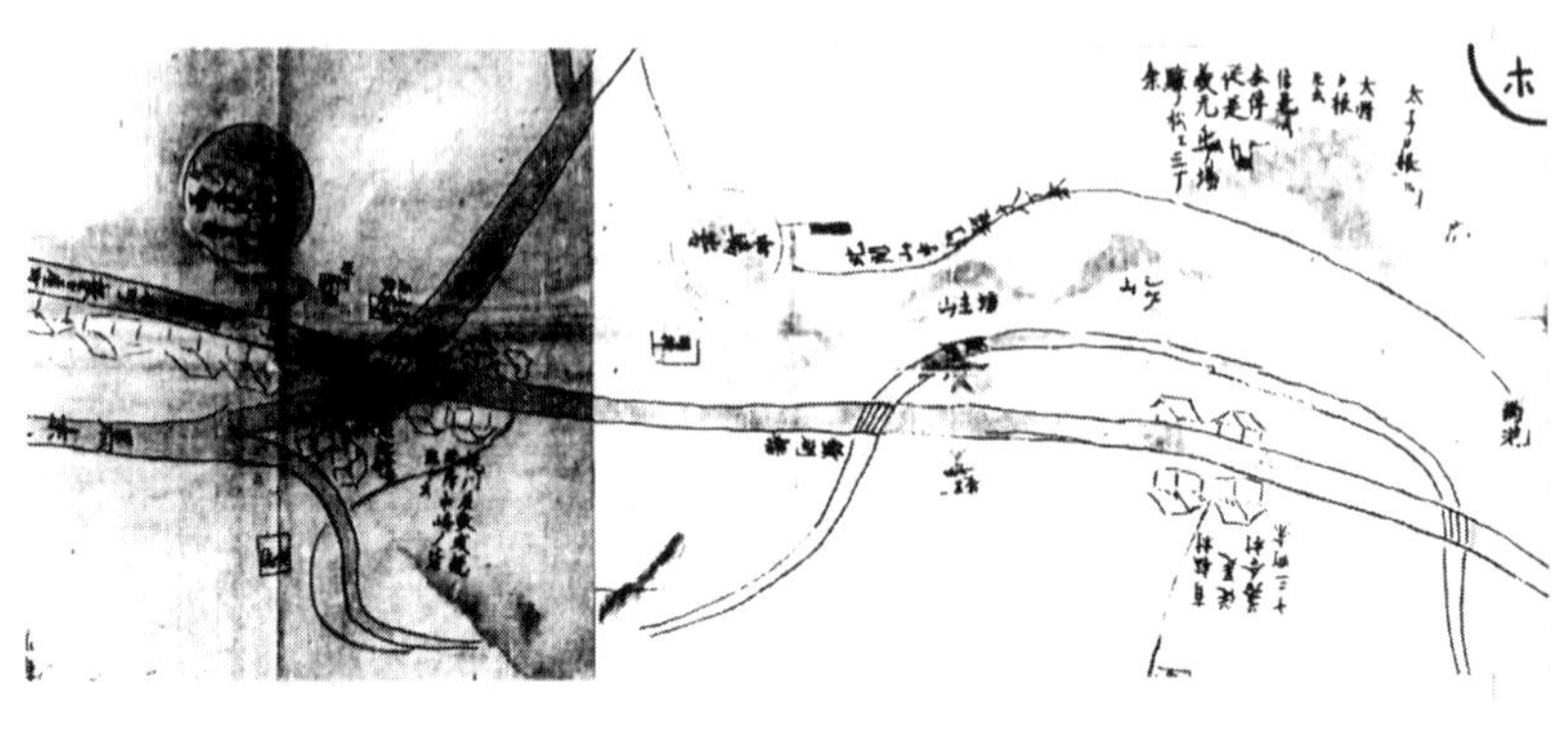

図ホ

続けて描き、もう一つ並列に山を描いて山間を意味した。描いた根拠は、ここには細根山があり、一名小山園とも称し、下郷家の別荘があったところで、尾張名所図会にも描かれている。下郷家は豪商で鳴海から別荘まで専用の道を設けていた。作文には格好の材料になる。

○「太子カ根」

太子カ根の根は、元をなすところの意で、固有名詞ではない。太子カ根に至り、を厳密に表現するなら太子と言われているところに来て、程度になる。

○「大将カ根とも云」

太子カ根の転化したもの。

○「信長本陣是より義元の屯場験の松え三丁余」

絵図（図へ）少し下に「馬立の松　義元験の松・討死の跡と云」と記すものと、織田・今川割拠攻戦之図に「大子（太）ケ根より屋形狭間の義元塚へ三町余南、少し西へなる」と載せた二つから引用記載してある。最初の「馬立の松　義元験の松云々」は寛文九年（一六六九）『道中回文絵図』で「屋形はさま　今川よし元・さいご所」と記すものに松を用いた同義語で、二本の松を指して寛永五年（一六二八）斎藤徳元が『関東下向道記』で「道より馬（右）手にあたりて小高き古塚有」と記していた。今では豊明・南館の古戦場伝説地に徳元の碑を建て、我が事のように説明するのは、全くの誤りである。二本の松は現・名古屋法務局に残る『昭和十年の地籍図』で有松町武路の山に「原野」と記号表示されたものが現存する。松は古より目的に多く用いられている。松があるからといって塚だとするのは早計に過ぎる。篤輝は、合戦のあった「屋形峡間は大子ケ根から三町余南で、義元塚は少し西の方にある」といい、斎藤徳元が言う「小高き古塚」と合わせると、大子ケ根から三町余南に屋形峡間があり、峡間を形作る山の西に義元討死を示す目印の松があり、そこを「塚」と称していたと綴ることになる。南館の古戦場伝説地にある七石表も塚のところへ建てたというが、建てた本人が記した『遊桶峡記』には「建てる時は何も無い平地に松があって、それらしきものを選び周囲を切開いて石碑を建てた」と載る。何もなかったから目印を建てたまでで、松も七本だけあったのでもない。双方とも何かあれば骨はどうかと心配するのは当たらない。

六、参謀本部編纂桶狭間戦図

この図は川住鋥三郎が明治二十三年に著した『桶狭間戦記第一稿』と参謀本部が明治三十二年編纂した『日本戦史桶狭間役』の両著に載る。違いは左下備考の箇所を活字で実測図であることと符標説明を記してあるか、それとも手書きで単に両軍の経過路説明だけに留まっているかが異なるだけで、地形図そのものは明治二十四年測図のものに参謀本部説と、川住説の両方が載るなど同様である。察するに「桶狭間戦図」は、当初参謀本部が作成し『日本戦史桶狭間役』に載せたものを、後年『桶狭間戦記第一稿』の成本作成時に、備考欄のみ手書きに代え綴り込まれたのだろう。従って記されているものは参謀本部説主体で描かれ、山澄淡州著『桶狭間合戦記』を用いた川住節はあまり明確には描かれていない。むしろ否定する描き方になっている。

参謀本部は桶狭間戦図を描く資に蓬左文庫蔵桶狭間合戦之図（愛知県史掲載）を選んでいた。根拠はこの『愛知県史図』と実測図の『桶狭間戦図』の両方に鎌倉間道の桶狭間道が載らない。

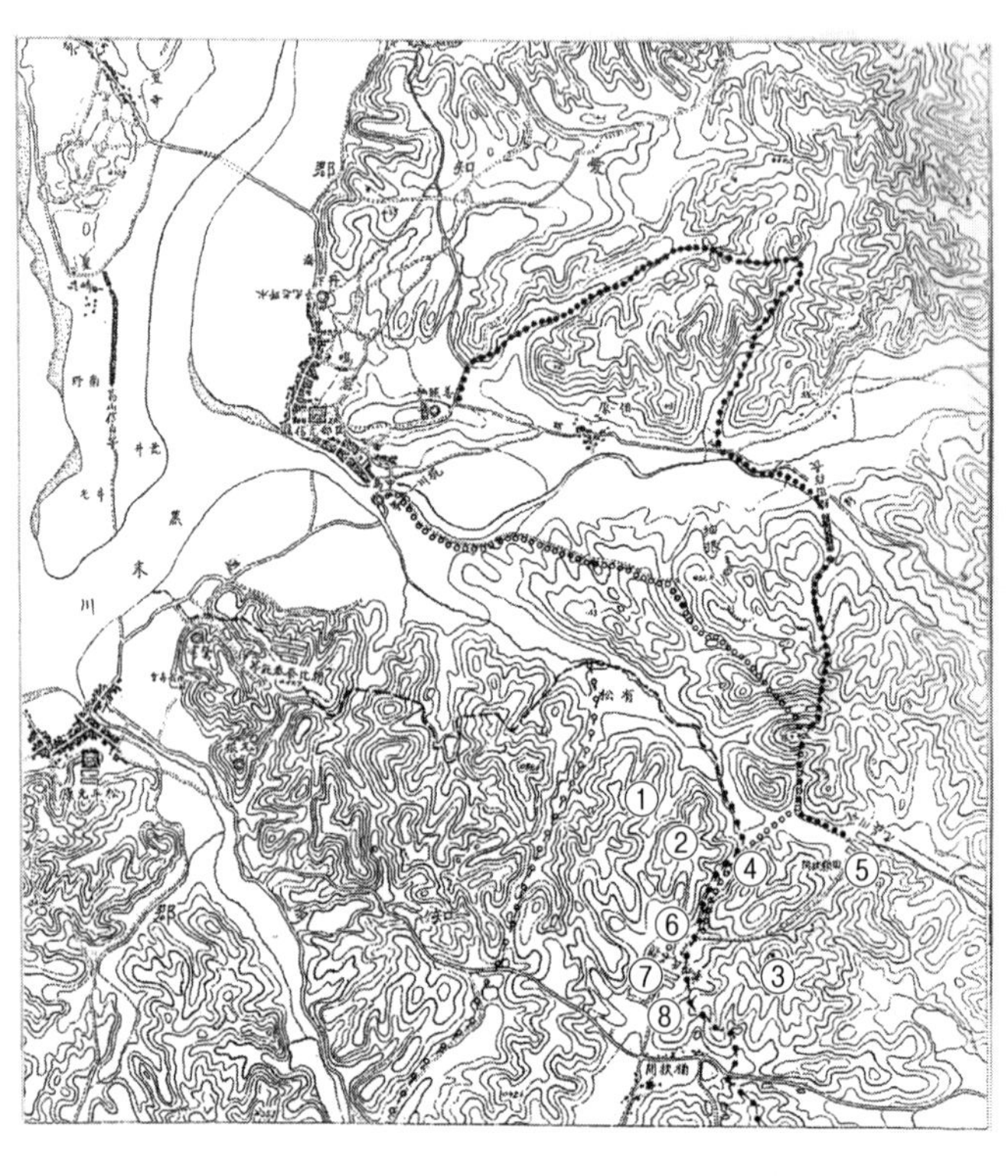

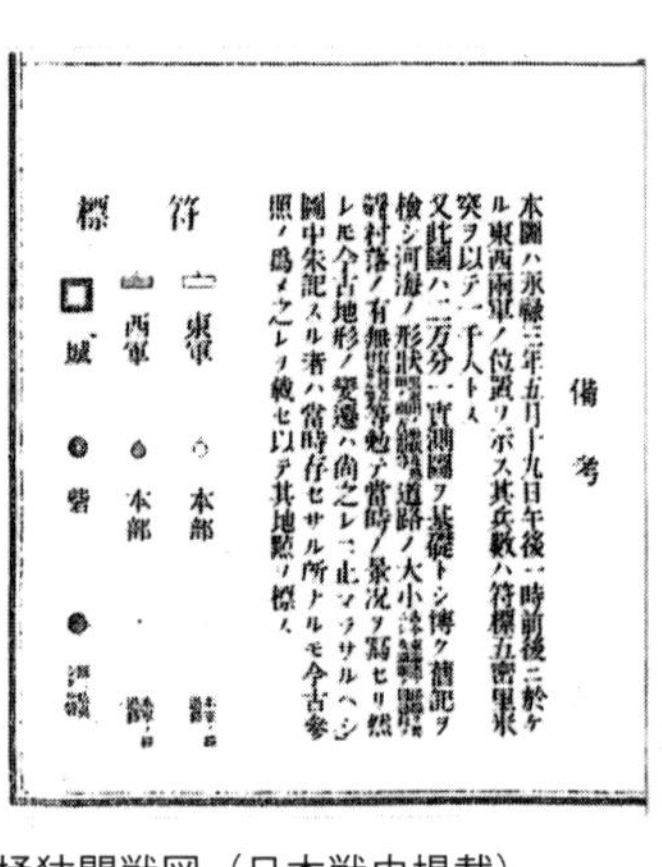

備考

本圖ハ永祿三年五月十九日午後一時前後ニ於ケル東西兩軍ノ位置ヲ示ス其兵數ハ符標五密里米突ヲ以テ一千人トス

又此圖ハ二万分一實測圖ヲ基礎トシ博ク舊記ヲ檢シ河海ノ形狀[illegible]道路ノ大小[illegible]村落ノ有無[illegible]等勉テ當時ノ景況ヲ寫セリ然レモ今古地形ノ變遷ハ尚之レニ止マラサルヘシ圖中朱記スル者ハ當時存セサル所ナルモ今古參照ノ爲メ之レヲ載セ以テ其地點ヲ標ス

符標

東軍　本部

西軍　本部

城　砦

桶狭間戦図（日本戦史掲載）

補塡

••••••• 日本戦史・桶狭間役の信長経過路

ooooooo 川住著・桶狭間戦記第一稿の信長経過路

－－－－ 鳴海と大高・桶狭間の境目筋

•|•|•| 桶狭間と大脇の境目筋

♀♀♀ 大高と桶狭間の境目筋

1 桶狭間図で「松井宗信塚と云」と記るす「桶狭間山」

2 桶狭間図に「馬立松・義元験の松討死の跡」と記す

3 「標高六十四・七メートル」の峰

4 桶狭間図に「合戦前は田楽窪と云」・「屋形狭間」と載る鳴見致景図なら「御屋形迫間・今川織田両家戦場」と有

5 桶狭間図は東海道と追分て「是より大高え出る」鳴見致景図なら「今川義元塚」

6 尾州桶狭間合戦記・篤輝新編桶狭間合戦記は共に桶狭間山の内・田楽狭間と記す

7 中古日本治乱記・東海道日記には田楽坪と載る

8 長福寺

○日本戦史桶狭間役第二章「地理」の箇所で、「鳴海より大高を経て参河以東に通する道上に桶狭間（知多郡有松町に属す）あり、南方稍開豁なりと雖、他の三面は皆邱陵起伏の地なり、其東北に田楽狭間（愛知郡大脇村の内、今屋形狭間）と称する処あり」と記す。ここは愛知県史図で中央にまとめ書きされた内の「同所（田楽坪）より合戦場は丑寅（東北）にあたる」の同所を桶狭間に代え、そこを田楽狭間、今屋形狭間と記したからか。

○また、同章の「其二桶狭間実は田楽狭間」の箇所では、「義元将さに大高え移らんとし桶狭間に向へりと、又一人来り告けて曰く、義元方さに田楽狭間に屯駐せり云々、桶狭間の北方（即ち田楽狭間）に休憩し」と記述が続く。先には桶狭間の東北に田楽狭間（愛知郡）があると記しながら、今度は桶狭間北方に（即ち田楽狭間）に休憩しと載せるのなら、田楽狭間は桶狭間の東北から北方に代わったことにならないか。それとも二箇所にあるのか。これに対応するように愛知県史図は鎌倉間道を大高と桶狭間の境目筋に描いて桶狭間の西の山並みを東の山並みにかえ「大脇の山と桶狭間の山を重ね合せて一つの山塊として描いてある」文章記述は、如何様であっても同じ位置に見做すよう忖度せよということか。

明治時代の有松付近

桶狭間戦図には大高と桶狭間の境目筋、鳴見・桶狭間の里程廿三町の道筋、共に描かれていない。（縦線＝大高地内　横線＝鳴海地内　斜線＝豊明地内）

○『桶狭間戦図』には隣接する村の境目筋が描かれ、鳴海に対する大高と桶狭間、桶狭間に対する大脇のそれぞれ境目

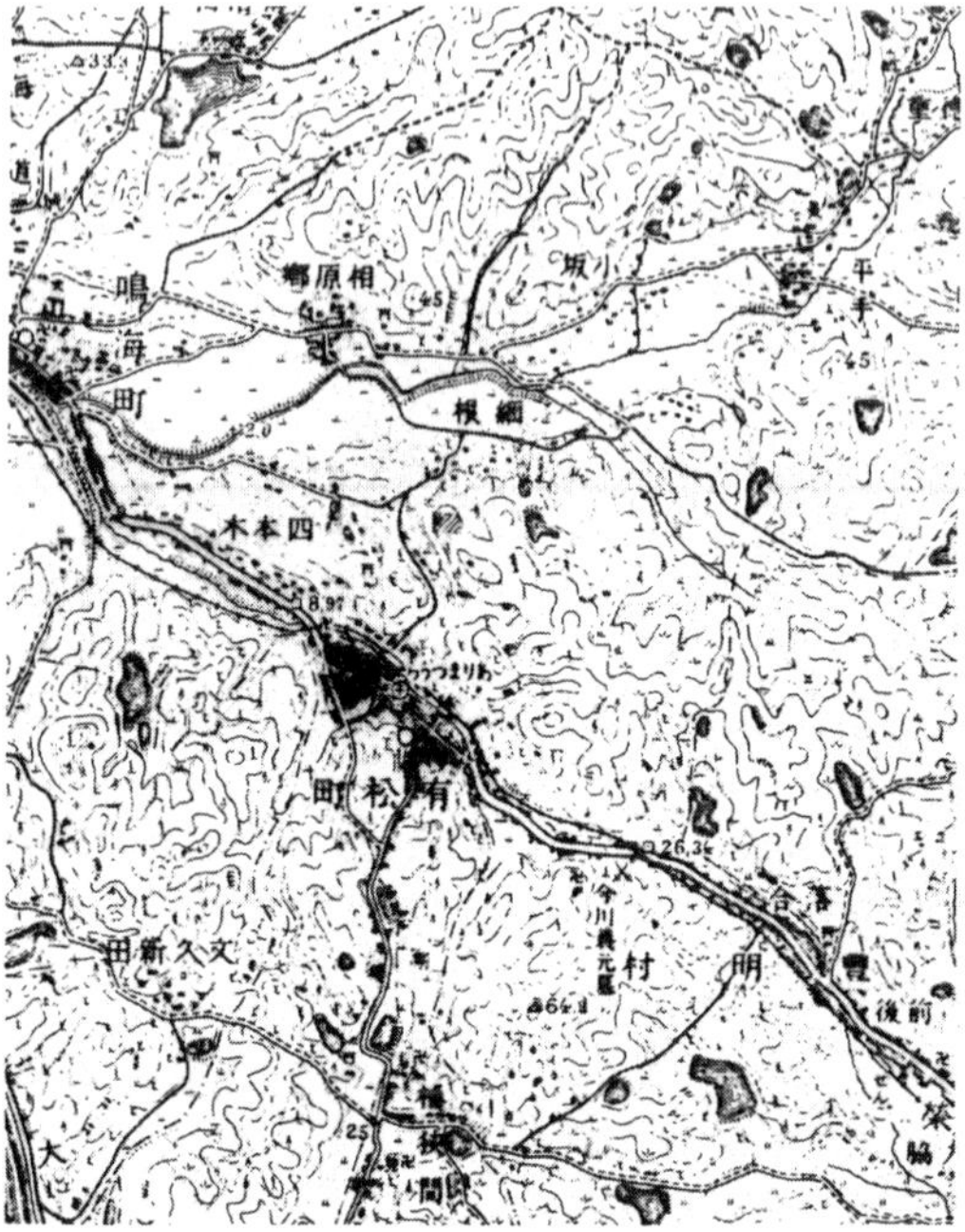

筋は載るが、桶狭間に対する大高の境目筋が描かれず桶狭間の範疇が判らない。これは『武家事紀図』で「鳴海より丸根迄は二十三町」の里程として「大高と桶狭間の境目筋に描いていたもの」を『愛知県史図』では道程なら鳴海から丸根平地までの道筋が正しかろうと実測図では「大高の通り狭間に描き代え」、大高と桶狭間の境目筋は描かず「桶狭間の範疇は不明のまゝ、大脇の地に桶狭間の山を描いた」ので、合戦場の位置が変わっていた。『東海道分間延絵図』などは「合戦場鳴海より阿野村迄往還道壱町程南」を「桶狭間合戦場道一丁余」に代え松井八郎塚と記されていた山に、桶廻間合戦場とまで付記して描くのと同様で、これでは天保十二年の『桶廻間村絵図』は蔑(ないがし)ろである。参謀本部は意に介せず川住説を押し退け「愛知県史図に倣って桶狭間役を記した」。とはいえ、実測図に大脇と桶狭間を重ね合わせた様子を描く荒唐無稽なことはできかねる。大脇の地に田楽狭間とだけ記して、信長が義元の陣に攻め掛かるところは「吶喊して山（字太子ケ根）を下り直ちに敵営を衝き、縦横に馳突す」と解釈自在の文章記述をし、実測図には太子ケ根から川住説と同様に、鳴海より二十三町の屋形峡間に来て、それより東海道の東へ横入れに「愛知郡大脇村の内、今屋形狭間は鳴海から二十五町のところ」へ討ち入ったと証(しる)した。

大正時代の有松付近

有松町（村）字桶狭間の範疇と境目筋　荒い点線は村の境目筋、細かい点線は小径をそれぞれ示す。

天保十二年『桶廻間村絵図』で『桶狭間戦図』に描かれていない「桶狭間と大高の境目筋（○—○—）」と描かれている「桶狭間と大脇の境目筋（●—●—）の間が桶廻間村に当たる。

「田楽坪」は絵図の広坪田面と大池の二つに跨る。大池は永禄年合戦時は未だ池に作られていなかった。桶狭間の組合長だった梶野孫作氏が田楽坪は広坪田面の南西の一画六間、十二間の僅かな箇所だと言い残しているの

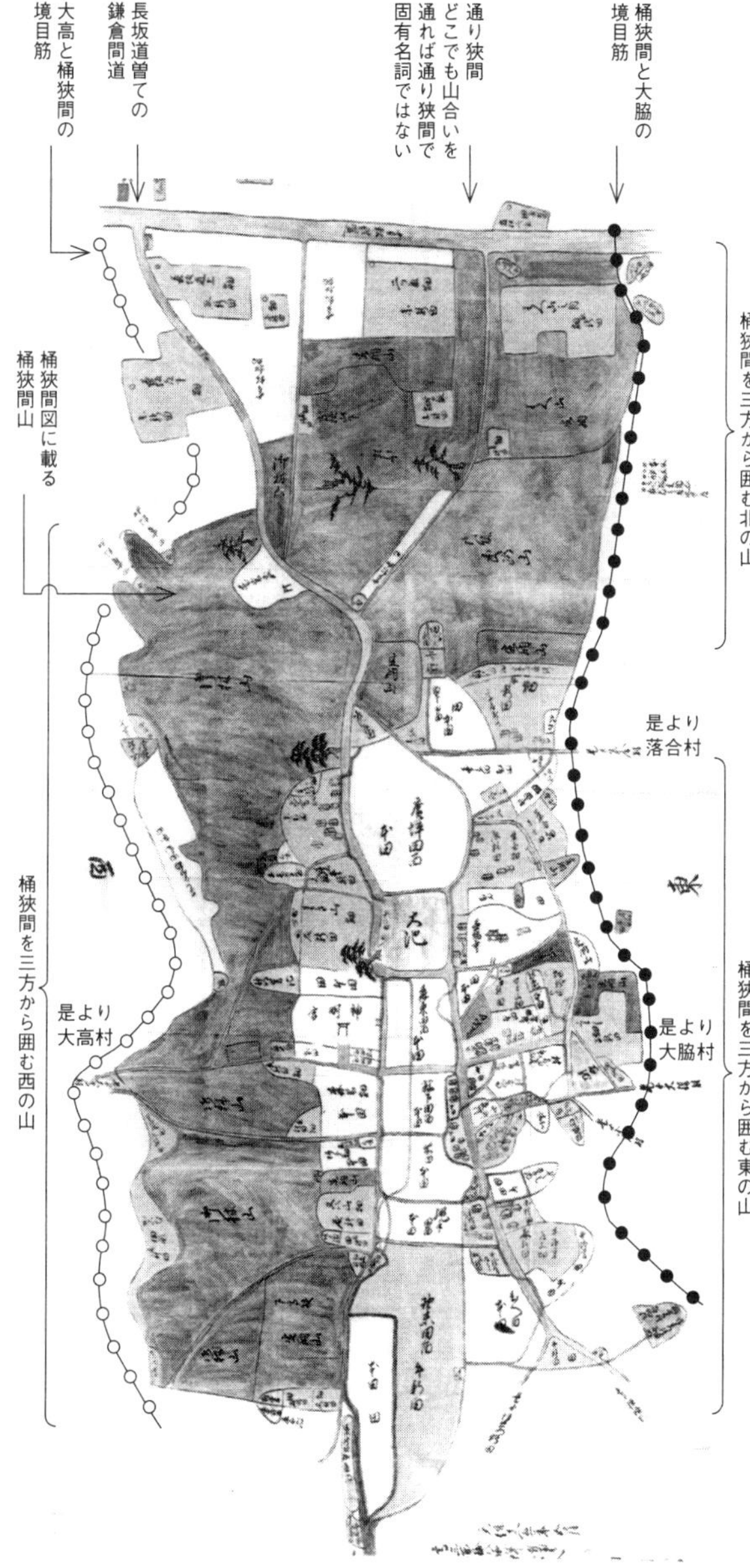

天保十二年作図桶迫間村絵図

は、義元討死場所を限定したい思いからで適切でない。

『関東下向道記』に「馬（右）手にあたり小高き古塚有云々」と記述され、『道中回文絵図』は「今川義元・さいご所」と記す、『桶峡間図』には「馬立松・義元験ノ松討死ノ跡ト云」と載せるが、位置は「二ツ池」の左、定納山の内に有り。正確には昭和十年の地籍図に原野の記号二つが証す。

「桶狭間の北方田楽狭間」の位置を示す「七つの塚」の内、三つは絵図に「是より落合村」と記された道の北で、数軒家が描かれた「字名武路・畑」などと記されたところに当たる。

その右側「桶狭間と大脇の境目筋」に接するところは「釜ケ谷」と称する狭間で、坪に対する狭間だから田楽を付けた。

それより北への窪み（田楽窪）は東海道まで下る。反対に東海道からは上るので「右手に小高き古塚」となる。『桶狭間戦図』に田楽狭間と記す(5)と(6)の間の道は天保十二年の桶廻間村絵図で是より落合村と記す道に相当し、方角は東北なら参謀本部の「桶狭間の東北に田楽狭間、今屋形狭間と称する処あり」の言葉が当てはまる。

但しこの道は永禄三年には東海道と共に存在していなかった。道も無かったところに地名が付くのも変だが、これでは義元がどこからどこを通って、どこへ行くつもりだったと言えるのか。説明のしようがない。参謀本部はそんな説明の仕様がないところに田楽狭間と付けて信長に義元を討たせた。

○参謀本部は『桶狭間戦図』を描き、川住鋥三郎は『桶峡間図』を用いた。桶狭間戦記第一稿に参謀本部説の『桶狭間戦図』が添えられているのは、川住説を改めたと示唆したものだった。

『桶狭間戦図』は両説の経過路を天白川と手越川に囲まれたような地形に描き、城砦や道などの描き方は、ちょっと見は似ているが、つぶさに眺めると、東海道の中島砦と愛知郡（大脇村）の田楽狭間の間が描かれず、代わってそれより東へは東海道が描かれているので、義元は沓掛を出て、阿野から東海道を経て、愛知郡の田楽狭間に来て、それより通り狭間（桶峡間図には「是より大高え出る」と載る）を過ぎ桶狭間からは大高城を目指し（桶峡間図には「桶峡間道」と載る）西上の算段であったと説明するのだろう。東海道の中島砦と愛知郡田楽狭間の間の道を描かなかったのは、合戦時は不通であった事を著してのことだろうが、子細は笠寺から丹下、鳴海の間に東海道の文字があり、中島より鷲津の間に道の文字が載り、通常認識している東海道とは位置が異なる。『致景図』や『桶峡間図』で佐々・千秋・岩室三人が武者山で討死したと記した話を、参謀本部は『三河後風土記』に信長が「我は山間の細道（鎌倉間道）より義元の本陣を襲ひ突崩し必死の軍をすべし、汝等は信長が旗・馬印を押立、義元が先手、瀬山の際（単に山の傍を言った名詞で固有のものではない）にそなへたる駿州勢にせめかゝれ」と命じ囮になった佐々等は討死する。瀬山の際を致景図は「武者山」に描くが、ここでは松井は義元の先陣なら、先手の丸根を落とした松平元康は大高に在城する。残る鷲津を落とした同じ先手の朝比奈泰能が至当と武者山を朝比奈の名を用いて陣場に代え、道も鎌倉本道に対する東の海沿いの間道として記した。日本戦史本文第二篇第二章地理の箇所には、この道筋を「鳴海より大高を経て参河以東に通する道上に桶狭間あり云々」と載る。

○『桶峡間図』で笠寺のところに「是より大高え卅丁余」と記し、合戦の時は佐々隼人正等がここを通り武者山へ向かったと記すものを

『桶狭間戦図』は葛山信貞等と記して、あゆち潟星崎まで清州方面前進兵が進んだと載せる。

○『桶峡間図』に記されていた中島砦から明神の森を通る小川道を

『桶狭間戦図』は中島砦から武者山を通る道に描き代え、大高廻りの小川道とし、明神森を通る小川道を否定した。

○参謀本部は愛知県史図通り「大高と桶狭間の境目筋」を描かなかったのは、意味を熟知してのことではなかった。同様に愛知県史図中央に記された桶狭間に関わる項目も難渋し全てを解き明かしていたとは思えない。

項目の
鳴海より桶廻間の道程（鳴海から大脇に続く境目筋）卅町廿九間
同所（鳴海）より桶廻間は辰巳（東南）の方也
同所（鳴海）より桶廻間合戦場迄廿三町拾三間
桶廻間（田楽窪）より合戦場は卯辰（東南東）の方
桶廻間（田楽坪）より合戦場は拾弐町
同所（田楽坪）より合戦場は丑寅（東北）に当る

これ等を括弧書きのように補足すれば説明は可能になるが、大脇の地に田楽狭間と記す条件が必須になる。その事は日本戦史桶狭間凡例に

「一、此役勝敗ヲ決シタル地ハ田楽狭間ニシテ桶狭間ニ非ス然レトモ桶狭間役ノ名已ニ人口ニ膾炙ス故ニ仍ホ之に従フ」と理ってある。そこで、手っ取り早く地形図に、笠寺―丹下・鳴海―中島―大高―桶狭間（通り狭間）―愛知郡田楽狭間（東海道）―沓掛の道を描き、沓掛を出た今川義元がぜひにも愛知郡田楽狭間を通らなければ大高へ行けないと示唆した。中島から愛知郡田楽狭間までの東海道を描かなかったのは、合戦当時は存在していなかったからだと単純に理由付けた。

然し、この箇所を含め、先に著された川住鋥三郎著『桶狭間戦記第一稿』とは多々相違する。両説の要旨を基にした比較一覧表でその原を探す。

村と説の比較

項目／村	桶狭間村（桶狭間戦記第一稿）	大脇村落合（日本戦史桶狭間役）
道中回文絵図	屋かたはさま　今川よし元・さいご所	
武家事紀図	合戦場は田楽坪と云所也　鳴海より桶狭間合戦場へ二十三町十三間※1	同所（田楽坪）より合戦場は丑寅（東北）十二町※1
東海道分間絵図		今川義元塚※3
致景図（義元討死場所）	屋形迫間　今川織田両家戦場※1	今川義元塚※3
東海道分間延絵図		今川義元塚※3　字屋形山桶迫間合戦場※1（致景図と意図が似る）
愛知県史図	同所（鳴海）より桶迫間合戦場迄廿三町十三間※1	同所（田楽坪）より合戦場は丑寅（東北）に当る※1　桶狭間より合戦場は拾弐町※1
桶峽合戦図・志稿本	太子ケ根より屋形峽間（桶狭間）へ三町余南　義元塚はそれより少し西※3	屋形峽間（大脇村）義元討死の所より鳴海へ廿五町余乾也
桶峽間図	屋形狭間　馬立松・義元験の松討死の跡と云	

注　東海道日記の戦場と、海道日記の塚を、東海道分間延絵図以外は※1と※3を合わせて記さないが、東海道分間延絵図だけは大脇村落合の方に合わせて記して、大脇村落合に桶狭間村の事も記した、と示唆する。

項目／各説	川住鋥三郎説　桶狭間戦記第一稿（桶狭間村）	陸軍参謀本部説　日本戦史桶狭間役（大脇村落合）
田楽狭間の位置	桶狭間（尾州知多郡）山字田楽狭間を今屋形狭間と改称※4	桶狭間は知多郡有松町に属し其東北に田楽狭間（愛知郡大脇村地内）有、今屋形狭間と称す※4
義元のいた場所	桶狭間山字田楽狭間※5	桶狭間の北方即ち田楽狭間に休憩し在りしに※5
参考にした絵図	武家事紀図	愛知県史図
参考にした絵図の追分の位置	桶狭間村より西	義元本陣の傍
参考にした絵図の目印	義元討死場	雨池
信長を引止めた時	中島へ移る時と中島からまた出掛ける時の二度	中島へ移ろうとする時の一度だけ
信長が迂回を決めた場所	中島より迂して	善照寺より迂路を取り
信長が攻撃に移る時の空模様	天晴を待ち※6	其稍々霽るを待ち※6
信長が攻め掛かる時	太子ケ根（愛知郡鳴海の内）の山上より田楽狭間に向ひ疾駆突撃す※2	山（字太子ケ根愛知郡鳴海の内）を下り直ちに敵営を衝く※2

注　川住説は桶狭間主体、参謀本部説は大脇村主体にわかれる。しかし、なかには桶狭間のことを大脇に記したり（※5）、桶狭間と大脇と同じような記述がされたところ（※2）もある。

※2の事を日本戦史は山を下り直ちに敵営を衝くと記し、実測図には、太子ヶ根から知多郡の桶狭間の北田樂狭間に来た後、東海道を横入れに、桶狭間の東北愛知郡の田樂狭間に攻め掛ったと、道筋が描かれ、義元はそれぞれの田樂狭間で二度討死していた。

参考
『桶狭間戦記第一稿』と『日本戦史桶狭間役』の要旨を原本に従い記載し、参考に供する。読み易さに配慮しカナ文字はひらがな文字に換えた。

桶狭間戦記第一稿　抜粋

左ノ如シ（信長公記 延享五戊辰年三月桶狭間ノ圖）

一前面鳴海及ヒ大高方位ノ敵ニ當ル之レカ先鋒タル者別表（第十七表）ノ如シ（集覧桶迫間記 延享五戊辰年三月桶狭間ノ圖）

二豫備ト爲ス信長之レヲ率ヒ善照寺砦（尾州愛知郡）ニ至ル（信長公記）

已ニシテ第一項諸隊ノ先鋒佐々隼人正政次、千秋加賀守季忠（尾州知多郡羽豆崎城主）等信長ノ善照寺砦ニ向フヲ見行進ヲ起シ今川軍ノ先軍ニ當ル（信長公記）于時該軍ハ鳴海及ヒ大高一帶ノ丘陵ニ占陣セリ（三河物語 集覧桶迫間記）政次、季忠等奮闘終ニ衆寡敵セス軍敗レ之レニ死ス従兵五十余騎戰沒セリ信長近臣岩室長門守重休（伊賀守重利男）令ヲ犯シ挺身此役ニ従ヒ斃ル（信長公記、信長記、總見記）

三報告　今川軍ニ在テハ政次、季忠、重休三將ヲ討チ首級ヲ主將義元

七十六

ニ献シ捷ヲ報ス該時義元桶狭間（尾州知多郡）ノ北山間ニ在リ（信長記、總見記、桶狭間合戰記（山澄）、武徳大成記、武徳編年集成）

織田軍ニ在テハ部將毛利河内守秀頼、森十助、木下雅樂助嘉信、中川金右エ門尉、佐久間彌太郎盛昭（大學助盛重男）森小助、安食彌太郎、魚住隼人等首級ヲ携ヘ信長ニ献ス（信長公記、織田眞記、總見記）前田孫四郎利家（尾州愛知郡荒子城主 藤人利久男）嘗テ譴責ヲ受ケ未タ許サレス潜カニ此役ニ從ヒ先頭ニ進ミ一番首ヲ獲タリ然レトモ信長顧ミス利家憤懣ニ堪ヘス獲ル處ノ敵首ヲ水田ニ投シ再ヒ敵ニ進メリ左右啓シテ曰ク「利家顯貞ノ士ニシテ既ニ創ヲ負ヘリ必ス戰死ヲ遂ケン公盍ンソ憐惜セサルヤ」乃チ使ヲ馳セ召還ス（利家夜話 桶狭間合戰記（山澄））于時信長中島（尾州愛知郡）ニ在リ（信長公記、信長記）

七十七

第三編本記

第一章今川軍畫策

五月十八日今川義元岡崎を発し宇頭・今村を経て沓掛城に着し議して明日の部署・任務を命す。

丸根砦攻囲

一ノ手松平元康三州勢

二ノ手朝比奈備中守泰朝遠州掛川・三州勢

鷲津砦監視

三浦備後守遠州・三州勢

清州方面前進

先軍葛山播磨守信貞・三浦豊前守・三浦左馬助・小原伊豆守・天方越前守

山口九郎次郎は鵜殿長照を教導し戸部・笠寺に在るべし（注・三河後風土記に信長清洲出陣直前に左馬助謀叛の報せ有と載る）

先鋒瀬名伊豫守・朝比奈肥後守等

旗本今川義元・松井宗信・井伊信濃守・関口越中守・富永伯耆守等

第二章織田軍畫策　省略

第三章緒戦

其一丸根

五月十九日早暁今川軍沓掛出発、此日義元本営を大高に移さんと欲し、自から本軍を率ひ先軍に続き、間米を経て桶狭間（尾州知多郡）に至る。黎明、松平元康丸根砦を攻囲、矢砲を連発せしむ砦兵討って出て鋒を交え、退くを付け入り砦に火を放つ砦乃ち陥る。続いて、義元鷲津砦監視諸隊に砦を囲ましめ、巳尅（午前十一時）之に向ふ、砦兵力戦し、大半死し営を火す、免る者去りて今川軍砦を占領せり。

其二鷲津

松平元康は松平宗次をして斬獲の首級七個を献し丸根・鷲津の捷(しょう)を桶狭間の北山間に在る義元に報す。義元喜びて大高城将の交換を議し元康をして大高城将鵜殿に代り暫く人馬を休養すへきを諭し守将を命す。

河内二の江の僧徒鯏浦城主服部左京亮軍糧を船舶に搭載し来り大高城下黒末川より城に収む。

第四章織田軍発程

信長十九日拂暁丸根・鷲津両砦より敵已に本砦を囲めりの報を受け急に螺を吹かしめ戎装(じゅうそう)を整へ立食を喫し牝馬に跨り従者五騎雑兵二百余にて清州を発す。熱田旗屋口に至る頃漸く千騎となりぬ。辰刻熱田に至り神宮に詣で願書を宝前に奉る。軍を進めんとするに、白鷺一双で飛て東に向う、皆祥瑞とし喜色あり。上知加麻祠前にて鷲津・丸根の方位黒烟天に連なるを東望既に陥没せしを察す。信長、井戸田・山崎を過ぎ戸部に向うとき急使より鷲津・丸根両砦陥るを聞き、笠寺の北、間道を経て行々諸城砦の兵を集め丹下砦に達す。

第五章諸戦

其一鳴海

信長、丹下砦にて軍を二分し、佐々隼人正・千秋加賀守秀忠三百を先鋒とし大高方面の敵に当らしめ、予備を率いて善照寺砦に至る。先鋒佐々・千秋は鳴海より大高一帯の丘陵に占陣せる今川先軍に当り敗れ五十余騎戦没、信長近臣岩室長門、令を犯し挺身此役に斃る。今川軍は三将の首級を此の時、桶狭間の北山間に在る義元に献す。毛利河内・木下雅樂・中川金右衛門・魚住隼人等首級を携え中島に在信長に献ず。前田孫四郎利家潜に此役に従ひ一番首獲たるも信長顧みす。

其二桶狭間

【今川軍駐止】今川軍主将義元は本軍諸隊を西北に向け配備し、旗本を桶狭間山字田楽狭間（今屋形狭間と改稱せり）に置き幕を垂れ駐止す。会々先軍の捷を聞き、敵将佐々等の首級を実検し、今朝丸根・鷲津両砦を抜き今亦、勝を制し多数の敵首を獲、是れ我兵鋒の勇武当るべからざる者あるに存せりと大に喜び、近傍の祠官僧徒酒肴を献し近侍諸将を召し宴を陣中に開く、諸隊には兵飼を伝ふる、為各地に散在し、或は労を民屋に休め頗る警戒を欠く。

【織田軍謀図】信長兵を率ひ丹下砦を発し、善照寺砦下に至り兵三千を五千と声言し、兵を進め中島に移らんとす。部将池田・毛利・林・柴田等轡を扣へ側方水田にして通路狭小単騎にあらされば過ぐるべからす、地形開豁敵の洞見を免かれす、のみならず勝に乗たる彼の大兵に、我微兵を以て向はんこと其利あるべからす、と諫めるも信長聞かす、中島に移り復た進まんとす、諸士声を放ちて止む。信長彼の不意に出ては何んぞ勝利を得ざらんや、寡を以て衆を制すの道にして乃ち天の与ふる好機なりと訓し、亦各個の高名即ち敵首を取か如きことなかるへし、此、戦場に出る者一家の面目後代の令名たるへし、其レ汝等力めよと曰う。干時、鳴海・大高方面の戦いに与りたる毛利河内守等敵首を実検に供す。

【襲撃】信長首途可きと、是より迂して敵背に出て其旗本を襲ふへしと曰う、部将梁田出羽守、敵今朝丸根・鷲津に戦ひ未だ其陣地を変へす、後方豫備隊も進んで前方に在、背後極めて空虚ならん、直ちに向ふに於ては義元を獲ん必せりと啓して曰く。即ち令を伝へ、旗幟を伏せ、潜かに中島を発し兵を山間に進む、午刻（正午）黒雲天を覆ひ、俄然烈風西より東に向ひて起り、暴雨これに次き礫を飛すか如く、沓掛山の松樹、楠木、為に倒れんとす、衆相謂て是れ熱田神靈の冥助ならんと。信長、天晴を待ち、未刻太子ケ根の山上より田楽狭間に向ひ鬨声を発し、疾駆突撃す。今川軍は風雨の餘、織田軍の襲撃に会ひ、一軍擾乱また之れを収集するの暇無く、唯軍中謀叛者ありと推測し、周章狼狽其為す所を知らざりし、主将義元泰然幕内に在り、士卒混乱を制せり。織田軍の浪士桑原甚内、義元を見、之れに対ふ、近臣起ちて甚内を討つ。織田軍の士服部小平太忠次、義元に近つく、義元誤りて我家人なりとし命し曰く「今退かんと欲す汝馬曳け」忠次敵将ならんと、即ち長鎗を以て迫る、義元太刀を抜き鎗柄を切り進んで忠次を傷つく、毛利新助秀高側より義元に対ひ、終に之を討ち其首級を挙ぐ。今川軍の部将松井左衛門佐宗信、士二百余雑兵七百余人を率ひ、井伊信濃守直盛及ひ笠原一党の諸隊、旗本の前方凡そ十町に在り、報を得、大に驚き共に急躯赴援し、数回奮闘敵を退くと雖とも、力足らす、終に全隊殆んど戦没せり。

日本戦史桶狭間役　抜粋

參謀本部第四部編纂
日本戰史
桶狹間役
版權所有
參謀本部

凡例

一 此役勝敗ヲ決シタル地ハ田樂狹間ニシテ桶狹間ニ非ス然レトモ桶狹間役ノ名已ニ人口ニ膾炙ス故ニ仍ホ之ニ從フ

一 人名初出ニハ氏ヲ具ヘ再出以後槪ネ之ヲ省キ諱ノ詳ナラサルハ通稱ヲ錄ス

一 姓名最後ノ稱ヲ用フルハ史書ノ例ナリ然レトモ德川ノ松平ト稱シ家康ノ竹千代或ハ元康ト稱スルカ如キ以テ當時ノ形勢ヲ知ルニ便ナリ故ニ年月ニ從ヒ之ヲ錄シ後ノ名ヲ各〻其初出ニ註ス

一 官名若クハ通稱等ハ之ヲ附表ニ具載シ本編ニ略ス

一 諸將士ノ家若クハ隊ヲ稱スルニハ名ヲ省キ氏ヲ稱ス其紛淆シ易キ處ニ於テハ或ハ必シモ此例ニ拘ラス

一 地名ハ勉メテ註ヲ加ヘ之ヲ明ニス其今ト稱スルハ町村制發行以前ノ名ヲ用フ是レ其以後ノ名ハ世人或ハ未タ熟知セス且ツ區域頗ル廣ク捜索ニ

第三篇本記

第一章両軍の計畫乃措置

其一東軍

今川義元十八日、宇頭・今村を経て沓掛に抵り、明日の軍隊区分を定むる左の如し。

一丸根砦攻撃兵

松平元康　兵凡二千五百人

二鷲津砦攻撃兵

朝比奈泰能等兵凡二千餘人

三援隊

三浦備後守等兵凡三千餘人

四清洲方面前進兵

葛山信貞等　兵凡五千餘人

五本軍

今川義元　兵凡五千餘人

六鳴海城守兵

岡部元信　兵数未詳蓋し七・八百人

七沓掛城兵

浅井政敏等　兵数未詳蓋し千五百余人

而して更に命を大高城守将鵜殿長照等に伝へ、丸根・鷲津両砦の攻撃に応援せしむ。

其二西軍

織田信長は是より先、既に今川の我領邑を蚕食するを憂ひ鷲津以下の諸砦を愛知・知多両郡に築設し以て其侵入に備へたり諸砦乃守将左の如し。

鷲津砦　織田信平等　兵数未詳一に云ふ四百余人
丸根砦　佐久間盛重　同上　同七百余人又云ふ四百と
丹下砦　水野忠光等　同上
善照寺砦　佐久間信辰　同上
中島砦　梶川一秀等　同上

第二章地理

今川の領域西に延きて、尾張の東部南部に跨り直に織田の領邑と犬牙相接す、愛知・知多の二郡即ち其地なり。愛知郡に鳴海の一城及丹下・善照寺・中島の三砦あり。砦は織田に属し、城は今川に属す。知多郡に大高の一城及鷲津・丸根の二砦あり、織田の築く所なるも、大高の城は今川の有する所なり。鳴海より大高を経て参河以東に通する道上に桶狭間（知多郡有松町に属す）あり、南方稍開裕なりと雖、他の三面は皆邱陵起伏の地なり、其東北に田楽狭間（愛知郡大脇村の内今屋形狭間）と称する処あり、延袤僅に一町内外に過きさる低地なり、西南邱陵を超えて桶狭間より大高に通し、西は中島に、東は邱陵間を経て沓掛に通す、以下略。

第三章東軍の攻戦

省略

第四章西軍の逆襲

信長、行々諸城砦の兵を併せ進て、丹下を過き善照寺砦の東に至り、其兵を点検するに、凡三千許人を得たり、乃ち号して五千と称す。

其一鳴海方面

西軍の一部佐々政次、千秋季忠等は主将（信長）の丹下より善照寺に進むを見て、三百餘人を率ひ（前田利家、岩室重休も亦之と倶にす）鳴海方面の敵（蓋し鷲津ヲ陥したる兵ならん）に向ひ、前田利家等奮闘して敵首を獲たりと雖衆寡敵せす、意に大に敗れ政次、秀忠、重休以下五十餘人之に死す。東軍乃ち三十の首級を本軍に送り捷を報す。

其二桶狭間実は田楽狭間

信長、善照寺に在りて政次等三士の戦死を聞き憤激に堪へす、将さに本軍を以て其敵に向はんとす。林通勝・池田信輝・柴田勝家等、馬を扣へ諌めて曰く、敵兵衆多且つ新に勝ちて鋒鋭当り難く、我軍は則ち寡単、路も亦狭小、僅に水田の間を通し、隻騎の外馳す可らず、請ふ進む勿れと信長聴かす、中島に移らんとす、適々梁田政綱の諜者沓掛方面より帰り告けて曰く、義元将さに大高へ移らんとし、桶狭間に向へりと、又一人来り告けて曰く、義元方さに田楽狭間に屯駐せりと（桶狭間合戦記・義元只今桶狭間の北松原に至て云々酒宴す）、政綱乃ち信長に勧めて曰く、東軍霎時に両砦を陥し、必ず驕りて備へさらん、今兵を潜めて其不意に出て本軍を擣かは義元を獲る必せりと、信長之を善とし、若干兵を此に留め、其旌旗を多くして敵を索制し、潜に二千許人を率て迂路を取り、邱陵に隠蔽して義元の麾下に向ふ（此時信長令して曰く、名を揚げ家を興す此一戦に在り、衆其れ努力せよ、但全軍の勝を期し蹂躙すへし、必首級を挙く可からずと）是より先、義元は沓掛より大高に向ひ、丸根・鷲津の捷を聞くに及ひ、桶狭間の北方（即ち田楽狭間）に休憩し在りしに、鷲津附近の諸隊又西軍の一部を撃退し、三十の首級を致せるに会ひ大に喜て、曰く我旗の向ふ所鬼神も亦之を避くと、時に四近の祠官僧侶等来て酒肴を呈し軍を犒ふ、乃ち杯を挙け、飼を伝へ大に警備を懈れり。正午前後信長の将さに義元の陣に近つかんとするや、黒雲俄に天に漫り、暴風猛雨西北より至り、恰も東軍に向て灑ぐ、西軍其稍々霽るゝを待ち、午後二時頃吶喊して山（字太子ケ根・此役以後土民之を大将ケ根と称す）を下り、直ちに敵営を衝き縦横に馳突す。東軍は風雨の為めに敵騎の已に近きを知らす、是に至て大に驚き、或は以て叛者と為し、周章惶惑措く所を知らす、信長の士服部忠次槍を揮ひ義元に迫る、義元刀を抜き槍幹を断ち、併せて其膝を斫る。毛利秀高義元と相博ち、遂に之を馘し大呼して両軍に示す、東軍益々潰へ走る。東軍の部将松井宗信、井伊直盛等は屯して、牙旗の前方凡十町許に在り、此戦声を聞き回り援け奮闘して之に死し、全隊殆んと殲く。

七、尾陽雑記

付大高及鷲津古城図・丸根古城図

昭和七年（一九三二）九月一日愛知県教育会発行　解題に著者は世に水野守俊と伝えられるがそうではないという意見もある。名古屋市奥田町奥村定氏所蔵本に松平君山と思われる筆蹟で、河村七郎宛の小さな紙が貼りつけてあって、其の文中に、尾陽雑記は崇厳院様（高須候義行）勝野新郷右衛門に仰せ付けられ編述したが、半途で止み雑駁な書なり云々と載る。

しかし、鷲津砦を描き古山城「鷲津」と記す肩のところに「カケ」と小さく付記し、右側は崖になっている姿を想像させる。地元大高歴史の会は会報二十一号で、そこは丸根砦と共に大高城の国指定史跡に含まれ、鷲津砦跡の碑が建ち、大正五年の忠魂碑があるところではなく隣の丘で、明忠院裏山に当たる所を描いたものだろうと言う。蓬左文庫図は同様の姿を描くが、こちらは「カケ」に代え「大高ノ内」と記され、忖度の仕様がない。

概して、蓬左文庫に蔵する桶狭間合戦図（蓬左文庫図＝愛知県史図）に似る。但し、道筋の内、鷲津砦から出た道が小川道を跨いで西へ描かれているところは、蓬左文庫図には載らないが、傍に「永禄三、五、十九、飯尾近江守信長イトコ織田隠岐守攻落サレ」とあるので、清洲を差して落行くを言ったものか。

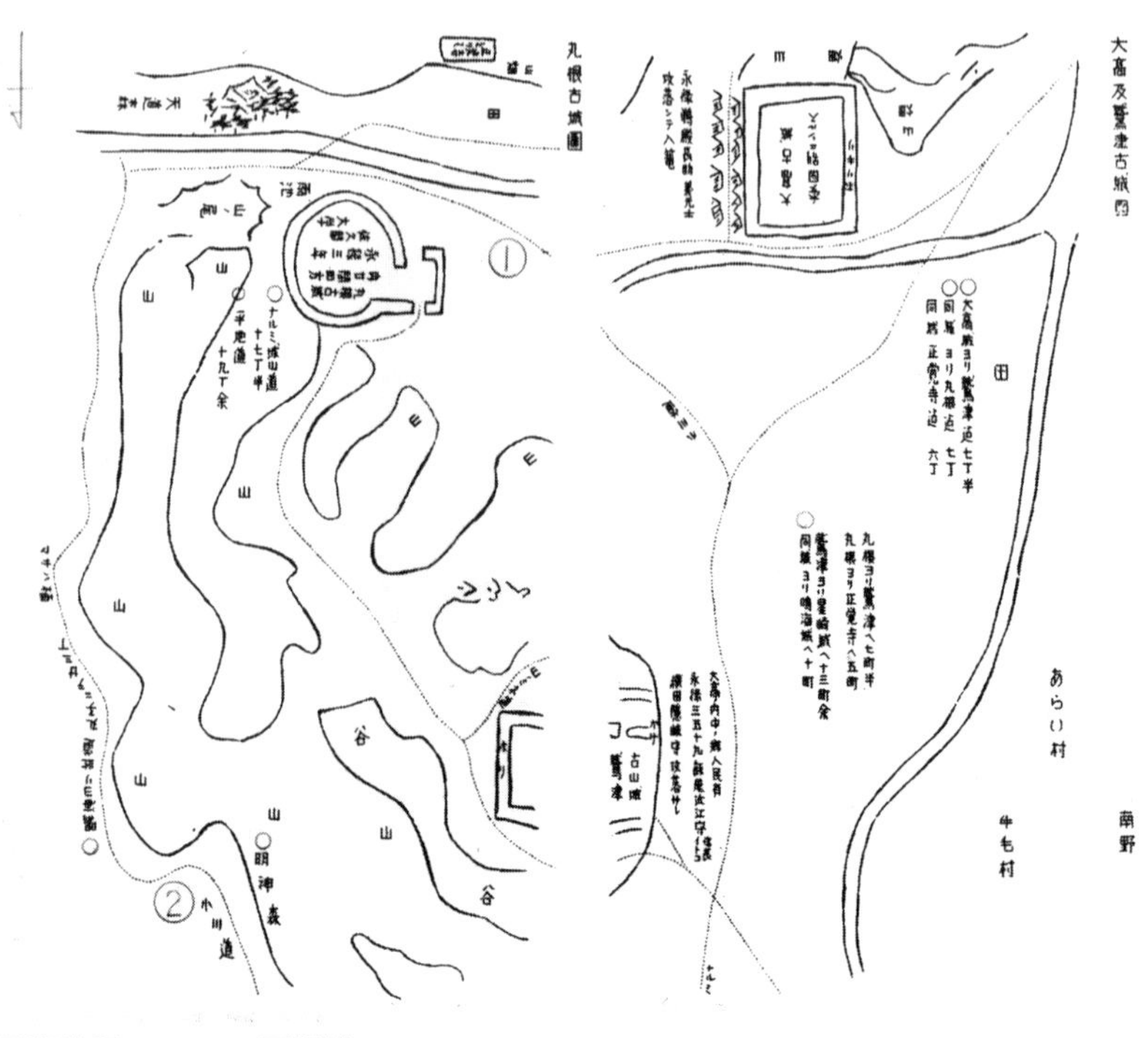

尾陽雑記 660、61 頁掲載

城、砦、村、森などに○記を付けたものは、蓬左文庫図と同様。②の「鳴海より此道丸子（根）にて廿三丁」と記すところの「桶はさま」付記は独自のもので『愛知県史』図には見られない。

小川道は①と②があり共に鳴海から小川（緒川）に至る道で、途中、丸根砦で出合う。出合う箇所を「丸根平地」とし、愛知県史図は「野間海道是（鳴海）より丸根平地迄道筋拾九町余」と①を通った里程とし、ここでは単に「平地道十九丁余」と記す。その横に記す「なるみ城山道十七丁半」は鳴海から鷲津砦を通り丸根砦までの里程で、愛知県史図にも「是（鳴海）より丸根迄鷲津を通り山道拾七町半」と載る。してみると鳴海から丸根に至る道は、

一、①を通った所
一、鷲津砦の傍を通った所
一、②の廿三丁を通った所

三つがあり、一番近いのは、なるみ山城道

であるのは言うまでもない。残る①と②を参謀本部が描いた「桶狭間戦図」の実測を以てすると、①は海端を廻って行くので道は平坦だが里程は延びる。②は山間を行くので道は険しいが里程は稼げる。ところが、絵図では②の方が四丁も遠い。鷲津砦を通る道となら六丁余も差がある。理由は最初に記された『武家事紀図』にあった。

武家事紀図が描かれる以前の「鳴海より此道丸根にて廿三丁」と「鳴海城山道七丁半」を、山鹿素行は丸根砦が鷲津砦より先にあり鷲津砦までは里程を聞知していたが、「それより先の丸根砦迄なら、遠廻りだが鳴海から鎌倉間道を通って桶狭間迄廿三町と、大高道の桶狭間より丸根平地迄の山道十七町の合せた一里四町を行くことになると、告(しら)されていた」。しかし、磯谷平介は鎌倉間道が、そのまま東海道に改まったものと思い込んでいて、素行の記していた描き方が判らず、『武家事紀』に著す時は「鳴海より丸根迄は廿三町」と、鳴海と桶狭間に接する大高の境目筋に里程を記し、「山道十七町」は切り離して素行が記さなかった鷲津砦を通る鳴海から丸根砦までの里程に当てた。『武家事紀図』に阿野から桶狭間を通り丸根に至る大高道が描かれていなかったのは、鎌倉間道はそのままで東海道に改まったと思っていたからで、大高道など存在していたとは考え及んでいなかった。「鳴海より此道丸子（根）にて廿三丁」と記すところは、合戦時にはなかったが天保十二年の大高村絵図には載るので、後年は確かにあった。但し里程は廿三丁ではない。

『桶峡間図』はこの「鳴海より丸根迄廿三丁」の道を「通り狭間」に描き代え、当初素行が諳んじていた鳴海より丸根廿三町が意味していたものは正しく理解されていなかった。

藤井尚夫氏は平成二十三年学研パブリッシング出版『信長の合戦』で蓬左文庫図（愛知県史掲載）とこの図を重ね合わせ、里程の可否にはふれないまま鳴海より丸根まで廿三丁が「小川道」なら地名の上小川、下小川を通る道だろう、それなら『愛知県史図』で東海道の追分けたところに「義元本陣」と描くところは漆山で、その下に雨池とあるところは現・大高緑地公園内の琵琶ケ池に当たる。小川道には廿三丁以外に「桶はさま」とも記されているなら、ここまでが桶狭間の範疇だろうと想像を巡らし、攻め掛かった信長は東へ義元を追掛け田楽坪で討ち取ったと締め括るが「義元本陣」のところには服部・毛利の名が載り下に記す一文は、義元その場で討死と載り、話が合わない。

『愛知県史図』の義元本陣の山は大脇村にある山で、その下の南から北へ二列に描いた山は「桶狭間の東と西の二つの山並み」で、重ね合わせて桶狭間の山を覆い隠してある。「鳴海より丸根廿三町」と記した「桶狭間と大高の境目筋」も、位置はそのままで小川道に描き代え、桶狭間を示すものは何も無い。そのため、桶狭間に関わる方角、里程は、絵図中央にまとめ書きするしかなかった。かかる事態を無視して『信長の合戦』第二章桶狭間合戦の章末には「この漆山を本陣とする考えは私のみではない、この文を書き上げた後に、旧知の高田徹氏から、織豊期研究の抜き刷りをいただいたが、その中に漆山を義元本陣に比定する文があり、高田氏に賛意を伝えた」と載る。

『織豊期研究』第九号二〇〇七年十月発行　著者高田徹「戦場を歩く」でも「愛知県史図の義元本陣を漆山付近」とし、「雨池を琵琶ケ池」に「明神森は諏訪山諏訪神社に相当する」と載る。両氏は義元本陣の傍に追分けた東海道道筋を描いて、そこに「合戦場は鳴海より阿野村迄往還道より壱町程南」と記すものには目を瞑(つぶ)り、単純にここは漆山だと比定するのは如何なものか。絵図中央には方角や里程がいくつも記され、なかには「桶狭間より合戦場は卯辰（東南東）の方。同所より合戦場は拾弐町」など記されている。「漆山が合戦場なら、卯辰の反対西北西拾弐町に桶狭間があり、丑寅の反対西南にある同所は、どこか」試されたか。

高田徹氏は、国立国会図書館蔵延享二年作成の桶間部類『大脇村山絵図』を用いて、そこには石塚山・義元塚や桶迫間山と記されていると説明し、尾張古城志に「石塚山塁跡長百間広五十間余今川義元営之」と載るので石塚山も合戦の候補地に上げられるが、大脇村山絵図には「塚、松井八郎、義元塚」などと記し、そばに両池も描かれ愛知県史図は、これを基に「義元本陣」と描かれた。それなら藤井尚夫氏は蓬左文庫の『桶狭間合戦之図』

（愛知県史掲載）を用い、高田徹氏はそれと同様の愛知県史掲載の『桶狭間合戦図』を用いて、互に賛意を述べて居られたことになる。

何はともあれ『武家事紀図』で東海道の「合戦場ハ鳴海ヨリ阿野村迄往還道ヨリ一町程南」と記された追分位置がどこにあたるのか説明出来ない限りここでの正しい説明は難しい。それができないまま、後年「愛知県史蹟名勝天然記念物調査」を行った杉田棄三郎は調査報告書に『武家事紀図』を用いて描かれた『桶峽間図』の該当箇所を日本戦史が支持する『愛知県史図』に描き代えた絵図を添付し、国はそのまま豊明古戦場を史蹟として指定する羽目に至る。

八、愛知県史蹟名勝天然記念物調査報告第四（県調査報告）

大正十五年十一月愛知県史蹟名勝天然記念物調査委員会若山善三郎・杉田棄三郎・梅村甚太郎執筆による。添えられた『桶峽間図』は田宮篤輝が弘化三年（一八四六）『新編桶峽合戦記』を著した際、作成添付したものだが、不審なのは四角く囲んだ箇所が、愛知県史掲載の『桶狭間合戦図』（蓬左文庫・桶狭間合戦之図）の姿に描き換えてある。国は知ってか知らずか本図を基に史蹟指定を行った。後、昭和四十一年（一九六六）名古屋市は『桶狭間古戦場調査報告』で密かにこの図に『成功記』が記す「桶狭間北に陣す」の語句を当てはめた報告書を作成し、豊明と桶狭間双方が並び立つよう根回しをした。

本文の「所在地・戦役の経過・現状・備考」の箇所については関りを詳料し、絵図変遷の次第は一覧表で示した後に「戦役関係の諸地點及其現状」の内「鷲津砦址」と「沓掛城址」に言及し、あまりの遺失な調査を用いた豊明市に私意を誦える。

愛知県史蹟名勝天然記念物調査報告（県調査報告）掲載　描きかえた桶峡間圖

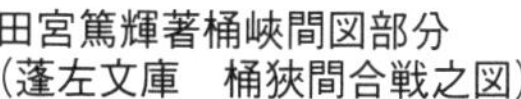
田宮篤輝著桶峡間図部分
（蓬左文庫　桶狭間合戦之図）

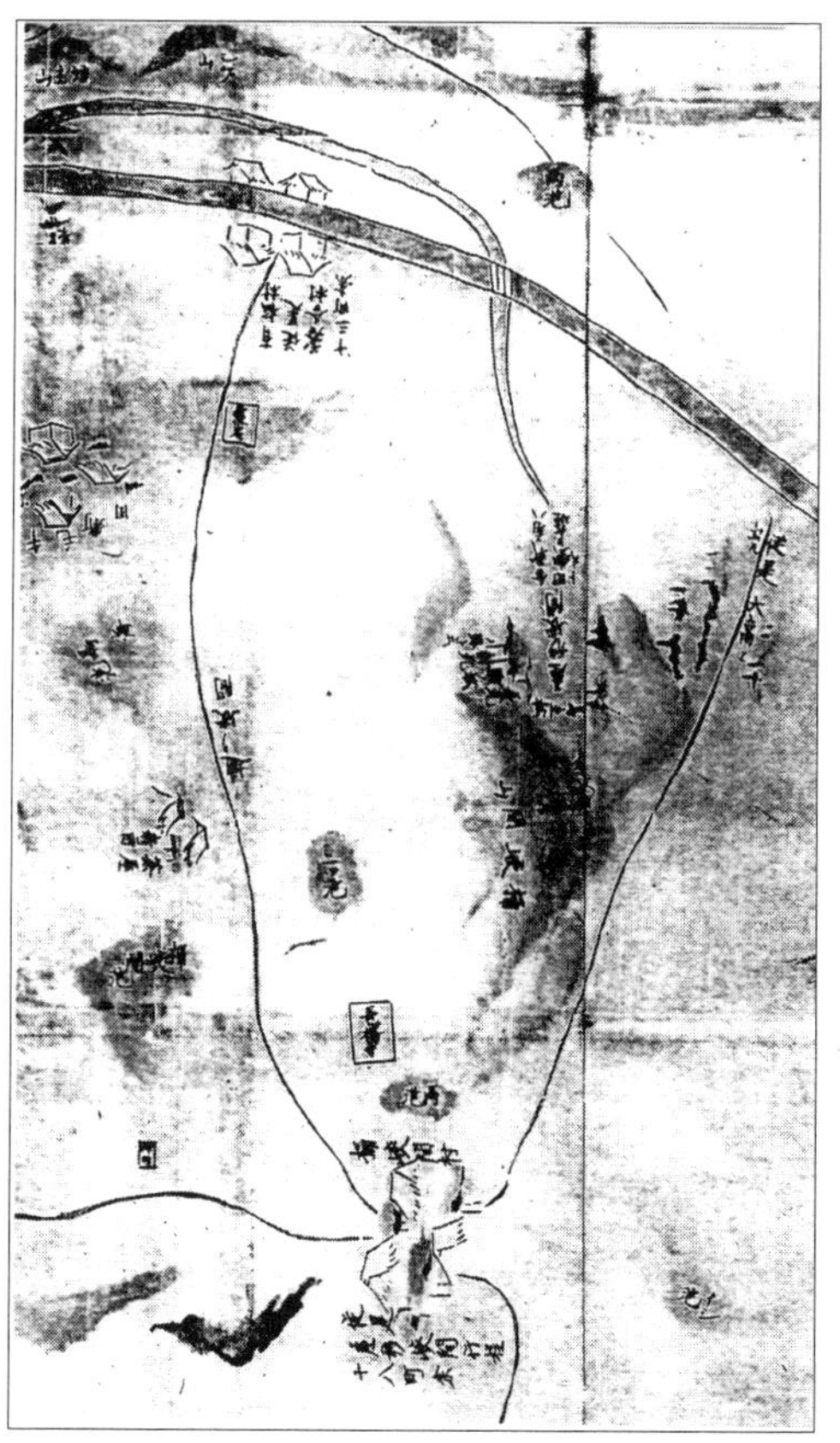

西

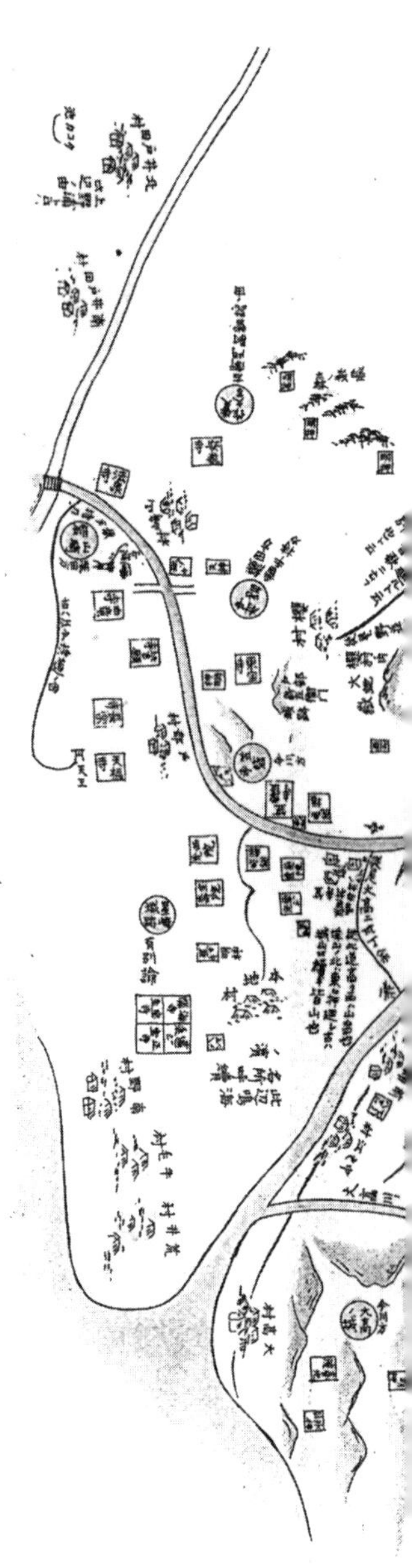

桶狭間古戦場の要旨

○「所在地」　愛知県豊明村

○「戦役の経過」　日本戦史桶狭間役に沿って記述され、義元は沓掛より大高に向ふ途中、丸根・鷲津の捷報を得、①桶狭間の北方田楽狭間に休憩し、杯を挙げ、餉を伝へ、大に警備を懈（おこた）る。信長は義元の陣に近かんとせしに②暴風俄に起り猛雨西北より至り、其稍霽（はる）るゝを待ち、鳴海町の内にて③太子ケ根と云ふ山を下り敵営を衝き、義元を討ち取った。

○「現状」　知多郡④有松町の東方約十町、東海道に沿ひたる三方丘陵に囲まれたる平蕪（へいぶ）の地にして、⑤往時は田楽狭間と稱（称）せしも、後、屋形狭間と稱（称）す。爰に、桶狭間古戦場と題する一大石柱あり、其西方に方形の築地を設け、其上に碑あり「今川治部大輔義元墓」と題す。

右、傍線箇所記述の基になったもの。

①桶峡間図のもとをなす新編桶峡間合戦記を通した山澄英龍著『桶狭間合戦記』には「桶狭間山の北田楽狭間」と載り、『成功記』は「陣于桶峡之山北」、「桶峡弔古碑」も「陣桶峡山北」と同じで田楽狭間は付かない。

②『総見記』はこのことを「熱田大明神（西北）の神軍」と記す。

③『岩瀬文庫図』は太子カ根のところに「此所より桶狭間道あり」池のところに「此所より太子ガ根見ゆる」と記し、桶狭間には行けるが桶狭間の東北に当たる大脇の屋形狭間（現豊明・南館）からは、見えるだけで行けないと示唆する。

④昭和二年の『愛知の史蹟名勝』には「桶狭間古戦場は有松町の東方十町程の処（桶狭間の東北）で東海道に沿へるが、三方を丘陵に囲まれた窪地」と記し、現豊明・南館を指す。

⑤『岩瀬文庫図』では「古名田楽狭間、今屋形狭間」と載る。但し「有松より八丁」と付く。

この内、①②は当時の状況。③は注意事項。④は現在の状況。⑤『岩瀬文庫図』は宝永五年（一六二八）五月に桶挾間古戦場（大脇の古戦場にあらず）にある屋形挾間の様子を描き、そこは合戦時は田楽狭間と言ったが、合戦後は屋形狭間といわれ、有松から八丁のところにあると記す。『桶峡間図』を描いた田宮篤輝は作図の際『新編桶峡間合戦図志稿本』で「織田・今川割拠攻戦之図志」をまとめ、④の有松町の東方十町程のところは「大脇村の屋形狭間で鳴海からなら廿五町巽に当る」⑤の古名田楽狭間、今屋形狭間のところなら有松より八丁先で、「桶狭間の屋形狭間に当り鳴海からなら二町少い廿三町に当る」と記す。さらに念を入れて『桶峡間図』には有松より八町の屋形狭間を田楽窪より南の釜ケ谷（田楽狭間＝大府峡）に記したが、十町の屋形狭間の方は、何日の間にか言われるようになり、確かなものではなかったので、「是より大高え出る」とだけ記し、屋形狭間など地名は記さなかった。屋形狭間が大脇の地にも描かれるようになったのは、如何に早くとも『岩瀬文庫図』が描かれた以後で、東海道の先に求めたからだった。事の起こりは磯谷平介が鎌倉間道の鳴海から廿三町先にある桶狭間の位置を取り違えて、東海道の先に求めたからだった。従って『武家事紀図』には「合戦場は桶狭間田楽窪より卯辰の方田楽坪より丑寅に当る」と方角は示されていたが、位置は思い違いなので如何なる所か具体的に示すことが出来なかった。『岩瀬文庫図』に「古名田楽挾間今屋形挾間と云有松より八丁也」と記されているところは題名に「桶挾間古戦場之図屋形挾間に於て是を描く」と載る通り桶狭間の様子を大脇の地に描いたと示すもので、大脇の地そのものを描いていない。しかし今では、ここに古名田楽狭間云々と記されているのだから「桶狭間山の北に陣す」を用いて、南の石塚山が桶狭間山だと騒ぐのは笑止だろう。

史蹟調査委員杉田棄三郎は参考資料として用いた、田宮篤輝が描いた『桶峡間図』には有松町の東方約十町のところで道を追分けて「従是大高え出る」とのみ記され、田楽狭間や屋形狭間は描かれていないので、やはりここでは合戦がなかったと確認していたと思ったが、

一、原図の「桶峡間山」の肩に「松井宗信塚ト云」と描かれていたものは、山をはずれて、それより東のいずれとも判らない所に描き換え、

一、桶峡間山の裾に描かれていた「馬立松・義元験ノ松討死ノ跡ト云」と記すものは桶峡間山から北に張り出した無名の山に描き換えた。

一、その上で事実は桶狭間の範疇を南北に横切る「通り狭間」を「鳴海より丸根迄廿三町」の里程を示す「大高と桶狭間の境目筋」に道として描き『蓬左文庫図』または同様の『愛知県史図』の北に大きく張り出した山に「義元本陣」と記す姿に描き換えられると、古名田楽狭間に対し今と付く屋形狭間も自然、桶狭間から大脇の地に見做すことになった。

一、杉田棄三郎はあくまでも日本戦史説支持の作意があり、『桶峡間図』を描き換えて国に史蹟として現・愛知県豊明市栄町南館の地を指定させた。その様子は田楽狭間の記述表現推移で判る。

田楽狭間の表現推移

区分	東北の田楽狭間	北の田楽狭間	描いた姿
武家事紀図	同所より合戦場は丑寅（東北）にあたる		桶狭間山を描き東海道の手越追分も描いて合戦場はこれより東北と示す
蓬左文庫図（愛知県史図）	同所より合戦場は丑寅（東北）にあたる		桶狭間山に大脇村山を覆い被せ東海道には合戦場への追分を描いて合戦場は桶狭間より東北と示す
桶峡間図（新編桶峡合戦記）		桶狭間山の北田楽狭間	桶狭間山の北に古の田楽狭間ではなく今の屋形狭間と描いた

日本戦史桶狭間役 第二編（第二章）	桶狭間の東北に田楽狭間と称するところあり　今屋形狭間と称す	桶狭間の北 田楽狭間	桶狭間は知多郡有松町に属し田楽狭間は愛知郡大脇村の内に有 今川義元は沓掛より大高に向かい桶狭間の北方田楽狭間に憩い討死
県史蹟調査報告（第四章）	有松町の東方約十町に有往時は田楽狭間と称せしも後、屋形狭間と称す	桶狭間の北方 田楽狭間に休憩し	桶峡間図の桶峡間山を大脇村山に描き換え今の屋形狭間を大脇に取り込んだ

結果

○武家事紀図　合戦の場を鎌倉間道の桶狭間から東北の田楽狭間今屋形狭間に換えた
○蓬左文庫図　桶狭間の山に大脇村の山を覆い被せ合戦の場所を換えた
○桶峡間図　間違って通り狭間を桶狭間と大高の境目筋に描いた以外は桶狭間の姿は正しい
○日本戦史　初めに大脇の地に田楽狭間有りきで描かれ、岩瀬文庫図は否定する
○県史蹟調査報告　桶峡間図を日本戦史に倣って描き換え史跡指定の元になった
○桶狭弔古碑　碑面に駿候西征五月十九日桶狭山北陣織田公奇兵以之襲

＊要点　桶狭間の山と大脇落合の山を重ね合せ、方角は「桶狭間の北」と「桶狭間の東北」の両方を当嵌めた。

一、最初『中古日本治乱記』は桶狭間・田楽坪（桶狭間の字名）と云い。『三河後風土記』は桶狭間・田楽窪もあると記し、田楽坪・田楽窪と言うだけで方角を示さなくても桶狭間のどこに当たるか判っていた。この後「田楽狭間表現推移」をもってすると『武家事紀』は間違って田楽狭間を桶狭間の東北だと方角を示したことになり愛知県史図は簡単に、そうだそうだと見たかのように描いたことになるが『桶峡間図』は方角は山の北に異ならずと反対した。『日本戦史』は東北もあり、北もあるが、東北が正しいと高飛車に出た。田楽狭間を東北（愛知郡）だ北（知多郡）だと騒ぐのなら、桶狭間は西南と南の二箇所になければならぬが現実にはあり得ない。杉田棄三

郎は為せば成ると二つを重ね合わせて一つに描く暴挙に出て、桶峡間図を描きかえ遂に目論見通り国に史蹟を指定させた。重ね合わせた姿は『東海道分間延絵図』が如実に示す。

一、蓬左文庫は『桶峡間図』と愛知県史掲載の『桶狭間合戦図』（愛知県史図）を共に「桶狭間合戦之図」と称するのは、この辺の含みがあるからか。

調査報告第四にはこの後「戦後関係の諸地點及其現状」と項目を付けて、鳴海城址、中島城址、善照寺砦址、丹下砦址、大高城址、鷲津砦址、丸根砦址、沓掛城址について記述がある。

○其内一、「鷲津砦址」を、大高町字鷲津にあって、東西十四間、南北十五間、樹林中に壘の址あり、今は畠地となれり、と記してある。しかしこの大正十五年の『調査報告第四』ではそれだけだが、昭和四年の『調査報告第七』には調査委員若山善三郎の名で、巻頭に鷲津砦阯の図版を載せ、本文に現状は長寿寺の後の岡丘にあって、高さ八・九丈、今は山林または耕地だが位置を鷲津だという説と、鷲津山だという二説があり、規模は古城志・尾張志等に東西十四間南北十五間であると「第四」と同様に記すが、徳川家所蔵「尾州知多郡大高之内鷲津・丸根古城図」には南北三拾八間半、東西外曲輪十八間半、但東の外堀弐間、西こわれ候て堀形なしとあって彊域詳らかでない。久野氏は「鷲津砦阯」の碑名を建てているが、大体この辺と想像だけで建てたにすぎない。この碑名より南方（北）山腹に鍵の手に濠阯及び土塁と思われるものがある。どうもこれは古城図の蒲鉾型の堀の一部ではないのか、その他の濠阯土塁の今は、痕跡すら判らないと記してある。

振り返って絵図を見ると、蒲鉾型の堀はどうも馬出しの箇所に当たり、砦の主郭部分の東西十四間半、南北十四間と記すものは「第四」で記す報告規模とほぼ一致する。さらに方位からすると、馬出し部分の西と南は崖。東と北の大部分が山なら鳴海より大高に通ずる道路・川を俯瞰する姿が当てはまり、鷲津の地を想定できる。同

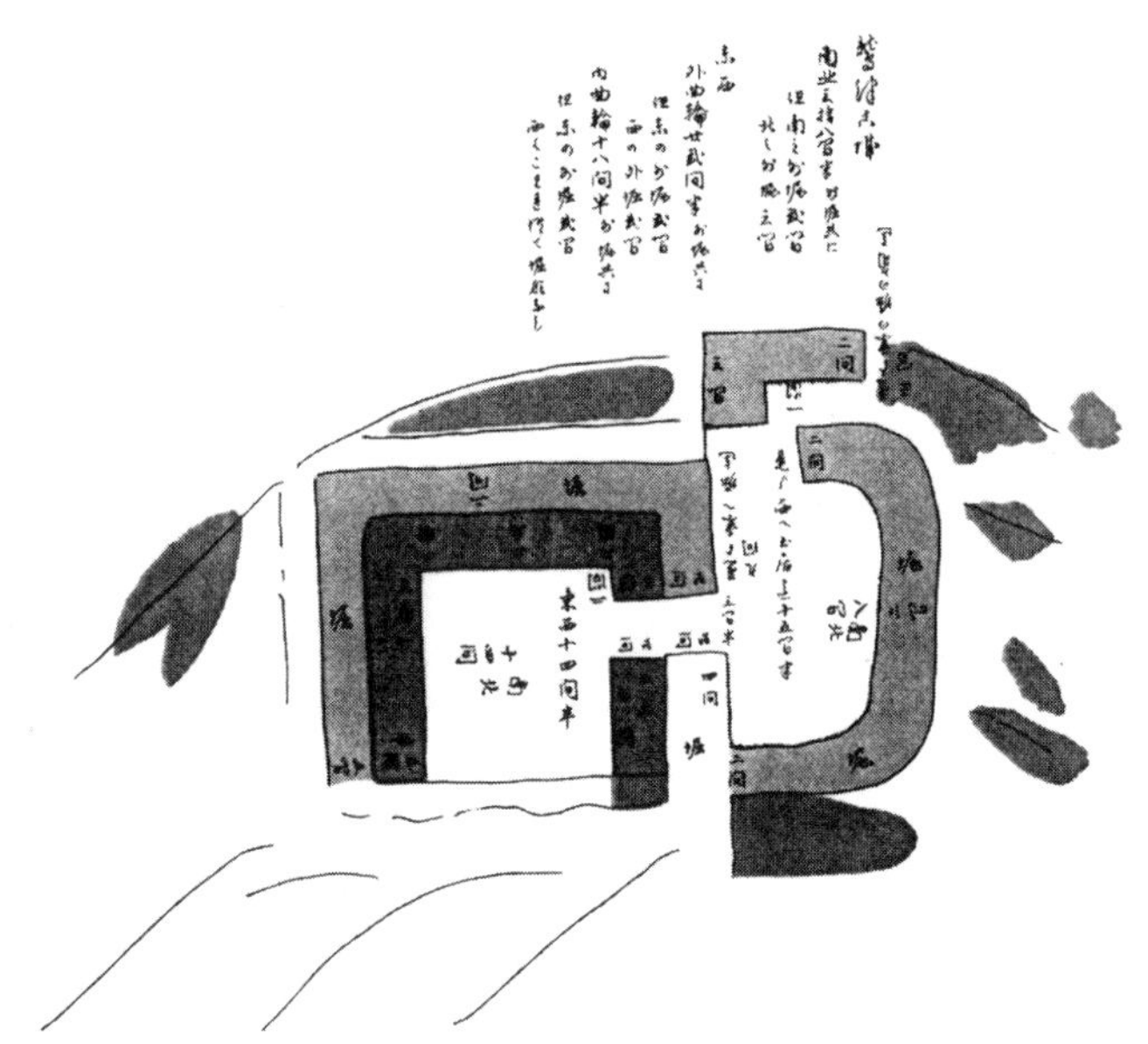

愛知県史蹟名勝天然記念物調査報告第七掲載

じ鷲津でも碑の建つ所なら樹林中で崖が無く想定は難しい。

『知多郡史』は、鷲津は（大高の）城北で丸根は城東だから間違いようがないが、城北の方には同じ丘陵の端にあっても東だ西だと二説がある。元々、砦の出来たところは、鷲津殿と称し、土岐氏の邸地があった所から鷲津殿の殿を省いて言われたと由来を示す。旧記（尾張志か）には川などの位置が記されて符合するが、年は長く経て寺地となり、古い形を失ったものがあるから疑惑が生じたので、鳴海大高の間に敵が通ぜんことを警戒する事が目的なら西が正しいと場所なら鷲津で鷲津山ではないと記す。

報告「第四」では現に、碑の建つところを説明し、「第七」ではそれより南（北）なら明忠院裏山が、本来の鷲津砦であるらしいと説明する。『知多郡史』も場所が鷲津山でなく鷲津なら、碑の建つ所ではなかろうと説明する。か様に、二度調査され「第四」の杉田棄三郎のものが用いられた。先の桶狭間古戦場の時は、当時、梶野孫作が東京まで出掛け異議を唱えたが、杉田が著したものが用いられた。次に説明する沓掛城址も当人が関わり、共通して杉田のものは拙速の感拭い難し。
○其内二、「沓掛城址」を豊明村大字沓掛字東郷にあり、東西二十二間、南北六十二間、今は多く畠地となれり、其中に老松数株あり、又土塁を存すと記す。

沓掛城所在を示す記述

年号	著名	規模	事項	対蓬左文庫絵図
享保七（一七二二）	張州府志	総構 東西六十二間 南北二十二間	四面隍塁有簗田出羽守始之築	
天保十四（一八四三）	尾張志	総構 東西廿二間 南北六十二間	慈光寺の東に有、四面堀構、南の方に属て民戸三烟又藪有	
安政四（一八五七）	新編桶峡間合戦記志稿本三園絵図		沓掛印の横に、志ニ沓掛村慈光寺ノ東ニアリ	
昭和三十七（一九六二）	愛知の史跡と文化財	本丸 東西三九メートル 南北一一一メートル 土塁外 東西二九九メートル 南北二三四メートル	南方一部慈光寺境内に属す	絵図なし比較不可

昭和五十七（一九八二）	広報とよあけ		西方一部慈光寺境内、天文十七、木札本丸北東の池跡から焼物と一緒に発見、池は想定する土塁の下に当る	絵図なし比較不可
平成十八（二〇〇六）	愛知県史	本丸 東西三間以上 南北六間	北川の池から天文十七年木札、推移を最初は南に苑池をもつ建物、二期目苑池を埋めて掘立柱建物・北に井戸と生活廃水を溜める池を作る、次に建物総てを埋めて堀を掘削土塁を築き池を埋めて礎石建物を立る、最後廃城土塁削平	絵図有比較適合否
平成十九（二〇〇七）	中部城郭研究	主部 東西五十メートル 南北六十メートル	西方一部慈光寺境内、推移を一期掘立柱建物と二つの池井戸存在、二期土塁・堀を築き礎石建物設、三期土塁崩し廃城	絵図有比較適合否

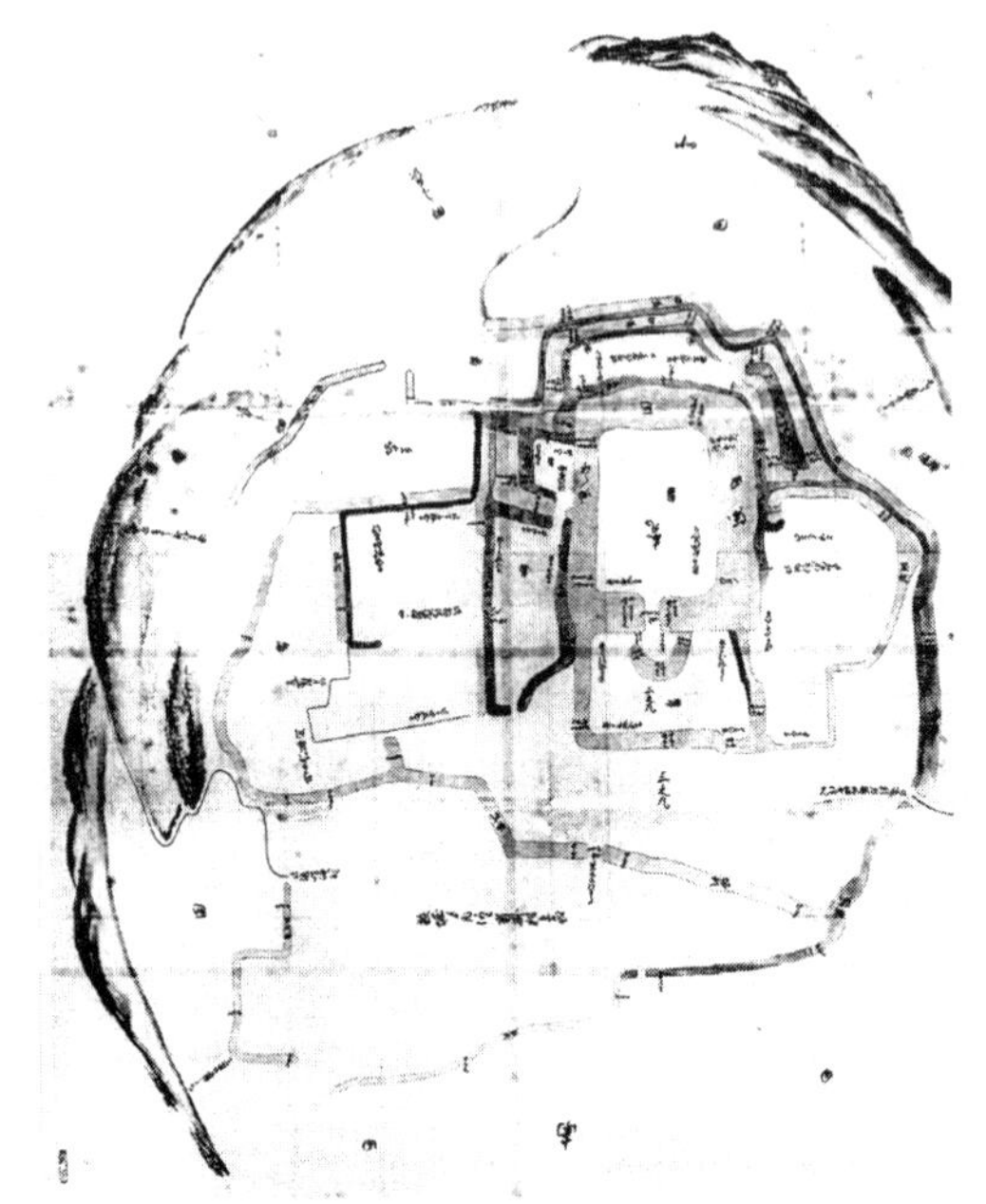

蓬左文庫所蔵　沓掛村古城絵図

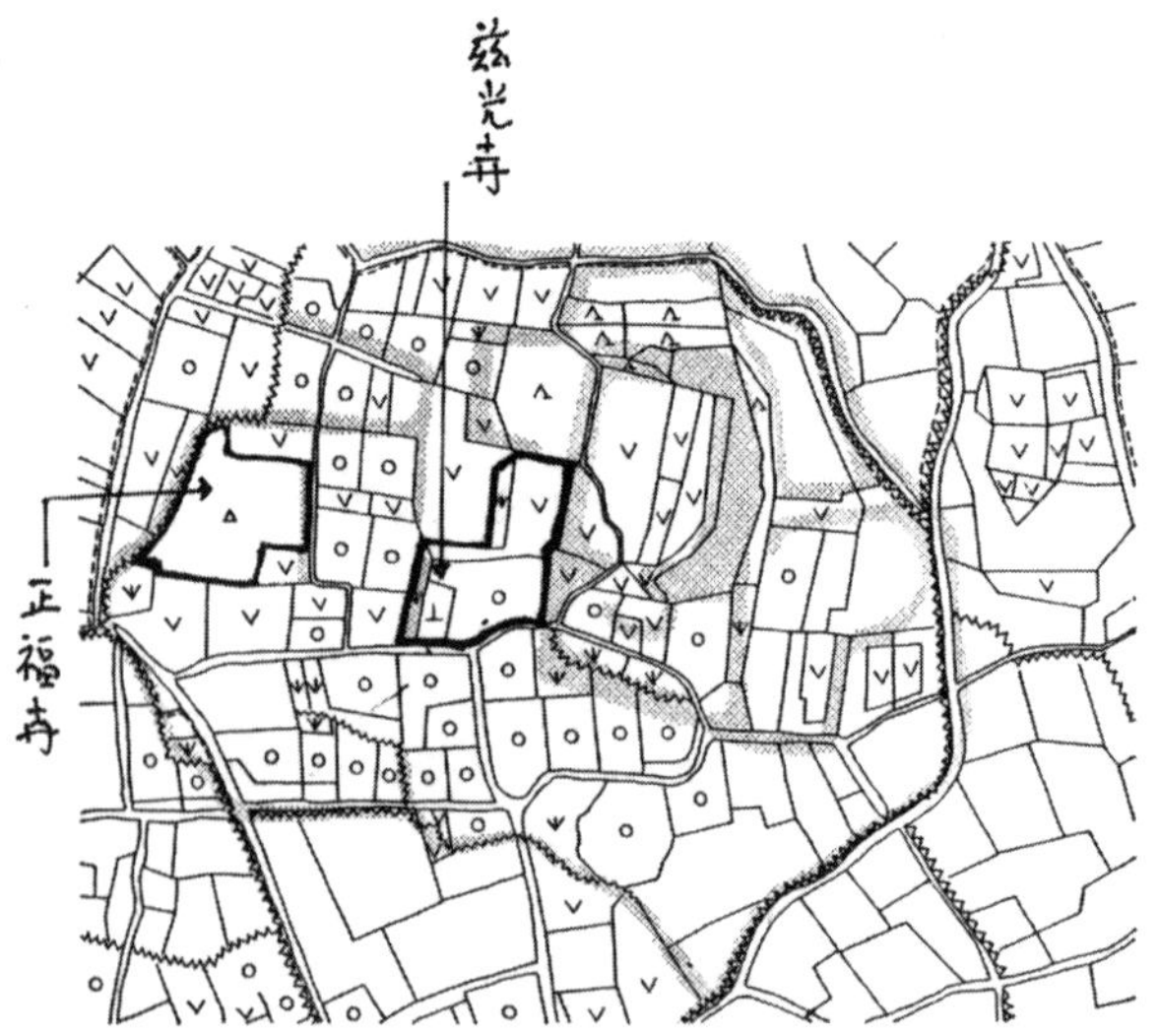

豊明市史　本文編掲載　図 2-19　沓掛城跡周辺地籍図（明治 17 年、アミは掘推定地）

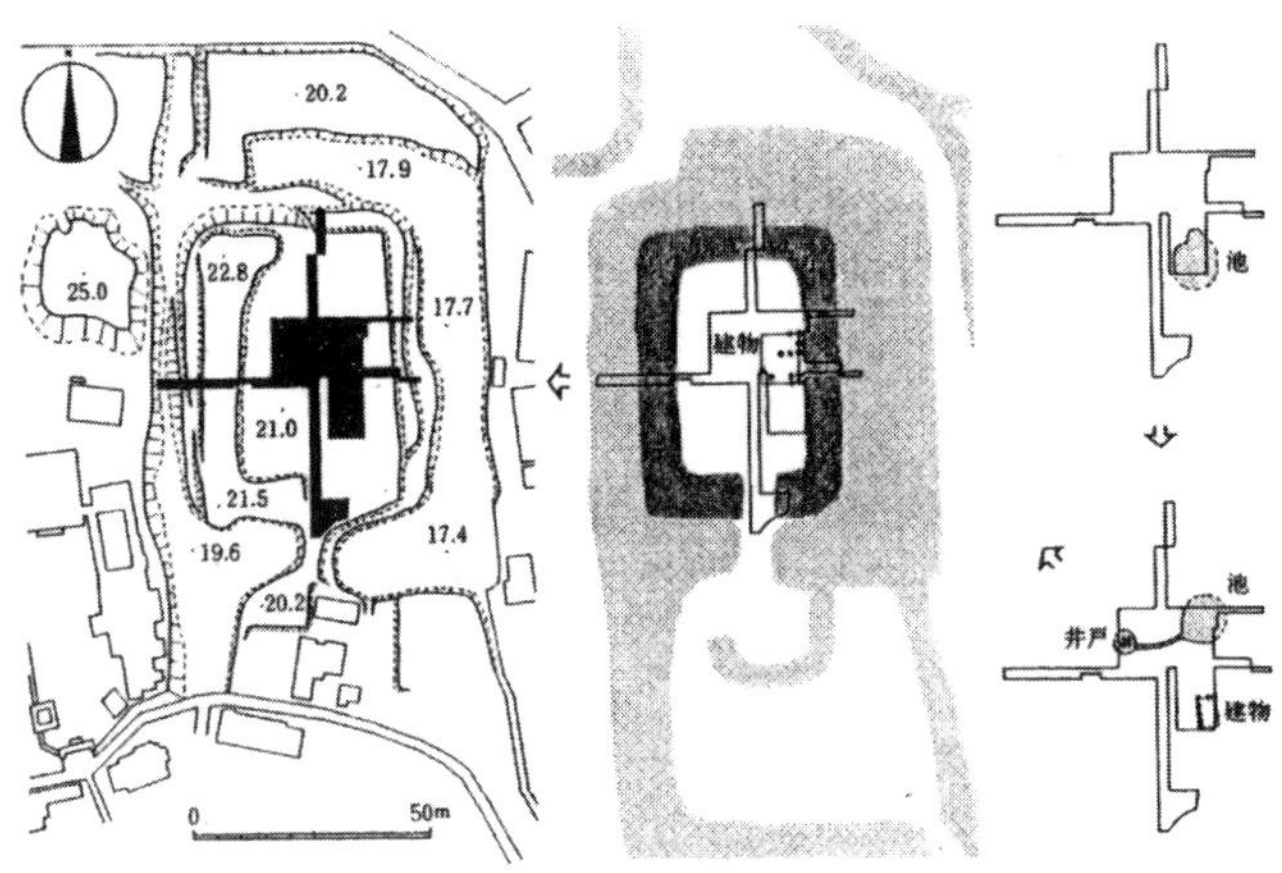

豊明市史　本文編掲載　図 2-20　本丸跡付近の遺構のうつりかわり（黒丸は柱穴または礎石）

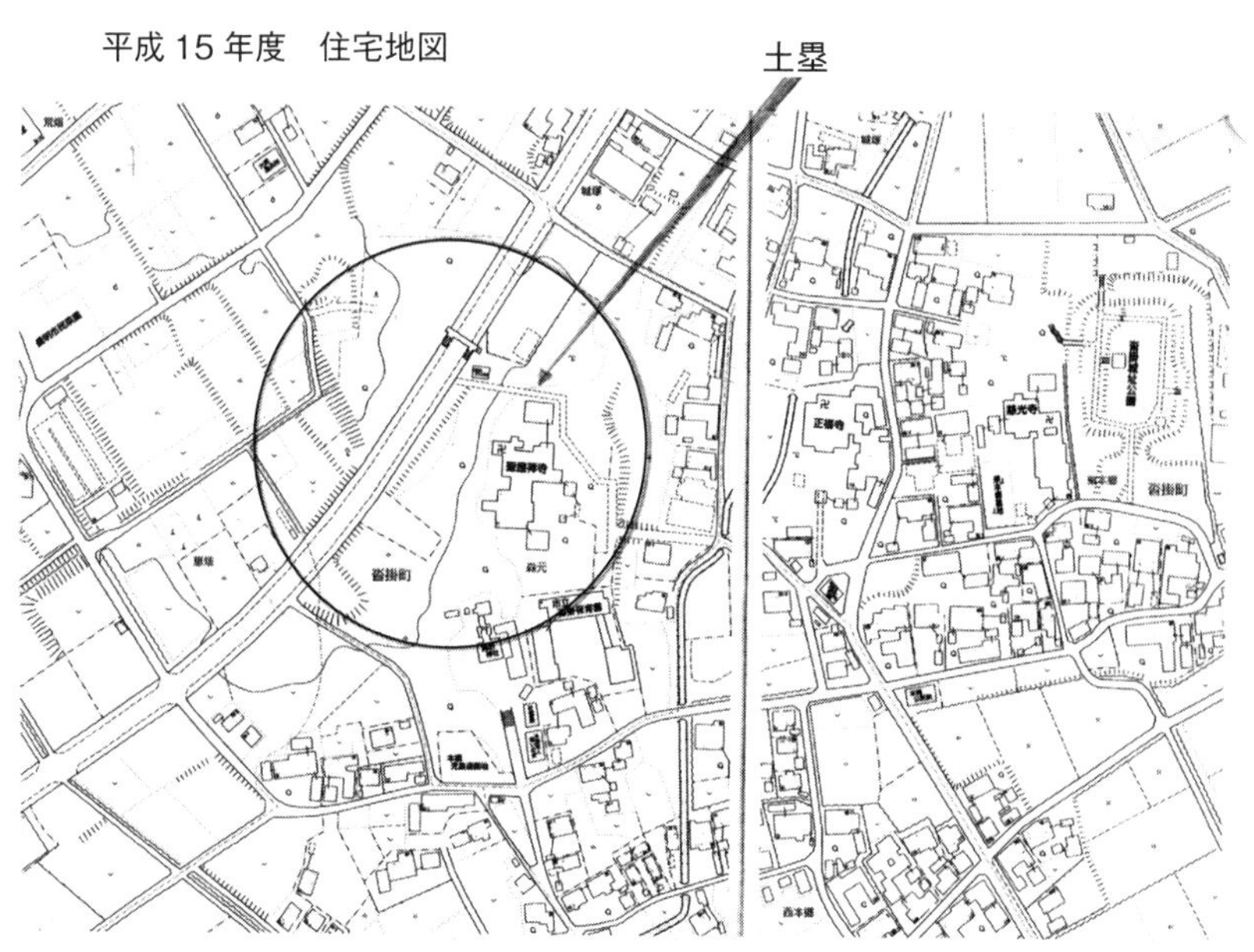

平野山聖応寺　豊明市沓掛町森元一七番地

蓬左文庫所蔵『沓掛村古城絵図』では、本丸の間数は定かでないが、その東側の現・聖応寺敷地なら「此所侍屋敷」は東西二十二間、南北四十二間で、その北側の土居と記す箇所の南北は、侍屋敷のせいぜい半分程度なので二十間か、すると南北の総間数は六十二間になる。本丸も似たり寄ったりなら頷ける。本丸は東西弐拾三間と載る。

さらに「土塁を存す」と記し、大正十五年には存在が確認されている。これ以後、土塁を取り崩したなどの記録がないので現存していなければならない。明治期の地籍図では難しいが、毎年更新される住宅地図は十年程前から続けて、聖応寺北側の三十三観音を記すところに、土塁に相当する道を描く。その形は『沓掛村古城絵図』の同じ位置に描くものに相当する。但し、こちらは所在が森元で東郷でない。かつての東郷に当たるのか。沓掛城址公園の方は、反対に所在は東郷だが、豊明市史掲載の図2／19の沓掛城跡周辺地籍図のようにはうまく当てはまらない。特に本丸東側の侍屋敷の方は窮屈なのに、西側の侍屋敷の方は余裕があり過ぎる。住宅地図なら西側の正福寺は含まない。図2／20で描かれた馬出しのある二の丸の姿は、図2／19だけでなく古城絵図とも形・大きさ共に合致しない。屋敷址は正しいが、少しでも城址に見せようと、堀推定地だとアミ目を入れるような姑息な手段はよろしくない。

沓掛城址については用いた資料が悪かった。豊明市は『張州府志』に「城は沓掛村に有、東西六十二間、南北二十二間四面隍塁（空堀）有云々永禄三年五月公尾州沓掛城を襲民家を焼て帰る、伝に曰、此時織田玄蕃此在屢岡崎与り戦を挑む」と記され、『尾張志』では「沓掛村慈光寺の東にあって四面堀を携へ府志に東西六十二間、南北廿二間とあるは東西廿二間南北六十二間の間違いだろう。城は永禄三年庚申五月今川義元の桶はさま合戦以降空城となり、その後は織田玄蕃がしばらく住んでいたように思われるのは、府志が東照宮御年譜に永禄三年五月尾州沓掛城を襲い民家を焼いて帰ったと伝え、此の時、織田玄蕃が砦に在て岡崎から屢責て来ていた」と記して、愛知県史蹟名勝天然記念物調査報告（以後県調査報告）第四の記述と同様に説明する。城の位置については既

に聖応寺の所が正しいと説明した。織田玄蕃については、
○祖となる『信長公記』は永禄二年の条で「鷲津山には織田玄蕃、飯尾近江守父子入れをかせられ候」と記して、鷲津山にこの年砦を作り、翌永禄三年五月十九日に「今度家康は朱武者にて先懸して大高へ兵糧入、鷲津、丸根に手を砕き人馬の息を休め大高に居陣なり」と記す。
○信長公記に倣う『中古日本治乱記』は、巻四十一「今川義元尾州発向は大高の城兵糧入并鷲津・丸根両城落る事」の条に「去程に十九日、義元の先陣、井伊信濃守貞盛竝に徳川殿の御家人等、鷲津の城に押寄せて二重、三重に取囲み散々に責たりけり城主飯尾近江守、舎弟弟隠岐守、織田玄蕃允、櫓、内、塀、矢挟間の影より弓、鉄砲を雨の如く打出し寄手の方に手負死人も多かりけるが、寄手、新手を入替、責しかば城兵夜に入て潜に城を明てそ落行ける」と記す。
○更に中古日本治乱記に倣う『三河後風土記』は「元康卿御知計付大高の城江兵糧入并義元出陣種々怪異の事」に永禄二年四月九日大高の城へ兵糧入れるべし丑の刻ばかりに松平左馬介等六百余は囮として寺部の城に火を掛け鷲津の織田玄蕃允、飯尾近江守、丸根の山田藤九郎等善照寺からも救援の勢を誘き寄せて砦を空けさせ、隙に大高の城へ兵糧運び入れさせた。「翌年五月十五日義元は沓掛を打たち先手井伊信濃守、徳川家の譜代衆鷲津の城におしよせ十重二十重に取まき短兵急に責立て城将飯尾兄弟、織田玄蕃允防戦しけれども寄手大軍なれば夜に入て皆落うせけり、此ゆへに寄手引つづき丸根の城をせめる云々」
などいずれも織田玄蕃は鷲津砦または城にいた。特に三河後風土記が記す所の鷲津を省いて五月十五日、沓掛、織田玄蕃と並べると張州府志の記述と同様になる。府志を否定するか、それとも尾張志の顔を立て、桶狭間合戦の後、城は空城になったと言うので織田玄蕃は桶狭間合戦の時までは鷲津にいて後に、暫くここに住んでいたと記すのが正しいのではないかと二者択一とするのか、信長公記に玄蕃はここ以外現れない。

　沓掛城は天文十九年山口左馬介が謀叛した際、大高城と共に今川に寝返っていた。そのため、信長は村木攻め

の際は熱田から渡海せざるを得なかった。『信長公記』は織田信秀の死を三年伏せ、山口左馬助を攻め殺したことは、信長を慮って記述を避けている。沓掛城はこの時から今川方であった。永禄三年にしかも家康（味方）から攻められる譬れはさら〱ない。

豊明市はどの様に受取ったのか、慈光寺の東にある屋敷跡を昭和と平成の二度、市民を動員して発掘し、生活の痕跡を得ただけで本丸はここだったと理り、豊明市の文化財となし、愛知県史にも載せた。豊明市に悉す高田徹氏は市史の資料をもとに『織豊期研究』に一文を載せ、宣伝に努める。豊明市も、今川義元は五月十八日沓掛城に来たとは言うが、その直前に徳川家の御家人が来て、沓掛城を焼いて引上げたとは言わない。信長公記は永禄元年から義元が大高城に兵糧を入れ始めたのを、尾張侵攻の前触れと察し、翌年、善照寺、中嶋、鷲津、丸根の四ケ所に付城を築いたと記す。織田玄蕃はその時から飯尾近江守兄弟と共に鷲津砦にいた。敵対する沓掛城などへうきうきと出掛けられるか。

大正十五年提出された『県調査報告』には沓掛城址のところに「老松数株ある、又土塁を存す」と記す。その後、取り崩したと記録がないのに、昭和五十七年の広報とよあけでは、池は想定する土塁の下に当たると、土塁が無くなっている。聖應寺の所なら今でも土塁が残っている。場所が異なる以外、こんな事態は起こらない。発掘調査の際、見付かった井戸を苑地だ掘立柱の跡があるなど話題を載せるが、いずれも蓬左文庫蔵『沓掛村古城絵図』とは直接の関係はない。絵図では本丸を囲む堀のさらに北の「此所侍屋敷」と記すところに二箇所、㊥の印がある。慈光寺の東なら今は畠地か。その積もりならすぐにでも調べることは可能だが無いのは判っているからやらないだろう。聖応寺のところなら今は道路に掛かるので見付けるのは難しいが、堀跡なら三十三観音のところ以外に寺の西で、木立生い茂るところにも残っているが、尋ねない限り言わないのは寺としての自覚があるからだろう。豊明市は巧みにこれを利用していないか。

調査報告第四には桶峡弔古碑の碑文が載り、そこには『成功記』から引用して「今川候西征し五月十九日桶峡ノ山北ニ陣ス」と刻してある。成功記はこの外、「五月十七日今川義元四萬騎の軍士を率し参州池鯉鮒の驛に着く。先陣を尾州沓懸に出しめ備ふ。同十八日義元池鯉鮒を発ち大高に到り諸将を集めて丸根の砦を屠らんと議す云々」と記され、十七日にしろ、十八日にしろ、義元本人は沓懸に行っていないと言う。ここは『信長公記』に今川勢の一人称として「今川義元沓懸へ参陣」と記されたものを『中古日本治乱記』がそのまま鵜呑みにして記したのが始まりで『朝野舊聞裒藁』は色々な曰文を用い結果として十七日では日取りが合わないと勝手に十八日義元は沓懸に来たと言い換えてしまったと、その後を説明する。

九、桶狭間古戦場調査報告

昭和四十一年二月名古屋市教育委員会が作成した。報告書序の文末に各委員参考人から提出した資料を、小島広次氏がまとめ、報告作成と載る。資料提出は、海福三千雄、梶野稔、長福寺住職小山実栄、山田幸太郎、尾崎久弥諸氏及び蓬左文庫から頂いたと記す。その中には、『尾張国鳴見致景図』や、愛知県史蹟名勝天然記念物調査報告に載る『描きかえた桶峡間図』、『桶峡弔古碑写真』もあった。

次頁には大脇村山絵図、次々頁には田宮篤輝が描いた桶峡間図の部分図を「桶狭間山義元塚の位置」と題したものと、国土地理院実測図による名古屋近傍図で六四・七メートルの高地を主に、有松町桶狭間、石塚山等を含めて円を描き「桶狭間合戦主戦場」と題した二図を載せる。

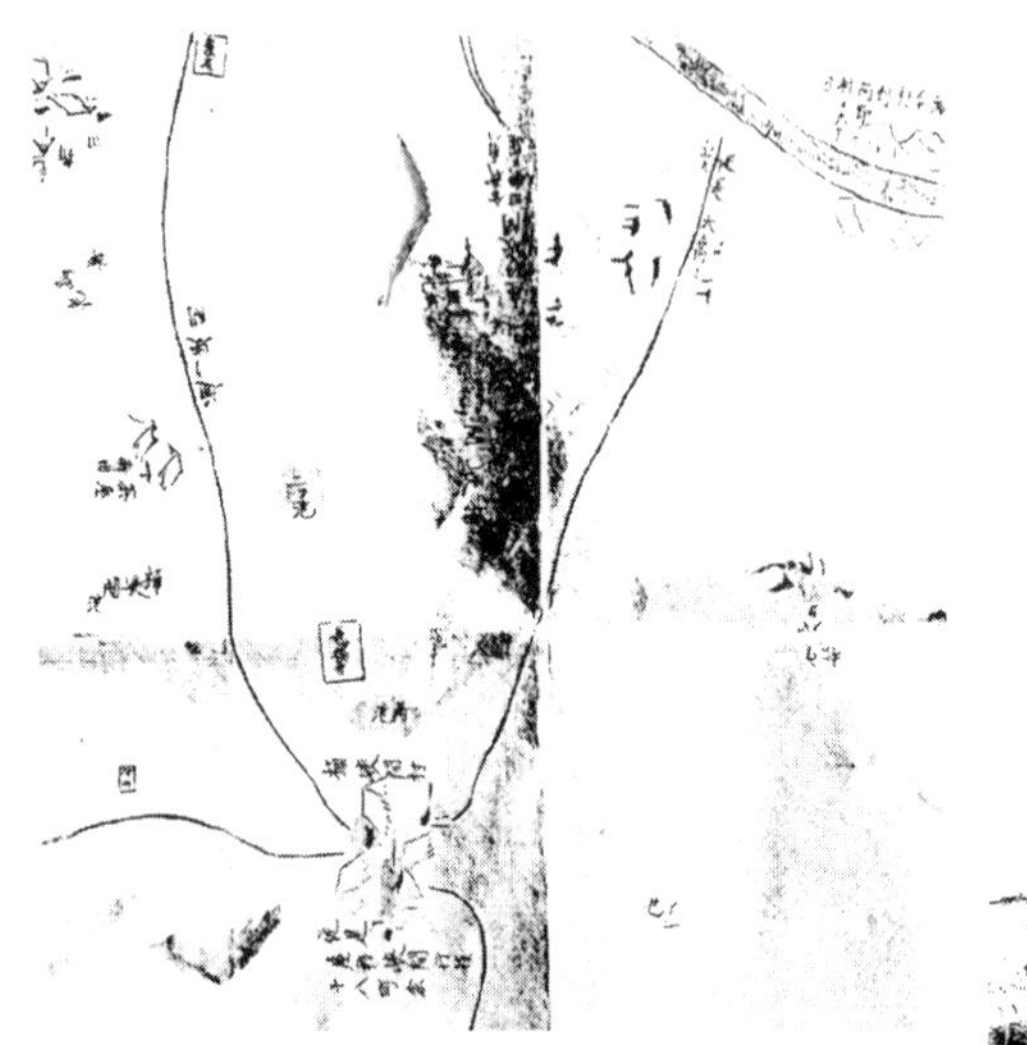

桶狭間山義元塚の位置
（『桶峡間図』蓬左文庫蔵）

桶狭弔古碑
豊明・南館の古戦場伝説地に建つ碑面
に五月十九日桶狭山ノ北ニ陣スと載る

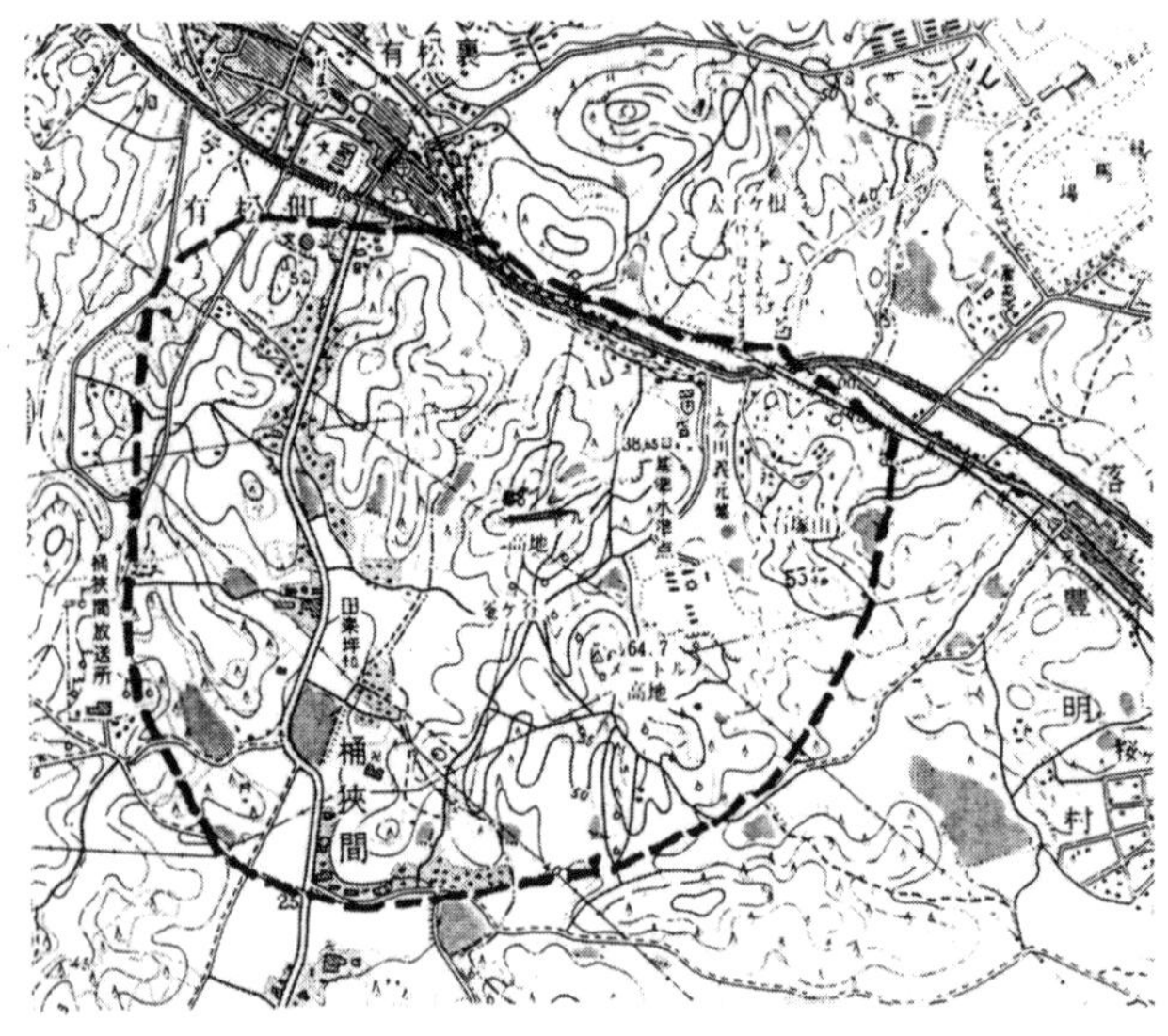

桶狭間合戦主戦場

続く本文では、信長公記巻首「廿四、今川義元討死の事」から文章記述したあと、次にある程度信頼してよいものは『成功記』であろうと記して、『成功記』巻三「今川義元戦死付源君退去大高」の条から抜粋して「是ニ於テ先軍ヲ十町ノ外ニ出シテ桶峡之山ノ北ニ陣ス」とのみ記す。その他義元墳墓の地点、地名について種々記し、比較はするが決定はない。

桶狭間古戦場調査報告（以下市調査報告）をまとめた小島広次氏は最初から『愛知県史蹟名勝天然記念物調査報告』（以下県調査報告）有りきで、大脇の地にある桶峡弔古碑々文の「桶峡間山の北に陣す」を拠り所に、それより反対方向（南）の六四・七メートルの山を桶峡間山に仕立てて、「戦後の経過」箇所では①義元は桶狭間の北方（弔古碑と日本戦史）田楽狭間（愛知郡）に休憩しと記し、現状の箇所を②有松の東方約十町（愛知郡大脇・落合）で、そこを③往時は田楽狭間（愛知郡）と称せしも後、屋形狭間（愛知郡）と称し、さらに「④桶峡山北に陣す（弔古碑なら愛知郡）」と刻まれた「桶峡弔古碑写真」を添えるので全て愛知郡なら旧大脇村落合に当る。成程、桶峡間図をみると「桶峡間山の北」や「屋形峡間」が記るされ、そこは有松村東入口の真近で十町なら有松村西の入口に当り、信長公記の「戊亥に向て人数を備へ」や中古日本治乱記の「義元の先陣は道より遥かに隔つ西の山陰に陣を取て」に相当し、表現は些か異なるが示す場所に代りはない。果して桶峡間山の北に陣すは桶峡間図の桶峡間か、桶峡弔古碑のある大脇・落合か、説明するためには田宮篤輝が描いた、蓬左文庫に「桶峡間合戦之図」として蔵する『桶峡間図』（愛知県史図）と『愛知県史蹟名勝天然記念物調査報告』第四に載る『描きかえた桶峡間図』を比較する以外方法はない。比較説明は県調査報告の箇所で既にすませた。

小島広次氏は説明に市調査報告の付図桶峡間図と同所の実測図、二つを用いて本文に、蓬左文庫蔵桶峡間図に描かれている桶峡間山は聚落・道・他の山などとの関係によって推定を試みれば、実測図の桶峡間聚落の北東標高六四・七メートルの丘と推測され、それより北に陣するところは弔古碑の建つところだ、と記述説明に及ぶが、六四・七メートルの丘は昔今を通し、現豊明市栄町南館の地で、桶狭間ではない。反対に『桶峡間図』なら、桶峡間村のほぼ北に「桶峡間山」が描かれ、その先に「屋形峡間（桶狭間）」があり「合戦前は田楽窪」まですべて北に続く。断然こちらに利はあり、桶峽間山は「桶狭間を東・北・西の三方から囲む西の山並み」であることを承知した上での話なのか。同じ桶峽間図でも県調査報告に載る『描きかえた桶峽間図』なら気色は大脇・落合に相当し、何よりもこちらを用いて国の史蹟指定を受けているので「桶峽弔古碑」が建つ所だと言える。

昭和四十一年に出た『桶狭間古戦場調査報告』（市調査報告）は付図に蓬左文庫が蔵し、田宮篤輝が描いた『桶峽間図』を載せるが、本文では国の指定を受けた『描きかえた桶峽間図』で説明してある。

補足

一、尾張国鳴見致景図（以下致景図）とその後

(A)『尾張国鳴見致景図』は武家家事紀掲載『尾州桶迫間合戦図』を参考に描かれ、その後この致景図をもとに描かれた『桶峽間図』（描・田宮篤輝）を用いて愛知県史蹟名勝天然記念物調査報告第四（県調査報告）に同名絵図が掲載されたが日本戦史説をもとに書写したので、部分で描きかえられていた。

後に『桶狭間古戦場調査報告』（市調査報告）がなされた折は、先の(B)『描きかえた桶峽間図』を用いて日本戦史説を説明して於て報告書冒頭には桶狭間を戦場に描いた田宮篤輝作図のままの『桶峽間図』を載せた。

調査委員会は後日のため、旧（モト）になった致景図の不要な箇所は省くなど手心を加えて書写したものに(C)『鳴海名所八景和歌織田今川古戦場図』と題名を付け記録として残した。

A・B・Cの関係を図示し説明を加えた。掲載図表示（イ）　記述（ロ）

年号	絵図・記述の別	桶峡間	有松	大脇
宝暦六年（一七五六）	尾張国鳴見致景図（致景図）	御屋形迫間今川織田両家戦場※1		今川義元塚※2
文化六年（一八〇九）	桶峡弔古碑			桶峡山ノ北ニ陣ス
大正十五年（一九二六）	愛知県史蹟名勝天然記念物調査報告第四（県調査報告）			（ロ）桶峡間図を描き替、大脇に国の指定を得、桶峡山ノ北ニ陣スは桶狭弔古碑に倣った
昭和四十一年（一九六六）	桶狭間古戦場調査報告（市調査報告）	（イ）題名　桶狭間山義元塚の位置（『桶峡間図』蓬左文庫蔵）		（イ）題名　桶狭間合戦主戦場（国土地理院実測図）
昭和四十四年（一九六九）	鳴海名所八景和歌織田今川古戦場図		御屋形迫間今川織田戦場※1　義元塚※2	

昭和四十一年市調査報告がなされる時には、致景図は勿論だが『描きかえた桶峡間図』や、その元になった『尾州桶迫間合戦図』（武家事紀図）も参考にしていた。その内、武家事紀図は「合戦場は鳴海より阿野村迄往還道より一町程南」の位置を現有松町鎌研（磨）の位置に記してある。致景図には有松村の近くに「義元塚」が描かれ、手越の南東には「御屋形迫間今川織田戦場」と描かれている。それなら武家事紀図が云う一丁程南は有松鎌研近辺だろうと、証しに致景図で各所への里程を示した内「御屋形迫間義元塚へ二十町」と「有松村迄は十九町」を

抜き出し並記して、差一町を示唆し「義元塚」や「御屋形迫間今川織田戦場」は有松にあると唱えた。
「御屋形迫間今川織田両家戦場」と記すものは当初『東海道日記』に記され、「今川義元塚」は『海道日記』に記るされたのが起りだったが、こゝに来てその決まりは破られ、桶狭間を描いた『桶峡間図』は義元塚と題名をかえた。絵図そのものは変らないのに変るのは見方が異なるからで市調査報告は説明時は県調査報告に載る『描き替えた桶峡間図』を用いながら見せるのは描きかえてない田宮篤輝が描いた『桶峡間図』を披露していた。

表現推移

対象	桶狭間（古名田楽狭間今屋形迫間）	大脇・落合
原本	東海道日記（一六五三）	海道日記（一六五七）
原文（必要箇所）	桶狭間田楽坪是に義元討死のところとて塚あり 今川義元織田信長卿と是辺にて戦をけばさまにて打死この所也 （今川・織田・戦・をけばさま）	桶狭間田楽窪是に今川義元打死の所とて塚あり （今川義元・塚）
致景図の記述	今川織田両家戦場（桶狭間）御屋形迫間	今川義元塚

最初『東海道日記』が著すように、鳴海から鎌倉間道の廿三町先にある桶狭間で今川織田が戦い義元はその場で討死したと語られていたが、四年後『海道日記』を著した時に鳴海・桶狭間の里程廿三町を思い違いして、合戦時には未だ存在していなかった東海道に求め、大脇・落合のところで義元は討死したと変えてしまった。以後、桶狭間と大脇・落合の二ケ所で義元討死と語られた。致景図は混乱に配慮し討死表現を避け、それぞれ特長の一字を織り込み、桶狭間の方は今川織田両家戦場、大脇・落合は今川義元塚と著したので、後世は戦場で争い

塚で討死したと語ることになる。

岩瀬文庫蔵『桶挟間古戦場之図』（岩瀬文庫図）は「桶挟間村ノ北屋形挟間古所謂田楽窪より鳴海へ二十三町余乾」と大脇・落合のところに記して、桶挟間の様子を大脇・落合に描いたと記してあるのに「桶挟間村ノ北云々」を無意識に読み進み、大脇・落合の屋形狭間から鳴海までの里程と受け取る身勝手が幅を利かす。

同様のことは桶峡弔古碑にもいえる。この碑は秦鼎撰文によるもので、碑面には「五月十九日桶峡山北陣す織田公奇兵を以て之を襲う云々」と記されている。わざわざ大脇・落合の地に桶峡山北と記すので、先の『桶挟間古戦場之図』のように桶狭間でのことを大脇・落合に示したと受け取れば騒動は起こらないのに、今では碑面に桶峡山の文字があるだけでここが桶狭間で義元はここにいてその場で討死したと頑張る。小島広次氏も『成功記』には「先軍を十町の外に出して桶峡之山の北に陣す」と記す、十町の外を故意に忘れ、六四・七メートルの丘が桶峡間山でその北が大脇・落合だと画策するのは国の史蹟指定を反古にはできないとの思いからか、それとも天の声でも聞いたのか。

『桶峡間図』で「通り峡間」と記されているところは、実測図の大池に接する道とは似て非で、絵図の「通り狭間」は最初、『武家事紀図』で鎌倉間道に示すべき廿三町の里程を、故あって大高と桶狭間の境目筋に描かれ、桶峡間図を作図した田宮篤輝はさらに解釈を誤り大高・桶狭間の境目筋を「通り狭間」に改めていた。

先の『桶峡間図』と『実測図』で、実測図の有松から桶狭間と記されたところに通じる道は間違いなく通り狭間で、有松町と記す付近から桶狭間放送所付近に描かれている細い━・━・━線は大高と桶狭間の境目筋で、二つに挟まれた間が桶狭間を東・北・西の三方から囲む総称桶狭間山の西に連なる山並みに当たる。絵図の通り狭間を実測図の通り狭間に見做すのなら絵図の桶峡間山は通り狭間より更に西に連なることになる。また、実測図で今川義元墓より南へ釜ケ谷を経て、桶狭間の家並みを結ぶ線は、絵図の是より大高へ出ると記された道にほぼ当たり、六四・七メートルの丘は絵図なら此の道より東に描かれていて桶狭間の範疇に入らない。

調査報告は全文を通してそのような気配は全く感じられない。知らない振りをして意味ある戦場と塚の題目を逆さに二つの付図につけて披露したとしか思えない。

一、本調査報告で、「義元塚の位置」と「合戦主戦場」の題名を付けるために用いた『致景図』は公にされなかったが、少なくとも公開聴聞会出席者には示され、後々まで資料としたことを記録するため、『鳴海八景和歌今川織田古戦場図』と題して昭和四十四年模写し東海道鳴海文学歴史資料として残された。

○豊明側の高徳院は管見桶狭間合戦を「広報豊明」に掲載し、豊明町は桶狭間地区を設定し意気軒高ぶりを示す。

○桶狭間側で調査報告作成時資料を提出した二人の内、海福三千雄氏は昭和四十五年三月郷土文化誌通巻九六号に「史蹟桶狭間古戦場伝説地地名考」を、昭和五十三年三月からは通巻一二一号より引き続き「桶狭間合戦史実究明」を四回に分けて掲載したが、なぜか四回目の今川織田両家葛藤や合戦の次第は「資料紹介・今川義元桶迫間合戦覚」と題する他人投稿文に替わっていた。もう一人の当時、桶狭間史蹟保存会理事長梶野稔氏は忠実に申し合わせを履行し、昭和六十三年歴史研究に「二つの桶狭間」と題する投稿文を載せたが、内容は桶狭間の合戦に関する資料は後世のものばかりで義元最後の地も決め手がない。古戦場は名古屋市桶峡間と豊明市南館の文部省が伝説史蹟として指定する二つがある。最後の地は昭和四十年七月調査委員会が現地をくまなく踏査したが、結論が出なかった。二つの桶狭間をめぐって真実解明のロマンを考察することは、歴史愛好家にとって興味深いことではなかろうかと結び、自邸の庭に椿の木と三角形の石を置いて桶狭間側の証しとした。

十、桶狭間古戦場七つの塚

㈠七つの塚

中世城郭研究会の高田徹氏は『織豊期研究』第九号「桶狭間古戦場を歩く」と題した一文で、桶狭間古戦場公園には今川義元本陣跡、桶狭間古戦場田楽坪、今川義元戦死之地等石碑のほか、今川義元公水汲みの泉などあり、さながら石碑公園だと揶揄し、公園ほぼ北を北東方向と記して、徒歩約五分の位置には「七ツ塚」があり、合戦での戦死者を葬ったところとされると紹介するが、これでは七ツ塚と名が付く一つの塚と誤解されかねない。表現に「の」を加えて「七つの塚」とし明瞭に塚が七つあるから七つの塚だと示すことにする。

一般に桶狭間古戦場公園には今川義元戦死之地、今川義元公、駿公墓碣と三つも義元の墓が並んでいるのはおかしいと陰口も聞く。一方、桶狭間古戦場保存会は対応できる人がいないのか、全てを顧問の梶野渡氏に任せて諸説有で済ませる。任された方は思い付くままに話を作ったり、作り換えたりして、生じた綻びは榊原邦彦著『解釋学』が繕う。榊原氏の先代清彦氏は『奈留美』を創刊し、その第四号の桶狭間座談会記事には出席者として名が載る。繋がりが深いのは結構な事だが解釋学は「地名考」が主体になっている。丸投げされて良きに計えと言われても地名考だけでは難しい。それでも何とかしなければと、多数決の論理を働かせたり、理由を言わず有無だけの説明になったりするのは、やむを得ないと同情はする。「七つの塚」についても苦心の後が窺えるが、先代梶野孫作説有りきで論ずるばかりなのは、誰彼なく本当のことが判らないのだろう。

先に結論ありきなら、地引帳に示された七つの塚位置で、民有地の二筆は桶狭間田楽坪を、官有地の五筆は桶狭間田楽窪・狭間をそれぞれ示し、『東海道日記』『海道日記』で坪と窪を並記した姿そのままである。後に示す地引帳をもとに描いた地形図は岩瀬文庫の『桶挾間古戦場之図』とも相似て、『遊桶峽記』またこれを補う。

古来より桶狭間合戦の戦没者を埋葬したと伝承のある七つの塚が当地にはあり、不明だった位置を知るきっかけになったのは、桶狭間神明社所蔵、明治九年五月調第七大区第一小区桶廻間村、地引帳第貳号冊子にあった。冊子の作成動機は租税徴収が明治新政府に移ったため、地租改定請書を村から出した際に、幕藩体制時の村内地勢の全てを書き出して添えたもので、今様に言えば藩制からの引継明細帳といえる。記述の仕方はまず租税徴収の対象にならない官有地を壱号冊子にまとめ、対象にできる民有地を貳号冊子にまとめ、こちらは民有地内に残る租税徴収の対象にならない僅かな官有地や塚・畦道なども詳細に記した。その結果、第貳号冊子に載る塚は

地区	地番	種別	広サ	
字牛毛廻間	四十二番	畑	四畝十六歩内六歩塚	梶野半次郎
字ヒロツボ	五十七番	田	八畝廿貳歩内壱歩塚	相羽弌郎
字武路	二十八番	塚	五歩　官有地	
字武路	四十五番	塚	四歩　官有地	
字武路	六十五番	塚	五歩　官有地	

の五筆があり

まとめ書きに、塚は

民有地に　二筆で七歩

官有地に　五筆で壱畝四歩

惣計（ママ）　七筆で壱畝十一歩

と記してある。

それなら壱号冊子には二筆で二十歩の塚が載っていたことになるが、壱号冊子は神明社には見当たらない。

貳号冊子について拙著『桶狭間古戦論考』では請書提出の控えとして二部作られた内の一部と見なしていたが、その後、さらに調査を進めた結果、この冊子は請書提出時に添えられた地引帳そのものだった。

桶狭間村は行政区画が改められた時に、共和村と合併させられたが折合いが付かず、合併・離脱を二度繰り返した末に有松町と合併し、以後は町の組合組織（字名）として存続することになった経緯がある。

壱・貳号両冊子は共和村と最初の合併時に手続きとして使われ、離脱した時は、壱号冊子は租税徴収に関係しなかったので、そのままにし、貳号冊子のみ返却を受けた。二度目の合併時は、前回で明細は判っていたので、貳号冊子は神明社に残し提出せず、総計を示すだけで合併手続きを終え、再び離脱の時は、やはり総計だけで手続きが行われた。

この事は、梶野渡家に残る明治十八年十二月十五日付『桶狭間村全図』に明治十三年桶狭間地図及び惣計反別表が綴り込まれ、地引帳の官有地塚は惣計で塚壱畝四歩・五筆と記されていたものを「惣計反別表」には塚壱畝弐歩・五筆と記され弐歩相違していたことから気付いた。

詳細は『郷土文化』通巻二二四号「桶狭間村全図の一考察」に載る。

貳号冊子が神明社に残っていた理由は判然したが、見当たらない壱号冊子を捜し求め愛知県公文書館、徳川林政史研究所など尋ね歩いたが、いまだ発見に至っていない。それでも、壱号冊子に載る官有地二筆の位置確認は可能だった。

昭和十年梶野孫作・梶野磯吉両氏を始め有志が、現在法務局で最も古いとして扱われている地籍図を用い、大日本印刷に当時の地籍帳から全ての地目を拾い出してこの地籍図に記号表示させて、愛知県知多郡有松町大字桶狭間地籍図を作っていた。そこでは壱号冊子に載る二筆の塚は、弐号冊子に載る三筆の塚と同様、原野の記号で記されていた。記号をもとに確認した位置は現・有松町武路で昭和十年地籍図には字武路八十七番と載る。

しかし、過去にこれを読み解いた人がいなかったからか、大正十五年史跡調査の際、地元梶野孫作氏は「文部省史跡保存協会から調査のため来庵の折は、豊明・南館にある七石表に当たる塚は、確認できる三つを主体に七つが横一列に並んでいたと、説明するにとどまった」と話していた。今に至り『武家事紀』を知り、事が明らかになってくると、この説明は正しくなかったことが判る。

榊原邦彦著『解釋学』では、梶野孫作氏が言う、七つ横一列は「七つの塚」の内三つは含まれるが、残る四つは目的が別のもので、横一列には関係しないと記すので、桶狭間に塚は十一あったことになる。その第七十輯（平成廿六年三月）では「桶狭間合戦古戦場の栞に、織田信長は義元を討ち取り、ただちに全軍を釜ケ谷付近に集めて勝どきをあげ、村民に命じて山裾に沿って等間隔に七つの穴を一列に掘り、大量の戦死者を埋葬させた、と伝えられる。その二つが原形を残しており、里人は七ツ塚、または石塚と称し、これを取り崩したものは、たたりがあり、過去にそのたたりにより命を失ったものがあったという。区画整理に伴い塚を整備し、今はその一ケ所に一碑（七ツ塚）を建て、その跡を示す（梶野渡説）」と記すほか「明治十七年の地籍帳に旧跡地として塚が三つあった。今は字武路に七ツ塚と石に刻み跡を示す」また、別の箇所には「官有地の塚三つは直線状に配置され塚と塚との距離は等しい、梶野渡氏の話では二米（メートル）ほどの高さの由」とも載せ「柳田国男七塚考、熱田神社問答雑録、熱田宮旧記の七塚之事」に例をひき、古来塚は大きさは一定し、一列に並んでいるのが常である。桶狭間だけを例外扱いすることはできないと至って強気だが、少々見当違いではないか。「七ツ塚」ならいざ知らず「七つの塚」は豊明・南館の古戦場伝説地にある七石表のように一度に、七つが作られたのでもなく「柳田国男七塚考」に教えを乞うものでもない。七つの塚はそれぞれ異なる目的をもっていて、その目的によって位置も異なれば時期も異なり、歴史が語られている。

○愛知懸知多郡有松町全略図

「地引帳」弐号冊子に載る「官有地三筆」と不明の「官有地二筆」の所在は共に武路だが、対象になるものは異なり、扱いも別になる。「二筆二十歩の塚」は斎藤徳元が護国禅師雪斎遠諱香語の「礼部於尾之田楽窪」を用い「馬手に当りて、小高き古塚」と記し、田宮篤輝は『桶峡合戦図志稿本』の中で太子ヶ根から屋形峡間の義元塚へは三町餘南でそこ迄は少し西へなると載る。『道中回文絵図』は「今川よし元・さいご所」と二行に描き、二筆であることを示す。「三筆で十四歩の塚」は『三河後風土記』でやはり雪斎遠諱香語の「尾之田楽窪」を用いて「鳴海・桶狭間の内にて田楽ガ窪といふて少し小高き所」と記されたものを三筆に描き、梶野孫作氏は、三筆は「尾之田楽窪」からの類推だろうが『遊桶峡記』は窪地なら境目の奥まった寂しいところだと記すので、そこは『愛知懸知多郡有松町全略図』の喜三田にある釜ケ谷・田楽狭間に当たると言い、同図に合戦の印（⚔）を描いていた。『遊桶峡記』はそこを「大府峡」と記す。『中古日本治乱記』は義元は田楽坪に憩っていて討死したと言い、『東海道日記』は「桶狭間・田楽坪是に義元の討死の所とて塚あり、上れば左の山の間の沢にあり」と記しているので全略図の大池の東北角に、また印（⚔）を描いて、尾之田楽窪を用いた『三河後風土記』説と東海道日記に用いた『中古日本治乱記』説の二つが当てはまると著していた。後年、梶野孫作氏は東海道日記の記述を信じて「桶狭間古戦場訣損の碑」（以後訣損の碑）を鞍流瀬川で発見したと報じた。この判断は正しかったが『東海道日記』は沢を湧水の流れるところを指し、そこには一筆一歩の馬繋杜松塚があるので、少々位置が異なり返す〴〵も残念だったが、後に杜松の木と碑は鞍流瀬川の側に移しかえ、話を整えた。

『解釋学』第七十輯は結果として「桶廻間村も田楽坪、田楽の坪、田楽ガ坪、が実際の地名で、地元で古くから使はれてきたが、窪系や狭間系の地名も田楽坪を指すのに用ゐられた。坪、窪、狭間は語源を考へると意味の違ひはあるものゝ、外部の人は気にせず混用した。主眼の田楽が重要で、下位語は強く意識してゐない」と記す。それなら、先の梶野孫作氏が全略図で『三河後風土記』で記しているところと『中古日本治乱記』の記して

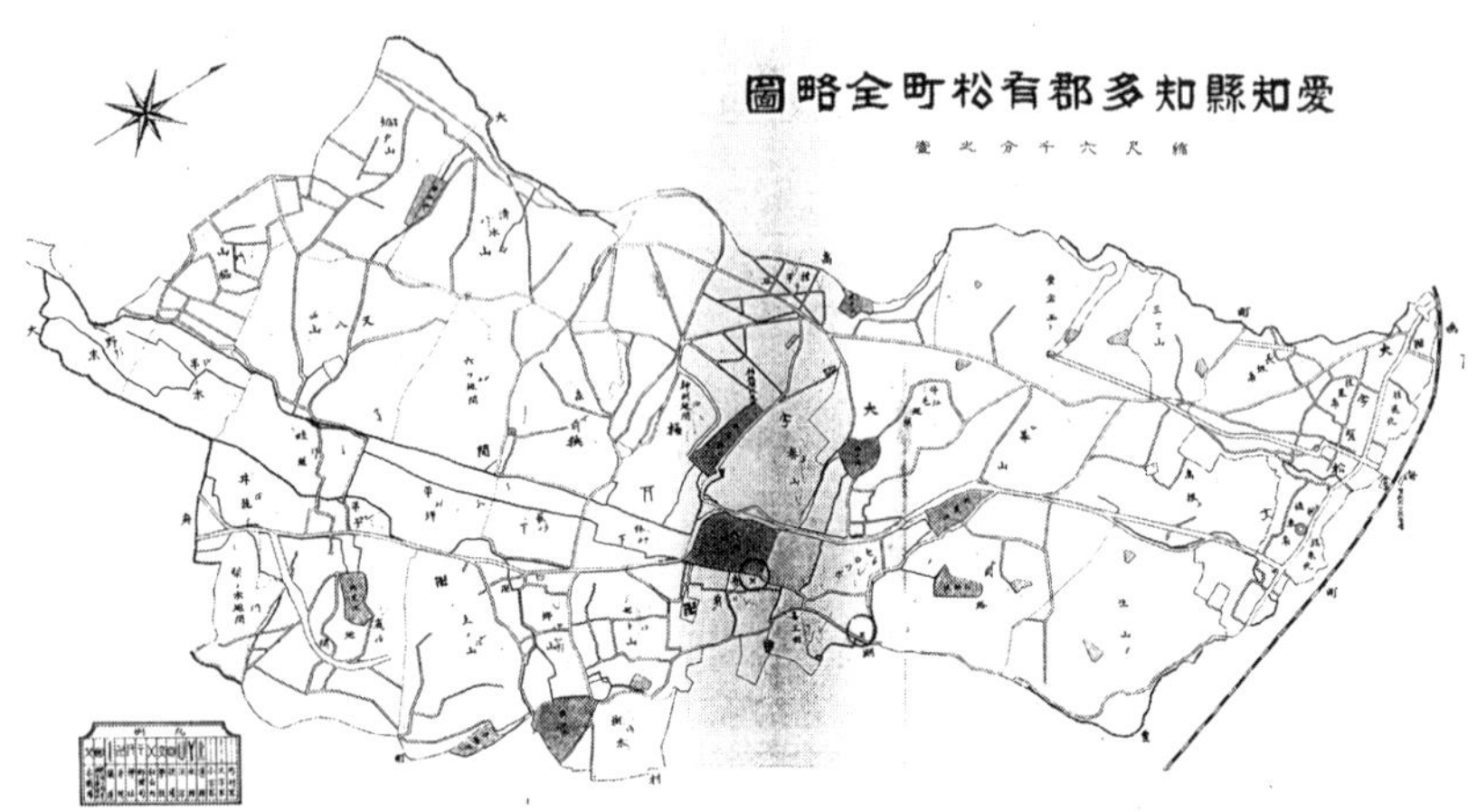

愛知懸知多郡有松町全略圖
ヒロツボ、大池を含め中古日本治乱記は田楽坪と載せる
大池の端の㐅の箇所で文化十三年の桶狭間古戦半欠けの碑発見
喜之田に懸る㐅の箇所は梶野孫作氏が三河後風土記の田楽窪に代わる南釜ケ谷の田楽狭間で信長が今川勢に襲い掛かった所と記し、遊桶峡記は「大府峡」と記す

いるところの二箇所に㐅印を入れて別だと示唆している努力を無にすることになる。桶狭間は東・北・西の三方を山に囲まれ、囲まれたところを『信長公記』は、はさまくてみ（狭間は湫）深田足入れ（深田は入れば足を取られ）高みひきみ茂り（高いところは拏（ひく）み又は引続き茂り）節所と云ふ事限りなし（難所限りなし）、と記す。『中古日本治乱記』はそこを坪と称し、坪の周囲には幾つも窪んだところがあり、窪んだところが通れれば、そこは狭間に当たり、それぞれに田楽を付けてある。むしろ下位語を強く意識するべきではないのか。

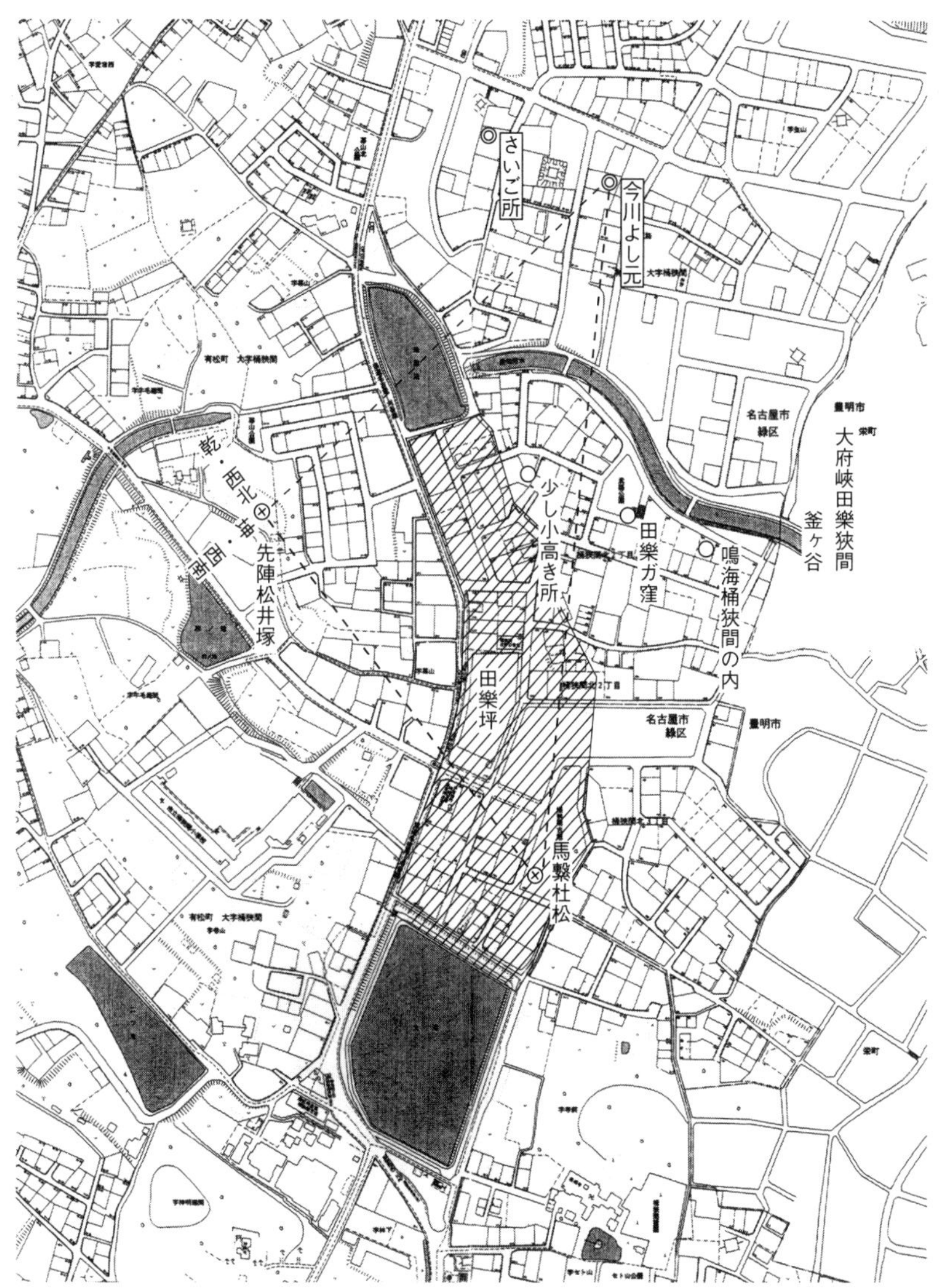

七つの塚所在図（名古屋市緑区桶狭間略図）

明治九年五月　桶狭間村地引帳を蔵していた
桶狭間神明社（写真 昭和初期）

七つの塚位置説明

◎武路、官有地塚二筆
　道中回文絵図に「今川よし元」・「さいご所」と記す

○武路・官有地塚三筆
　三河後風土記に「鳴海、桶狭間の内」「田楽が窪」「少し小高き所」と載る

⊕民有地塚二筆
　馬繋杜松＝今川勢休憩し馬を繋いだ杜松
　先陣・松井塚＝信長公記は「戌亥に向て人数を備へ」、遊桶峡記は「松井冢在総州丘西南七十歩」と記す

▨斜線箇所を信長公記は、峡湫（はざまくて）み、高み挐（ひく）み又は引続き、茂り、難所限りなし
　中古日本治乱記は田楽坪と記し
　天保十二年桶狭間村絵図は広坪と描き
　緑区と豊明の境を遊桶峡記は大府峡・田楽狭間（現・釜ケ谷）があると記す

○七つの塚それぞれが生じた起因
一、桶狭間地籍図・相羽弌郎地・塚一筆

昭和初期の馬繫杜松塚（証義桶狭間の戦いより転写）

文献

『信長公記』（一五九八）義元はおけはざま山（おけはざまを東・北・西の三方から囲む山）に人馬の息を休め

『中古日本治乱記』（一六〇一）義元は桶挾の内、田楽坪と云ふ所にて辨当を遣ひ

二つを合わせて田楽坪で休憩のため、馬を下りて繫いだことを示すために「馬繫杜松」の塚を作り、そこを、字ヒロツボ五十七番の内、壱歩に当ててある。

出典順はこの二著が最も古い。「馬繫杜松塚」は未来永劫、桶狭間の戦いの中心でなければならないが、今では塚が見当たらない。然し位置なら明治九年の桶狭間地引帳に記るされ、昭和十年の有松町桶狭間村地籍図に描かれ確認出来る。

山鹿素行の『東海道日記』（一六五三）には「桶狭間田楽坪是に義元の討死の所とて塚有のぼれば左の山の間の沢に有」と記し馬繫杜松の存在を証している。

梶野孫作氏は、左の山の間の沢を、湧水が流れるところとせずに鞍流瀬川に求めたので、後には馬繫杜松の塚の由来も定かでないまま「馬繫杜松」に義元公と付けて、義元がここで馬を繫いだからこの近辺で義元は討死したと主張し『道中回文絵図』の「今川よし元・さいご所」に知恵を借りて「今川義元公と、駿公墓碣」の二碑も置いた。

『知多郡史』（一九二三）掲題に「桶狭間古戦場」と付けて「馬繋杜松」塚の写真を載せる。説明に、瀬名は従軍してこの地に営所をすえたものとみえ、その馬つなぎのあとと記す。

果たして義元か瀬名か。答えは単に「馬繋杜松」が正しい。いわれは休憩したのは瀬名や義元一人ではなく多勢であり、付けると一人以外は休憩したことにならない。

一、桶狭間地籍図・梶野半次郎地・塚一筆

文献

『信長公記』おけはざま山に人馬の息を休め戌亥に向て人数を備へ

『中古日本治乱記』義元の先陣は、道より遙に隔つ西の山陰に陣を取りて

場所の明示がないまま戌亥（西北）に向かって備えたとだけ記すので、それなら場所は、先の「馬繋杜松」のところから、信長公記が言う戌亥方向で、桶狭間を東・北・西の三方から囲む内の、西に連なる山の陰に先陣はいたことになる　そこを地引帳では字牛毛廻間四十二番の内六歩に当たる、と記す。もちろん目印の木程度はあっただろうが塚はない。

一、桶狭間地籍図・字武路八十七番官有地（原野）・塚二筆

文献

斎藤徳元著『関東下向道記』（一六二八）大原雪斎三十三回忌の遠諱香語に「尾之田楽窪」と記すものを用いて「道より馬（右）手にあたり小高き古塚有、そのかみ織田の信長公、駿河義基(ママ)と夜軍有しに義基(ママ)たゝかひまけ此

所に果給ひし古墳なり」と載る。

当初「馬繋杜松」の位置（義元が休憩中に討たれた場所）は街道から見えなかった。斎藤徳元はそこを、馬手にあたり小高き古塚有（右手の山を上った先に塚がある）と『関東下向道記』に記していたものを、相羽弌郎の地より北方向の、街道から良く見える武路八十七番に二本の松で証しが作られ、ここが「今川よし元・さいご所」だと示した姿が『道中回文絵図』（一六六九）に描かれた。後年、田宮篤輝も「馬繋杜松」の馬に掛けて『桶峽間図』に「馬立の松・義元討死の跡と云」と「今川よし元・さいご所」に習て記す。

一、桶狭間地籍図・字武路二十八・四十五・六十五番官有地（原野）・塚三筆

文献

『武家事紀』（一六七三）戦いの場は三河後風土記に「当地は鳴海・桶狭間の内にて、田楽ガ窪といふてすこし小高き所なり」と載るところだと主張し、後に桶狭間の内云々小高き所を武路二十八・四十五・六十五に生えためぼしい松を選んで証しにした。『遊桶峽記』は先の二筆と、この三筆は共に「各樹の植うるあり」と記す。桶狭間はここに至って、義元等は『中古日本治乱記』が記す田楽坪の一筆と、この鳴海桶狭間云々の三筆の二ケ所にいたことになる。理由説明は武家事紀ですませた。後年、梶野孫作氏はその姿を『愛知県知多郡有松町全略図』に〆印で表しているが、なぜか、桶狭間古戦場保存会は案内説明しない。人見、赤林は遊桶峽記に窪んだところがこんな高い所にある筈がないと、釜ケ谷・田楽狭間（大府峡）のところに見做し、七石表を建てる際は五つをまとめて池の端に建てたという。

「七つの塚」は一度に出来たものではない。最初は『中古日本治乱記』の後、遅くとも『関東下向道記』までには、相羽弌郎地に一筆、梶野半次郎地に一筆がそれぞれ出来ていた。その後、『道中回文絵図』の「今川よし

元・さいご所」で武路八十七番に二筆が出来、最後に『武家事紀』以後『東海道分間絵図』までに『三河後風土記』が記す「鳴海桶狭間の内・田楽ガ窪・少し小高き所」の三つを用いて、武路二十八・四十五・六十五の三筆が出来た。

「七つの塚」の内、塚が築かれていたのは「馬繋杜松」の塚だけで、後は文言を塚に見立て、有っても立木程度で盛土した物ではない。それだけに馬繋杜松塚が桶狭間の戦いの拠点に当たり、諸事全てこれを首（こうべ）にすることになる。『朝野舊聞裒藁』は家康の伝記記述だけに義元が十七日池鯉鮒着し十八日家康は丸根の城を攻めたと記し、義元のことは載せないが、『成功記』『三河物語』『戸田本三河記』などは義元が十八日池鯉鮒から大高に行くと記したあと、いつの間にか桶狭間で先軍を十町の外に置き云々と記す。馬繋杜松塚は十八日にしろ十九日にしろ、大高へ行ったのは家康だけで、義元は行く途中桶狭間で休憩したことを示す物証になり、他とは意味合いが異なる。『信長公記』だけがここで人馬の息を休めと正確に記す。

豊明市の方は何もない所にまとめて、人見や赤林が桶挾間古戦場之図（岩瀬文庫図）にならって建てた（一七七二）。それを過去に骨や刀が出たという話があったと聞いただけで、昔は骨や刀が出たというからこちらが正しいと話にいくつも輪を掛ける。

(二)豊明市史に載る『遊桶峡記』意訳文

必要箇所に番号を振り知多郡史に載る原文意訳と比較し意見を述べる。

豊明市史資料編に掲載遊桶峡記読み下し文

鳴海の駅舎にて飯を喫し酒を飲む。豚石の薄酒、龍山の苦茗の類に非ざれども、酔飽自適す。扇鎌二水の間に鳴海祠あり。神名に簿する神にして、最も式微と為る。①有松の里に到る。比屋紅絞布を鬻ぐ。爛漫眼を奪う。幾んど楓林に遊ぶが如し。②有松の道口の径に由り、鷲頭(津)の墟を踰ゆ。山を夾みて右に、又、円峰の古城を仰ぐ。③而うして山を左にし行き断えんと欲して、又、続く、冉々際まり無し。五歩図を按じて過ぎず、十歩岻に問いて行く。万方を捜索し、方に、纔かに総州の丘を観る。④有松により、桶狭田楽に曁ぶ。道を回ること八、九里なり。⑤山上を「総州茇るべき処」と曰う。⑥其の下は則ち大府峡(舘狭間)なり。⑦南西に松山環列し、総州の丘焉を負う。⑧一蕢の凷、益惨たり。⑨双松丘に左右し、⑩西は山垠に近きこと三尋、⑪北は今の駅道を距つること百武なり。⑫而して五隊将の塚に近し。総州の丘の東三十武の艸野中に在り。各樹の植うるあり。⑬其の境幽邃悄愴にして状すべからず。⑭松井の塚、総州の丘の西南七十余武の山畔、所謂茇処の側に在り。⑮みな之を表する莫し。恨と為す。⑯既已に鳴海に帰らんことを促す。余宗三と輿す。子友始めの如く健歩たり。内に三の衆、巒を顧みるに青を縈し、白を交え、夕陽に晻瞙すること華氈を被るが如し。左に蒼波を盻めれば、渺茫遙かに松炬島、内海の崎を観る。輿夫云く「駅の東北、桜村の東を古鳴海と曰う。二百年前通衢たり。今の駅道は後に闢けたるのみ」此に由りて之を観れば、⑰此の地は即ち戦場なり。総州及び属軍戦死の所なり。みな伝記と合す。熱田にて輿を下りる。日暮れて還る。⑱復子友と議し、石工長兵衛をして表を造らしむ。其の一に題して「今川上総介義元戦死所」と曰い、其の二に題して「松井八郎冢」と曰い、旁らに「或五郎八」と書す。其の三、其の四、其の五、其の六、其の七はみな題して「士隊将冢」と曰う。並びに造立の年月日、及び桶峡七石表の一、尽く長湫(長久手)の例に拠る。府史に本田尚徴なる者あり。書に工なり。之をして各の石表に題せしむ。⑲更に器用を取りて、汚穢を去り、悪木を排し、土を築きて封を作る。尽く之れ其の封の左に表す。

知多郡史掲載遊桶峡記必要箇所意訳

前略①有松の里軒並み（比屋）紅絞の布を商ひ（鬻）爛漫眼を奪い幾んど楓林に遊ぶ如し、②有松の道口より（由）こみち（徑）右に踰、鷲津（頭）の墟、山を夾みて（而）右に又、丸根（圓峯）の古城を仰ぐ、③而して左の山を行き断えんと欲して又続く、冉々際まり無し、五歩図を按て過ぎず、十歩賎民（氓）に問いて行く、万方を捜索し方に纔今川義元（総州）の居た田楽坪（丘田）を見る。④有松より桶峡田楽窪回る道八・九里に曁ぶ、⑤山上を今川義元さいご所（総州可芟處）と曰う、⑥其下則ち大府峡（田楽狭間）なり、⑦南西に松山環の様に列り義元の居た小高き所（総州丘）を負ふ⑧焉一杯のもつこの土くれの由（一簣の由）益むごい（惨矣）、⑨並ぶ（雙）松は左右の丘に（干丘）⑩西は山境（垠）に三尋と近い⑪北は東海道（今之駅道）まで百歩（武）⑫而して五隊将冢は義元の居た小高き所（総州の丘）に近く東三十歩（武）草野中に在各樹植有　⑬焉其境は奥まってもの静かな（幽邃）悲しみいたましく（悄愴）あらわしがたし（不可状）⑭松井冢は義元の居た小高き所（総州丘）の西南七十歩（武）山の畔所謂草蔓延る側に在、⑮皆証（表）無、残念なり（為恨）⑯もう鳴海に帰ろうと促す中略⑰此の地は間違いなく戦場であり（即ち戦場）義元（総州）や従う軍勢（属軍）の戦死の所で皆伝記と合す中略⑱復子友と相談（議）し中略⑲更に器具できたないものを取去り、邪魔になる木を除き、土を突固めて封を作り悉く其封が誰か判る様にした。後略　（⑲だけが豊明に相当する）

補足

豊明市史は文章の平読みだけで済ませ、解釈はなされていないので人見弥右衛門・赤林弥七郎・古川宗三の三人がどこを探し歩いたか判らない。文中③の中で「五歩図を按て云々」とあるので三人は何かしら絵図を持参していたと判る。それなら可能なものは延宝元年（一六七三）の武家事紀図や宝永五年（一七〇八）の桶挟間古戦場之図あたりと想定される。特に武家事紀図は鎌倉間道が描かれていない事にぜひとも配慮を要する。

②有松の道口は有松村の西一里塚のある村入口を指し、それより南へかすかに続く道なき径（通ることが判る程

度のみち）武家事紀図なら大高と桶狭間境目筋に鳴海・丸根廿三町と描かれているものが当てはまるが、この程度ではどこを通ったとも記せず「右に踰る」とだけ記し北西の大高に向かってどこともしれず進み、鷲津砦址と丸根砦趾が山を間にしたところまで来た。この後、右に又丸根の古城云々と記すので、丸根砦を二度見ていた。一度は鷲津砦まで行ったとき、もう一度は鷲津砦から丸根砦に引き返して来たときで、またを付けた。推測なら南東より丸根砦に来て、干潟道を通り鷲津に至り、それより山中を過ぎ、小川道から丸根平地まで一周して来ないと最後丸根砦を右に見ることが出来ない。予談だが、この時、鷲津砦は明忠院裏山の方で山中は現・伊賀殿あたりを超えたか、伊賀殿に今は歩道橋があり古道が偲ばれる。

③二度目に丸根まで来た後は、左の山（今の大高緑地の山を指す）を行ったので多分大高道だろう。右なら緒川・刈谷道になる。ここでも絵図を眺め人に尋ねて、やっと総州の丘田まで来た。総州は今川義元を指し、丘は小高き土地でこゝでは坪、田は田楽、合わせて「義元が居た田楽坪」になる。豊明市史は総州丘とだけ記し、田の説明がない。

④有松の道口を出て桶狭間田楽窪まで八、九里も尋ね歩いたと記す。豊明市史は窪を注に作るのは、『東海道日記』が坪、『海道日記』で窪、と載せるので判断に迷ったことを示す。しかし先には「坪があるので此処は窪」が正しい。七つの塚は「二筆が坪」「五筆が窪」にある。

⑤山上は総州可茇處と記し、総州は今川義元、茇處は山野露営で、さいごの所なら道中回文絵図の「今川よし元・さいご所」に当たる。

⑥大府峡（たいふはざま）の大府は倉または庫で、校倉なら田楽に通じ、峡を付ければ田楽峡や田楽狭間になる。豊明市は他意あって住居の館や屋形に峡・狭間を付けて大府峡に添書きし強調するが倉・庫と屋形・館は全く異なる古来より人は倉に住まない。館峡の文字は張州府志や尾張国地名考に

『張州府志』桶峡と題し織田信長今川義元撃之殺す、其地大脇村に在、今呼て館峡と曰、然れども古来の記録皆

桶峡合戦と云。

『尾張国地名考』松山君山曰永禄二（三）年今川義元うち死の地は大脇村の境内館峡といふ所にありされども古来の記録みな桶廻間合戦とよぶ亦或人曰近年江戸道の南に碑石桶峡弔古碑を立たる所は其討死の地にあらず。
などと載る。豊明市史は大府峡に添書きするだけで取り込んだつもりだろうが、いずれも桶峡合戦・桶廻間合戦と呼ぶので場所と合戦名が異なる。豊明市史はこれを横目で睨む。

⑦南西に松山環の様に列なり、は桶狭間の東・北・西の三方に松の生えた山が環の様に連なり、その全てを指して桶狭間山と総称していることを表す。豊明市には環列する山並みはない。

⑫五大将冢の将は卒した者も含めた軍勢の意を含む。大将名が判らないとの苦言は当たらない。

⑬其境を⑩では西、⑪は北に当てた。南は遙か先なら、残る東は大府峡以外考えられない。

⑭松井冢西南七十余歩山の畔（ほとり）を、桶狭間地引帳は牛毛廻間四十二番民有地内六歩塚と記載し、北東七十余歩の今川義元・さいご所からの里程を言う。大脇村の方は感興漫筆が伝え言にあると記すが、西南七十余歩の位置は伝えられていない。伝え言は根拠説明不可の場合に用いる。

⑯桶狭間で鳴海に帰ろうと促したのなら、そのまま百歩行って東海道に出ると、目の前が紅絞の布を商う有松の里である。大脇村までなら遠回りで意味がない。

⑰皆伝記と合す、とは手近なところでは『道中回文絵図』があり『東海道日記』には「今川義元、織田信長卿とこの辺にて戦をけば（ママ）さまにて打死この所也」と記されている。

⑲七石表を建てる時は、全くの荒地を切り開いて土を築き封（もりつち）してそれが誰か判る様にした、と記されその様子は高力猿猴庵が『東街便覧図略』に描き、五大将冢横一列並びが『岩瀬文庫図』と同じなのは、このように建ててくれと頼んでいたからか、岩瀬文庫図は重きをなす。

㈢今川義元公碑と駿公墓碣碑

一般に桶狭間は「今川義元戦死之地」「今川義元公」「駿公墓碣」と三つも義元の墓がありおかしいと陰口を聞く。桶狭間古戦場保存会の代弁をすると、今川義元戦死之地碑は『日本戦史』桶狭間役を紀した史家小川多一郎煙村と尾参戦史を著した市川光宜の功績を称えた建碑で義元の墓ではない。残る今川義元公碑と駿公墓碣碑は本来二碑一対のものとして先代梶野孫作氏が建てたものを、後の渡氏が理解を欠き扱い方を誤ったのが因(もと)をなす。二碑一対の発想は『道中回文絵図』で山三つを描き「屋かたはさま・今川義元・さいご所」と記され、「屋かたはさま」は釜ケ谷の古名田楽狭間、または大府峡に繋がる。「今川義元・さいご所」の方は『桶峡間図』の「馬立松・義元験の松討死の跡と云」に描きかえたものだが、姿は『道中回文絵図』から七十年程後の『東海道分間絵図』で大脇村山に「今川義元塚」と載るものに替わっていた。梶野孫作氏は残念に思い「今川よし元」には「今川義元公」を「さいご所」は誰でも墓に入るのでその穴を碣と美麗化して「駿公墓碣」と印し二碑をもって一つの事とした。辞典は墓碣を丸い墓じるしの石と載せる。今川義元公碑は昭和八年建碑と碑陰にある、駿公墓碣は単に墓じるしの石なら貴ぶこともないので、碑陰は記さない。強いてなら対の他方に頼ればよい。

桶狭間古戦場保存会には田楽庵を写した写真が二枚あり、内一枚に駿公墓碣碑が写る。郷土文化通巻二二一号で、これを用いた説明は浅見に過ぎた。ここで改める。

田楽庵を写した二枚の写真の内、上の方は田楽庵の丸窓が大きく写り、完成間近なのか、建具類がない。周囲は殺風景で写る建碑は「桶狭間古戦場・田楽坪」と銘があるもの。左端の雑木の所はいわゆる「馬繋杜松」の塚で、塚の右、丸囲みに「今川義元公」碑が写る。田楽庵は『桶狭間合戦の大略』(以下大略)に昭和八年五月創設と載る。下の方もやはり田楽庵を写したものだが、上の写真と比較すると松は枯れているが代わりに立木多く写

桶狭間史蹟　田樂坪（又田樂狭間）田樂庵
永禄三年五月十九日今川義元此地ニ戰死ス
義元馬つなぎノ杜松塚殘ル昭和八年田樂庵建設
義元公始メ両軍戰死者ノ靈ヲ祀ル

り「桶狭間古戦場・田楽坪」碑の左、丸囲みには「駿公墓碣」碑が写る「馬繫杜松」の塚も同様に写るが、写角が異なり「今川義元公」碑は隠れて判らない。庵の右側奥に建つ小屋根のものは「あづまや」で「大略」に載る「招魂平和稲荷堂」だと言うのは誤りで、稲荷堂はこの写真の後ろ、田楽庵の東北、今の湧水（泉ボチ）の所に、杜松の木と馬繫杜松碑の一対、今川義元公碑と駿公墓碣で一対、の二つを移したところに昭和二十八年の時、並べて建てた。「桶狭間古戦場・田楽坪」碑も移動させたが取り除く際誤って坪の文字の所で二分した。当分そのままにしていたが、後、補修し古戦場南東の入口に建てた。昭和六十年代の区画整理が終わってからは、現在の公園南東入口に場所を移した。「今川義元戦死之地碑」は元の場所から北へ十四、五間、現在の場所に移した。

　田楽庵が写る下の写真は整地前の記録写真である。梶野孫作氏の没年は昭和三十七年と聞くので、この時は健在であった。それなら昭和十四年の『奈留美』四号で「田楽坪の庵附近に一つの塚が残ってゐ（ママ）た。義元馬つなぎの杜松塚と呼ばれ畳二畳敷位あったが私が埋めさした、その塚の記録も残ってゐ（ママ）る」と記され、埋めさしたが整地したことを言い、畳二畳敷が一坪ならまさしく相羽弌郎地内・一歩の塚に相当する。しかし昭和二十八年の写真には存在し辻褄が合わない。

桶狭間の古戦場付近
徳間書店日本戦史桶狭間姉川の役（昭和40年出版）139頁掲載
左・今川義元公碑　右・駿公墓碣碑

　「木と碑で一対」「二碑で一対」の二つは、昭和六十年以後土地区画整理に入り、平成年に完成すると、今までは桶狭間古戦場公園の東側で西を向いていたが、反対の西側で東向きに位置が替わり、今川義元戦死之地碑も位置が替わって、二対の横で同様に東向きに並べて置かれた。それまで「今川義元戦死之地碑」があった位置には「招魂平和稲荷堂」を移動させた。

　この間、梶野孫作氏の後を梶野稔氏が継承し、間もなく長煩いして、平成年に入ると、梶野渡氏が続いたが、道中回文絵図の「今川よし元・さいご所」を模した「今川義元公」と「駿公

▲義元公墓（昭和９年建立）

▲駿公墓碣
（昭和28年にねず塚より発見。
制作年不明）

梶野渡著新説桶狭間合戦21頁掲載
左今川義元公碑　右駿公墓碣碑
駿公墓碣碑の下に小さく昭和28年にねず塚より発見と記す
現、桶狭間古戦場公園西側に有

墓碣」の二碑で一対に取り扱う真意は残念ながら伝わっていなかった。

まず平成年に入ると、梶野渡氏は土地整理中に「駿公墓碣」碑が埋まっているのを発見したと報せた。著者もその時の姿を確認した記憶が今も残る。ところが平成十九年十二月著した『古老が語る桶狭間合戦始末記』頁十三には、「昭和六十年に始まる区画整理の時、ねず塚付近を整理中駿公墓碣と刻まれた義元の墓碑を発見した」と記されていた。そのため、先に田楽庵を写した二枚の写真で、下の写真は公開を避けるべきだったが黒ずんでいるから気付かれないだろうと思ったからか、古戦場祭りには引き延ばしたものを掲示し、逆に駿公墓碣の写らない上の方の写真はあまり注目されなかった。

ところが、昭和四十年徳間書店出版『日本戦史桶狭間役』頁一三九に、桶狭間古戦場公園東側にあった時の二碑一対の写真が掲載されていることが判ると、平成二十三年名古屋市清水山土地区画整理組合編『新説桶狭間合戦』頁二十一で現状を移した写真の下に「昭和二十八年にねず塚より発見した」とだけ小さく記してまた換えた。梶野渡氏はあくまでも二碑一対とは思い及ばず駿公墓碣碑だけを一人歩きさせ、その上、再三発見の時期を替え、しかもその都度何の断りも言わないので、聞き手は嫌気を起こしてもやむない仕儀と相成る。この二碑一対の元となった道中回文絵図の「今川よし元・さいご所」は、杜松の木と碑で一対のものと共に「七つの塚」を形成する重要なものに当たる。桶狭間古戦場保存会はぜひとも案内説明を替える必要がある。

いつも梶野渡氏の綻びを繕う『解釋学』は平成十二年十月『緑区の史蹟』で「駿公墓碣は義元の霊を鎮める墓標」と記し、平成二十四年十一月『歴史研究』では「鳴海御陣屋江差上候扣の絵図に田楽坪の所に駿公墓碣らしき碑と、杜松らしき塚とを描く」と紹介するだけで、至って簡単にすませた。その後、平成二十六年三月になって『解釋学』第七十輯に駿公墓碣は「今川義元の墓で、杜松塚に埋ってゐて、昭和二十八年工事中に人夫が発見した。天保七年『英比庄桶廻間村絵図』に田楽坪とあり、木（杜松か）と塚とを描く、形から見て塚は駿公墓碣と考へられる、後に埋ってしまったと思はれる」とのみ記した。英比庄桶廻間村絵図は先の鳴海御陣屋江差上候扣の絵図に当たる。ここに来て、初めてやや具体的記述に及ぶのは、平成二十三年に梶野渡著『新説桶狭間合戦』が出て、駿公墓碣発見を昭和六十年から昭和二十八年に変更した綻びを繕ったのだろう。『英比庄桶廻間村絵図』は、梶野稔氏が国土地理院明治二十四年測図昭和十二、十三年に測図修正を加え「田楽坪」の文字と「記念の木と碑の印し」を描いてあるのに模して「田楽坪」と地名を入れ「椿の木と三角の石」を描いたもので駿公墓碣でも何でもない。天保七年の年号も思い付きで真摯に受け取るものではない。この事は郷土文化通巻二二一号頁十九でも記した。

斯く紆余曲折があり、現在桶狭間古戦場公園西側に並ぶそれぞれを改めて記すと、

○「今川義元戦死之地」碑は小川多一郎煙村と市川光宜が今川義元討死の地はこれだと示していたことを表すも

ので、義元の墓ではない。碑陰を知らないから起こることで、古戦場の案内不足が指摘される。

○「今川義元公」と「駿公墓碣」は二碑で一対をなし、『道中回文絵図』に描かれた「今川よし元・さいご所」が『東海道分間絵図』の「今川義元墓」に取って代わられ、忘れ去られているのを惜しんで「今川よし元には今川義元公」を、「さいご所に駿公墓碣」をそれぞれあてたもので、碑陰には一方に昭和八年と刻み、他方には刻んでいないことが逆に一対であることの証になる。こちらは案内不足以前に梶野渡氏が対と見做さなかったから で誤りと評する他ない。

○杜松の木と馬繋杜松碑で一対のものは、現・桶狭間古戦場公園の南西角近くに「馬繋杜松」の塚として示されるべきもので、今では湧水の流れが換わっている。昭和十年地籍図をもってすると正しくは南西角より今少し北に寄るが、案内図の所では寄り過ぎる。正しくは七つの塚位置を示した後の参考資料で確認するのが望ましい。

まとめにかえて

『信長公記』巻首の最初に「弾正忠と申すは尾張国端勝幡と云ふ所に居城なり西巖（敏定）・月巖（信定）・今の備後守（信秀）・舎弟与二郎（信康）・孫三郎（信光）・四郎二郎（信実）・右衛門尉（信次）とてこれあり」と記され、信定の子信秀は勝幡、信康は犬山のそれぞれ城にいた。信長は信秀の嫡男で、信清は信康の嫡男なので続柄は従兄弟同士に当たる。

『武功夜話』によると、天文十六年（一五四七）信秀と信康は岩倉の織田信安にも憑勢して美濃斎藤の稲葉城を攻めたが負軍になり信康は討死した。当時、信秀はいまだ少身にして且、負軍では信康討死に報いることなど適うまじく、子の信清の怒りを買い『武功夜話』によると、信秀が没すると早速謀叛を起こし春日井・篠木三郷に火の手を挙げた。この時は、孫三郎が守山から馳け付け静めたが『信長公記』は備後守逝去以前の出来事と偽り、喪を三年ふせた。

『信長公記』で、永禄二年（一五五九）岩倉攻めの時は、清須と岩倉の争いを七、八割がた橋本一巴（信長側）と林弥七郎（信賢側）の一騎討ち（清須・岩倉の争い）に描きかえ、最後に一行、翌日頸実検すると侍頸千二百五十余あったと記すばかりだが、ここも『武功夜話』に尋ねると、この時犬山の信清は始め岩倉方に組していたのを、信長が直前に寝返らせたので、岩倉の信賢は敗北を喫したと記す。それでも翌年の桶狭間の戦い時の信清は日和見して戦いに加わらず、信長が稲葉攻めの足掛かりに佐々内蔵介に命じ洲俣築城を試むと、斎藤龍興と結んでまたまた謀叛を起こしたので、信長は洲俣築城を一時諦め犬山攻めに掛かった、とやはり『武功夜話』は語る。か様に信清のことになると『信長公記』は武功夜話と異なり信清の名前さえどこにも記さず、犬山攻めは「或時犬山の両家老御忠節として丹羽五郎左衛門を以て申上げ引入れ生城になし、犬山取籠む」と記すばかりで済ませる。

『信長公記』に信長と信清の諍いを記さないのは一に著者太田牛一が信長を慮ってのことだろうが、これ以外にも慮ってのことはある。

小豆坂合戦の事は僅かながら記すが、それを含む安祥城の攻防を省いてあるのも慮ってのことで、この時、松平竹千代と織田信広（三郎五郎・信長の異兄）の人質替えがあったが、ここもやはり省かれ、深く関わっていた山口左馬助は自裁すべきを今川義元に命を拾われ、信秀が没すると大高・沓掛二城を誘って謀叛し、翌天文十九年（一五五〇）信長に攻められ一生を終えた。太田牛一は三年おくれで山口左馬助息九郎二郎と赤塚で戦ったと記す以外、戸部新左衛門も含め一切を記していない。ために甫庵『信長記』などは沓掛・大高二城謀叛を永禄二年に扱う。

大高・沓掛二城が左馬助謀叛に同調していたため、天文廿四年（一五五五）の村木攻めの際は陸路が閉ざされ、やむなく熱田から渡海した。この時、渡辺・福島の逆櫓の話が載るが、当日悪天候であったか否かあまり関心がない。

安祥城の戦いで三郎五郎が人質替に深く関わっていたことを記さなかった埋め合わせでもなかろうが、「十九、三郎五郎殿御謀叛の事」と記す桶狭間合戦の前置きには、いつも美濃衆が攻め掛かると、信長は早々と城を明けて出向いて来る。今度攻め掛かると同様に出掛けてくるだろうから、後詰を装い出向いて空明き（がらあ）の清洲城を乗っ取って信長を後巻きし、前後から攻め掛かろうと相談が出来ていたが、信長は一早く気付き、信広は一早く露見したと思い、途中から引き返したと記すので、それなら初めから無かったのと同じではないか。「廿四、今川義元討死の事」を間に、この「十九」と後の「卅三、吉良・石橋・武衛三人御国追出しの事」を組み合わせると、桶狭間合戦の際服部左京亮が大高城下まで舟で来ていた事情になる。

桶狭間の戦い前置きは此の「十九」から「廿三」までで「廿」のおどり張行は武功夜話にも記述があり、山口左馬助の過去の顚末も載る。武功夜話にも載る服部左京亮は、永禄二年の岩倉攻めの時、城にいて信長に怨（うらみ）があった翌年の桶狭間の戦いに武衛に加担するのは自然の成行きだろう。「廿一」は「信長の行状。「廿二」は信長の戦い方。「廿三」は城砦の配置、をそれぞれ記し、「廿四」に至り桶狭間合戦時、佐々隼人、千秋四郎等は鎌倉間道（天保十二年桶廻間村絵図は長坂道と載せる）を通り高根にいた今川先手に抜け駆けして討死。一緒に抜け駆けした前田又左衛門等は首取り引き上げ、信長は中島砦から手越川の流れのままに、高根の今川先手の後ろに回り込み桶狭間田楽坪の大府峡（たいふはざま）にいた今川義元に横合いから攻め掛かり一刻の内に勝負を決したと記す。

「廿五」からは信長以外の人物伝記主体で記され、「卅七」からは記述が再び信長伝記主体に戻り、永禄三年四月桶狭間で義元に勝利した翌五月からは、森部・十四条・軽海で戦い「其節亦も犬山の信清は謀叛を起し洲俣築城取止め」を記さないまま、於久地攻め、小牧築城を挟んで犬山・宇留摩・猿はみ・堂洞と攻め進むが詳しい記述はない。やむなく『武功夜話』に尋ねる。その翌々年やっと洲俣に築城をすませ、次の年に稲葉城を攻め取るがこれも記述が至って簡潔なのは、全て主役が岩倉衆や川並衆だったからで、やはり『武功夜話』で詳細は判る。

桶狭間の戦いが今に至るもなお、脚光を浴び続けるのは、東海の雄、今川義元が、永禄元年から毎年大高城に兵糧を入れ、二年には朝比奈泰朝を大高城に行かせ、兵糧入れに合わせて氷上・正光寺の二砦を取り除かせるなど準備怠りなく、三年に至り大軍を催し、午剋には桶狭間迄押寄せたところ、信長は僅か二千に足らざる人数で、一刻の間にこれを葬り、天下に名を覇せたからだとするのが定説だが、その定説は種々雑多なので、何が正しいか判らない。しかも地元では古戦場が二ケ所に分かれ、一方は桶狭間と地名通りの呼び名だが、国の史蹟指定はない。もう一方は落合、屋形狭間、南館など呼び名と相違しながら、伝説地とは付くが史蹟指定がある。『日本戦史』などは、屋形狭間を田楽狭間と呼び、人はなぜそれを桶狭間合戦と言うのか判らないが、今はそのままにしておくと理わる。合戦の場は桶狭間か南館か、いずれかけじめの指針となるのは『武家事紀図』に「鳴海ヨリ桶迫間合戦場迄二十三町」と記す里程にあった。その道筋は絵図の東海道と記されたところから追分けて鎌倉間道を行き、義元討死場と記された山の畔（ほとり）を通って桶狭間村に至るのだが、何（いずれ）の絵図も道筋そのものが描かれていない。武家事紀の実質著者磯谷平介は、そこは東海道の追分けたところからさらに東海道を直進し、往還道より一町程南と記し、現地名、南館までの里程としていた。故（わけ）は平介の単なる思い違いからだが、そのまま受け継がれ今もって匡す人はいない。言われてみると、愛知県史に載る『桶狭間合戦図』（以下愛知県史図）、『東海道分間延絵図』、『鳴見致景図』（以下致景図）、『鳴海名所八景和歌図』（以下和歌図）、『桶峡間図』、日本戦史の『桶狭間戦図』（以下日本戦史図）、『愛知県史蹟名勝天然記念物調査報告』（以下県調査報告）第四に載る『桶峡間図』（以下描きかえた桶峡間図）など皆、鎌磨（研）で道を追分けたまでは描くが、その先、桶狭間村に至る道を描いたものはない。反対に合戦時はなかった東海道は描くので否応なく二十三町を東海道に求めなければ絵図を読み取れない。『日本戦史図』などは東海道の鳴海・有松の間は当時はなかったとして描かないが代わりに義元は沓掛から阿野に出て東海道を進み大脇・落合に来たと示す。もちろん鎌倉間道も描いていない。『桶峡間図』を描いた田宮篤輝は描くに、鎌倉間道を描かない『致景図』を以てしたので、鎌倉間道を進んだとする『総見記』の道筋を描くのに中島砦の位置をいささか北にずらし、山中を太子ガ根まで進んだと作文した。『三河後風土記』も信長は鎌倉間道を通り田楽窪にいた義元に攻め掛かったと記していたが、磯谷平介が東海道を通ったと『武家事紀』に描き換え、義元討死の場もかえ、佐々隼人允、千秋四郎等も鎌倉間道を通って今川先手に攻め掛かり討死していたものを、やはり鎌倉間道が描かれていないので、こちらは武者山を描いて初合戦の場と記したところで佐々・千秋等を討死させた。何ともつれない仕儀と相成った。

近時、桶狭間の戦い正面攻撃説は、藤本正行氏の『信長の戦国軍事学』が祖だが、藤本正行説は『桶峡間図』を用いた橋場日月氏の作図を引用して、佐々隼人允、千秋四郎等は中島砦の東方間近にいた今川先陣に抜け駆けし討死、すぐさま信長も中島砦を出てこれを撃破したあとは、手越川に沿って東南方向に行き『愛知県史図』の

「義元本陣」を高根辺りに求め、これを攻め「義元は数度返し合せ」最後は田楽狭間（大脇地内）の「義元の墓」（東海道分間絵図）で義元を討ち取ったと記す。小和田哲男説・豊明市館桶狭間保存会説・桶狭間古戦場保存会梶野渡説のいずれもは紆余曲折あって最後はいづれも『桶狭間古戦場調査報告』に倣って記述したが三者三様なのは誰もこの報告書の非を匡すことをせず好き勝手に追従したからだろう。藤井尚夫説は『愛知県史図』の方を用い「鳴海より丸根廿三町」と記された道筋を「小川道」と想定すれば、接する「義元本陣」は漆山に、その脇の「雨池」は琵琶ケ池に当てることができる。義元は漆山に本陣を置き、中島砦に向かって先陣を押し出した。信長は中島砦を出てその先陣を破り、続けて本陣に乱れ掛かり義元を東海道を通り「東に向けて追掛け数度返し合せ」最後、豊明の伝承地は供養地だから戦死の地は田楽狭間（桶狭間）だろうと載せると、これを知った高田徹氏は漆山本陣大賛成、義元最後の地は「今屋形狭間古名田楽狭間」と称する豊明市の桶狭間古戦場伝説地だが何はともあれ漆山本陣説に賛成と伝えてきたという。確かに信長公記には「信長は未剋東へ向てかゝり給う」と載り「義元は旗本に囲まれ数度返し合せ乍ら退いた」と載るが、信長公記の此処は前置きとして扱われ、そのまま用いると重複する。さなきだに愛知県史図の「義元本陣」と記すところは大脇の地で服部小平太と毛利新助の名が載り、下の方には『甫庵信長記』の一文が記されている。甫庵は義元は居ながらにして小平太と新助に討たれたと記す。この図は信長公記から描かれた図ではない。『日本戦史』などは東海道の鳴海から有松までの道筋を描かず、義元は沓掛から東海道を通り大脇・落合に来た後は、桶狭間に来て大高道を通り鳴海を経て西上のつもりだったと示し、大脇落合以東の東海道を描く。

藤本正行説は『桶峽間図』を用い、藤井尚夫説は『愛知県史図』を用いるが、両図は共に鳴海桶狭間里程廿三町を求めるべき鎌倉間道が鎌磨の位置で追分けたところから先が描かれず、武家事紀のままに記していることに留意を要する。

○藤本正行説に用いられた『桶峡間図』は田宮篤輝が描いた。描く際は宝暦六年（一七五六）の『鳴見致景図』（以下致景図）を以ってしたが、この絵図は有松のところに東海道日記に記された「今川義元織田信長卿とこの辺にて戦」と載るものを略した「今川織田両家戦場」の語句と海道日記の「今川義元打死の所とて塚」を略した「今川義元塚」の語句が記されていた。道中記絵図を繰ると、二つの内、戦場の文字が載る東海道日記の前には寛文九年（一六六九）の『道中回文絵図』で有松・桶狭間のところに表現は異なるが「屋かたはさま、少し離れて今川義元、さいこ所」と描かれたものが有、もう一つの塚の文字が載る海道日記の後、元禄三年（一六九〇）に「今川義元塚」とそのまゝを描く『東海道分間絵図』があり、宝永五年（一七〇八）には、桶狭間の様子を大脇・落合に描き「桶挾間村ノ北屋形挾間古所謂田楽窪よりの道程」と題した文中に「桶挾間の屋形挾間から鳴海迄は二十三町余乾」と記るした『桶挾間古戦場之図』（以下岩瀬文庫図）があった。篤輝は桶峡間図を描く際、地元の竹田某に合戦場の位置を尋ねると、昔は桶峡間の方だったが、今は大脇・落合の方になっていると答えたので、意を決し『桶峡間図』の桶峡間のところにまず「桶峡間山」と山を描き、その裾に「今川織田両家戦場」を示す道中回文絵図の「今川義元・さいご所」にかえて「馬立松・義元験ノ松討死ノ跡ト云」と描き「屋形峡間（桶狭間）」はそのまゝ『岩瀬文庫図』の「桶挾間村ノ北」に合せて手越川源流の位置に、同時に「古所謂田樂窪」も「合戦前ハ」と付けて屋形峡間（桶狭間）の下で東海道の脇に記した。「今川義元塚」の方は『東海道分間絵図』のまゝに描き、位置は判然しているが、竹田某は後年の出来事だと云い宝永五年五月十八日に描かれた岩瀬文庫図は「屋形挾間に於て之を描く」と理わる。二つを合せると大脇・落合の屋形狭間が合戦場と云われだしたのは後年になる、明確に位置を示すこともなかろうと、桶峡間図には大脇・落合の地名に換えて「従是大高え出ル」とだけ記し、桶峡間村のところには「従是屋形峡間（大脇・落合）行程十八町余」と里程を記し存在だけは示唆した。『桶峡間図』は当初『新編桶峡合戦記志稿本』に添えられていたので作図は弘化三年（一八四六）が妥当だろう。

○一方、藤井尚夫説で用いられた蓬左文庫蔵『桶狭間合戦之図』は愛知県史に一字違いで『桶狭間合戦図』と紹介されている。後々のことがあるので『愛知県史図』と略称する。作図の際は致景図で桶狭間・有松より西の追分たところに「今川織田両家戦場」と「今川義元塚」を描いて、二つは桶狭間・有松にあるが如く記し『武家事紀図』は追分たところに「往還道より一丁程南」と記して、こちらは大脇・落合の地だと示す。『甫庵信長記』の義元はその場で討死したと云うなら「今川織田両家戦場」と「今川義元塚」は共に大脇・落合の東海道より一丁程南のところではないのか。現に文化三年（一八〇六）に描かれた『東海道分間延絵図』は大脇村に「今川義元塚」や桶峡間山にかえて「字屋形山」と描いた山に「桶廻間合戦場」と両方を描いてあるではないかと自問自答したのか、これに倣って『武家事紀』の「義元討死場」と記す山を延享二年（一七四五）作図『桶間部類大脇村山絵図』と同様、北に大きく張出した山に描きかえ、張出した部分には甫庵信長記を意識して「義元本陣」や「服部小平太・毛利新助」の名を並べ按部にはこれも大脇村山絵図に倣って「雨地」を描き加え、さらに武家事紀図で鎌磨で追分たところに「合戦場は鳴海より阿野村迄の往還道より一町程南」と記すものを、そのまゝ「雨地」のところに描き加えた『桶狭間合戦図』（以下愛知県史図）が描かれた。時期を天保十一年（一八四〇）と近時伝え聞いた。それなら、翌天保十二年に尾張藩は藩内全村に対し、一斉に村絵図を描かせているので、前年に武家事紀図を匡すためにも藩自身で作図したのではないか。その為か、色絵具で丁寧に描かれていながら通常記す、作図年、作図者名がこれには無い。蓬左文庫が『桶狭間合戦之図』と呼ぶのは無名なので使儀上独自につけたのだろう。愛知県は県史に色刷りで載るが一行の説明もせず尋常でない。

然るが故か、明治三十二年（一八九九）編纂『日本戦史桶狭間の役』で参謀本部描く実測図『桶狭間戦図』には武家事紀図の

桶迫間（田樂塚）ヨリ合戦場ハ卯辰ノ方（東北東）

桶迫間（田樂塚）ヨリ合戦場ハ拾弐町

を用いて合戦場は東海道分間絵図に載る「今川義元塚」を指して田楽狭間に仕立ててある。武家事紀図は先の二つの桶迫間を、前の方は、「田樂窪」と、後の方は「田樂坪」と載せる。田樂狭間は桶狭間の「大府峡」を言ったもので、これだけでも合戦の場が桶狭間から大脇・落合に代って行ったと判る。実測図は当時、測量から作図迄、全て参謀本部が行い国土地理院などは無かった時代で、参謀本部の思いのまゝなら、実測図の「今川義元塚」の位置に「田楽狭間」や「今川義元墓」など描いたものは数種ある。

○大正十五年（一九二六）『愛知県史蹟名勝天然記念物調査報告』（以下県調査報告）第四が記るされ、記述に藤本正行氏が用いた『桶峡間図』と藤井尚夫氏が説明する『愛知県史図』の二つが併用され、説明が複雑になる。本報告を記した調査委員杉田棄三郎は項目を桶狭間古戦場、中島城址、善照寺砦址、丹下砦址、鷲津砦址、丸根砦址、沓掛城址の八つに分け、それぞれの位置説明も兼て『桶峡間図』を当てた。此処迄は扱い方に異論はない。「桶狭間古戦場」詳細記述は「日本戦史桶狭間の役」を以ってした。『日本戦史』は『愛知県史図』を多用しているので『桶峡間図』とは隙間が生じる、生じた隙間を埋めるため『桶峡間図』の必要箇所を愛知県史図に『描き替えた桶狭間図』を作り報告書に添えた。

まず桶峡間図の「桶峡間山」の頂部に記されている「松井宗信塚ト云」は、さらに上部に描かれている無名の山のところに替え「桶峡間山」の裾に記す「馬立松」と「義元駿ノ松討死ノ跡ト云」の二つを「桶峡間山」の北に描かれている、やはり無名の山に記し替えた。すると心無しか愛知県史図の張出した山に「義元本陣」と記すものに形が似て来た。

次に、桶峡間村に記す「従是屋形峡間行程十八町余」を除き「従是大高エ出ル」と記すところが大脇・落合の屋形峡間だと思わせることのないよう心配りをしたので『桶峡間図』に元から描かれていた屋形峡間はそのまゝで大脇・落合の屋形峡間の風景にさらに似て来て、義元塚と今川織田両家戦場が重なり『愛知県史図』のまゝになった。今、『桶峡間図』とこの『描き替えた桶峡間図』を並べても一目で違いを言い当てることが出来ない程の出来映えである。

最初これを捏造したと記すと、大人気無いと窘められた、無理に逆らうこともないので、以後県調査報告に載る此の絵図は『描き替えた桶峡間図』と名付けた。昭和十二年（一九三七）当時の文部省は『描き替えた桶峡間図』をもって「伝承地」とは付けたが豊明町栄・南館の地を「桶狭間古戦場」に指定したと官報は報じた。

昭和四十一年（一九六六）名古屋市教育委員会は『桶狭間古戦場調査報告』（以下市調査報告）で本文説明は『描き替えた桶狭間図』に則り記しながら報告書冒頭には描き替えていない田宮篤輝が描いたまゝの『桶峡間図』を載せて、これが「義元塚」の位置を示す絵図で日本戦史で「今川義元塚」亦は「田樂狭間」の位置を示すために作図した実測図には桶狭間と有松を加えて点線で囲みこちらは「今川織田戦場」の位置だと説明するので当初『東海道日記』では戦場『海道日記』では塚と説明していたものとは真逆になった。

○思い起すと始めは鳴海から里程二十三町の位置を誤ったことが合戦の場を『東海道日記』は今川織田戦場と著わし『海道日記』では大脇・落合を今川義元塚と示し、位置が二手に分れる動機だったが、相違していると云うどころか尾鰭を付けた話が昭和を過ぎ平成年（一九八九〜）には『新修名古屋市史』資料編考古2第3章第5節「桶狭間の戦いに関連する遺跡伝承地記念碑」の箇所で名古屋市緑区桶狭間を押し除けて豊明市栄町南館が語られるなど戦場と塚から生じた歪みは着実にその域を変えつつある。新修名古屋市史該当箇所の編著者は教育委員会所属の肩書きをもつ安藤義弘氏と名が載る。

令和元年五月　改元にあたり

本書出版を依頼した頃より新型コロナウイルス感染が拡大を始め進捗に支障を来たすなか誠意編集に努めて頂き校正に目処が立った頃、今度は蓬左文庫が蔵し愛知県史には『桶狭間合戦図』と題名が付く絵図が天保十一年と伝え聞くに及び重大事なら必要箇所を改めることになり、出版遅延に輪を掛けた。それでも風媒社社長、編集長を始め社員皆様のさらなる努力を賜り是に目出度く出版を迎えることが出来た。

末筆ながら紙面にて厚く御礼申し上げる。

令和三年皐月

尾畑　太三

変遷　桶狭間の戦い年表

桶狭間　○印
大脇・落合　△印
疑わしい　?印
あらず　×印

年号	（西暦）	著名	道中記	著述
慶長三年	（一五九八）	信長公記		○
慶長六年	（一六〇一）	中古日本治乱記		○
慶長十五年	（一六一〇）	三河後風土記		○
慶長十六年	（一六一一）	甫庵信長記		―
寛永二年	（一六二五）	三河物語		○
寛永五年	（一六二八）	関東下向道記		○
寛永年間	（一六二四〜四三）	成功記		○
承応二年	（一六五三）	東海道日記	○	
明暦元年	（一六五五）	道中記	―	
明暦三年	（一六五七）	海道日記	△?	
寛文九年	（一六六九）	道中回文絵図	○	
延宝元年	（一六七三）	武家事紀		△
貞享元年	（一六八四）	道中回文絵図改	○	
貞享二年	（一六八五）	総見記（織田軍記）		○

元禄三年	（一六九〇）	東海道分間絵図	△	
元禄四・五年	（一六九一・九二）	尾州桶狭間合戦記		○
宝永二年	（一七〇五）	塩尻・桶狭間古戦場之図		△
宝永五年	（一七〇八）	桶挟間古戦場之図（岩瀬文庫図）		○
正徳二年	（一七一二）	東海懐宝道中鏡	○	
享保二年	（一七一七）	織田眞記		○
享保五年	（一七二〇）	東海道旅人訓	○△	
享保一七年	（一七三二）	東海道ちさとの友	△	
延享二年	（一七四五）	大脇村山絵図	△	
延享三年	（一七四六）	東海道巡覧記	△	
宝暦二年	（一七五二）	新板東海道分間絵図	△○？	
宝暦五年	（一七五五）	増補東海道巡覧記	△	
宝暦六年	（一七五六）	尾張国鳴見致景図（致景図）		△○
明和二年	（一七六五）	東海木曽両道懐宝図鑑	△	
明和四年	（一七六七）	東行筆記	△○	
明和八年	（一七七一）	遊桶峡記		○△
文化三年	（一八〇六）	東海道分間延絵図	△○	
弘化三年	（一八四六）	桶峡間図		○

明治二十二年	（一八八九）	桶狭間戦記第一稿	○
明治三十二年	（一八九九）	日本戦史桶狭間役	△
明治四十四年	（一九一一）	織田信長	○
大正十五年	（一九二六）	愛知県史蹟名勝天然記念物調査報告	△
昭和三十五年	（一九六〇）	桶狭間古戦場調査報告	△○
平成二十五年	（二〇一三）	新修名古屋市史	△

＊本来桶狭間で戦いはあったが

＊海道日記が疑わしい記述を施し

＊武家事紀が大脇・落合だと最初に唱えた。以後次第に大脇・落合に傾く。その過程で

＊宝永年には塩尻が桶狭間古戦場は大脇・落合だと示すと三年おくれで桶挾間古戦場之図は大脇・落合に桶狭間の様子を描いただけだと説明

＊宝暦年に至り尾張国鳴見致景図は東海道日記と海道日記の経緯を明確に示し世間の瞠目を集めたが、騒がれるだけに終わった。

＊桶峡間図は田宮篤輝が鳴見致景図をもとに描いたが、故あって総見記が桶狭間に描いていたものを大脇・落合にかえた。

＊明治期、桶狭間戦記第一稿の桶狭間主張を日本戦史は大脇・落合主張に代え世間の批判はあったが糺すまでには至らず

＊大正期、史蹟記念物調査報告は桶狭間を主張する桶峡間図を描きかえてまで大脇・落合に国の史蹟指定をもたらす

＊昭和期、桶狭間古戦場調査報告は桶狭間を主張する成功記を桶峡弔古碑でたぶらかしてまで大脇・落合主張に代えて利用し、豊明市史も桶狭間の様子を説明する遊桶峡記を大脇・落合にかえるカラクリがあった。

遊桶峽記

人見泰

游長湫後十日（明和八年十二月）復與子友（赤林）弔桶峽古戰場閒司業古川宗三將拜熱田神廟以便道又同々遊之日五更未盡子友先至宗三尋至對酌一次皆著短後衣長窮袴而出殘月若晝比及山王廟東望紅線一道乃知日出捨街而左田徑抵高倉祠躊躇久之出南華表野田之際有阜加厦屋數處大數十武小不減二三武高尋丈或數尋從人曰盡是古墓或犁之必祟而莫能詳爲誰某也余以爲中森爲　武尊陵祠官之傳章々又謂之根山以俗稱斷歩山也陋學生叩爲傳會之說日本自茶毗塲因名山後世訛爲斷歩巳故惡夫佞者　武尊尙若斯何況其它詣熱田徘徊周境飲南石梁茶樓践三途橋道右有堂安姥空海力大可蔽牛假令此姥奪化者衣不足以掩肩宜哉隆冬無完衣笑語逾宮阡度山崎橋笠寺而歇反宇彫甍棟梁戸牖巳外莫物不画笠若鏤乃腹詈住持僧之劣越天漠双堤如山水高田圖三五丈頻歳大水職此之田欲借神禹之力路左水田鷺可百許頭優游自得不解歳云莫矣吾黨今日之遊亦庶幾乎二子哂之鳴海驛舍喫飯飲酒非豚石薄酒龍山苦茗頗醉飽自適扇鎌二水之間有鳴海祠簿神名神而最爲式微到有松里比屋鬻紅絞布爛熳奪眼幾如遊楓林由有松道口徑右踰鷲頭墟夾山而右又仰圓峯古城面左山行欲斷又續冉々無際五歩按圖不過十步間俛而行捜索万方纔覩總州丘田有松豎桶峽田樂窪回道八九里山上曰總州可茇處其下則大府峽南西松山環列總州丘負焉一簣之由益慘矣雙松左右于丘西近山垠三尋北距今之驛道百武而近五隊將冢在總州丘東三十武艸野中各有樹植焉其境幽邃悄愴不可狀也松井冢在總州丘西南七十余武山畔所謂茇處之側皆莫表之爲恨旣巳促歸鳴海余與宗三與子友健步如姑內顧三之衆樹紫青交白夕陽晻映如被華氈左盼蒼波渺茫遙觀松炬島內海崎與夫云驛之東北櫻村東曰古鳴海二百年前爲通衢今之驛道後闢巳由此觀之此地即戰場總州及屬軍戰死所皆與傳記合熱田下與日暮而還復與子友議使石工長兵衞造表其一題曰今川上總介義元戰死所其二題曰松井八郎冢旁書貳五郎八其三其四其五其六其七皆題曰士隊將冢並書造立年月日乃桶峽七石表之一盡據長湫例府史有本田尙徵者工書使之題各石表更取器用去汙穢排惡木築土作封盡之表其封左嗚呼前之來遊者其有志于玆耶後之人又有能同我之意趣聊建碑之顚亦與長湫同客難之曰永祿役　神祖屬在總州然表以記敗軍之由恐非臣子之情諱之固是余答曰唯々否々此役也總州令諸將內糧大高城城在敵軍中之中央無能肯焉者適託諸　神祖神祖弱冠從容爲諸運策內之城中排列有法堂々之勢不可鄉邇織田氏之兵不能染指遺衆矣苟使總州擧軍聽　神祖豈取此敗徒知託糧不知軍亦可託焉雖則天也哉廟算之遺爾其敗也益足觀神祖知且勇也巳何諱之有

参考資料

愛知縣史蹟名勝天然紀念物調査報告　第四

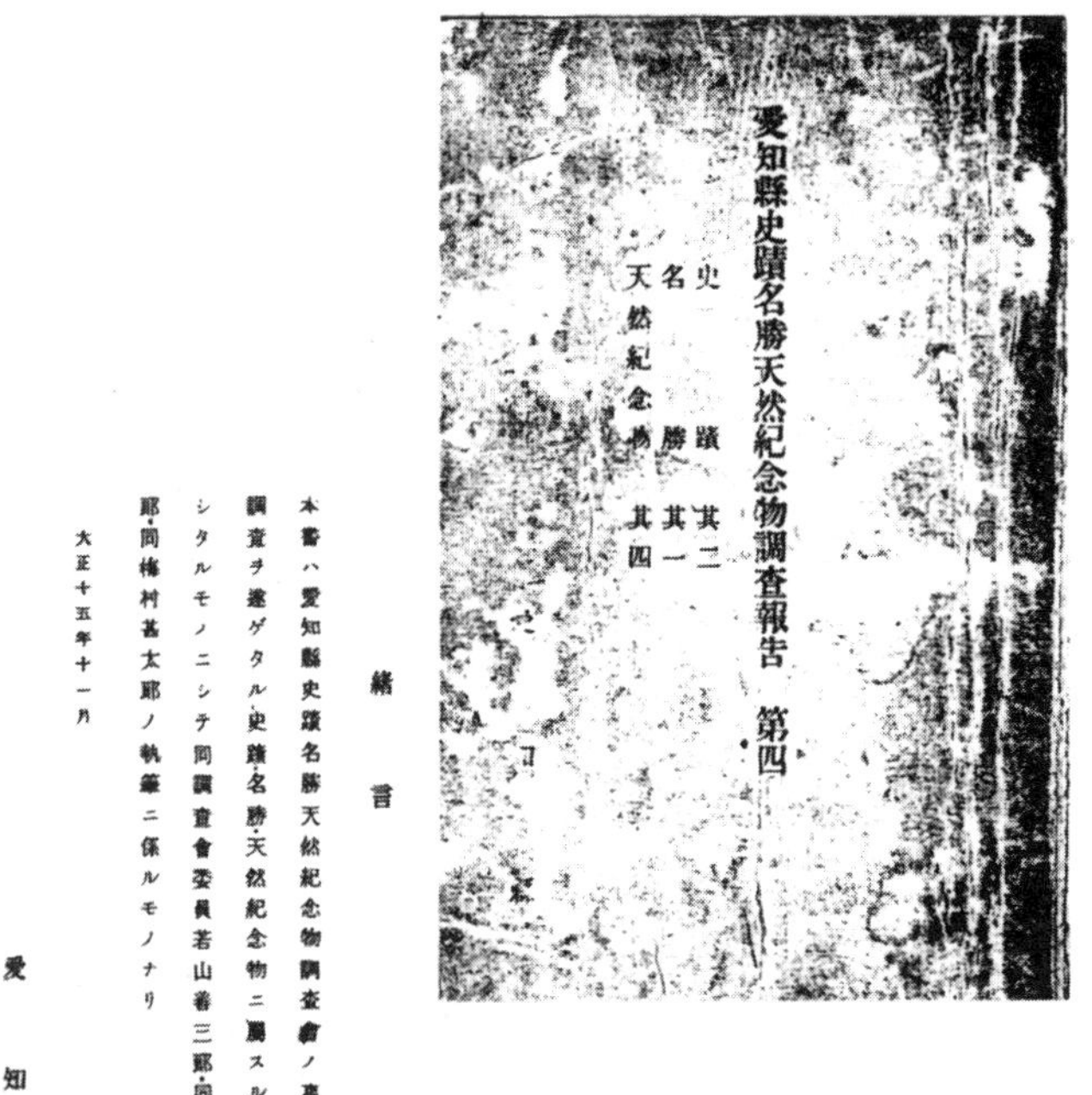

愛知縣史蹟名勝天然紀念物調査報告　第四

史蹟　其二
名勝　其一
天然紀念物　其四

緒言

本書ハ愛知縣史蹟名勝天然紀念物調査會ノ事業トシテ調査ヲ遂ゲタル史蹟・名勝・天然紀念物ニ關スル部ヲ輯錄シタルモノニシテ同調査會委員若山善三郎・同杉田桒三郎・同梅村甚太郎ノ執筆ニ係ルモノナリ

大正十五年十一月

愛知縣

六　桶狹間古戰場

愛知縣史蹟名勝天然紀念物調査會委員　杉田棄三郎

六　桶狹間古戰場

愛知縣史蹟名勝天然紀念物調査會委員　杉田棄三郎

所在地　愛知縣豐明村ニアリ、永祿三年五月十九日今川義元駿遠三ノ大兵ヲ率キ大擧上洛ヲ企テタルカ織田信長ノ爲ニ一敗地ニ塗レタル古戰場ナリ（今ヲ去ルコト三百六十六年前）

戰役ノ經過　此戰役ハ今川織田兩氏成敗ノ岐ル、所、時ハ永祿三年五月今川義元ハ近隣諸國ノ無事ナルヲ幸トナシ、上洛シテ威名ヲ揚ムト欲シ、途上織田氏ノ領土ヲ犯シツ、進ミ來リシヲ織田信長ハ義元ノ屯營ヲ襲ヒテ之ヲ斃シ以テ他日天下ニ覇タルノ基礎ヲ作レリ、今其經過ヲ概說スルコト左ノ如シ、

永祿三年五月一日義元出兵ノ令ヲ領邑諸將士ニ頒チ同十日其前軍己ニ府中（今ノ靜岡市）ヲ發ス、十二日義元進發、兵員凡ソ二萬五千人、十八日義元沓掛ニ到リ其兵ヲ部署ス、即チ松平元康ヲシテ丸根砦ヲ攻メシメ朝比奈泰能ヲシテ鷲津砦ヲ攻メシメ岡部元信ヲシテ鳴海城ヲ守ラシメ義元ハ本軍ヲ率キテ大高方面ニ向ヘリ、此夜信長ハ清洲城ニアリ警報アルモ動カズ、夜半後ニ至リ急ニ進軍ヲ令セリ、十九日松平元康進ミテ丸根砦

一九

ヲ陷レ、朝比奈泰能モ亦鷲津砦ヲ攻メ落シタリ、義元ハ沓掛ヨリ大高ニ向フ、途上丸根鷲津ノ捷報ヲ①得桶狹間ノ北方田樂狹間ニ休憩シ、杯ヲ擧ゲ觴ヲ傳ヘ大ニ警備ヲ懈リヌ、信長ハ此日未明ニ僅ニ數騎ヲ從ヘテ清洲ヲ發シ、途中熱田神宮ニ詣デ、戰捷ヲ祈リ、行ク々々諸砦ノ兵ヲ併セ、進ミテ善照寺ノ砦ノ東ニ到リ、其兵ヲ檢セシニ凡ソ三千人ヲ得タリ、カクテ正午ノ頃、信長將サニ義元ノ陣ニ近カムトセシニ暴風俄ニ起リ猛雨西北ヨリ至リケレバ、其稍霽ル、ヲ待チ吶喊シテ山（鳴海町ノ内ニテ太子ケ根、又大將ケ根ト云フ）ヲ下リ、直チニ敵營ヲ衝ケリ、義元ノ軍、信長ノ接近セルヲ知ラズ、是ニ於テ大ニ驚キ周章狼狽ス、時ニ信長ノ士、毛利高義進ミテ義元ト相搏チ、遂ニ之ヲ斃シ大呼シテ義元ノ首ヲ衆ニ示セリ、義元ノ軍爲ニ全ク潰散セシモ、信長敢テ之ヲ追擊セズ、兵ヲ收メテ清洲ニ還レリ、

現狀　知多郡②有松町ノ東方約十町東海道ニ沿ヒタル三方丘陵ニ圍マレタル平蕪ノ地ニシテ③往時ハ田樂狹間ト稱セシモ後屋形狹間ト稱ス、爰ニ桶狹間古戰場ト題シタル一大石柱アリ、又其西方ニ方形ノ築地ヲ設ケ其上ニ碑アリ、今川治部太輔義元墓ト題ス、是レ今川義元ノ墳ニシテ碑ノ裏面ニハ次ノ碑文アリ、

自永祿三年五月十九日駿侯義元殁。經三百餘歲。其間無建墓碑者。蓋有而今失歟。不可知也。文化年間氷室某。建吊古碑。行路之人以爲墓碑。或唱佛名薦香花。其後榛莽滿地。荊棘塞路。茫々焉蒼々焉。殆至無復尋所謂吊古碑者。山口正義有感于茲。督近村役夫。剗荒剪蕪。新開生面。種以某等之樹。又與同志相謀。建義元及重臣松井氏墓碑。可謂一大功德也。余深喜其篤志。聊錄其事。若夫記與銘讓吊古碑面秦先生之文云。

明治九年夏五月　高島崇識並書

山口正義戮力建之

又義元ノ墓ヨリ東方約十間ニ桶狹間吊古碑アリ、其碑文ニ曰ク、

登高原眇遠。慨嘆興廢于前跡。何國蔑有。余獨悲此桶峽云。記曰。永祿三年駿侯西征。五月十九日④陣桶狹山北。織田公以奇兵襲之。駿侯義元滅。夫駿强國也。方其圖霸。相模甲斐請以賦從。尾張人亦往々送欵。於是大擧入尾。攻鷲津丸根拔之。曰。明日磨清洲而朝食。衆皆賀。置酒軍中。會黑雲起。西北風暴發。敵人皷譟亦從背襲。皆不意其猝至。中軍大亂。格鬪死者二千五百餘人矣。自足利失鹿。四海戰場。大內氏以侈亡。武田氏以暴滅。而未有若此一戰而跌者也。勝敗如此。誰知其柄。但勝之不可保。烱可驕哉。悲也夫。嬉然或聞軍敗自先鋒

二一

遺闕。與其卒二百人皆死。或守孤城不走。請主戶而歸。若斯類者。累世所養。豈不皆忠烈哉。縱使後人有庸主之材。外結強援。內用著士。師徒雖虧。遼遠之地尙全。猶足以向西報仇也。游寡忘讐。卒以播遷。悠々蒼天此何人哉。今生平世。眇歎前跡。跡已歷三百五十年。時雖遷事猶昨。聊後人弔之亦猶今世。則是千萬世亦何有極。請建碑以記之。銘曰。

三軍覆野。茫々蹊有。後蹊孤傑。建片碑。辭古弔來弔之。千萬秋氣之思治。

已値今時治不忘亂。覩舊跡碑。

文化巳巳夏五月　尾張儒官秦鼎撰

大阪天滿邸令中西融書

東方松林叢間ニ五基ノ小塚アリ、碑面何レモ士大將塚ト題ス(其戰歿將士ノ氏名ヲ傳ヘズ)狹間ノ西方丘上ニ松井兵部宗信ノ墓アリ、松井宗信ハ今川氏ノ部將ニシテ義元戰死シ東軍爲ニ四散スルニ當リ宗信大ニ奮鬪シ遂ニ此コニ戰死シ其郎黨スベテ之レニ殉セリト云フ、又狹間ノ東北字前後ノ丘上ニ戰人塚アリ、方柱ノ石碑ヲ建テ碑面ニ戰人塚裏面ニ永祿三年庚申五月ト刻ス、傳說ニヨレバ此戰役ニ於テ織田信長其獲ル所ノ敵首(約二千五百有餘)ヲ檢シ遺骸ヲ集メテ此處ニ埋メシモノナリト云フ、

二二

備考　桶狹間古戰場ノ位置トシテ古來異說アリ、一ハ大高ト沓掛ノ約中央ナル二村山南方高地民有地ナルベシト云ヒ、一ハ桶狹間ノ北、字ヒロツボ所謂瀨名氏俊陣地(民有地)附近ナルベシト稱ス、後段ノ瀨名陣地ハ其地勢、及大高城ニ對スル位置等ヨリ觀察シテ一考スベキ價値アル者タリ。

近年、高德院ニ今川義元ノ遺物ト稱スル者若干點ヲ藏スレドモ多クハ近來ノ醵集ニ係ル者ノ如シ、瀨名陣地ニ近ク長福寺(淨土宗)アリ、此處ニ今川義元及松井宗信ノ肖像ヲ安置ス、

戰役關係ノ諸地點及其現狀　戰役當時今川氏ノ領域ハ、西ニ延ビテ尾張ノ東部ト南部トニ跨リ織田氏ノ領邑ト犬牙相接セリ、愛知知多ノ二郡即チ其地タリ、愛知郡ニ鳴海城アリ、今川氏ニ屬ス、城ノ東南ニ中島東ニ善照寺、北ニ丹下ノ諸砦アリ、殆ド直角形ヲナシ以テ城ノ半面ヲ繞レリ、知多郡ニハ大高城ト鷲津丸根ノ二砦アリ、此兩砦ハ織田氏ノ築ケル所ニシテ、大高城ニ對スル防備タリ、大高氏ハ即チ今川氏ニ屬ス、鷲津ハ西方鳴海ヨリ大高ニ通ズル道路ヲ俯瞰シ丸根ハ沓掛ヨリ桶狹間ヲ經テ大高ニ到ル道路ニ臨ミ、此兩砦ハ恰モ大高城ト鼎足ノ形狀ヲ呈セシナリ、此レ等諸城砦址ノ現況左ノ如シ。

○鳴海城址　鳴海町字城及根古屋ニ亘在ス東西七十五間、南北三十四間餘、今ハ悉ク耕

二三

地トナル、東西北ノ三方尙ホ土壘ヲ存シ南側ハ絕崖ヲナス、

○中島城址　鳴海町字下中町ニ在リ、今ハ宅地或ハ耕地トナリ其境域詳カナラズ。

○善照寺砦址　鳴海町字砦ニアリ、東西二十四間南北十六間老松數株アリ今ハ畠地トナレリ。

○丹下砦址　鳴海町字丹下ニアリ、高陵ニシテ佳景ノ地タリ、今ハ概ネ耕地トナレリ其東西四十六間、南北四十三間餘

○大高城址　大高町字城山ニアリ、其址東西五十九間南北十八間今ハ私人ノ別莊地トナレリ。

○鷲津砦址　大高町字鷲津ニアリ東西十四間南北十五間、樹林中ニ壘ノ址アリ、今ハ畠地トナレリ、

○丸根砦址　大高町字丸根ニアリ東西二十間、南北五十六間今ハスベテ畠地トナレリ、

○沓掛城址　豐明村大字沓掛字東鄕ニアリ、東西二十二間、南北六十二間今ハ多ク畠地トナレリ其中ニ老松數株アリ又土壘ヲ存ス。

二四

参考　昭和四年愛知県史蹟名勝天然記念物調査報告第七部分掲載

鷲津砦阯

所在地　知多郡大高町字鷲津

沿革　コノ砦ハ永祿二年織田信長今川氏ニ對抗セン爲ニ築キシ所ニシテ、飯尾定宗(織田信秀ノ叔父)ソノ子同信宗、織田信平等コレヲ守レリ。守兵ノ數詳ナラザレド一ニ四百餘人トイフ。同三年五月十八日桶狹間ノ役朝比奈泰能等ノ兵コレヲ攻ムルニ及ビ、防戰大ニ勉メシガ、ソノ兵火ヲ門扉ニ放チ、遂ニ營櫓ヲ燒キ、餘燼コレニ乘ジテ逼リシカバ、定宗以下士卒大半死傷シ、殘兵淸須方面ニ向テ走リ、十九日午前十時頃陷リ、砦遂ニ廢セリ。

現狀　大高停車場ノ東方、長壽寺ノ後ノ岡丘ニシテ、高八九丈、今山林又ハ耕地タリ。ソノ位置ニツキテ、鷲津ナリトイフ說ト、鷲津山ナリトイフ說トアリ。何レニスルモ鳴海ヨリ大高ニ通ズル道路ヲ俯瞰セリ。古城巡覽、古城志、尾張志等ニ東西十四間、南北十五間トナス。然ルニ德川家所藏尾州知多郡大高之内鷲津丸根古城圖(挿圖參照)ニハ、

鷲津古城

南北三拾八間半外堀共に　但南之外堀貳間北之外堀三間

東西外曲輪廿貳間半外堀共に　但東の外堀貳間西の外堀貳間

内曲輪十八間半外堀共に　但東の外堀貳間西こわれ候て堀形なし

トアリ。現今疆域詳ナラズ。久野氏建ツル所ノ「鷲津砦阯」ノ碑石アルモ、大體コノ邊ヲ想像シタルニ過ギズ。然ルニコノ碑石ノ南方山腹ニ、鍵ノ手ニ濠阯及土壘ト思ハルルモノアリ。若クハ右古城圖ノ蒲鉾形ノ堀ノ一部分ニアラザルカ。ソノ他ノ濠阯、土壘ハ痕跡ヲ存セザル如シ。

参考　知多郡史

鷲津は城北の地であり、丸根は城東の地である敢て異説を生すべきいはれもない様であるが殊に前者に就ては同じ丘陵の一端ではあるが東西何れかと云ふ様な話が生みだされて居る。もとこの砦の出來た地は鷲津殿と稱せられた土岐氏の邸地に設けられたものでこの点から見ると西方は正しいものゝ様である。舊記に見る所の川などの位置もこなたに見る所と符合してゐる。然れども年所を歷た事といひ寺地となつて舊形の失せたものがあるから疑惑を生せしめたものでまた鳴海大高の間に敵が相通せんことを警戒するものと見るも西方であるらしい。

若し東方なりとすれば丸根に於ける任務と同一となつて一方は厳なるものとなるも城北の警戒は寛に渉るの恐れが生するといはねばならぬ。

三河後風土記（慶長十五年・一六一〇）

元康卿御知計付大高の城江兵糧入の事（永禄二年に扱う）

斯のごときあやしみありといへども元来義元は剛勇の猛将なれば少しも心にかけず、永禄三年五月十二日駿府を進発し給ふ。留守には子息刑部大輔氏真に雪斎長老をさしそへて残し置給ふ。先手は遠州井伊谷(いやだに)の城主井伊信濃守直盛、其外三州岡崎の城主　徳川蔵人元康卿の御譜代衆なり。都合其勢四万五千余人の着到にて、まづ笠寺の城には信長おさへのために葛山播磨守長義・三浦左馬介義就・飯尾豊前守秋元・浅井小四郎正重・沢田掃部介実重・今川中務允義季等八千余人にて相守る。同十四日には義元の旗本勢尾州愛知郡沓掛に着陣す、翌十五日には沓掛を打たつ所に同州北の郡の軍兵ども山口父子をはじめとして皆ことごとく義元の陣に馳加はるゆへいよ〳〵大軍に相なる。然るに此日義元の先手井伊信濃守直盛　徳川家の御譜代衆打込に鷲津の城におしよせて十重二十重(とえはたえ)に取まき鬨の声をあげて短兵急に責立るゆへ、城将飯尾近江守・同舎弟隠岐守・織田玄蕃允等士卒を下知して透間もなく防戦しけれども、寄手は大軍なれば終にかなはず夜に入て皆ことごとく落うせけり。此ゆへに寄手は引つゞいて丸根の城をせめけるに城将佐久間大学秀盛・山田藤九郎等両人士卒をはげまし弓鉄炮を射かけ、打かけけるゆへ岡崎の侍大将松平善次郎正親・高力新九郎直重・筧又蔵等はきびしく戦ひ乱軍のうちに討死す。然れども岡崎勢は少しも屈せず責戦ひ城将佐久間大学を討とるによってたちまち落城に及びけり。此時義元の威勢はひとへに破竹(はちく)のごとくなり。

張州府志（宝暦二年・一七五二）

爲陸田。【傍爾元城】在傍爾元村。土人曰。丹羽右近居之。今爲竹林及田。【沓掛城】　在沓掛村。東西六十二間。南北二十二間。四面有隍壘。簗田出羽守始築之。其後織田越中守居之。川口久助亦居此。按東照御年譜曰。永祿三年五月。公襲尾州沓掛城。燒民家而歸。傳曰。此時織田玄蕃在此。屢與岡崎挑戰。

沓掛ノ城

沓かけむら慈光寺の東にあり四面堀擣にて南の方に属て民戸三畑又竹藪あり府志に東西六十二間南北廿二間とあるはたがへり東西廿二間南北六十二間也城主は嘉慶二年に同郡祐福寺再建の施主近藤左近将監長安（初小野田といへて）入道阿願の裔近藤左京進（明應頃の人）等已下繼々歴代相承して同九十郎景春に至る景春は永祿三年庚申五月今川義元の桶はさま合戰のとき同廿一日に此城に戰死して空城となる（信長記にさて大高沓掛池鯉鮒鳴海數ケ所の城々悉開退の間是より後は只枕を泰山の安きに置給ふ云々と見えたり）かくて後織田玄蕃しばしこゝに住りしにやと おもはるゝよしありそは府志に云按東照宮御年譜曰永祿三年五月公襲二尾州沓掛城一燒二民家一而歸僞云此時織田玄蕃在レ此屢與二岡崎一挑レ戰とある是也又梁田出羽守（太閤記一ノ巻に信長公今川義元を討給ふ後出羽守に沓かけむら三千貫の地を恩賜ありしよし見えたり）同左衛門太郎（この左衛門太郎は天正三年十二月に別喜右近と改名せりさるを府志に按梁田出羽守後因二信長命一改二名別喜右近一といひ又徇行記聖應寺の條下に此寺は永祿十一戊辰年別喜右近創建す云々天正七己卯年六月六日右近卒牌子に法名前羽州大守景岩宗鐵大禪定門うらに當寺大檀那とありといへる此兩記ともにあやまれり右近は出羽守の子左衛門太郎の後の名にて改名の年月上に引るごとし永祿十一年頃に別喜右近といふ人ある事なく右近が牌子に前羽州大守とかくべきよしあらめやされば天正七年の牌子は出羽守のなるを子の右近が造立したるならむ）織田越中守川口久助等なり

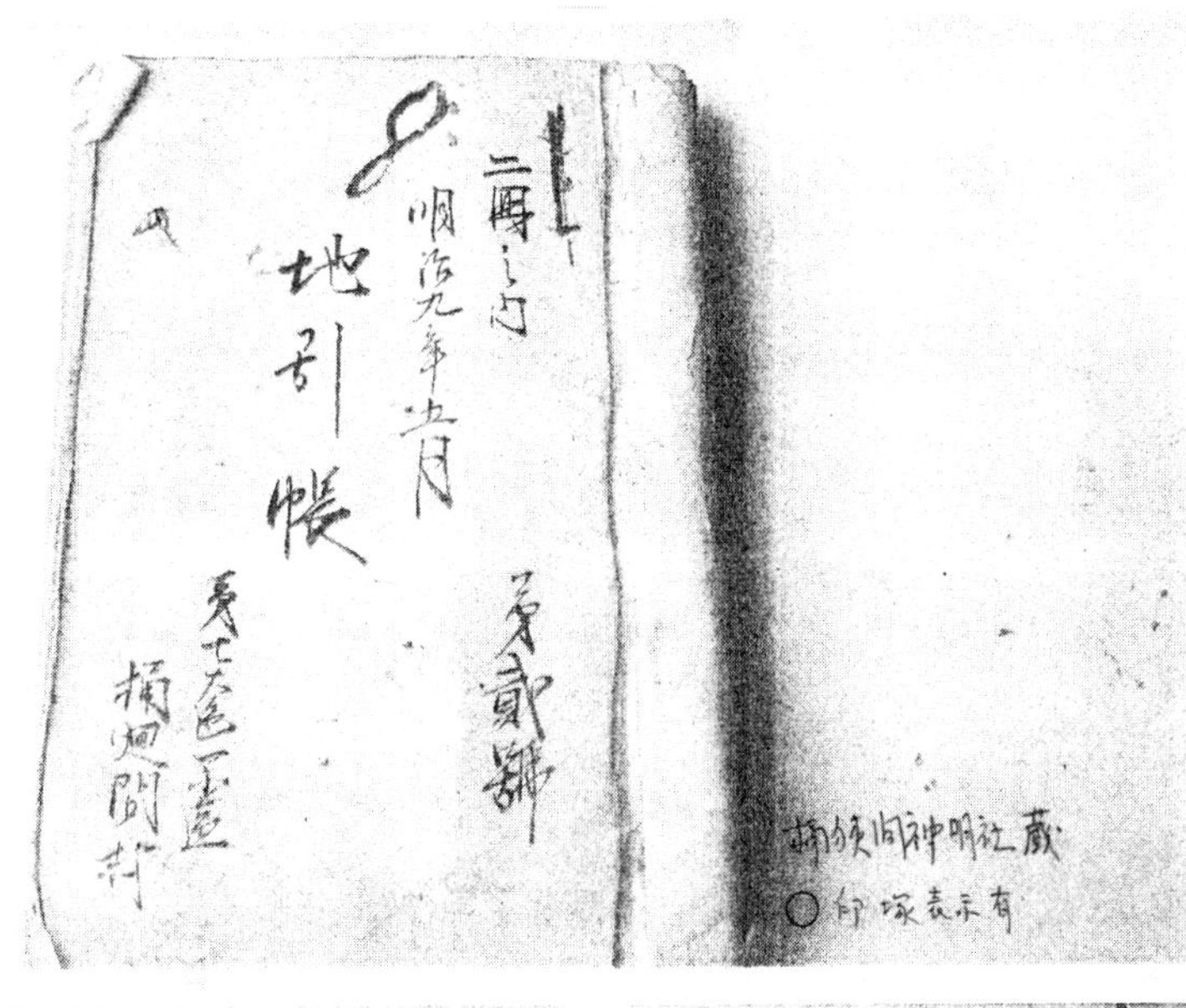

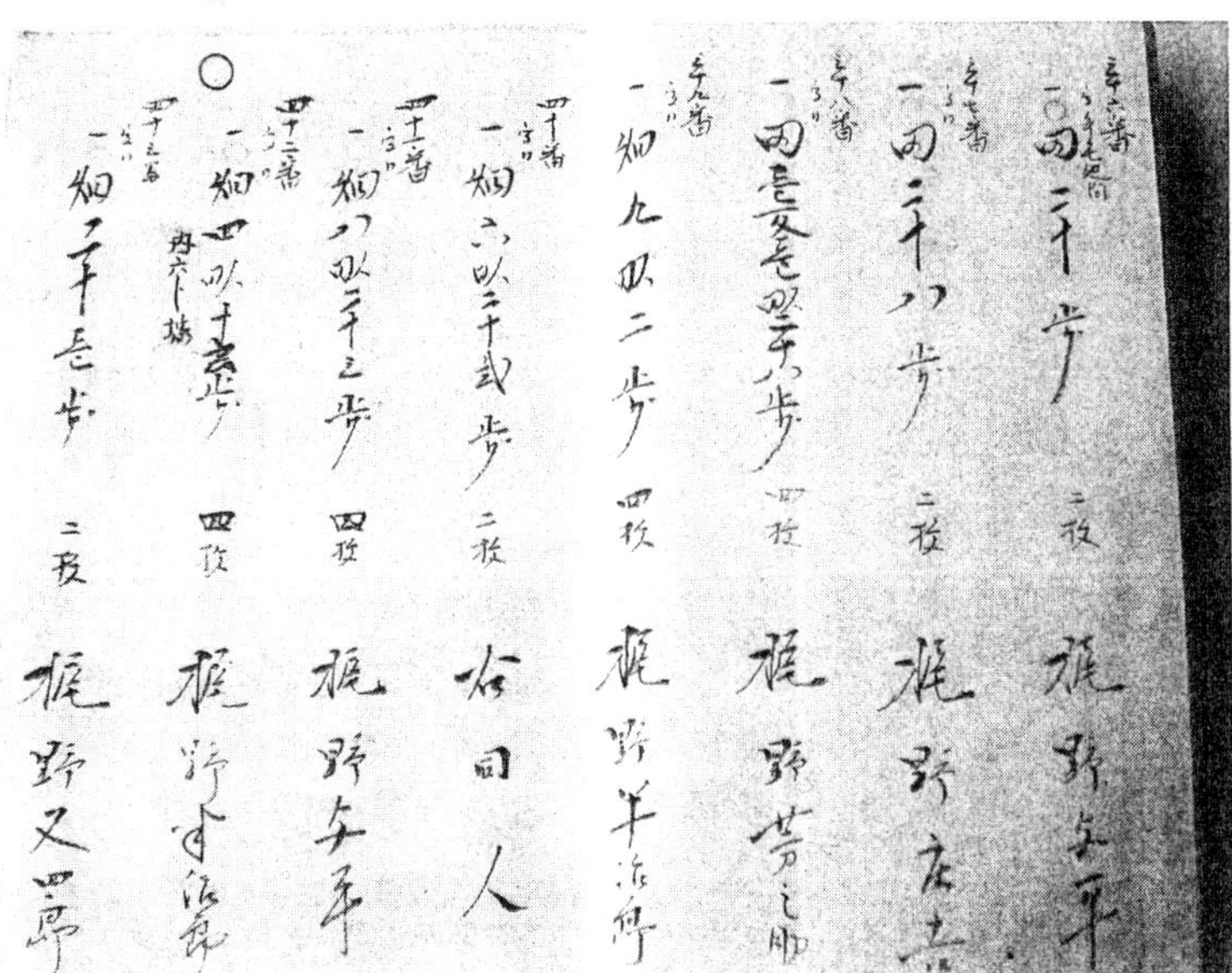

桶狭間神明社蔵　地引帳（東海道巡覧記　道中記集成掲載）

辛二番 字同
一田拾六歩　一枚　梶北[illegible]平

辛三番 字同
一田七畝歩　二枚　梶北平左衛門

辛四番 字同
一田壱畝拾六歩　一枚　梶北善之助

辛五番 字同
一田七畝拾八歩　四枚　梶北[illegible]左衛門

辛六番 字[illegible]
一田壱反八歩　四枚　桐畑七郎

辛七番 字同
一田八畝廿歩　[illegible]　三枚　右同人

辛八番 字同
一田七畝拾弐歩　五枚　梶北[illegible]郎

辛九番 字同
一田壱反弐畝九歩　四枚　梶北藤之[illegible]

二十六番 字[illegible]
一畑壱反四畝二十五歩　八枚　竹内[illegible]

二十七番 字同
一畑二畝廿二歩　三枚　竹内浅七

二十八番 字同
一墟五歩　官有地

二十九番 字同
一畑六畝二十六歩　三枚　竹内武助

三十番 字同
一畑三畝[illegible]七歩　[illegible]　右同人

三十一番 字同
一山壱畝[illegible]　但松小笹木之　右同人

三十二番 字同
一山十四歩　但小松木三　竹内[illegible]

三十三番 字同
一山九畝拾歩　但小松[illegible]　竹内[illegible]

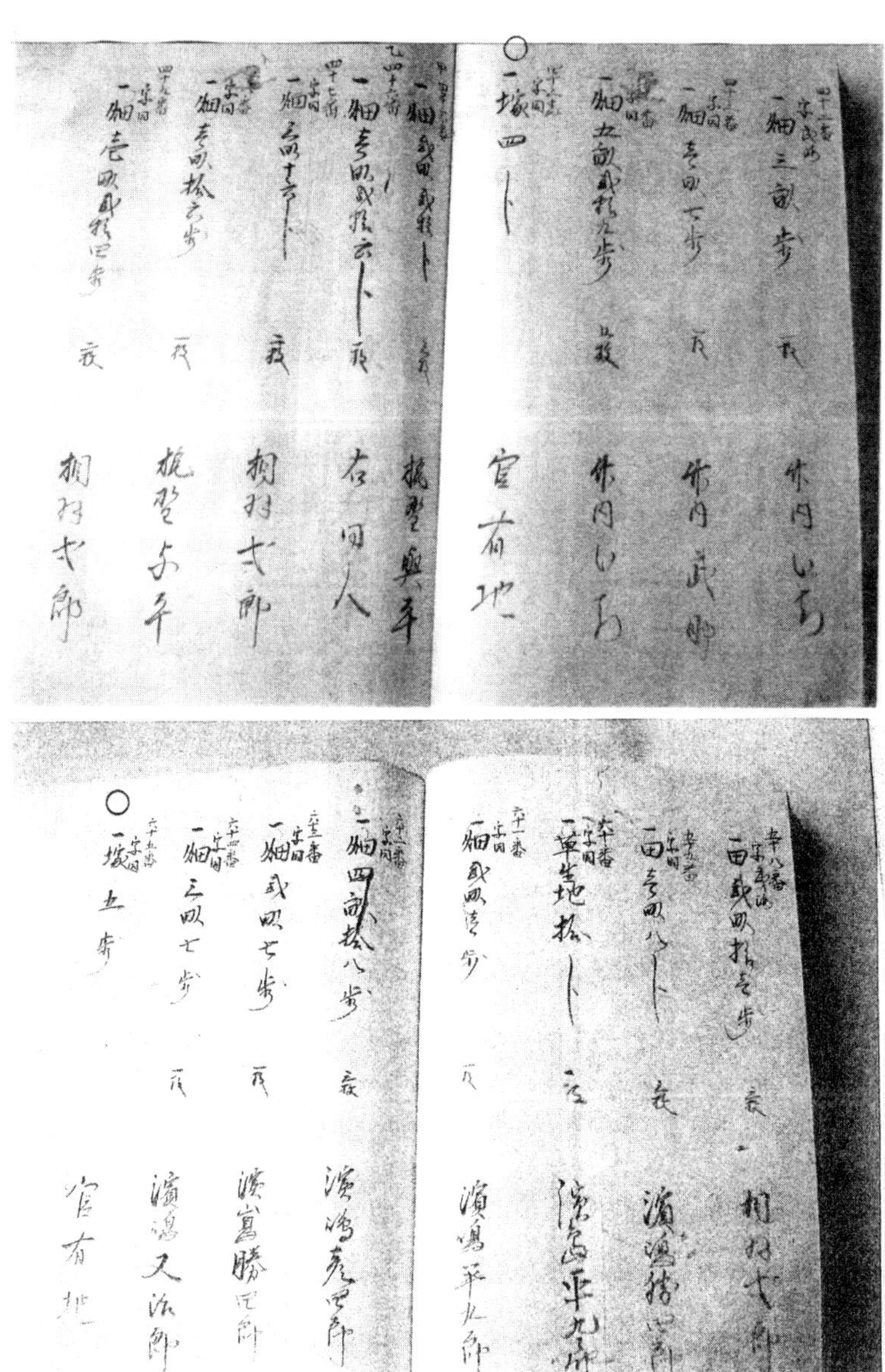

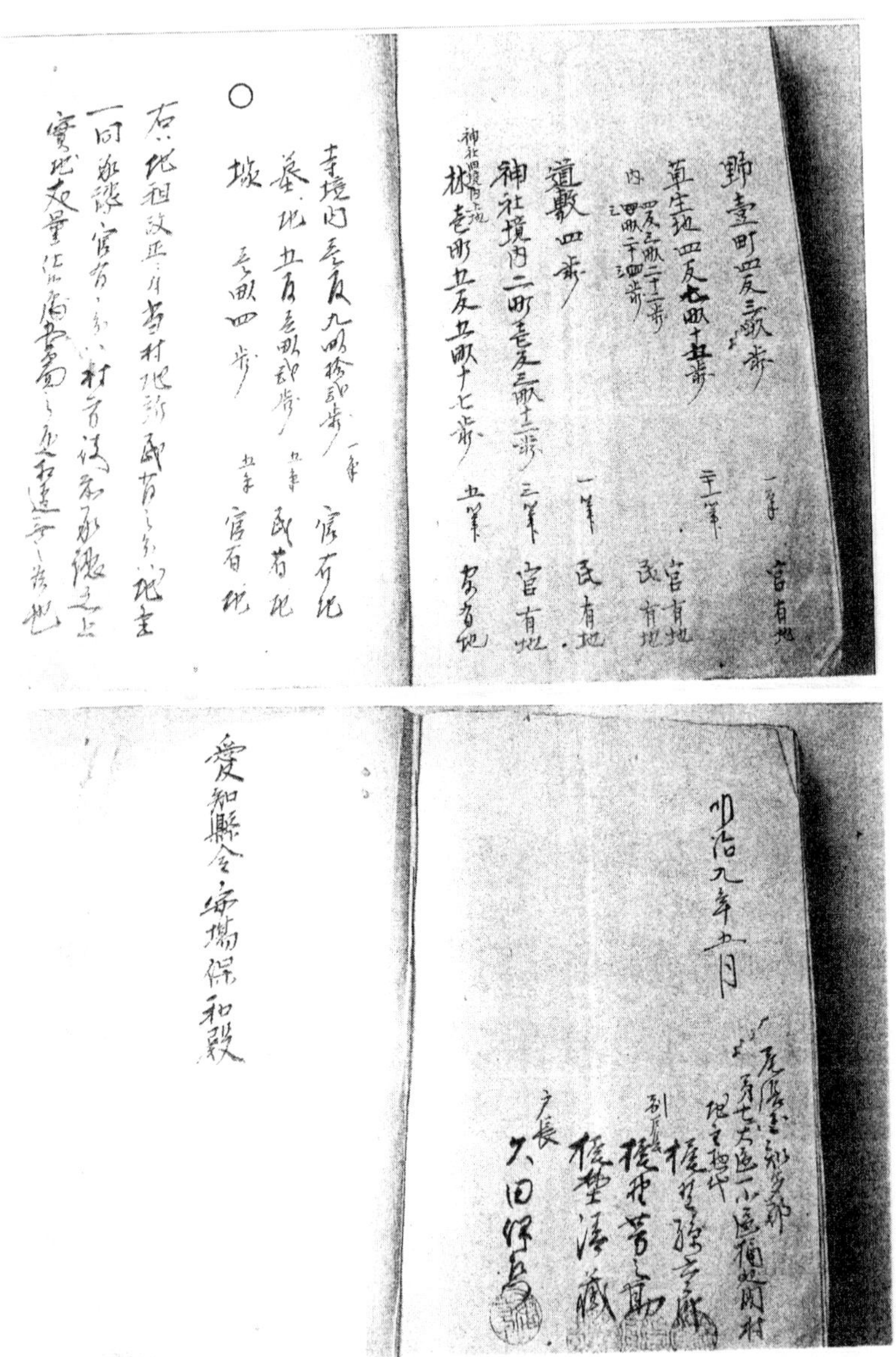

野壹町四反三畝歩　一筆　官有地

草生地四反七畝十五歩　二十一筆

道敷四歩　一筆　民有地

神社境内二町壱反三畝十二歩　三筆　官有地

林壱町五反五畝十七歩　五筆

寺境内壱反九畝拾弐歩　一筆　官有地

墓地五反壱畝弐歩　九筆　民有地

堤　三畝四歩　九筆　官有地

明治九年九月

愛知縣令安場保和殿

愛知県公文書館蔵　地籍帳

愛知県公文書館蔵
請求番号 CD62／10—81
地積帳知多郡桶狭間村
○印地引帳塚印該当箇所

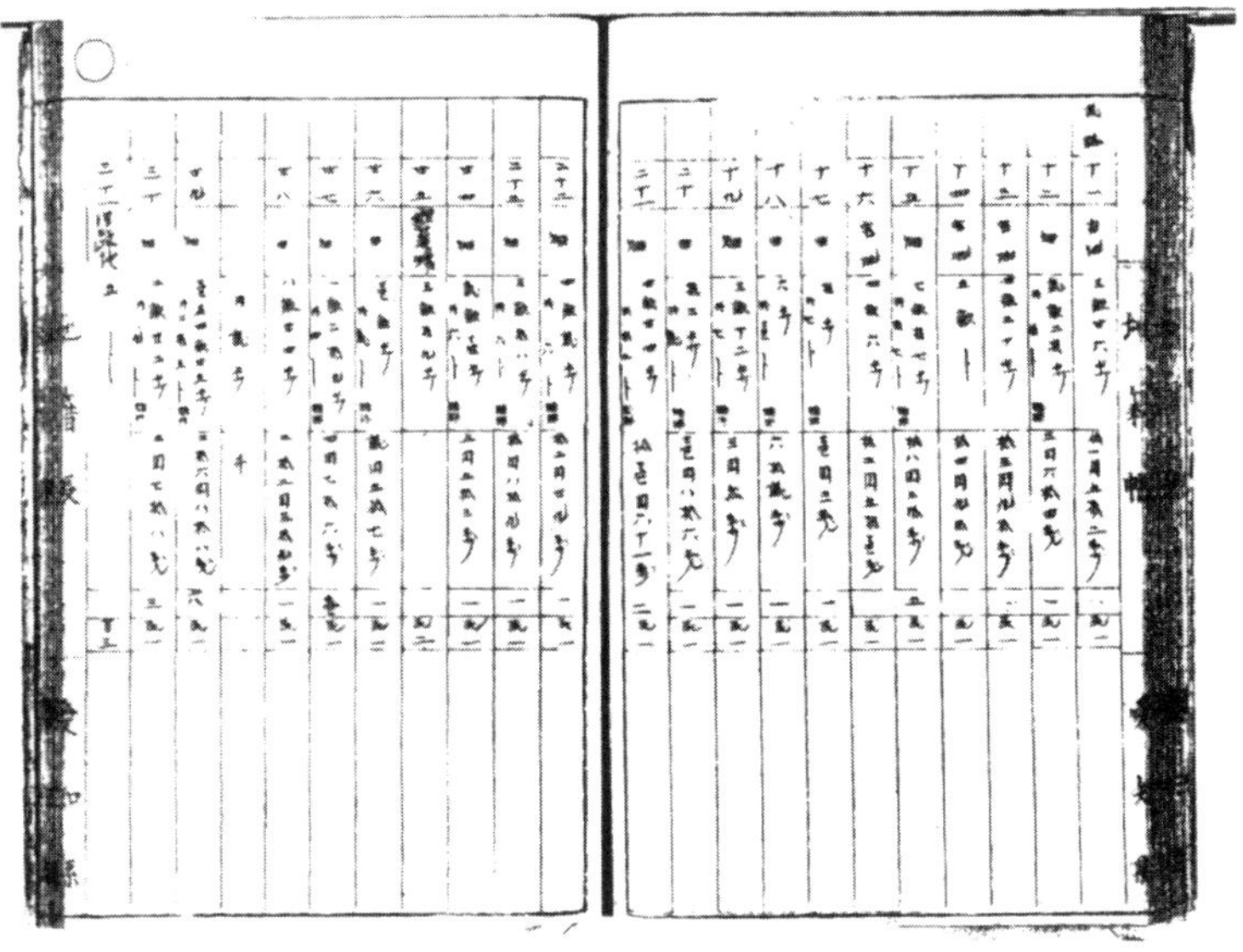

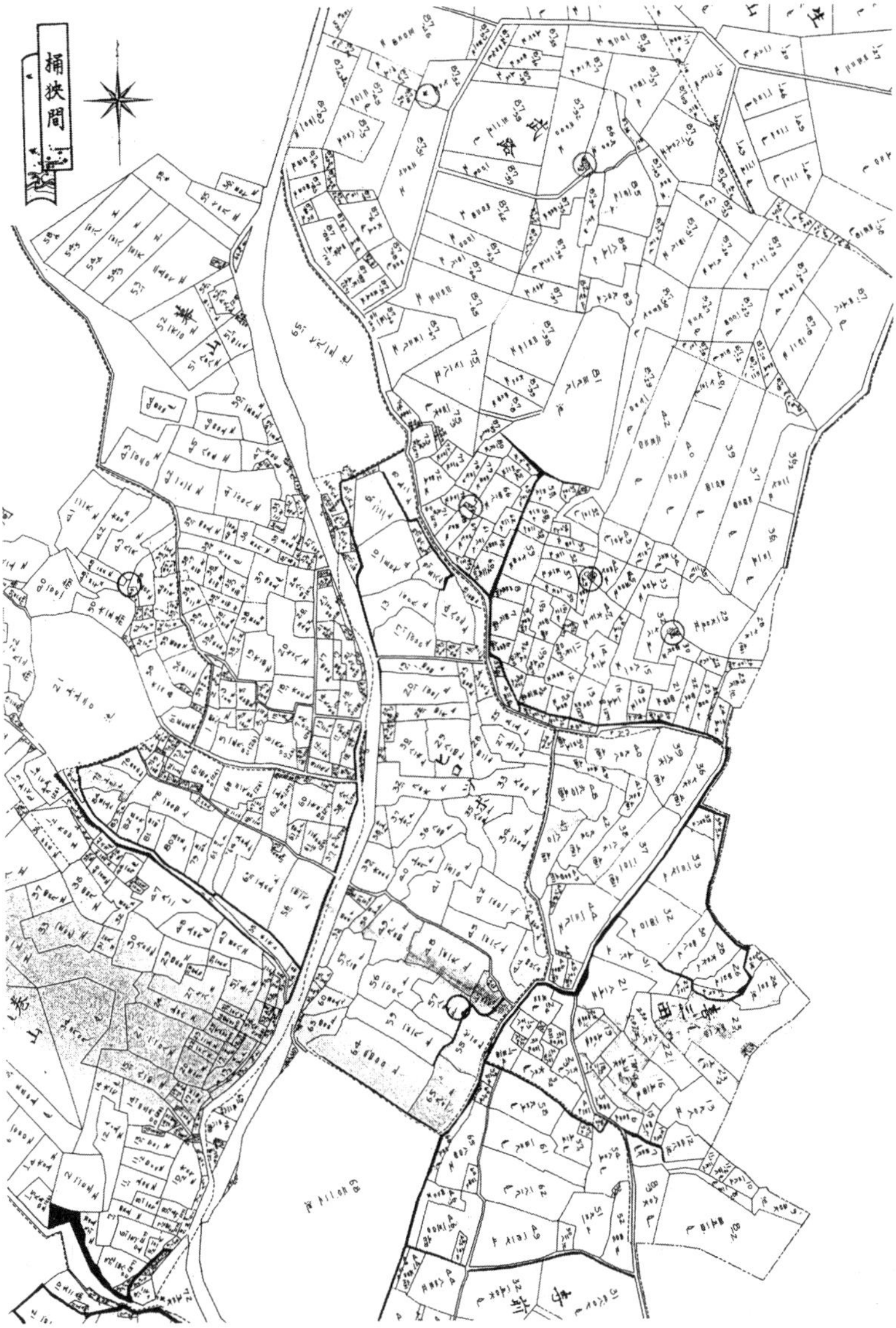

昭和十年六月製　有松町大字桶狭間地籍図（部分）○印＝塚

桶狭間

参考文献

尾張愛知郡史　名古屋市鶴舞中央図書館（所蔵）
愛知県史　愛知県図書館（所蔵）
静岡県史　愛知県図書館（所蔵）
知多郡史　名古屋市鶴舞中央図書館（所蔵）
名古屋市史　名古屋市鶴舞中央図書館（所蔵）
新修名古屋市史　名古屋市鶴舞中央図書館（所蔵）
岡崎市史　名古屋市鶴舞中央図書館（所蔵）
刈谷市史　名古屋市鶴舞中央図書館（所蔵）
大府市史　名古屋市鶴舞中央図書館（所蔵）
安城市史　名古屋市鶴舞中央図書館（所蔵）
豊明町史　名古屋市鶴舞中央図書館（所蔵）
豊明市史　名古屋市鶴舞中央図書館（所蔵）
清洲町史　名古屋市鶴舞中央図書館（所蔵）
吉良町史　愛知県図書館（所蔵）
西尾町史　愛知県図書館（所蔵）
有松町史　名古屋市鶴舞中央図書館（所蔵）
鳴尾村史　名古屋市鶴舞中央図書館（所蔵）
緑区誌　名古屋市鶴舞中央図書館（所蔵）
緑区の古蹟　名古屋市鶴舞中央図書館（所蔵）

尾張志　深田正韶　名古屋市鶴舞中央図書館（所蔵）
尾陽雑記　勝野親郷右衛門　名古屋市鶴舞中央図書館（所蔵）
尾参郷土史　歴史図書社　名古屋市鶴舞中央図書館（所蔵）
尾張国地名考　海部郡教育会　名古屋市鶴舞中央図書館（所蔵）
張州雑誌　内藤東甫　蓬左文庫（所蔵）
張州府志　松山君山　蓬左文庫（所蔵）
信長公記　奥野高広　岩沢愿彦校注　角川書店
信長公記　桑田忠彦校注　新人物往来社
信長文書の研究　奥田高広
信長記　小瀬甫庵　国民文庫刊行会
信長記（天理本）　天理図書館（所蔵）
織田軍記　物語日本史大系七巻　早稲田大学出版部（所蔵）
織田眞記　織田長清　刈谷図書館（所蔵）
中古日本治乱記　山中長俊　蓬左文庫（所蔵）
成功記　蓬左文庫（所蔵）
三河後風土記　中山和子翻刻　新人物往来社
改定三河後風土記　秋田書店
朝野舊聞裒藁　林述斎林大学頭煌　名古屋市鶴舞中央図書館（所蔵）
改定史籍集覧　臨川書店　蓬左文庫（所蔵）
武功夜話　吉田蒼生雄　新人物往来社

武功夜話研究と三巻本翻刻　松浦武　武功夜話研究会
武功夜話研究と二十一巻本翻刻　松浦武　武功夜話研究会
武道摭萃録尾州桶狭間合戦記　京都大学附属図書館（所蔵）
尾州桶峡間合戦記　山崎活淡真人　緑古文書の会
新編桶峡間合戦記　田宮篤輝　蓬左文庫（所蔵）
続群書類従　塙保己一　名古屋市鶴舞中央図書館（所蔵）
三河物語　岩波書店
桶狭間戦記第一稿　川住鋥三郎　愛知県図書館（所蔵）
日本戦史桶狭間役　参謀本部編纂　岩瀬文庫（所蔵）
織田信長　小川多一郎煙村編纂　名古屋市鶴舞中央図書館（所蔵）
桶狭間長篠小牧長久手戦史　市川光宜　愛知県図書館（所蔵）
森幸安の描いた地図　日文研叢書　名古屋市鶴舞中央図書館（所蔵）
尾張名所図会　蓬左文庫（所蔵）
鶴城記西尾城由来記　西尾図書館（所蔵）
桶挟間村古戦場之図　岩瀬文庫（所蔵）
東海道歴史散歩　尾崎士郎　愛知県図書館（所蔵）
愛知県史蹟名勝天然記念物調査報告　三明社　名古屋市鶴舞中央図書館（所蔵）
愛知県史蹟名勝天然記念物調査報告　愛知県郷土資料刊行会
愛知の史蹟と文化財　泰文堂
徳川家康と其周囲　岡崎市教育委員会　愛知県図書館（所蔵）

二村山志　尾崎久弥　名古屋市鶴舞中央図書館（所蔵）
織田信長という歴史　金子拓　名古屋市鶴舞中央図書館（所蔵）
広報とよあけ誌　豊明市広報　豊明市図書館（所蔵）
奈留美叢書　鳴海町土風会　名古屋市緑図書館（所蔵）
解釋学　榊原邦彦　名古屋市緑図書館（所蔵）
桶廻間合戦研究　榊原邦彦　中日出版社
みくにことば　榊原邦彦　中日出版社
桶狭間　神谷広井　桶狭間古戦場保存会
信長研究の最前線　日本史史料研究会　洋泉社
桶狭間の戦い　小和田哲男　学習研究社
今川義元　小和田哲男　ミネルヴァ書房
信長の戦争　藤本正行　講談社学術文庫
桶狭間の戦い　藤本正行　洋泉社
織田信長の尾張時代　横山住雄　濃尾歴史研究所
桶狭間合戦の謎　梶野稔　歴史研究第三二四号
尾張織田一族　谷口克広　新人物往来社
日本の部将今川義元　小島広次　新人物往来社
織田信長　桐野作人　新人物往来社
信長の合戦　藤井尚夫　学習研究社
戦国合戦地図集　藤井尚夫　学習研究社

桶狭間古戦場を歩く　高田徹　織豊期研究会
桶狭間合戦の織田氏陣城　高田徹　中世城郭研究会
浮上する迂回奇襲の可能性　橋場日月　学習研究社
九之坪城物語　にしはる郷土研究と民話会　学習研究社
現代語訳信長公記　中川太古　中経出版
もう一つの桶狭間　井上力　講談社出版
信長秀吉ものがたり　阿部一彦　風媒社
千年の道　名残の道　渡辺健三
桶狭間の謎　歴史街道　ＰＨＰ研究所
桶狭間の道　水野誠志朗　デイズ
桶狭間合戦の真相　渡辺文雄　郁朋社
尾州織田興亡史　瀧喜義　愛知県図書館（所蔵）
信長戦記　歴史群像　学研パブリッシング
証義桶狭間の戦い　尾畑太三　ブックショップマイタウン
桶狭間古戦論考　尾畑太三　中日出版社
桶狭間古戦場史実究明「郷土文化」九六号　名古屋市鶴舞中央図書館（所蔵）
桶狭間古戦考証「郷土文化」二一九～二二三号　名古屋市鶴舞中央図書館（所蔵）
桶狭間村全図考察「郷土文化」二二四号　名古屋市鶴舞中央図書館（所蔵）
拗れる桶狭間の戦い「郷土文化」二二五～二二八号　名古屋市鶴舞中央図書館（所蔵）
三河物語　桶狭間戦いの事「郷土文化」二三四号　名古屋市鶴舞中央図書館（所蔵）

〔著者略歴〕
尾畑太三（おばた・たいぞう）
1932（昭和7）年、大阪市生まれ。
1951（昭和26）年より三和銀行勤務。
1967（昭和42）年、経営コンサルタント業に転身。
1993（平成5）年、現役引退。以後、桶狭間の戦いの研究・調査に専心する。
（著書）
『証義桶狭間の戦い』（ブックショップマイタウン）
『桶狭間古戦論考』（中日出版社）
『郷土文化』（名古屋市中央鶴舞図書館）への論文投稿多数。

装幀◎澤口　環

信長公記巻首と桶狭間の戦い

2021年9月10日　第1刷発行　（定価はカバーに表示してあります）

著　者　　尾畑　太三

発行者　　山口　章

発行所　名古屋市中区大須1-16-29
振替 00880-5-5616 電話 052-218-7808　風媒社
http://www.fubaisha.com/

＊印刷・製本／モリモト印刷　乱丁本・落丁本はお取り替えいたします。

ISBN978-4-8331-0591-0